Brasilianisch
ohne Mühe

Die Methode für jeden Tag

Brasilianisch
ohne Mühe

von
Juliana GRAZINI DOS SANTOS
Monica HALLBERG & Marie-Pierre MAZÉAS

Deutsche Übersetzung und Bearbeitung von
Daniel KRASA & Susanne GAGNEUR

Zeichnungen von
J.-L. GOUSSÉ

ASSiMiL
Der Sprachverlag

Körnerstraße 12
50823 Köln
Deutschland

 ISBN 978-3-89625-028-5

Der Assimil-Verlag bietet folgende Sprachkurse an:

Grundkurse Niveau A1–B2 / Reihe "ohne Mühe"

Amerikanisch • Arabisch • Brasilianisch • Bulgarisch
Chinesisch • Chinesische Schrift • Dänisch
Deutsch (als Fremdsprache) • Englisch • Finnisch
Französisch • Griechisch • Hindi • Indonesisch
Italienisch • Japanisch • Kanji-Schrift • Koreanisch
Kroatisch • Latein • Luxemburgisch • Niederländisch
Norwegisch • Persisch • Polnisch • Portugiesisch
Rumänisch • Russisch • Schwedisch • Spanisch
Thai • Tschechisch • Türkisch • Ungarisch
Vietnamesisch

Vertiefungskurse Niveau B2–C1 / Reihe "in der Praxis"

Englisch • Französisch • Italienisch • Spanisch

Weitere Sprachkurse in Vorbereitung

... Aktuelles und weitere Infos unter **www.AssimilWelt.com**

Die Tonaufnahmen

mit den fremdsprachigen Texten aller Lektionen und Verständnisübungen aus diesem Kurs – insgesamt 200 Min. Spieldauer – können Sie im Internet oder bei Ihrem Buchhändler bestellen: **Português do Brasil**

4 Audio-CDs ISBN 978-3-89625-178-7
1 MP3-CD ISBN 978-3-89625-628-7

VORWORT

Gibt es die Sprache **Brasilianisch** überhaupt? Spricht man in Brasilien nicht Portugiesisch? Die meisten Brasilianer bezeichnen ihre Muttersprache als **português**, wenn auch ein und derselbe Satz in Lissabon und in Rio de Janeiro selbst für ungeübte Ohren völlig anders klingt. Wie kommt das?

Im Jahre 1500 kamen die Portugiesen als erste Europäer ins heutige Brasilien und erklärten es sogleich zum Besitz ihrer Krone. Verkehrssprache zwischen den Siedlern und der indigenen Bevölkerung war dabei noch bis ins ausgehende 18. Jahrhundert "Nheengatu", eine Indiosprache der Tupí-Guaraní-Gruppe.

Erst Anfang des 19. Jahrhunderts wurde diese immer mehr durch das Portugiesische verdrängt, wenngleich dies auch für die meisten Bewohner, darunter Indigene, afrikanische Sklaven, niederländische, deutsche, englische, französische und andere Siedler, eine Fremdsprache darstellte.

Brasilien blieb bis 1822 portugiesische Kolonie, entschied sich aber auch nach seiner Unabhängigkeit für die Beibehaltung der Sprache der Kolonialherren. Jedoch hatte sich zu diesem Zeitpunkt die Umgangssprache, nicht zuletzt durch Einflüsse der diversen ethnischen Gruppen im Land, bereits unabhängig von der in Portugal entwickelt.

Mit Ende des Zweiten Kaiserreichs und der Ausrufung der Republik im Jahre 1891 war die politische und kulturelle Emanzipation Brasiliens weitestgehend gefestigt, und es nahm ein patriotisches Bewusstsein zu, das sich auch durch die Besonderheiten der eigenen Sprache manifestierte, die man ab sofort **língua nacional** ("Nationalsprache") nannte.

Die heute in Brasilien gesprochene Varietät des Portugiesischen weist bedeutende Differenzen zu der des ehemaligen Mutterlandes auf, vorwiegend in Aussprache und Grammatik, aber auch im Bereich des Wortschatzes, denn in der brasilianischen Variante gibt es zahlreiche Entlehnungen aus dem Nheengatu und weiteren indigenen Sprachen, diversen afrikanischen Idiomen und natürlich auch aus anderen europäischen Sprachen.

Aufgrund der Tatsache, dass Brasilianisch in Brasilien von über 190 Mio. Menschen gesprochen wird und somit im gesamten portugiesischen Sprachraum deutlich überwiegt, kann man getrost von Brasilianisch als einer eigenen Sprache oder zumindest als eigenständiger Sprachvariante des Portugiesischen sprechen.

Aber nicht nur auf dem Zuckerhut, entlang der Copacabana, im Amazonasgebiet oder an den gewaltigen Iguaçu-Wasserfällen öffnen Ihnen Kenntnisse des Brasilianischen Tür und Tor. Sie werden damit in der gesamten portugiesischsprachigen Welt verstanden, also auch in Angola, Äquatorialguinea, Guinea-Bissau, Kap Verde, Mosambik, Osttimor, Portugal sowie auf den Inseln São Tomé und Príncipe.

In diesem Sinne: **Vamos lá!** "Los geht's!" und viel Spaß mit diesem Brasilianischkurs!

INHALT

VERZEICHNIS DER LEKTIONEN

Anhänge

BRASILIANISCH OHNE MÜHE MIT ASSIMIL

Das brasilianische Portugiesisch, hier Brasilianisch genannt, birgt zwar anfangs aufgrund der Aussprache einige Schwierigkeiten, geht jedoch durch regelmäßiges Anhören schnell ins Ohr.

Sollten Sie zu Beginn Probleme damit haben, bestimmte brasilianische Laute zu verstehen oder zu erzeugen, so lassen Sie sich nicht entmutigen. Akzeptieren Sie, dass Sie etwas Zeit benötigen, um sich in die Weichheit der Laute hineinzuhören und sie richtig auszusprechen.

Hören Sie sich die Lektionen auf den Tonaufnahmen so häufig wie möglich an, und versuchen Sie, die Laute nachzusprechen. Sehen Sie sich immer wieder die Aussprachebeschreibungen und die Liste der Laute am Ende des Buches an.

Setzen Sie sich nicht damit unter Druck, alles von Anfang an korrekt aussprechen zu wollen. Ihr Ziel zu Beginn sollte sein, die Dialoge zu *VERSTEHEN*. Bedenken Sie stets: Mit der Zeit und durch tägliches Üben werden Sie ein Gefühl und ein "Ohr" für die Laute der neuen Sprache bekommen.

Dieser Kurs richtet sich sowohl an Lerner, für die Brasilianisch noch eine unbekannte Sprache ist, als auch an Lerner mit Vorkenntnissen. Er vermittelt in 100 Lektionen modernes, lebensnahes Brasilianisch. Insgesamt erlernen Sie in diesem Kurs etwas mehr als 2.000 Vokabeln.

Brasilianisch ohne Mühe präsentiert Ihnen die Sprache so, wie sie Ihnen im täglichen Leben begegnet. Durch den lebendigen Kontext werden Sie sich sehr schnell mit der Sprache vertraut machen. Die Assimil-Methode bietet eine natürliche Progression: Lassen Sie sich leiten, und Sie werden bequem Ihr Ziel erreichen. Das Geheimnis der **natürlichen Assimilierung** bei Assimil ist die **Regelmäßigkeit des Lernens**: 20–30 Minuten täglich in Gesellschaft Ihres Kurses, und Sie werden schnell Fortschritte machen.

Haben Sie einmal wenig Zeit, so vermindern Sie die Lerndosis lieber, als dass Sie sie ganz streichen. Sie müssen nicht eine komplette Lektion pro Tag durcharbeiten, sondern können diese einfach auf mehrere Tage verteilen.

Lernen Sie nicht zwischen "Tür und Angel" oder wenn Sie unter Stress stehen oder zu müde sind. Wählen Sie zum Lernen einen Ort und eine Tageszeit, der bzw. die auf Ihre Lerngewohnheiten abgestimmt ist. Lernen Sie nicht auswendig. Die bessere Art, sich eine Fremdsprache anzueignen – oder besser: zu assimilieren – ist wiederholtes Lesen und vor allem Anhören der Dialoge und Übungstexte.

Lesen Sie, bevor Sie beginnen, die Einleitung. Achten Sie auch besonders auf die Erläuterungen zur Aussprache und die Tabelle der Laute am Ende des Buches! Dort wird beschrieben, wie Sie die vereinfachte Lautschrift lesen; sie ist eine wichtige Ergänzung zu den Tonaufnahmen. Vor allem in der ersten Zeit Ihres Studiums sollten Sie sich die Lauttabelle möglichst oft ansehen und die Laute laut und deutlich nachsprechen.

PASSIVE UND AKTIVE PHASE

Wie alle Assimil-Kurse gliedert sich auch dieser Kurs in eine passive und eine aktive Phase (auch "Zweite Welle"). Bis Lektion 49 lernen Sie zunächst passiv, d. h. Sie sollen nur verstehen, was Sie lesen und hören. Hören Sie häufig die Tonaufnahmen an, machen Sie sich mit der Aussprache vertraut, lesen Sie die Anmerkungen, und absolvieren Sie die Übungen. In dieser Phase bilden Sie noch keine eigenen Sätze.

Mit Lektion 50 beginnt die aktive Phase: Sie finden nun am Ende jeder Lektion den Hinweis "Zweite Welle", gefolgt von einer Lektionsnummer. Nachdem Sie eine Lektion wie gewohnt bearbeitet haben, gehen Sie zurück zu der angegebenen Lektion, wiederholen diese und formulieren dann den deutschen Dialog auf der rechten Buchseite auf Brasilianisch. Dabei decken Sie die linke Buchseite zu. Dies üben und wiederholen Sie so lange, bis Sie den Text korrekt in die Fremdsprache übersetzen können. Genauso können Sie selbstverständlich auch mit den Übungen verfahren.

AUFBAU DER LEKTIONEN

A. Lektionstext

Auf der linken Buchseite finden Sie den brasilianischen Lektionstext. Auf der rechten Buchseite sehen Sie die deutsche Übersetzung, zunächst sinngemäß und darunter in Klammern wörtlich. Auf diese Weise können Sie genau erkennen, welches deutsche Wort welchem brasilianischen Wort entspricht.

Satzteile oder Ausdrücke im Deutschen, die im brasilianischen Text nicht vorkommen, jedoch für das Verständnis oder für die korrekte Syntax des Deutschen wichtig sind, sind in eckige Klammern [...] eingeschlossen. Eingekreiste Ziffern am Satzende im brasilianischen Dialog verweisen auf die Anmerkungen (siehe Punkt C).

B. Vereinfachte Lautschrift

In den ersten sechs Lektionen finden Sie unter jedem brasilianischen Lektionssatz die entsprechende vereinfachte Lautschrift des Satzes. Ab Lektion 8 befindet sich die phonetische Transkription aller brasilianischen Sätze der jeweiligen Seite in einem separaten, mit "Aussprache" bzw. "**Pronúncia**" überschriebenen Absatz.

Bei der Lautschrift handelt es sich *nicht* um die internationale Lautschrift, sondern um eine speziell von Assimil entwickelte Phonetik, die Ihnen die Aussprache des Brasilianischen erleichtern soll. Wie Sie die Phonetik lesen, wird auf den letzten Buchseiten im Kapitel "Die Aussprache des Brasilianischen" erläutert.

Ab Lektion 29 werden nur noch die Ausdrücke in vereinfachter Lautschrift wiedergegeben, deren Aussprache schwierig oder ungewöhnlich ist. Im weiteren Verlauf des Kurses wird die Lautschrift immer mehr reduziert.

C. Anmerkungen

Die den Ziffern zugeordneten Anmerkungen befinden sich stets auf der gleichen Buchdoppelseite. Dies erspart Ihnen umständliches Hin- und Herblättern. Die Anmerkungen enthalten in Kürze wichtige Informationen zum Verständnis des jeweiligen Satzes, eines Satzteils oder eines Wortes. Es kann sich hierbei um Erläuterungen zur Grammatik, ergänzenden Wortschatz, Synonyme sowie Antonyme und gelegentlich landeskundliche Details handeln.

D. Verständnisübung mit Lösung

Die 1. Übung jeder Lektion ist eine aus wenigen brasilianischen Sätzen bestehende Verständnisübung, in der das Vokabular der aktuellen Lektion und der vorhergehenden Lektionen aufgegriffen und in einen anderen Kontext eingebettet wird. Anhand dieser Übung können Sie feststellen, ob Sie den bisher kennengelernten Wortschatz verstanden und assimiliert – also verinnerlicht – haben. Die Lösung dieser Übung finden Sie in Form der deutschen Übersetzung der Übungssätze auf der jeweils gegenüberliegenden Buchseite.

E. Lückentextübung mit Lösung

Die 2. Übung ist eine Lückentextübung, die ebenfalls auf dem bislang erlernten Vokabular basiert. Hier sind auf der Grundlage der angegebenen deutschen Sätze in den darunter stehenden brasilianischen Sätzen fehlende Wörter zu ergänzen. Die "Lücken" werden durch rechteckige Kästchen dargestellt, wobei jedes Kästchen für einen Buchstaben steht. Die Lösung zu dieser Übung, d. h. die Wörter, die Sie einsetzen müssen, finden Sie auf der rechten Buchseite.

F. Motivationshinweise und Lerntipps

Gelegentlich sehen Sie kleine Absätze in Kursivschrift, die dazu dienen sollen, Sie zu ermuntern und zu motivieren, Sie also sozusagen "bei Laune zu halten". Sie enthalten wichtige Tipps für das effektive Lernen und für Situationen, in denen Sie auf Schwierigkeiten stoßen oder in denen Sie sich evtl. etwas demotiviert fühlen. In den ersten Lektionen werden Ihnen darüber hinaus auch kleine "Regieanweisungen" helfen, sich besser in den Lektionen zurechtzufinden.

G. Wiederholungslektionen

In jeder 7. Lektion wird in systematischer Form die Grammatik der vergangenen sechs Lektionen wiederholt, vertieft und anhand von Beispielen erläutert. In diesen Lektionen finden Sie u. a. Konjugations-, Deklinations- und Wortschatzlisten, die Sie vielleicht in den Lektionen vermisst haben. Ein grammatikalischer Index am Ende des Buches erleichtert Ihnen das gezielte Wiederauffinden bestimmter grammatikalischer Informationen in diesen Wiederholungslektionen.

H. Illustrationen

Schenken Sie schließlich auch unseren Illustrationen ein bisschen Aufmerksamkeit. Jede Zeichnung steht im Zusammenhang mit einem Satz aus der jeweiligen Lektion, den Sie sich vielleicht besser merken können, wenn Sie ihn mit einem Bild bzw. einer Situation verbinden.

I. Tonaufnahmen

Sie können zwar auch mit dem Buch alleine lernen, wir empfehlen Ihnen dennoch, die Tonaufnahmen auf vier Audio-CDs oder einer mp3-CD zu erwerben. Sie enthalten sämtliche brasilianischen Lektions- und Verständnisübungstexte. Professionelle Sprecherinnen und Sprecher gewährleisten eine hohe Authentizität in Aussprache, Betonung und Satzmelodie.

In den Lektionen 1-6 und 8-13 ist der Lektionstext zweimal aufgenommen: Während bei der ersten Aufnahme Pausen zwischen den Sätzen gemacht werden, die Ihnen das Nachsprechen ermöglichen, wird im zweiten Durchlauf der komplette Text ohne Unterbrechungen wiedergegeben.

Zu Beginn werden alle Lektionstexte besonders langsam gesprochen, dann wird das Sprechtempo progressiv gesteigert. Die Wiederholungslektionen sind mit Ausnahme der jeweils abschließenden Verständnis-/Formulierungsübung nicht auf den Aufnahmen enthalten.

ARBEITSWEISE

1. Hören Sie sich zunächst die komplette Lektion mehrmals hintereinander auf den Tonaufnahmen an, und vergleichen Sie die Aussprache mit der vereinfachten Lautschrift unter dem Lektionstext.
2. Hören Sie sich dann die Aufnahmen erneut an, und lesen Sie den brasilianischen Text Satz für Satz laut mit. Machen Sie sich aber vor allem zu Beginn keinen Stress mit der Aussprache! Akzeptieren Sie, dass Ihr Ohr sich erst allmählich an die fremden Laute gewöhnt und Sie eine gewisse Zeit brauchen, um diese zu hören und zu erzeugen. Lesen Sie parallel auch die Übersetzung auf der rechten Seite.
3. Lesen Sie die den jeweiligen Sätzen zugeordneten Anmerkungen.
4. Lesen Sie dann jeden Satz so oft laut, bis Sie ihn wiederholen können, ohne ins Buch zu sehen.
5. Hören Sie sich die Lektion noch einmal komplett an.
6. Wenn Sie den Lektionstext verstanden, sich mit der Aussprache vertraut gemacht und die Anmerkungen gelesen haben, absolvieren Sie die Verständnisübung, am besten schriftlich.
7. Arbeiten Sie anschließend, am besten schriftlich, die Lückentextübung durch, natürlich ohne zwischendurch auf die Lösung zu sehen! Um die Lückentextübungen auch mehrfach bearbeiten zu können, raten wir Ihnen dazu, die Lösung nicht direkt ins Buch, sondern auf ein Blatt Papier oder in ein Heft einzutragen.
8. Gehen Sie erst dann zur nächsten Lektion über, wenn Sie den Text der aktuellen Lektion problemlos verstehen können!

VIEL SPASS MIT DIESEM BUCH!

Auf der linken Seite steht der brasilianische Lektionstext. Unter jedem Satz finden Sie die entsprechende vereinfachte Lautschrift (siehe Tabelle am Ende des Buches). ▼

1 Primeira aula [*primejra aola*]

Na rua

[*na $h_r$ua*]

1 – Bom dia. ①
[*bo^n dĵia*]

2 Por favor, o senhor sabe o nome desta rua? ② ③
[*pur fawor u ßinjor ßabi o nOmi däßta $h_r$ua*]

3 – Esta é a Avenida Paulista. ④ ⑤
[*äßta ä a awenida paolißta*]

4 A senhora é estrangeira? ⑥ ⑦
[*a ßinjOra ä ißtra^{n}ĵejra*]

5 – Sim. Eu sou italiana. ⑧
[*$ßi^n$ eo ßo italjana*]

Lerntipp: *Bitte lesen Sie die Kurseinleitung durch, bevor Sie mit dieser Lektion beginnen. Dort werden Ihnen Aufbau und Arbeitsweise des Kurses erläutert.*

Auf der rechten Seite sehen Sie die entsprechende deutsche Übersetzung, einmal sinngemäß und einmal, in Klammern darunter, wörtlich. ▼

Erste Lektion

Auf der Straße
(in-die Straße)

1 – Guten Morgen.
(gut♂ Tag.)

2 Verzeihung, kennen Sie den Namen dieser Straße?
(durch Gefallen, der Herr weiß der Name von-diese Straße?)

3 – Dies ist die Avenida Paulista.
(diese ist die Einfallstraße aus-São-Paulo.)

4 Sind Sie Ausländerin?
(die Dame ist ausländisch♀?)

5 – Ja. Ich bin Italienerin.
(ja. ich bin italienisch♀.)

ANMERKUNGEN

① Mit **Bom dia** begrüßt man sich vor allem vormittags.

② Die Grundbedeutung von **por favor** ist "bitte". Es wird bei Fragen auch im Sinne von "Verzeihung, Entschuldigung" verwendet.

③ Das **r** wird im Anlaut [*h*] (wie in Hut) oder als Zäpfchen-[*r*] gesprochen. In der Umschrift wird es mit [h_r] wiedergegeben. Achten Sie auf die Tonaufnahmen.

④ Das Brasilianische kennt zwei Geschlechter für Nomen (Hauptwörter): männlich (♂) und weiblich (♀). Die entsprechenden Artikel (Geschlechtswörter) heißen **o** "der"/ **a** "die".

⑤ Das Adjektiv (Eigenschaftswort) **paulista** bezeichnet etwas oder jemanden aus dem *Bundesstaat* **São Paulo** (heilig♂ Paul). Das Adjektiv zur *Stadt* **São Paulo** heißt dagegen **paulistano**.

⑥ Die Anreden **o senhor** "der Herr"/ **a senhora** "die Dame" entsprechen unserem "Sie". Sie werden mit Verben (Tätigkeitswörtern) in der 3. Person Singular (Einzahl) verwendet.

⑦ **estrangeira** ist hier das Adjektiv in seiner weiblichen Form (männliche Form = **estrangeiro**). Die Formen richten sich nach dem Geschlecht des zugehörigen Nomens: **O senhor é estrangeiro – A senhora é estrangeira**.

⑧ Personalpronomen (persönliche Fürwörter) wie hier **eu** müssen nicht zwingend genannt werden; sie dienen eher verstärkend. Hier könnte man auch nur **sou italiana** sagen.

6 – Bem-vinda ao Brasil! ⑨
[bä^{n}wi^{n}da au brasiu]

7 – Obrigada! ⑩
[obrigada]

Die erste Übung ist eine **Verständnisübung**. Sie treffen hier bekannte Wörter, eventuell in einem neuen Kontext. Ihre Aufgabe ist es, zu überprüfen, ob Sie alle Wörter erkennen und neu zusammengestellte Sätze verstehen. ▼

ÜBUNG 1: Verstehen Sie diese Sätze?

❶ Eu sou estrangeira. ❷ A senhora é italiana? ❸ O nome desta senhora é Paula. ❹ A senhora é bem-vinda. ❺ Por favor, esta é a rua Paulista?

Die zweite Übung ist ein **Lückentext**. Jedes Feld steht für einen Buchstaben des fehlenden Wortes. ▼

ÜBUNG 2: Setzen Sie die fehlenden Wörter ein!

❶ Guten Morgen. Ich bin Italienerin.
▢▢▢ ▢▢▢. Eu ▢▢▢ italiana.

❷ Verzeihung (bitte), Paul!
▢▢▢ ▢▢▢▢▢, Paulo!

❸ Danke♂ / Danke♀!
▢▢▢▢▢▢▢▢ / ▢▢▢▢▢▢▢▢!

❹ Maria ist [aus dem Bundesstaat] São Paulo.
Maria ▢ paulista.

❺ Kennen Sie♀ den Namen dieser Straße?
A senhora ▢▢▢▢ o nome ▢▢▢▢▢ rua?

Lerntipp: Lesen Sie den Dialog, die Übersetzungen und die Anmerkungen so oft, bis Sie den Eindruck haben, den Text ohne Hilfe der Übersetzungen zu verstehen.

6 – Willkommen in Brasilien!
(gut-gekommen♀ nach-der Brasilien!)

7 – Danke!
(gezwungen♀!)

ANMERKUNGEN

⑨ Ist der Angesprochene eine Frau, wird diese mit **bem-vinda** begrüßt, zu einem Mann sagt man **bem-vindo**.

⑩ Frauen sagen für "danke" **obrigada**, Männer dagegen **obrigado**.

Lösung der 1. Übung: Haben Sie verstanden?

❶ Ich bin Ausländerin (ausländisch♀). ❷ Sind Sie Italienerin? (die Dame ist italienisch♀?) ❸ Der Name dieser (von-diese) Dame ist Paula. ❹ Sie sind willkommen. (die Dame ist gut-gekommen♀.) ❺ Entschuldigung, ist das die Paulista-Straße? (durch Gefallen, diese ist die Straße aus-São-Paulo?)

▲
Die Lösungen zu den beiden Übungen, also die korrekte Übersetzung oder die fehlenden Wörter, sind nicht, wie in vielen Lehrbüchern üblich, am Ende des Buches versteckt, sondern Sie finden sie direkt gegenüber oder am Übungsende.
▼

Lösung der 2. Übung: Die fehlenden Wörter.

❶ Bom dia – sou ❷ Por favor ❸ Obrigado / Obrigada
❹ é ❺ sabe – desta.

Bem-vindo ao Brasil! Bem-vinda ao Brasil!

São Paulo ist eine wichtige Anlaufstation für viele Reisende. Ein besonderer Anziehungspunkt ist die Hauptverkehrsader der Stadt, die **Avenida Paulista** mit ihren zahlreichen Geschäften, Restaurants, Parks, Hochhäusern und Museen.

2 Segunda aula [*ßegu^{n}da aola*]

O museu
[*u museo*]

1 – **E**ste é o Mus**e**u de **A**rte de São P**a**ulo. ①
[*äßtschi ä u museo dʃi artschi dʃi ßao^n paolo*]

2 **E**le é m**ui**to gr**a**nde. ② ③
[*äli ä muj^{n}tu gra^{n}dʃi*]

3 – É um mus**e**u internacion**a**l. ④
[*ä u^n museo i^{n}tärnaßionau*]

4 M**ui**tas **o**bras vêm da Eur**o**pa. ⑤ ⑥
[*muj^{n}taß* ***O****braß we^n da eor****O****pa*]

5 – Ah é? ⑦
[*a ä*]

ANMERKUNGEN

① **Este** "dieser" bezieht sich auf ein männliches Nomen, während **esta** "diese" die weibliche Form darstellt.

Zweite Lektion

Das Museum

1 – Dies ist das Kunstmuseum von São Paulo.
(dieser ist der Museum♂ von Kunst♀ von heilig♂ Paul.)

2 – Es (er) ist sehr groß.

3 – [Es] ist ein internationales Museum (international♂).

4 Viele [Kunst]werke♀ kommen aus (von-die) Europa.

5 – Ach so? (ah ist?)

Die runden Klammern im deutschen Lektionstext beinhalten die wörtliche Übersetzung der brasilianischen Sätze. Die eckigen Klammern in der sinngemäßen Übersetzung umfassen Satzteile, die im Brasilianischen nicht vorhanden, im Deutschen jedoch aus Gründen des Verständnisses oder des Satzbaus unerlässlich sind. Die Symbole ♂ für Maskulinum und ♀ für Femininum zeigen Ihnen an, welches Geschlecht die brasilianischen Nomen haben.

② Steht **muito** vor einem Adjektiv, heißt es "sehr" und ist unveränderlich. Steht es alleine oder vor einem Nomen, heißt es "viel" und kann sich in Zahl und Geschlecht verändern.

③ **grande** "groß" kennt nur eine Form für beide Geschlechter.

④ Die Silbe **-al** am Wortende wird immer [*au*] gesprochen.

⑤ **Muitas** "viele" bezieht sich auf das nachfolgende Nomen und steht hier in der weiblichen Pluralform (Mehrzahl) auf **-as** (männliche Form **muitos**).

⑥ **da** besteht aus der Präposition **de** "von, aus" + dem Artikel **a** "die". Die meisten Länder und alle Kontinente stehen mit Artikel (**a Itália** "Italien"), Städte dagegen meist ohne (**de Londres** [*dji lo*ⁿ*driß*] "aus London").

⑦ **é** "ist" hat hier die Bedeutung "ach so?, tatsächlich?". Verwechseln Sie **é** nicht mit **e** "und", das [*i*] gesprochen wird.

6 Da Alemanha, da França e da Inglaterra?
[*da alemanja, da fra^{n}ßa i da inglatäh$_r$a*]

7 – Sim.
[*ßi^n*]

8 E também da Itália e da Espanha.
[*i ta^{n}bä^n da italja i da ißpanja*]

Exercício 1: Você entende estas frases?
[*äsärßißiu um woße ä^{n}tä^{n}dji äßtaß frasiß*]

❶ Ele também é de São Paulo. ❷ Martina e Peter vêm da Alemanha. ❸ A França é grande. ❹ O museu é internacional. ❺ Muitas obras vêm da Espanha.

Exercício 2: Complete as palavras que faltam!
[*äsärßißiu dojß ko^{n}plätschi aß palawraß ki fauta^n*]

❶ Die Einfallstraße ist sehr groß.
A avenida é _____ grande.

❷ Der Name ist "Kunstmuseum" (Museum von Kunst).
O ____ é "_____ de Arte".

❸ Dieser Herr ist aus Italien.
____ senhor _ __ Itália.

❹ Die Kunst ist international.
A ____ é _____________.

❺ Ich bin aus London.
__ ___ de Londres.

6 Aus (von-die) Deutschland♀, aus (von-die) Frankreich♀ und aus (von-die) England♀?

7 – Ja.

8 Und auch aus Italien♀ und Spanien♀.

Verbringen Sie möglichst 15–20 Minuten täglich in Gesellschaft Ihres Kurses. Schon in den ersten Lektionen kommen fast alle typischen Laute vor. Unterscheiden Sie sorgfältig zwischen nasalierten und nicht nasalierten und zwischen langen und kurzen Vokalen. Sprechen Sie die Lektionstexte langsam und laut nach. Zögern Sie nicht, Wörter oder Sätze, deren Aussprache Ihnen Schwierigkeiten bereitet, mehrmals zu üben, aber machen Sie sich keinen Stress, wenn es nicht sofort klappt.

Solução do primeiro exercício: Você entendeu?
[ßolußaoⁿ du primejru äsärßißiu woße äⁿtäⁿdeu]

❶ Er ist auch (auch ist) aus São Paulo. ❷ Martina und Peter kommen aus (von-die) Deutschland. ❸ (Die) Frankreich ist groß. ❹ Das (der) Museum ist international. ❺ Viele [Kunst] werke kommen aus (von-die) Spanien.

Solução do segundo exercício: As palavras que faltam.
[ßolußaoⁿ du ßeguⁿdu äsärßißiu aß palawraß ki fautaⁿ]

❶ muito ❷ nome – Museu ❸ Este – é da ❹ arte – internacional ❺ Eu sou.

Museu de Arte de São Paulo

Das **MASP** in der Avenida Paulista wurde 1947 gegründet. Es verfügt über eine umfangreiche Sammlung an Gemälden und Skulpturen vom 14. Jh. bis heute, mit Bildern aller renommierten Künstler von Botticelli bis Toulouse-Lautrec. Das **MASP** ist also Pflichtprogramm bei einem Besuch São Paulos.

3 Terceira aula [tärßäjra aola]

O centro
[u ßäⁿtru]

1 – Desculpe, onde é o centro da cidade? ① ②
[dißkupi, oⁿdʃi ä u ßäⁿtru da ßidadʃi]

2 – Você dobra à direita e depois segue em frente. ③ ④
[woße dObra a dʃirejta i dʃipojß ßägi äⁿ fräⁿtschi]

3 – É longe a pé? ⑤
[ä loⁿʒi a pä]

4 – Não.
[naoⁿ]

5 Mas você pode pegar o ônibus aqui. ⑥
[maß woße pOdʃi pegar u onibuß aki]

ANMERKUNGEN

① **Desculpe!** entspricht in etwa "Entschuldigung!, Verzeihung!". Erbittet man eine Auskunft, kann es synonym zu **Por favor!** verwendet werden.

Dritte Lektion

Das Zentrum

1 – Entschuldigen Sie, wo ist das Stadtzentrum (der Zentrum von-die Stadt♀)?

2 – Du biegst nach rechts ab und gehst dann geradeaus. (du abbiegt nach-die rechte-Seite♀ und dann folgt in Vorderseite♀.)

3 – Ist [es] weit zu (nach) Fuß♂?

4 – Nein.

5 Aber du kannst hier den Bus nehmen. (aber du kann nehmen der Bus hier.)

② Die meisten weiblichen Nomen enden auf **-a**. Es gibt aber Ausnahmen, wie hier **cidade** "Stadt".

③ **Você**, die häufigste Anrede, wird zwar mit "du" übersetzt, ist aber höflicher als unser "du" und kann für Gesprächspartner jeden Alters benutzt werden. Achtung: Bei **você** steht das Verb in der 3. Pers. Sg.; daher übersetzen wir es in der wörtlichen Übersetzung auch so!

④ **em frente** wird meist mit "gegenüber" übersetzt, hier heißt es jedoch "geradeaus".

⑤ Verwechseln Sie nicht die Präposition **a** "nach, zu" (**a pé** "zu Fuß"), den weiblichen Artikel **a** "die" und **à** "nach (der), zur" (Kombination aus der Präposition **a** + dem weiblichen Artikel **a**).

⑥ Der Akzent **^** auf **ê** und **ô** macht die Betonung deutlich.

Hören Sie sich, wenn Sie eine neue Lektion beginnen, diese zunächst immer ein paar Mal im Ganzen an, bevor Sie anfangen, sich mit den einzelnen Sätzen zu befassen. Wenn Sie an einem Tag wenig Zeit zum Lernen haben, reicht es schon aus, wenn Sie sich die Aufnahmen Ihrer aktuellen Lektion mehrmals anhören. Wichtig ist, dass Sie die Sprache täglich im Ohr haben!

Exercício 1: Você entende estas frases?

❶ O mus**e**u é l**o**nge. ❷ Aqu**i** é o c**e**ntro da cid**a**de. ❸ **E**ste é o **ô**nibus de Salvad**o**r? ❹ A Aven**i**da C**a**stro **A**lves é aqu**i** **à** dir**e**ita. ❺ Mas a **Â**ngela e o Lu**i**z vêm a pé?

Exercício 2: Complete as palavras que faltam!

❶ Entschuldigung, ist die Augusta-Straße weit?
........, a rua Augusta é ......?

❷ Du kannst (kann) den Bus nehmen.
...... pode ...... o ônibus.

❸ Hier rechts ist das Kunstmuseum.
Aqui, ..., é o museu de Arte.

❹ Der Name dieser Einfallstraße geradeaus ist "Europa".
O nome desta avenida .. .. é "Europa".

❺ Die Stadt ist sehr groß.
A ...... é ...... grande.

4 Quarta aula [*kwarta aola*]

O jornal
[*u ĵornau*]

1 – Um min**u**to. **E**u já v**o**lto. ①
[*u^n min**u**tu **eo** ĵa w**O**utu*]

2 – A**o**nde voc**ê** v**a**i? ②
[*a**o**^{n}dĵi wo**ße** w**a**j*]

ANMERKUNGEN

① Das Wörtchen **já** kann auch "gleich, sofort" heißen. Es wird u. a. benutzt, um das sichere Eintreten einer Handlung zu betonen: **Já volto**.

Solução do primeiro exercício: Você entendeu?

① Das (der) Museum ist weit. ② Hier ist das Stadtzentrum (der Zentrum von-die Stadt). ③ Ist dies (dieser ist) der Bus aus Salvador? ④ Die Avenida (Einfallstraße) Castro Alves ist hier rechts (nach-die rechte-Seite♀). ⑤ Aber (die) Angela und (der) Luis kommen zu (nach) Fuß?

In dieser Lektion haben Sie bereits einige Grundzüge der brasilianischen Grammatik gelernt, z. B. dass Nomen männlich oder weiblich sein können, dass Präpositionen mit nachfolgenden Artikeln verbunden werden und dass man Gesprächspartner mit Verben in der 3. Person anredet. Versuchen Sie, sich bei jedem neuen Substantiv auch gleich das zugehörige Geschlecht einzuprägen.

Solução do segundo exercício: As palavras que faltam.

❶ Desculpe – longe ❷ Você – pegar ❸ à direita ❹ em frente ❺ cidade – muito.

Vierte Lektion

Die Zeitung

1 – Einen Moment. Ich komme gleich wieder.
(ein Minute. ich schon komme-wieder.)

2 – Wohin gehst du?
(nach-wo du geht?)

② **Aonde?** besteht aus der Präposition **a** und dem Fragewort **onde?** "wo?". Umgangssprachlich verwendet man es ebenso wie **onde** für "wohin?": **Aonde / Onde vai?** "Wohin gehst du?"

3 – V**o**u compr**a**r um jorn**a**l p**a**ra o P**a**ulo. ③ ④ ⑤
[*wo ko^{n}prar u^n ĵornau para u paolu*]

4 – E p**a**ra o Lu**i**z, voc**ê** p**o**de traz**e**r **u**ma revista? ⑥ ⑦
[*i para u luiß woß**e** pOdĵi traser **u**ma h$_r$ewißta*]

5 – Cl**a**ro.
[*klaru*]

6 De m**o**da **o**u de futeb**o**l?
[*dĵi mOda o dĵi futschibOu*]

ANMERKUNGEN

③ Die Kombination aus **vou** "gehe", **vai** "gehst" usw. + der Grundform eines Verbs entspricht dem deutschen Futur.

Exercício 1: Você entende estas frases?

❶ P**a**ulo, voc**ê** p**o**de compr**a**r **u**ma rev**i**sta de m**o**da? ❷ **E**u v**o**u traz**e**r um jorn**a**l p**a**ra a **A**na Mar**i**a. ❸ Um min**u**to, por fav**o**r! ❹ **E**u v**o**u peg**a**r o **ô**nibus p**a**ra o c**e**ntro da cid**a**de. ❺ Sim, **e**u já v**o**lto.

3 – Ich werde eine Zeitung für Paul kaufen.
(gehe kaufen ein Zeitung♂ für der Paul.)

4 – Und kannst du für Luis eine Zeitschrift mitbringen?
(und für der Luiz, du kann bringen eine Zeitschrift?)

5 – Natürlich (klar).

6 Über (von) Mode oder über (von) Fußball?

Sicherlich haben Sie bereits gemerkt, dass das Brasilianische einen anderen Satzbau als das Deutsche hat. Fragesätze entsprechen in der Regel dem gleichen Muster wie Aussagesätze, nur dass die Stimme am Satzende angehoben wird.

④ **para** "für; nach, zu" wird häufig [*pra*] ausgesprochen und mittlerweile sogar hin und wieder **pra** geschrieben.

⑤ Vornamen werden in der gesprochenen Sprache meist mit Artikel verwendet, im geschriebenen Brasilianisch ist dies nicht zwingend erforderlich.

⑥ Erinnerung: **você** steht immer mit Verben in der 3. Pers. Sg. (Singular), z. B. **dobra** "abbiegt", **é** "ist", **pode** "kann", **vai** "geht".

⑦ Verben enden entweder auf **-ar** (z. B. **pegar** "nehmen") oder **-er** (z. B. **trazer** "bringen") oder **-ir** (z. B. **seguir** "folgen, fortfahren"). (Ein einziges Verb, **pôr** "legen, stellen, setzen", hält sich nicht an diese Regel.)

Solução do primeiro exercício: Você entendeu?

❶ Paul, kannst du eine Modezeitschrift kaufen (du kann kaufen eine Zeitschrift von Mode)? ❷ Ich werde für Anna Maria eine Zeitung mitbringen. (ich gehe bringen ein Zeitung für die Ana Maria.) ❸ Einen Moment, bitte! (ein Minute, durch Gefallen!) ❹ Ich werde den Bus ins Stadtzentrum nehmen. (ich gehe nehmen der Bus für der Zentrum von-die Stadt.) ❺ Ja, ich komme gleich wieder (ich schon komme-wieder).

Exercício 2: Complete as palavras que faltam!

❶ Anna, wohin gehst du?
Ana, ___ você ___?

❷ Kannst du für (der) Peter eine Fußballzeitschrift kaufen?
Você ___ comprar ___ revista de futebol ___ ___ Pedro?

❸ Natürlich. Und für (der) Luis?
___. E para o Luiz?

❹ Ich werde eine Modezeitschrift nehmen.
Eu ___ ___ uma ___ de moda.

5 Quinta aula [*ki^{n}ta aola*]

Então vamos
[*i^{n}tao^n wamuß*]

1 – Amanhã a **A**na v**a**i p**a**ra Bu**e**nos **A**ires. ① ②
[*amanja^n a ana waj para buenos ajriß*]

2 – **Eu** sei. **E**la v**a**i com a In**ê**s. ③
[*eo ßäj. äla waj ko^n a ineß*]

3 – Você f**i**ca aqu**i** em Bras**í**lia? ④ ⑤
[*woße fika aki ä^n brasilia*]

4 – Sim. E voc**ê**?
[*ßi^n i woße*]

ANMERKUNGEN

① Das unregelmäßige Verb **ir** "gehen" (**eu vou**, **você vai**, **ele vai**) kann auch mit "fahren" übersetzt werden.

❺ São Paulo ist eine internationale Stadt.

São Paulo é uma ______ internacional.

Solução do segundo exercício: As palavras que faltam.

❶ aonde – vai ❷ pode – uma – para o ❸ Claro ❹ vou pegar – revista ❺ cidade.

Fußball

Futebol und Brasilien sind eins. Nicht nur den Namen dieses Sports haben die Brasilianer aus dem Englischen entlehnt, auch z. B. **gol** [*gou*] für "Tor". Da soll noch einer sagen, die Brasilianer könnten keine Fremdsprachen ...

Fünfte Lektion

Na dann, gehen wir!

1 – Morgen fährt (geht) Anna nach Buenos Aires.

2 – Ich weiß. Sie fährt (geht) mit Ines.

3 – Bleibst du hier in Brasilia?

4 – Ja. Und du?

② Anders als bei den meisten Ländernamen stehen vor Städtenamen keine Artikel. Ausnahmen: **o Rio de Janeiro** (Fluss♂ von Januar♂); **o Recife** (Riff♂); **a Bahia** von **a baía** (Bucht♀); **o Porto** (Hafen♂), **o Cairo** "Kairo".

③ **Ela** "sie" ist das weibliche Pendant zum bereits bekannten **ele** "er".

④ Die Personalpronomen werden nicht unbedingt genannt; sie dienen meist zur Verstärkung. **E *você* vai também?** "Und *du* fährst auch?"

⑤ Sie kennen **em** bereits von **em frente** "gegenüber, geradeaus", meist wird es jedoch mit "in" übersetzt. **Ela fica em Fortaleza**. [*äla fika e*ⁿ *fortalesa*] "Sie bleibt in Fortaleza."

5 – **E**u tamb**é**m.
[*eo ta*[n]*bä*[n]]

6 – Ent**ão**, v**a**mos p**a**ra a pisc**i**na? ⑥ ⑦
[*i*[n]*tao*[n] *wamuß para a pißina*]

Exercício 1: Você entende estas frases?

❶ A senh**o**ra f**i**ca aqu**i** em São P**au**lo? ❷ **E**u também v**ou** p**a**ra o R**i**o de Jan**ei**ro. ❸ Sim, **eu** s**ei**. ❹ A T**â**nia v**ai** com o Rob**e**rto p**a**ra a pisc**i**na. ❺ V**a**mos peg**a**r o **ô**nibus?

Exercício 2: Complete as palavras que faltam!

❶ Robert bleibt in Brasilia.
Roberto fica __ Brasília.

❷ Kaufen wir für Paul eine Zeitung?
_____ comprar um jornal ____ _ Paulo?

❸ Morgen fahre ich nach Fortaleza.
______ eu ___ ____ Fortaleza.

❹ Natürlich, ich weiß.
Claro, eu ___.

❺ Ich werde den Bus mit Ines nehmen.
Eu vou _____ o ônibus ___ a Inês.

5 – Ich auch.

6 – [Na] dann, sollen wir ins Schwimmbad gehen (gehen für die Schwimmbad)?

ANMERKUNGEN

⑥ **vamos** "wir gehen": 1. Pers. Pl. (Plural) von **ir** "gehen". Es kann als Aufforderung "Lass uns gehen!" oder als Frage "Sollen wir gehen?, Gehen wir?" übersetzt werden.

⑦ **para** "für" hat auch die Bedeutung "nach, zu, in" und kann anstelle von **à** stehen. Man könnte hier auch **Vamos à piscina.** sagen.

Wir versuchen, Sie in kleinen Schritten mit der Grammatik des Brasilianischen vertraut zu machen. Zum besseren Verständnis steht beim ersten Auftreten eines grammatikalischen Fachausdrucks die deutsche Entsprechung in Klammern dahinter. Die grammatikalischen Erklärungen in den Anmerkungen sollen als kleine Verständnishilfen dienen. Ausführliche Erklärungen und eine Vertiefung der Grammatik finden Sie in den Wiederholungslektionen (jede 7. Lektion). Momentan ist für Sie das intuitive Lernen allerdings viel wichtiger als die Beherrschung grammatikalischer Regeln.

Solução do primeiro exercício: Você entendeu?

❶ Bleiben Sie♀ (die Dame bleibt) hier in São Paulo? ❷ Ich fahre auch nach Rio de Janeiro. ❸ Ja, ich weiß. ❹ Tanja geht mit Robert ins Schwimmbad. ❺ Sollen wir den Bus nehmen (gehen nehmen der Bus)?

Solução do segundo exercício: As palavras que faltam.

❶ **em** ❷ **Vamos – para o** ❸ **Amanhã – vou para** ❹ **sei** ❺ **pegar – com**.

Brasilia

Brasilia wurde 1922 gegründet und ist seit 1960 Hauptstadt (zuvor war es Rio de Janeiro). Heute bildet Brasilia den sog. **Distrito Federal do Brasil**. Die Stadt hat eine Fläche von ca. 5.822 km² und 2,5 Mio. Einwohner. Seit 1987 ist Brasilia Weltkulturerbe der UNESCO. 2008 wurde Brasilia der Titel "Kulturhauptstadt Amerikas" verliehen.

6 Sexta aula [*ßäßta aola*]

A turista
[*a turißta*]

1 – Boa tarde. ①
[*boa tardʃi*]

2 Sou turista e quero um mapa da cidade. ② ③
[*ßo turißta i käru u^n mapa da ßidadʃi*]

3 – A senhora quer um mapa em inglês ou em português? ④
[*a ßinjOra kär u^n mapa ä^n i^nglejß o ä^n portugejß*]

4 – Em português.
[*ä^n portugejß*]

5 – Mais alguma coisa? ⑤
[*majß auguma kojsa*]

6 – Sim. Preciso de um hotel perto daqui. ⑥ ⑦
[*ßi^n preßisu dʃi u^n otäu pärtu daki*]

7 Eu não quero caminhar muito. ⑧
[*eo nao^n käru kaminjar muj^ntu*]

ANMERKUNGEN

① Mit **Boa tarde** begrüßt man sich von mittags bis zum Sonnenuntergang. **Boa** "gute" ist die weibliche Form von **bom** "guter".

Sechste Lektion

Die Touristin

1 – Guten Tag.
(gute Nachmittag.)

2 Ich bin Touristin und möchte einen Stadtplan.
(bin Tourist und möchte ein Landkarte von-die Stadt.)

3 – Möchten Sie einen Plan auf (in) Englisch oder auf (in) Portugiesisch?

4 – Auf Portugiesisch.

5 – Sonst noch etwas?
(mehr irgendeine Sache?)

6 – Ja. Ich brauche (von) ein Hotel hier in der Nähe (nah von-hier).

7 Ich möchte nicht viel laufen.
(ich nicht möchte laufen viel.)

② **turista** "Tourist, -in" kennt wie **paulista** nur eine einzige Form für das Maskulinum und das Femininum.

③ **mapa** "Landkarte, [Stadt-]Plan" ist ein Maskulinum, obwohl es auf **-a** endet.

④ Sprachenbezeichnungen enden oft auf **-ês**: **inglês** "Englisch", **francês** [*franßejß*] "Französisch". Sie können auch adjektivisch verwendet werden; die weibliche Form endet dann auf **-esa**: **um turista inglês** "ein englischer Tourist", **uma senhora portuguesa** "eine portugiesische Dame".

⑤ Verwechseln Sie nicht **mais** "mehr" und **mas** "aber", auch wenn das zweite oftmals auch [*majß*] gesprochen wird.

⑥ **precisar** "brauchen" steht immer mit der Präposition **de**, wenn es in Verbindung mit einem Objekt oder Pronomen steht: **Preciso de um jornal português.** "Ich brauche eine portugiesische Zeitung."

⑦ **daqui** "von hier" besteht aus der Präposition **de** und dem Adverb (Umstandswort) **aqui** "hier".

⑧ Die Verneinung mit **não** "nicht" steht gewöhnlich vor dem Verb: **Não preciso de um mapa.** "Ich brauche keine (nicht brauche von) Landkarte." **Não é** kann auch "nicht wahr?" heißen. Sie kennen **não** als "nein" aus Lektion 3.

Exercício 1: Você entende estas frases?

1 **A**na quer um hot**e**l p**a**ra amanh**ã**. 2 O tur**i**sta franc**ê**s n**ã**o quer um m**a**pa em ingl**ê**s. 3 Por fav**o**r, o hot**e**l Eur**o**pa é p**e**rto daqu**i**? 4 B**o**a t**a**rde. O sen-h**o**r prec**i**sa de alg**u**ma c**o**isa? 5 Sim, **e**u prec**i**so de um jorn**a**l em portugu**ê**s e de um bom m**a**pa paul**i**sta.

Exercício 2: Complete as palavras que faltam!

1 Ja, ich möchte auch einen Stadtplan.
Sim, eu também _____ um _____ __ cidade.

2 Brauchst du ein Hotel hier in der Nähe?
Você precisa de um hotel _____ _____?

3 Die Touristin möchte nicht laufen.
A turista ___ quer _________.

4 Ich brauche einen Bus nach Brasilia.
Preciso __ um ônibus _____ Brasília.

5 Nein, danke♀. Ich möchte keine Zeitung auf Portugiesisch.
Não, _________. Não quero um jornal __ _________.

7 Sétima aula [*ßätschima aola*]

Wiederholung und Anmerkungen

In jeder Wiederholungslektion wird der Stoff der letzten sechs Lektionen ausführlich erläutert, vertieft und anhand von Beispielen illustriert. Um Ihnen die Struktur des Brasilianischen noch besser zu verdeutlichen, führen wir bei den Beispielen in den 7er-Lektionen mitunter auch in Maßen zusätzliches Vokabular ein. Lesen Sie sich die Anmerkungen in den Lektionen und die Erläuterungen in der Wiederholungslektion möglichst mehrmals durch. So prägen Sie sich die Informationen strukturiert ein und werden bereits bekannten Wortschatz und grammatikalische Strukturen leichter wiedererkennen und verstehen.

Solução do primeiro exercício: Você entendeu?

❶ Anna möchte ein Hotel für morgen. ❷ Der französische Tourist möchte keine Landkarte auf Englisch. ❸ Verzeihung, ist das Hotel Europa hier in der Nähe (nahe von-hier)? ❹ Guten Tag. Brauchen Sie etwas? ❺ Ja, ich brauche (von) eine Zeitung auf Portugiesisch und einen guten (guter) Stadtplan von São Paulo.

Solução do segundo exercício: As palavras que faltam.

❶ quero – mapa da ❷ perto daqui ❸ não – caminhar ❹ de – para ❺ obrigada – em português.

Sie sind schon fast am Ende Ihrer ersten Lerneinheit angelangt. In der kommenden Wiederholungslektion werden die bisher erworbenen Kenntnisse vertieft. Beschäftigen Sie sich weiterhin jeden Tag ca. 20 Minuten mit dem Brasilianischen. Lassen Sie sich Zeit bei der Bearbeitung der einzelnen Lektionen, und lernen Sie nicht auswendig. Assimilieren Sie Satzstrukturen und Wendungen möglichst im Ganzen. Wir legen Ihnen, wie gesagt, ans Herz, begleitend zum Buch auch mit den Tonaufnahmen zu arbeiten, damit Sie langsam aber sicher ein Gefühl für den Klang der brasilianischen Sprache bekommen. Dafür, dass Sie die erste Etappe schon so gut durchgehalten haben, sagen wir:

Parabéns! *[parabäj^{n}ß] "Glückwunsch!"*

Siebte Lektion

Benutzen Sie die Wiederholungslektionen im Verlauf des Kurses auch zum Nachschlagen; alle darin behandelten Grammatikthemen finden Sie im grammatikalischen Index am Ende des Buches.

Gehen Sie erst dann zur nächsten Lektion über, wenn Sie die Erklärungen und die fremdsprachigen Texte dieser Lektion gut verstehen.

Auf den Tonaufnahmen hören Sie in dieser Lektion zunächst **Diálogo de revisão** [*djialogu dji h,ewisao^n*] "Wiederholungsdialog" und dann gleich die am Ende dieser Lektion abgedruckte Verständnis-/Formulierungsübung, mit der Sie ebenso verfahren wie in den bisherigen Lektionen.

1. Aussprache der brasilianischen Laute

a) Vokale (Selbstlaute)
Einige Vokale werden unterschiedlich ausgesprochen, je nachdem, wo in einem Wort die Betonung liegt.

- So kann **o** folgendermaßen ausgesprochen werden:
  - als geschlossenes [*o*] wie in "Floh" – **sou** [*ßo*]; **senhor** [*ßinjor*]; **boa** [*boa*]; **hotel** [*otäu*]
  - als offenes [*O*] wie in "soll" – **dobra** [*dObra*]; **senhora** [*ßinjOra*]; **nome** [*nOmi*]
  - als [*u*] wie in "Schuh" – **Paulo** [*paolu*]; **ao** [*au*]
- **e** kann folgendermaßen ausgesprochen werden:
  - als geschlossenes [*e*] wie in "Fee" – **você** [*woße*]; **eu** [*eo*]
  - als offenes [*ä*] wie in "Äpfel" – **desta** [*däßta*]; **é** [*ä*]
  - als [*i*] wie in "Igel" – **sabe** [*ßabi*]; **senhor** [*ßinjor*]

Verwechseln Sie nicht das mit Akzent geschriebene und [*ä*] gesprochene **é** ("er/sie ist, du bist, Sie sind") und **e** "und", das man immer [*i*] spricht.

Grundsätzlich ist die Aussprache der brasilianischen Vokale regional recht unterschiedlich. Um Sie darauf besser vorzubereiten, sprechen die Muttersprachler auf den Tonaufnahmen hin und wieder etwas anders, als dies in der Transkription dargestellt ist.

b) Konsonanten (Mitlaute)
Eine ausführliche Beschreibung der Aussprache aller brasilianischen Konsonanten finden Sie im Abschnitt über die Aussprache des Brasilianischen am Ende des Buches. Beachten Sie hier im Besonderen die folgenden Punkte:

- Die Silben **de** und **di** bzw. **te** und **ti** werden meist [*dĵi*] und [*tschi*] gesprochen:
  onde [*o^{n}dĵi*]; **dia** [*dĵia*]; futebol [*futschibOu*]

- **l** spricht sich am Wortende immer als [*u*]:
  jornal [*ĵornau*]; **hotel** [*otäu*] usw.

Dies gilt ebenfalls für das Wort **Brasil** [*brasiu*] "Brasilien".

- **s** wird in den meisten Fällen als stimmloses, scharfes [*ß*] gesprochen:
  sim [*ßi^n*]; **vamos** [*wamuß*]

In seltenen Fällen wird es aber auch als stimmhaftes [*s*] wie in "Saal" artikuliert:
museu [*museo*]; **revisão** [*h,ewisao^n*], ansonsten regional als [*sch*] wie in "Schule"

- **z** wird fast immer als stimmhaftes [*s*] wie in "Saal" gesprochen:
  trazer [*traser*]

Allerdings gibt es auch hier einige Ausnahmen, z. B. wenn **z** am Wortende steht, wird es meist [*ß*] ausgesprochen: **Luiz** [*luiß*].

c) Nasallaute
Nasallaute sind reine Vokale oder Kombinationen aus Konsonanten und Vokalen, deren Aussprache nasaliert – also durch die Nase – artikuliert wird. Bereits bekannte Nasallaute sind:

um [*u^n*]
vêm [*we^n*]
om wie in **bom** [*bo^n*]
nh wie in **senhor** [*ßinjor*]
im wie in **sim** [*ßi^n*]
ão wie in **são** [*ßao^n*]
ã wie in **amanhã** [*amanja^n*] usw.

d) Betonung
Die Betonung ist besonders wichtig: Je nachdem, welche Silbe eines Wortes betont wird, können sich gravierende Unterschiede in der Bedeutung ergeben! In der Regel liegt die Betonung auf der vorletzten Silbe (in den Lektionstexten geben wir die Betonung durch Fettdruck des entsprechenden Vokals an):
rua, **obrigada**, **minuto**, **volto**, **revista**, **claro**, **moda** usw.
Liegt die Betonung dagegen auf einer anderen Silbe, wird dies durch einen Akzent – meist ^ – kenntlich gemacht: **você**, **ônibus**, **Inês**. Dies ist aber nicht immer der Fall, und so findet man Ausnahmen wie **Brasil**, **futebol** oder **aqui**, die man sich eben einfach merken muss. Aber keine Sorge: Mit der Zeit werden Sie ein Gefühl für die Betonung brasilianischer Wörter bekommen!

2. Nomen, Adjektive und Artikel

Man unterteilt brasilianische Nomen (Hauptwörter) – im Unterschied zum Deutschen – nur in zwei Geschlechter: männlich (♂) und weiblich (♀). Sie haben in den letzten Lektionen männliche Nomen mit verschiedenen Endungen wie **-a**, **-e**, **-el**, **-eu**, **-il**, **-o**, **-ol**, **-or** kennengelernt. Hierzu zählen:
dia "Tag", **nome** "Name", **hotel** "Hotel",
museu "Museum", **Brasil** "Brasilien", **Paulo** "Paul",
futebol "Fußball", **senhor** "Herr" usw.

Der bestimmte Artikel männlicher Nomen ist **o**, der unbestimmte Artikel männlicher Nomen ist **um**:
o mapa / um mapa "die Landkarte / eine Landkarte"
um minuto / um minuto "die Minute / eine Minute"

Die meisten bis jetzt bekannten weiblichen Nomen enden auf **-e** oder **-a**:

aula "Lektion", **rua** "Straße", **tarde** "Nachmittag"
cidade "Stadt", **Brasília** "Brasilia" usw.

Der bestimmte Artikel weiblicher Nomen ist **a**, der unbestimmte Artikel weiblicher Nomen ist **uma**:

a senhora / uma senhora "die Dame / eine Dame"
a revista / uma revista "die Zeitschrift / eine Zeitschrift"

Die meisten dieser auf **-a** endenden Nomen bilden den Plural durch Anhängen eines **-s**:

obras "Werke".

Adjektive (Eigenschaftswörter), die sich auf ein Nomen beziehen, stimmen mit diesem in Genus (Geschlecht) und Numerus (Anzahl) überein:

o museu moderno "das moderne Museum"
a arte moderna "die moderne Kunst"
as obras modernas "die modernen Werke"

Allerdings kennen nicht alle Adjektive gesonderte Formen für Maskulinum und Feminium:

o jornal grande "die große Zeitung"
a cidade grande "die große Stadt"

Sie haben weiterhin gemerkt, dass Eigennamen – wie Personennamen oder Namen von Ländern oder Städten – manchmal mit und manchmal ohne Artikel stehen.

Noch etwas zu den bestimmten Artikeln: Stehen vor ihnen die Präpositionen **de** "aus, von"; **em** "in" und **a** "nach, zu", so werden sie wie folgt zusammengezogen: **de** + **a** = **da** "von der"; **em** + **a** = **na** "in der/ auf der"; **a** + **o** = **ao** "zum, nach, in"; **a** + **a** = **à** "zur, nach, in".

3. Personalpronomen

Sie kennen bereits die Personalpronomen **eu** "ich", **ele** "er" und **ela** "sie".

Die Personalpronomen müssen in einem Satz nicht zwingend genannt werden; in den meisten Fällen gibt das Verb eindeutig Auskunft darüber, wer gemeint ist: **sou** bedeutet "ich bin".

Das Personalpronomen wird dagegen immer genannt, wenn die Person besonders betont werden soll oder wenn aus dem Satzzusammenhang nicht klar hervorgeht, von wem die Rede ist.

3.1 Siezen und Duzen

Auch das Brasilianische unterscheidet bei der Anrede zwischen "du" und "Sie", jedoch sind die grammatikalischen Unterschiede geringer. In beiden Fällen verwenden die meisten Brasilianer die 3. Person Singular des Verbs; es verändert sich nur das Personalpronomen. Spricht man mit einer älteren, unbekannten Person oder jemandem, dem man mit besonderem Respekt begegnet, verwendet man **o senhor**♂ und **a senhora**♀, das wir im Deutschen mit "Sie" übersetzen: **O senhor/A senhora é paulista?** "Sind Sie♂/♀ aus [dem Staat] São Paulo?"

Für das vertraute "du", das man für Gleichaltrige, Kollegen, Freunde, Verwandte usw. verwendet, hat sich in fast ganz Brasilien das neutrale **você** durchgesetzt: **Você é italiana.** "Du bist Italienerin." Dennoch: Die Anrede mit **você** ist formeller als das deutsche "du" und wird nicht als unhöflich oder respektlos empfunden. Das in Portugal übliche **tu** findet sich in Brasilien nur im äußersten Süden und in Teilen des Nordens und Nordostens.

4. Verben

4.1 Verb ser "sein"

Sie kennen bereits diese Formen:
(**eu**)* **sou** "ich bin"
(**você**) **é** "du bist"
(**ele** / **ela**) **é** "er/sie ist"
(**o senhor** / **a senhora**) **é** "Sie♂/♀ sind"
*siehe Punkt 3 dieser Lektion

4.2 Andere Verben

Brasilianische Verben verfügen über eine Grundform, die aus dem Verbstamm und der Endung **-ar**, **-er** oder **-ir** besteht. Von dieser Grundform aus werden die jeweiligen Verbformen gebildet. Man unterscheidet auch im Brasilianischen regelmäßige und unregelmäßige Verben. Beachten Sie nochmals, dass die 3. Person Singular sowohl für die Personen **ele** "er" und **ela** "sie", **você** "du" als auch für die Anrede mit **o senhor** / **a senhora** "Sie" verwendet wird.

Hier die Verbformen, die Sie kennengelernt haben:

• Regelmäßige Verben auf **-ar**:
comprar "kaufen"
dobrar "falten, abbiegen" ► (**dobra**)
ficar "bleiben" ► (**fica**)
pegar "nehmen" ► (**pega**)

precisar de "brauchen" ▶ (**preciso de**)
voltar "drehen, zurückkommen" ▶ (**volto**)

• Unregelmäßige Verben auf -**er**:
poder "können" ▶ (**pode**)
querer "möchten, wollen" ▶ (**quero**)
saber "wissen" ▶ (**sei**; **sabe**)

• Unregelmäßige Verben auf -**ir**:
ir "gehen" ▶ (**vou**; **vai**; **vamos**)
seguir "folgen, fortfahren" ▶ (**segue**)
vir "kommen" ▶ (**vêm**)

5. Verständnis-/Formulierungsübung

Wenn Sie sich noch in der passiven Phase Ihres Studiums befinden, lesen Sie die folgenden Sätze, und überprüfen Sie einfach, ob Sie den Sinn der Sätze verstehen können – mehr nicht. Vergleichen Sie sie anschließend mit der nachfolgenden Übersetzung.

Befinden Sie sich dagegen in der aktiven Phase, in deren Verlauf Sie ab Lektion 50 nach und nach alle Lektionen – wie ein Dolmetscher – vom Deutschen ausgehend auf Brasilianisch formulieren (siehe Erklärungen in der Einleitung), sollten Sie versuchen, diese Übung in der gleichen Weise zu absolvieren, d. h. die deutschen Sätze ins Brasilianische zu übersetzen.

Exercício 1: Você entende estas frases?

① Bom dia. ② Por favor, eu preciso de um mapa da cidade. ③ Desculpe, a senhora é turista? ④ Não, eu sou paulista. ⑤ Mas eu quero comprar um mapa. ⑥ A senhora quer um mapa em português, não é? ⑦ Sim. Em português. ⑧ Ah! E o senhor sabe onde é o hotel Europa? ⑨ Sim. É em frente, perto daqui. ⑩ A senhora pode caminhar ou pegar o ônibus. ⑪ Eu vou a pé. Com este mapa, claro!

Solução do primeiro exercício: Você entendeu?

① Guten Morgen. ② Verzeihung, ich brauche einen Stadtplan. ③ Entschuldigung, sind Sie♀ (die Dame ist) Touristin? ④ Nein, ich bin [aus dem Staat] São Paulo. ⑤ Aber ich möchte einen Plan (Landkarte) kaufen. ⑥ Sie♀ möchten einen Plan auf Portugiesisch, nicht wahr (nicht ist)? ⑦ Ja. Auf Portugiesisch. ⑧ Ah! Und wissen Sie♂, wo das Hotel Europa ist? ⑨ Ja. Es ist geradeaus, hier in der Nähe. ⑩ Sie♀ können laufen oder den Bus nehmen. ⑪ Ich gehe zu Fuß. Mit diesem Plan, natürlich!

Konzentrieren Sie sich gegenwärtig ganz auf das Verstehen der Texte. Hören Sie sich die Tonaufnahmen der aktuellen Lektion möglichst täglich an – dabei reichen 15–20 Minuten Lernzeit. Machen Sie sich keine Gedanken über Dinge, die vielleicht bis jetzt noch nicht erklärt wurden; die Erklärung wird zu gegebener Zeit kommen.

8 Oitava aula [ojtawa aola]

A viagem para Manaus ①

1 – Estou pronta! ② ③

2 – Você tem tudo?

3 O passaporte e as passagens de avião? ④

4 – O passaporte está aqui, mas cadê as duas passagens? ⑤

5 – Aqui, ao lado da bolsa. ⑥

6 – Ainda bem! ⑦

PRONÚNCIA

[a wiaĵä^n para manaoß **1** *ißtou pro^{n}ta* **2** *woßeh te^n tudu* **3** *u paßapOrtschi i aß paßaĵä^{n}ß dĵi awiao^n* **4** *u paßapOrtschi ißta aki maß kadä aß duaß paßaĵä^{n}ß* **5** *aki au ladu da boußa* **6** *ai^{n}da bä^n]*

Ab dieser Lektion finden Sie die Lautschrift nicht mehr unter jedem Satz, sondern zusammengefasst am Ende des Dialogs.

Achte Lektion

Die Reise nach Manaus

1 – Ich [bin] fertig♀!

2 – Hast du alles?
(du hat alles?)

3 Den Reisepass und die Flugtickets (Fahrkarten von Flugzeug)?

4 – Der Reisepass ist hier, aber wo sind die beiden (wo-ist die zwei) Tickets?

5 – Hier, neben der (nach-der Seite von-die) Tasche.

6 – Noch mal gut gegangen!
(noch gut!)

ANMERKUNGEN

① **para** "für" hat mehrere Bedeutungen, u. a. "nach" (**para São Paulo** "nach São Paulo") oder "um zu" (**para comprar as passagens** "um die Tickets zu kaufen").

② **Estou** "(ich) bin" kommt von **estar** "sein, sich befinden", das für vorübergehende und veränderliche Zustände gebraucht wird.

③ **pronta** "fertig, bereit" ist die weibliche Form von **pronto**.

④ Alle Nomen, die auf **-gem** enden, sind Feminina: **a passagem** "die Fahrkarte, das Ticket", **a viagem** "die Reise". Sie bilden den Plural auf **-ens**: **as passagens** "die Fahrkarten, die Tickets", **as viagens** "die Reisen".

⑤ **cadê?** "wo ist/sind?" (kurz für **que é de?** "was ist von?") ist die umgangssprachliche Variante zu **onde está?** "wo ist?"

⑥ **ao lado de...** "neben ... " ist eine Kombination aus Präpositionen und einem Nomen, ähnlich wie das bereits bekannte **em frente** "geradeaus". Ohne **de** heißt **ao lado** "nebenan".

⑦ **Ainda bem!** "Noch mal gut gegangen!, Zum Glück!, Gott sei Dank!" ist nur eine der vielen Redewendungen des Brasilianischen.

Exercício 1: Você entende estas frases?

❶ O mapa está com o passaporte. ❷ Vamos? Eu estou pronta. ❸ A senhora tem o mapa de Manaus? ❹ Você pode comprar a passagem de avião aqui. ❺ Ele pode pegar tudo?

Exercício 2: Complete as palavras que faltam!

❶ Ich möchte alles kaufen.
Eu _____ comprar _____.

❷ Sie hat das Flugticket.
Ela ___ a ________ de _____.

❸ Ich bin mit einer portugiesischen Dame [zusammen].
Eu _____ com uma _______ portuguesa.

❹ Bist du fertig♀?
Você está ______?

❺ Der Reisepass ist neben der Zeitung.
O __________ está __ ____ do jornal.

9 Nona aula [*nona aola*]

A lanchonete

1 – Vamos tomar um cafezinho? ① ②

2 – Sim. Aonde?

PRONÚNCIA

[*a la^{n}schonätschi* **1** *wamuß tomar u^n kafäsinju* **2** *ßi^n ao^{n}dji*]

Solução do primeiro exercício: Você entendeu?

① Die Landkarte ist bei (mit) dem Reisepass. ② Gehen [wir]? Ich bin fertig♀. ③ Haben Sie (die Dame hat) den Plan von Manaus? ④ Du kannst (kann) hier das Flugticket kaufen. ⑤ Kann er alles nehmen?

Solução do segundo exercício: As palavras que faltam.

❶ quero – tudo ❷ tem – passagem – avião ❸ estou – senhora ❹ pronta ❺ passaporte – ao lado.

Manaus

Manaus mit seinen ca. 1,7 Mio. Einwohnern liegt inmitten des Urwaldes am Rio Negro. Manaus wurde 1669 unter dem Namen **Forte de São José da Barra do Rio Negro** von den Portugiesen gegründet und ist als wichtiger Kautschuklieferant und wegen seines Opernhauses **Teatro Amazonas** bekannt, das im Film *Fitzcarraldo* aus dem Jahre 1982 mit Klaus Kinski eine Rolle spielte.

Neunte Lektion

Die "Lanchonete"

1 – Gehen wir einen Espresso trinken?
(gehen nehmen ein Kaffeechen?)

2 – Ja. Wohin [gehen wir]?

ANMERKUNGEN

① **tomar** "nehmen" wird heute meist im Sinne von "trinken" verwendet. Für "nehmen" hört man eher **pegar** oder **apanhar**.

② Der **cafezinho** ist das Nationalgetränk Brasiliens, man liebt ihn stark. Die Endung **-zinho** an **café** "Kaffee" ist eine Verkleinerungsform, durch die der Betonungsakzent auf dem **e** entfällt.

3 – Tem **u**ma lanchon**e**te n**o**va p**e**rto da r**u**a Aug**u**sta. ③

4 – **E**u v**o**u tom**a**r um caf**é** com l**e**ite.

5 – E **e**u um cafez**i**nho **o**u um s**u**co de lar**a**nja.

6 – Eu tamb**é**m qu**e**ro um s**u**co.

7 mas de abacax**i** ou de mel**ão**. ④

PRONÚNCIA

[*3 tä^n uma la^{n}schonätschi nOwa pärtu da h͵ua aogußta* **4** *eo wo tomar u^n kafä ko^n lejtschi* **5** *i eo u^n kafäsinju o u^n ßuku dji lara^{n}ja* **6** *eo ta^{n}bä^n käru u^n ßuku* **7** *maß dji abakaschi o dji melao^n*]

ANMERKUNGEN

③ **Tem**: 3. Pers. Sg. von **ter** "haben", es kann aber auch die Bedeutung "es gibt" oder "gibt es?" haben: **Tem uma lanchonete aqui?** "Gibt es hier eine Lanchonete?"

Exercício 1: Você entende estas frases?

❶ Voc**ê** quer tom**a**r um s**u**co de lar**a**nja? ❷ N**ão**, **eu** qu**e**ro um caf**é** com l**e**ite. ❸ **O**nde é a lanchon**e**te n**o**va? ❹ O senh**o**r p**o**de traz**e**r l**e**ite? ❺ A senh**o**ra quer m**a**is um cafez**i**nho?

Exercício 2: Complete as palavras que faltam!

❶ Ich werde einen Ananassaft trinken.
Eu vou ______ um suco de ________.

❷ Kannst du (für die) Paula einen Espresso mitbringen?
Você pode ______ um __________ para a Paula?

3 – Es gibt (hat) eine neue "Lanchonete" (neu♀) in der Nähe der Augusta-Straße.

4 – Ich werde einen Milchkaffee trinken. (ich gehe nehmen ein Kaffee mit Milch♂.)

5 – Und ich einen Espresso oder einen Orangensaft (ein Saft von Orange♀).

6 – Ich möchte auch einen Saft,

7 aber (von) Ananas♂ oder (von) Melone♂.

④ **abacaxi** stammt wie auch z. B. **maracujá** "Maracuja, Passionsfrucht" und **caju** [*kaĵu*] "Cashew" aus der indigenen Tupí-Guaraní-Sprache. Alle drei Wörter sind endbetont.

Solução do primeiro exercício: Você entendeu?

❶ Möchtest du einen Orangensaft trinken (nehmen)? ❷ Nein, ich möchte einen Milchkaffee (Kaffee mit Milch). ❸ Wo ist die neue "Lanchonete"? ❹ Können Sie (der Herr kann) Milch bringen? ❺ Möchten Sie noch (die Dame möchte mehr) einen Espresso?

Solução do segundo exercício: As palavras que faltam.

❶ tomar – abacaxi ❷ trazer – cafezinho

❸ Nebenan gibt es (hat) eine neue "Lanchonete".

... ... tem uma lanchonete ... .

❹ Die Melone ist sehr gut.

O ... está ... .

❺ Einen Orangensaft und einen Milchkaffee, bitte!

Um ... ... e um café com leite, por favor!

10 Décima aula [*däßima aola*]

No carro ① ②

1 – Que calor! ③

2 – Sim, o calor está insuportável. ④

PRONÚNCIA

[*nu kah,u* **1** *ke kalor* **2** *ßi*^{n} *u kalor ißta i*^{n}*ßuportawäu*]

Solução do segundo exercício: As palavras que faltam.

❸ Ao lado – nova ❹ melão – muito bom ❺ suco de laranja.

Lanchonete

Eine **lanchonete** findet man fast an jeder Ecke. Diese Selbstbedienungslokale für den schnellen Snack zwischendurch bieten aber *nicht* Pommes frites, Currywurst und Bier an, sondern v. a. Burger, Hot Dogs und **Bauru**-Sandwiches: Belegte Brote, meist mit Schinken oder Roastbeef, Salat, Tomaten, Mozzarella usw. Man bekommt auch kleine Häppchen namens **salgadinhos**, Säfte (**sucos**) und natürlich immer **cafezinho**, den allzeit beliebten Espresso.

Zehnte Lektion

Im Auto

1 – Was für eine Hitze③!

2 – Ja, die Hitze ist unerträglich.

ANMERKUNGEN

① Manche Präpositionen werden mit bestimmten Artikeln zu einem Wort zusammengezogen. So auch hier **em + o = no** "im/auf dem".

② Wie das **r** am Wortanfang wird auch das doppelte **r** [*h*] (wie in Haus) oder seltener als Zäpfchen-r gesprochen.

③ **Que** "welcher, -e, was für ein, -e" kann als Ausruf sowohl vor einem maskulinen als auch vor einem femininen Nomen stehen: **Que dia!** "Was für ein Tag!"

④ Zahlreiche Adjektive können durch die Silbe **in**- "un-" verneint werden: **suportável** "erträglich" > **insuportável** "unerträglich".

3 – As janelas já estão abertas… ⑤

4 – E as portas?

5 – Você está louca? ⑥

6   E os ladrões?! ⑦

PRONÚNCIA

*[**3** aß ĵanälaß ĵa ißtao^{n} abärtaß **4** i aß pOrtaß **5** woße ißta louka **6** i uß ladroj^{n}ß]*

Exercício 1: Você entende estas frases?

❶ Eu vou pegar o carro. ❷ No carro o calor está insuportável. ❸ As portas do museu não estão abertas. ❹ Mas as janelas estão abertas. ❺ O carro está ao lado do hotel.

Exercício 2: Complete as palavras que faltam!

❶ Diese Touristin ist unerträglich.
Esta turista está ___________.

❷ Sie ist Italienerin.
Ela _ italiana.

❸ Anton wird das Auto nehmen, um (für) die Tickets zu kaufen.
Antônio vai _____ o _____ para comprar as _________.

❹ Die Tasche ist im Auto.
A _____ está __ carro.

❺ Das Hotel hat viele Türen und Fenster.
O hotel tem muitas ______ e _______.

3 – Die Fenster♀♀ sind bereits geöffnet ...

4 – Und die Türen♀♀?

5 – Bist du verrückt?

6 Und [was ist mit] den Einbrechern (Diebe♂♂)?!

ANMERKUNGEN

⑤ **estão** "(sie) sind": 3. Pers. Pl. von **estar** "sein, sich befinden": **Os museus estão abertos**. "Die Museen sind geöffnet".

⑥ **estar** "sein, sich befinden" wird für vorübergehende Zustände gebraucht, **ser** hingegen bei Dauerzuständen: **Você está louco!** "Du bist (gerade) verrückt!", aber **Você é louco!** "Du bist (immer) verrückt / ein Verrückter!"

⑦ **ladrões** "Diebe": Plural zu **ladrão**. Es bilden aber nicht alle Wörter auf **-ão** die Mehrzahl auf **-ões**.

Solução do primeiro exercício: Você entendeu?

❶ Ich werde (gehe nehmen) das Auto nehmen. ❷ Im Auto ist die Hitze unerträglich. ❸ Die Türen des Museums sind nicht geöffnet. ❹ Aber die Fenster sind geöffnet. ❺ Das Auto befindet sich neben dem Hotel.

Solução do segundo exercício: As palavras que faltam.

❶ insuportável ❷ é ❸ pegar – carro – passagens ❹ bolsa – no ❺ portas – janelas.

Wundern Sie sich nicht, wenn bestimmte grammatikalische Phänomene unerklärt bleiben. In den Anmerkungen finden Sie nur die Erklärungen, die Sie im Moment benötigen, um den entsprechenden Satz zu verstehen.

11 Décima primeira aula [*däßima primejra aola*]

Antes da viagem para o Norte ①

1 – A minha mala não fecha. ② ③

2 – Você quer ajuda?

3 – Sim. Você pode sentar aqui, em cima da mala? ④ ⑤

4 – Não é uma boa ideia...

5 – Então eu vou pegar a sua mala vermelha! ⑥ ⑦

6 – Hum, também não é uma boa ideia...

PRONÚNCIA

[*a^{n}tschiß da wiaĵä^n para u nOrtschi* **1** *a minja mala nao^n fäscha* **2** *woße kär aĵuda* **3** *ßi^n woße pOdĵi ßä^{n}tar aki ä^n ßima da mala* **4** *nao^n ä uma boa idäja* **5** *i^{n}tao^n eo wo pegar a ßua mala wärmelja* **6** *hu^n ta^{n}bä^n nao^n ä uma boa idäja*]

Exercício 1: Você entende estas frases?

❶ Eu não quero a sua mala. ❷ Maria Cristina, você quer minha bolsa nova? ❸ A senhora pode sentar ao lado da janela. ❹ A passagem está na minha mala? ❺ Não, está em cima da bolsa.

Vor der Reise in den Norden

1 – Mein Koffer schließt nicht.
(die mein♀ Koffer♀ nicht schließt.)

2 – Brauchst du (du möchte) Hilfe?

3 – Ja, kannst du dich hier auf den Koffer setzen (in oben von-die Koffer)?

4 – Das ist keine gute Idee♀ …

5 – Dann werde ich deinen (sein) roten Koffer nehmen!

6 – Hmm, das ist auch keine gute Idee …

ANMERKUNGEN

① Auch hier gibt **para** "für" die Richtung an. Alternativ könnte man auch **a viagem ao Norte** sagen.

② **minha** "meine" steht nur in Verbindung mit weiblichen Nomen, und zwar mit oder ohne Artikel – ohne Bedeutungsunterschied.

③ Wie bereits erwähnt, werden Verben durch **não** "nicht" verneint: **A mala não está aberta**. "Der Koffer ist nicht geöffnet".

④ **sentar** "(sich) setzen" muss im Brasilianischen nicht rückbezüglich sein: **eu quero sentar** "ich möchte [mich] setzen".

⑤ **em cima de** "auf" ist eine weitere Zusammensetzung aus Nomen und Präpositionen, ähnlich wie **ao lado de** oder **em frente**.

⑥ Die einfachste Bildung des Futurs ist die Kombination aus einer konjugierten Form von **ir** und einem Verb im Infinitiv, z. B. **você vai sentar** "du wirst [dich] setzen".

⑦ **sua** "seine/ihre" steht nur mit weiblichen Besitztümern. Im Unterschied zu Portugal wird es in Brasilien fast nur noch für die 2. Person **você** gebraucht, weshalb wir es mit "deine" übersetzen.

Solução do primeiro exercício: Você entendeu?

❶ Ich möchte deinen Koffer nicht. ❷ Maria Christina, möchtest du meine neue Tasche? ❸ Sie können sich neben das Fenster setzen. ❹ Ist das Ticket in meinem Koffer? ❺ Nein, [es] ist auf der Tasche.

Exercício 2: Complete as palavras que faltam!

❶ Ich werde meinen Koffer nehmen.
Eu vou … a … mala.

❷ Schließt deine Tasche nicht?
A … bolsa não …?

❸ Karl, brauchst (möchtest) du Hilfe?
Carlos, você quer …?

12 Décima segunda aula [*däßima ßägu^{n}da aola*]

O encontro

1 – A senhora é brasileira? ①

2 Fala português?

3 – Eu não sou brasileira,

4 mas eu falo um pouco de português.

5 – Qual é o seu nome? ② ③

6 – Meu nome é Sônia, ④

PRONÚNCIA

[u i^{n}ko^{n}tru **1** *a ßinjOra ä brasilejra* **2** *fala portugejß* **3** *eo nao^n ßo brasilejra* **4** *maß eo falu u^n pouku dji portugejß* **5** *kwau ä u ßäu nOmi* **6** *meo nOmi ä ßonia* **7** *meo ßobrinOmi ä a^{n}därßo^n* **8** *i äßtschi ä pako meo maridu]*

❹ Ich möchte mich hier[her] setzen.

Eu quero ______ ____.

❺ Der Reisepass liegt (ist) auf der roten Tasche.

O passaporte está __ ____ da bolsa ________.

Solução do segundo exercício: As palavras que faltam.

❶ pegar – minha ❷ sua – fecha ❸ ajuda ❹ sentar aqui ❺ em cima – vermelha.

Zwölfte Lektion

Das Treffen

1 – Sind Sie Brasilianerin (brasilianisch♀)?

2 Sprechen Sie Portugiesisch (portugiesisch♂)?

3 – Ich bin keine (nicht bin) Brasilianerin,

4 aber ich spreche ein wenig Portugiesisch.

5 – Wie (welcher) ist Ihr (sein) Name♂?

6 – Mein [Vor]name ist Sonja,

ANMERKUNGEN

① **brasileiro** "brasilianisch" ist wie **italiano** "italienisch" oder **estrangeiro** "ausländisch" Adjektiv und Substantiv zugleich. Es ist auch veränderlich: Die Endung **-a** steht für die weibliche Form.

② **Qual?** ist unveränderlich und kann mit "welcher, -e?" übersetzt werden: **Qual é o mapa da cidade?** "Welcher ist der Stadtplan?". **Qual senhora?** "Welche Dame?"

③ **seu** "sein/ihr": männliche Form von **sua** und folglich nur anwendbar mit männlichen Besitztümern. Wie **sua** wird auch **seu** im Zusammenhang mit der 2. Person **você** gebraucht.

④ **Meu** "mein" steht nur in Verbindung mit männlichen Nomen, und zwar mit oder ohne Artikel – ohne Bedeutungsunterschied.

7 m**e**u sobren**o**me é **A**nderson.

8 E **e**ste é P**a**co, m**e**u mar**i**do.

Exercício 1: Você entende estas frases?

❶ **E**sta senh**o**ra n**ão** é brasil**ei**ra. ❷ **E**ste senh**or** f**a**la portugu**ê**s? ❸ Sim, mas **e**le f**a**la m**ui**to p**ou**co. ❹ **O**nde est**á** m**e**u mar**i**do? ❺ Qual é o s**eu** hot**e**l?

Exercício 2: Complete as palavras que faltam!

❶ Vera spricht sehr gut Portugiesisch.
Vera ____ muito bem ____.

❷ Wie ist bitte dein/Ihr Name?
Por favor, ____ é o ____ nome?

❸ Ich spreche mit meinem Ehemann.
Eu ____ com o ____ ____.

❹ Sind Sie keine (die Dame nicht ist) Brasilianerin?
A senhora ____ é ____?

❺ Mein Nachname ist Vargas.
____ sobrenome ____ Vargas.

> *Seien Sie am Anfang zufrieden, wenn Sie die Dialoge beim Lesen und Hören <u>verstehen</u>, und machen Sie sich mit der fremden Aussprache vertraut. Denken Sie immer daran, dass Sie mit der Zeit und durch tägliches Lesen und Nachsprechen ein Gefühl und ein "Ohr" für die brasilianischen Laute bekommen.*

7 mein Nachname ist Anderson.

8 Und dies ist Paco, mein Mann.

Solução do primeiro exercício: Você entendeu?

❶ Diese Dame ist keine Brasilianerin. ❷ Spricht dieser Herr Portugiesisch? ❸ Ja, aber er spricht sehr wenig. ❹ Wo ist mein (Ehe-)Mann? ❺ Welches ist dein (der sein) Hotel?

Solução do segundo exercício: As palavras que faltam.

❶ fala – português ❷ qual – seu ❸ falo – meu marido ❹ não – brasileira ❺ Meu – é.

Der Norden Brasiliens (Amazônia)

Der Norden mit den Bundesstaaten **Acre, Amapá, Amazonas, Pará, Rondônia, Roraima** und **Tocantins** macht ca. 45 % des Staatsgebietes aus. Es ist ein Paradies der Superlative: Durchschnittlich strömen pro Sekunde 175 Mio. Liter Wasser aus dem Amazonas in den Atlantik, in den Urwäldern gibt es 80.000 Pflanzenspezies und 30 Mio. Tierarten, darunter etwa 10 Mio. Insekten. Leider ist dieses Paradies durch Abholzung bedroht: Im Schnitt werden pro Jahr ca. 28 Mio. m^3 Holz gefällt.

13 Décima terceira aula [*däßima tärßäjra aola*]

Marcar um encontro ①

1 – H**o**je à t**a**rde **e**u v**o**u **a**o cin**e**ma. ② ③

2 – Com quem? ④

3 – Com a m**i**nha am**i**ga Van**e**ssa.

4 – **E**u também quero ir.

5 – Então v**a**mos marc**a**r um enc**o**ntro na fr**e**nte do cin**e**ma "C**a**rmen Mir**a**nda".

6 – Tá leg**a**l! ⑤

PRONÚNCIA

[*mark**a**r u^n i^{n}k**o**^{n}tru* **1** *o**j**i a tardji eo wo **au** ßin**e**ma* **2** *ko^n kä^n* **3** *ko^n a m**i**nja am**i**ga wan**e**ßa* **4** *eo ta^{n}b**ä**^{n} käru ir* **5** *i^{n}tao^n wamuß mark**a**r u^n i^{n}k**o**^{n}tru na fr**ä**^{n}tschi du ßin**e**ma karmä^n mir**a**^{n}da* **6** *ta leg**au***]

Exercício 1: Você entende estas frases?

❶ O caf**é** est**á** na s**u**a fr**e**nte. ❷ Com quem você v**a**i tomar um cafez**i**nho? ❸ H**o**je à t**a**rde **e**la tem um enc**o**ntro. ❹ Você quer ir **a**o cin**e**ma? ❺ O senh**o**r tem o jorn**a**l de h**o**je?

Dreizehnte Lektion

Ein Treffen ausmachen

1 – Heute Nachmittag gehe ich ins Kino.
(heute nach Nachmittag ich gehe nach-der Kino.)

2 – Mit wem?

3 – Mit meiner (mit die mein♀) Freundin Vanessa.

4 – Ich möchte auch mitgehen.

5 – Dann lass uns ein Treffen vor dem "Carmen Miranda"-Kino ausmachen (gehen festlegen ein Treffen in-die Vorderseite von-der Kino "Carmen Miranda").

6 – Klasse!
(is' gesetzlich!)

ANMERKUNGEN

① **encontro** (von **encontrar** "treffen, finden") bezeichnet ein meist ungezwungenes Zusammenkommen. Für eine Verabredung geschäftlicher Art benutzt man eher **compromisso**.

② Sie kennen **tarde** "Nachmittag" aus der Begrüßung **Boa tarde!** "Guten Tag!". In Verbindung mit der Präposition **à** erhält man das Adverb **à tarde** "nachmittags, am Nachmittag".

③ **cinema** "Kino" ist trotz der Endung **-a** ein männliches Nomen.

④ **quem?** "wer?, wen?, wem?" bezieht sich immer auf eine Person und kann dabei sowohl alleine als auch mit einer Präposition verwendet werden: **Você vai com quem ao cinema?** "Mit wem gehst du ins Kino?"

⑤ **tá** ist die umgangssprachliche Kurzform von **está** "ist". Solche Formen sind im gesprochenen Brasilianischen sehr üblich, so auch **cê** für **você**: **Cê tá onde?** "Wo biste (denn)?"

Solução do primeiro exercício: Você entendeu?

❶ Der Kaffee steht vor dir (ist in-die sein♀ Vorderseite). ❷ Mit wem wirst du einen Espresso trinken? ❸ Heute (nach) Nachmittag hat sie ein Treffen. ❹ Möchtest du ins Kino gehen? ❺ Haben Sie (der Herr hat) die Zeitung von heute?

Exercício 2: Complete as palavras que faltam!

❶ Morgen gehe ich mit dir ins Kino.
 ______ ___ ao cinema ___ você.

❷ Das Treffen ist heute.
 O ________ é ____.

❸ Sie hat die Tickets noch nicht.
 Ela _____ não ___ as _________.

❹ Ich werde heute Nachmittag das Flugzeug nehmen.
 Eu vou _____ o avião hoje _ _____.

14 Décima quarta aula [*dä**ß**ima kw**a**rta a**o**la*]

Revisão e anotações

[*h$_r$äwis**a**u^n i anotaß**o**^{n}iß*]

1. Aussprache der brasilianischen Laute

In den letzten sechs Lektionen haben wir keine komplexen Eigenarten der brasilianischen Aussprache kennengelernt, außer vielleicht das **x** (wie [*sch*] in "<u>Sch</u>iene") in **abacaxi** "Ananas". Für **x** gibt es keine eindeutigen Ausspracheregeln. Vergleichen Sie in diesem Zusammenhang z. B.

táxi [*takßi*]	"Taxi",
abacaxi [*abakasch**i***]	"Ananas"
exercício [*isärß**i**ßiu*]	"Übung"

Die Betonung der meisten Wörter liegt auf der vorletzten Silbe; daneben gibt es einige, bei denen die letzte Silbe der Betonungsträger ist, z. B.

abaca*<u>xi</u>*	"Ananas"
me*<u>lão</u>*	"Melone"
ca*<u>fé</u>*	"Kaffee"
portu*<u>guês</u>*	"Portugiesisch"

❺ Ich muss (brauche) ein Treffen mit meiner Freundin Celia ausmachen.

… … … um encontro com a minha amiga Célia.

Solução do segundo exercício: As palavras que faltam.

❶ Amanhã vou – com ❷ encontro – hoje ❸ ainda – tem – passagens ❹ pegar – à tarde ❺ Eu preciso marcar.

> *Lesen Sie Ihre Lektion immer mehrmals im Ganzen laut vor, bevor Sie sich mit den einzelnen Sätzen beschäftigen. Setzen Sie sich nicht damit unter Druck, die brasilianische Aussprache perfekt nachahmen zu wollen. Bleiben Sie entspannt.*

Vierzehnte Lektion

2. Diminutive (Verkleinerungsformen)

Man bildet sie durch Anhängen der Endungen **-inho** (♂) und **-inha** (♀) "-chen, -lein" an den Wortstamm:

menin(o) + **-inho**	►	**menininho**
"Junge"		"Jungchen, kleiner Junge"
port(a) + **-inha**	►	**portinha**
"Tür"		"Türchen"

Bei vielen Wörtern, z. B. bei denen, die auf **-e** enden, wird ein **-z-** als Verbindungslaut eingeschoben:

café + z + -inho	►	**cafezinho***
"Kaffee"		"Kaffeechen, Espresso"

*Beachten Sie, dass hier der Akzent auf dem **e** entfällt.

Mit der Zeit werden Sie ein Gespür für die Bildung dieser Formen bekommen; im Moment reicht es, wenn Sie sie erkennen und verstehen!

3. Possessivpronomen (besitzanzeigende Fürwörter)

Die bis jetzt bekannten Possessivpronomen kennen jeweils eine männliche und eine weibliche Form. Sie stehen in der Regel vor dem Besitztum. Der Artikel kann, muss aber dabei nicht erwähnt werden. Diese Pronomen sind für die 1. Person Singular **eu** "ich" > **meu** oder **o meu** "mein(er)♂" und **minha** oder **a minha** "meine♀":

(o) **meu passaporte**	"mein Reisepass"
(a) **minha passagem**	"meine Fahrkarte"

und für die 2. Person Singular **o senhor/a senhora** "Sie" und **você** "du" > **seu** oder **o seu** "Ihr(er)/dein(er)♂" und **sua** oder **a sua** "Ihre/deine♀":

(o) **seu café**	"dein/Ihr Kaffee"
(a) **sua ideia**	"deine/Ihre Idee"

Das Personalpronomen **você** wird allgemein und unabhängig davon, wie gut man sein Gegenüber kennt, zur Anrede gebraucht und grammatisch wie die 3. Person Singular verwendet.

4. Nomen

Der Plural der meisten Nomen wird normalerweise durch Anhängen von **-s** an die Singularform gebildet:

a rua ▶ as ruas	"die Straße / die Straßen"
o brasileiro ▶ os brasileiros	"der Brasilianer / die Brasilianer"

Ausnahmen sind z. B. Wörter, die im Singular auf **-ão** enden. Sie verändern ihre Endung im Plural in **-ões**:

ladrão ▶ ladrões	"Dieb/Diebe"

Ebenfalls unregelmäßig sind Nomen auf **-gem**; sie enden im Plural auf **-gens**:

a passagem ▶ as passagens
"die Fahrkarte, das Ticket"/"die Fahrkarten, die Tickets"
a viagem ▶ as viagens
"die Reise"/"die Reisen"

5. Verben

5.1 estar "sein, sich befinden"

Sie haben die folgenden Formen kennengelernt:

estou*	"(ich) bin"
está	"(er/sie) ist"
(você) está	"(du) bist/(Sie) sind"
estão	"(sie) sind"

estar bezeichnet ausschließlich vorübergehende Zustände, also solche, die sich verändern können:

Hoje ela está insuportável.
"Heute ist sie unerträglich."
(... aber morgen hat sie vielleicht wieder gute Laune.)

Ela está com a minha amiga Vanessa.
"Sie ist bei (mit) meiner Freundin Vanessa."
Onde está o Roberto?
"Wo ist Robert?"

* Von **estou** gibt es die umgangssprachliche Kurzform **tô**.

Darüber hinaus wird **estar** auch für Ortsangaben verwendet:
Meu amigo André está no Brasil.
"Mein Freund André ist/befindet sich in Brasilien".

Im Unterschied dazu beschreibt das Verb **ser** "sein" meist dauerhafte, unveränderliche Zustände:

Ela é italiana.	"Sie ist Italienerin".
Meu nome é Sônia.	"Mein Name ist Sonja."
Onde é o Museu de Arte?	"Wo ist das Kunstmuseum?"

Um Ihnen die Unterschiede in einem einzigen Satz deutlich zu machen, hier ein Beispiel:
A mala é vermelha e está ao lado da bolsa.
"Der Koffer ist rot und ist (befindet sich) neben der Tasche."

5.2 Bildung des Präsens

Da wir bereits einige Verben der ersten Konjugationsgruppe (Verben auf -**ar**) – wie **dobrar**, **ficar**, **falar**, **pegar**, **precisar de**, **voltar** – kennen, fassen wir an dieser Stelle die Beugung dieser Gruppe in allen Personen des Präsens (Gegenwart) zusammen. Als Beispiel dient uns das Verb **pensar** "denken":

penso "(ich) denke"
pensa "(er, sie) denkt, (du) denkst, (Sie) denken"
pensamos "(wir) denken"
pensam "(ihr) denkt, (sie) denken"

Sie haben außerdem einige weitere Verben kennengelernt, die im Infinitiv auf -**er** oder -**ir** enden.

5.3 Bildung des Futurs

Um eine Handlung in der nahen Zukunft zu beschreiben, haben wir bis jetzt in erster Linie die Kombination aus einer konjugierten Form von **ir** "gehen" und dem Infinitiv eines weiteren Verbs kennengelernt:

Vou tomar um cafezinho.
"Ich werde einen Espresso trinken."
Vamos encontrar com a minha amiga.
"Wir werden [uns] mit meiner Freundin treffen."

6. Exercício de compreensão e de expressão
(Verständnis- und Formulierungsübung)

Wenn Sie sich noch in der **passiven Phase** Ihres Studiums befinden, lesen Sie die folgenden Sätze und überprüfen Sie einfach, ob Sie den Sinn der Sätze verstehen können – mehr nicht. Vergleichen Sie sie anschließend mit der nachfolgenden Übersetzung.

Befinden Sie sich dagegen in der **aktiven Phase**, in deren Verlauf Sie ab Lektion 50 nach und nach alle Lektionen – wie ein Dolmetscher – auf Brasilianisch formulieren, sollten Sie versuchen, diese Übung in der gleichen Weise zu absolvieren, d. h. die deutschen Sätze ins Brasilianische zu übersetzen.

Exercício 1: Você entende estas frases?

❶ Eu estou pronta. ❷ O meu passaporte está na minha bolsa. Vamos? ❸ Você está louca? ❹ E a sua mala? E a sua passagem de avião? ❺ A mala já está no carro ❻ e a Vanessa tem a minha passagem. ❼ Quem é a Vanessa? ❽ A minha nova amiga. ❾ Ela é brasileira. ❿ E onde é o encontro? ⓫ Na frente da lanchonete da Avenida Castelo Branco.

15 Décima quinta aula [*däßima ki^{n}ta aola*]

Na agência de viagem

1 – Com lic**e**nça. Pod**e**mos entr**a**r? ①

2 – Sim, por fav**o**r. ②

PRONÚNCIA

[*na aĵä^{n}ßja dĵi wijaĵä^{n}* **1** *kon lißä^{n}ßa pod**e**muß ä^{n}tr**a**r* **2** *ßi^{n} pur faw**o**r*]

Solução do primeiro exercício: Você entendeu?

① Ich bin fertig♀. ② Mein Reisepass ist in meiner Tasche. Gehen wir? ③ Bist du verrückt♀? ④ Und dein Koffer? Und dein Flugticket (Fahrkarte von Flugzeug)? ⑤ Der Koffer ist schon im Auto, ⑥ und (die) Vanessa hat mein Ticket. ⑦ Wer ist (die) Vanessa? ⑧ Meine neue Freundin. ⑨ Sie ist Brasilianerin. ⑩ Und wo ist das Treffen? ⑪ Vor der "Lanchonete" der Avenida Castelo Branco.

Fünfzehnte Lektion

Im Reisebüro

1 – Gestatten Sie. (mit Lizenz♀.) Können [wir] eintreten?

2 – Ja, bitte sehr.

ANMERKUNGEN

① Mit **Com licença!** kann man höflich um Erlaubnis bitten oder sich z. B. in einer Menschenmenge Platz verschaffen.

② Alternativ zu **por favor** hört man auch **Pois não!** "Bitte sehr!/Ja klar!"

3 – Minha esposa e eu queremos viajar. ③ ④

4 É a nossa lua-de-mel... ⑤

5 – Para onde vocês querem fazer sua viagem? ⑥ ⑦

6 – Pouco importa. ⑧

7 Pode ser até para o Pantanal. ⑨

PRONÚNCIA

*[**3** minja ißposa i eo keremuß wijaĵar **4** ä a nOßa lua-dĵi-mäu **5** para o^{n}dĵi woßejß kerä^{n} faser ßua wijaĵä^{n} **6** pouku i^{n}pOr-ta **7** pOdĵi ßer atä para u pa^{n}tanau]*

Exercício 1: Você entende estas frases?

❶ Minha esposa quer viajar para Foz do Iguaçu. ❷ Com licença, onde é a agência de viagem "Eureka"? ❸ Por favor, queremos comprar uma mala para nossa lua-de-mel. ❹ Paula e Bruno, vocês querem entrar? ❺ Eu vou fazer uma viagem para a Europa.

3 – Meine (Ehe)Frau und ich möchten [ver]reisen.

4 Es sind unsere Flitterwochen ...
(ist die unser♀ Mond♀-von-Honig♂ ...)

5 – Wohin möchten Sie Ihre Reise machen?
(für wo ihr möchtet machen ihre♀ Reise♀?)

6 – Das ist nicht so wichtig.
(wenig wichtig-ist.)

7 Es kann sogar in den (für der) Pantanal sein.

ANMERKUNGEN

③ **querer** "möchten" drückt immer einen persönlichen Wunsch aus, während **precisar** "brauchen" einen äußeren Anlass haben und folglich mit "müssen" übersetzt werden kann: **Eu preciso viajar hoje.** "Ich muss heute [ab]reisen".

④ Alternativ zu **viajar** "reisen, abreisen, verreisen" benutzt man auch **fazer uma viagem** "eine Reise machen". Haben Sie beim Titel bemerkt, dass das "Reisebüro" wörtlich die "Agentur von Reise♀" (**agência de viagem**) ist?

⑤ **lua-de-mel** "Flitterwochen" ist ein Singularwort. Merken Sie sich auch **fazer uma lua-de-mel** "in die Flitterwochen fahren".

⑥ **vocês** entspricht wie **você** gleichermaßen der höflichen Anrede "Sie" als auch der freundschaftlichen Anrede "ihr". Mit **vocês** werden jedoch stets mehrere Personen angesprochen.

⑦ Die zu **você** und **vocês** gehörigen Possessivpronomen lauten **seu** und **sua** bzw. **seus** und **suas**, je nachdem, ob das Besitztum ein Singular oder ein Plural ist. **Vocês querem as suas passagens?** "Wollt ihr eure Tickets?"

⑧ **importar** erinnert Sie an "importieren"? Das heißt es auch, daneben bedeutet es aber auch "wichtig sein".

⑨ **até** "bis" wird auch als Adverb verwendet und heißt dann "sogar".

Dank der wörtlichen Übersetzungen in runden Klammern wird Ihnen die Struktur der brasilianischen Sprache schnell vertraut werden.

Solução do primeiro exercício: Você entendeu?

❶ Meine (Ehe)Frau möchte nach Foz do Iguaçu reisen. ❷ Gestatten Sie (mit Lizenz), wo ist das Reisebüro "Eureka"? ❸ Wir möchten bitte einen Koffer für unsere Flitterwochen kaufen. ❹ Paula und Bruno, möchtet ihr eintreten? ❺ Ich werde eine Reise nach Europa machen.

Exercício 2: Complete as palavras que faltam!

❶ Gestatten Sie, wohin (wo) möchten Sie (ihr) gehen?

Com ______, onde vocês ______ ir?

❷ Wir möchten in die Flitterwochen fahren (machen eine Mond-von-Honig).

______ fazer uma ___ - __ - ___.

❸ Meine (Ehe)Frau muss (braucht) heute [ab-] reisen.

Minha ______ precisa ______ hoje.

❹ Die Hitze in Foz do Iguaçu ist nicht so wichtig!

Pouco ______ o _____ em Foz do Iguaçu!

❺ Dieses Reisebüro ist sehr gut.

Esta ______ de ______ é muito boa.

16 Décima sexta aula [*däßima ßeßta aola*]

O shopping center

1 – Oi, Marta.

2 – Oi, Carlos. Tudo bem? ① ②

3 – Tudo bem.

4 Vocês vão para a escola? ③

PRONÚNCIA

[*u schOpi*ⁿ *ßä*ⁿ*ter* **1** *oj marta* **2** *oj karloß tudu bä*ⁿ **3** *tudu bä*ⁿ **4** *woßejß wao*ⁿ *para a ißkOla*]

Solução do segundo exercício: As palavras que faltam.

❶ licença – querem ❷ Queremos – lua-de-mel ❸ esposa – viajar ❹ importa – calor ❺ agência – viagem.

Der Südwesten Brasiliens

Naturliebhaber, Ökotouristen und Abenteurer zieht es in den Südwesten. Hier in den Bundesstaaten **Mato Grosso** und **Mato Grosso do Sul** liegt das eindrucksvolle **Pantanal** mit rund 660 Vogelarten. Weltweit eines der größten Binnenland-Feuchtgebiete, beherbergt es unzählige Säugetier-, Pflanzen- und Fischarten, Reptilien, Amphibien und Insekten. Ein weiteres touristisches Highlight sind die **Iguaçu**-Wasserfälle (**Cataratas do Iguaçu**), die aus 20 größeren sowie 255 kleineren Wasserfällen bestehen; einige sind bis zu 82 m hoch. **Iguaçu** hat seinen Ursprung in der Guaraní-Sprache; **y** bedeutet "Wasser", **guasu** "groß".

Sechzehnte Lektion

Das Einkaufszentrum

1 – Hallo, Marta.

2 – Hallo, Karl. Wie geht's? (alles gut?)

3 – Alles klar.

4 Fahrt ihr in die Schule?

ANMERKUNGEN

① **Oi!** ist der gängigste Gruß unter Freunden und Bekannten. Darauf folgt oft die eher rhetorische Frage **Tudo bem?** "Wie geht's?", auf die man meist mit **Tudo bem!** "Alles klar!" antwortet.

② **bem** "gut" ist nur Adverb: **Não falo bem português!** "Ich spreche nicht gut Portugiesisch!". Das dazugehörige Adjektiv **bom** (♂) bzw. **boa** (♀) kennen Sie aus **Bom dia!** und **Boa tarde!**.

③ **ir** "gehen" kann je nach Kontext auch mit "fahren" übersetzt werden. Eindeutiger sind dagegen **caminhar** "laufen" oder **andar a pé** "zu Fuß gehen".

5 – Não, nós vamos para o shopping Iguatemi. ④ ⑤

6 Eu vou de carro com suas irmãs. ⑥ ⑦

7 – Posso ir junto? ⑧

8 – Claro.

9 Nós sempre temos um lugar para você.

PRONÚNCIA

[**5** *nao^n nOß wamuß para u schOpi^n iguatemi* **6** *eo wo dʃi kah$_r$u ko^n ßuaß irma^{n}ß* **7** *pOßu ir ĵu^{n}tu* **8** *klaru* **9** *nOß ßä^{n}pri temuß u^n lugar para woße*]

Exercício 1: Você entende estas frases?

❶ Vocês vão para a escola de carro? ❷ Oi Carla,você pode ir junto? ❸ Este lugar é para sua irmã. ❹ Nós não temos a passagem de ônibus. ❺ Posso sentar aqui?

Exercício 2: Complete as palavras que faltam!

❶ Meine Freundin möchte mitgehen.
Minha amiga ▒▒▒▒ ir ▒▒▒▒▒.

❷ Wir gehen immer ins Schwimmbad.
▒▒▒ ▒▒▒▒▒▒ vamos para a piscina.

5 – Nein, wir fahren ins Einkaufszentrum (Shopping) Iguatemi.

6 Ich fahre mit deinen Schwestern mit dem Auto.
(ich gehe von Auto mit sein♀♀ Schwestern♀♀.)

7 – Kann ich mitfahren (gehen zusammen)?

8 – Klar.

9 Wir haben immer einen Platz♂ für dich (du).

ANMERKUNGEN

④ **nós** "wir" wird selten verwendet, da die dazugehörige Verbform unmissverständlich deutlich macht, wer spricht.

⑤ **o shopping center** oder kurz **o shopping** ist – wie viele Begriffe im Brasilianischen – aus dem amerikanischen Englisch entlehnt.

⑥ "fahren mit ..." wird mit **ir de**... + Transportmittel gebildet, z. B. auch **ir de ônibus** "mit dem Bus fahren" und **ir de avião** "mit dem Flugzeug fliegen".

⑦ **irmã** "Schwester" bildet ebenso wie **irmão** Bruder" den Plural durch Anhängen von **-s**.

⑧ **junto** "zusammen, gemeinsam" ist hier ein Adverb und folglich unveränderlich.

Solução do primeiro exercício: Você entendeu?

❶ Fahrt ihr mit dem Auto in die Schule (von Auto)? ❷ Hallo Karla, kannst du mitfahren? ❸ Dieser Platz ist für deine Schwester. ❹ Wir haben das Busticket nicht. ❺ Kann ich [mich] hier[her] setzen?

❸ Wer hat einen Platz im Auto?
___ tem um ___ no carro?

❹ Hallo Peter. Kann ich die Zeitschrift nehmen?
___, Pedro. ___ pegar a ___?

❺ Meine Schwester wird nach Deutschland reisen.
Minha ___ vai ___ para a ___.

Solução do segundo exercício: As palavras que faltam.

❶ quer – junto ❷ Nós sempre ❸ Quem – lugar ❹ Oi – Posso – revista ❺ irmã – viajar – Alemanha.

17 Décima sétima aula [*däßima ßätschima aola*]

Os vizinhos

1 – Mãe, este é o Ricardo, nosso novo vizinho. ①

2 – Como vai, Ricardo? ②

3 – Bem, obrigado. ③

4 – De onde é sua família? ④

5 – Ela é de Lisboa.

6 Mas agora moramos todos aqui, no bairro Lindóia. ⑤

7 – E o que você acha de Porto Alegre? ⑥

8 O porto é alegre, não é?

PRONÚNCIA

[*uß wisinjuß* **1** *maj^n äßtschi ä u h$_r$ikardu nOßu nowu wisinju* **2** *komu waj h$_r$ikardu* **3** *bä^n obrigadu* **4** *dʃi o^{n}dʃi ä ßua familja* **5** *äla ä dʃi lisboa* **6** *maß agOra moramuß toduß aki nu bajh$_r$u li^{n}dOja* **7** *i u ki woße ascha dʃi portu alägri* **8** *u portu ä alägri nao^n ä*]

Siebzehnte Lektion

Die Nachbarn

1 – Mama (Mutter), dies ist Richard, unser neuer Nachbar♂.

2 – Wie geht es Ihnen (geht), Richard?

3 – Gut, danke.

4 – Woher ist Ihre Familie♀?

5 – Sie ist aus Lissabon.

6 Aber jetzt wohnen wir alle hier im Stadtviertel Lindoia.
(aber jetzt wohnen alle♂♂ hier, in-der Stadtviertel Lindóia.)

7 – Und was halten Sie von Porto Alegre?
(und der welch du findet von Hafen♂ fröhlich?)

8 Der Hafen ist fröhlich, nicht wahr?

ANMERKUNGEN

① **Mãe** "Mutter" ist auch die vertraute Anrede für "Mama, Mutti". Daneben hört man auch **mamãe** "Mama" oder **mamãezinha** "Mamilein".

② Mit **Como vai?** fragt man etwas höflicher nach dem Befinden als mit **Tudo bem?**. Allerdings handelt es sich auch hier eher um eine Floskel.

③ **obrigado** "danke" ist Ihnen schon bekannt. Die Bedeutung von **obrigar** ist "zwingen".

④ Verwechseln Sie nicht **onde?** "wo?" und **aonde?** "wohin?" mit **de onde?** "woher?"

⑤ **todo** "ganz, jeder", im Plural "alle", ist ein Indefinitpronomen (unbestimmtes Fürwort) mit den Formen **toda** (♀), **todos** (♂♂), **todas** (♀♀). Verwechseln Sie **todo** nicht mit dem unveränderlichen Adverb **tudo** "alles".

⑥ **achar** kann wie **encontrar** mit "finden" übersetzt werden, wird aber auch im Sinne von "halten von, meinen" verwendet.

Exercício 1: Você entende estas frases?

❶ O vizinho não fala com a Rita. ❷ Nosso bairro é muito perto daqui. ❸ Todos os vizinhos estão na lanchonete. ❹ Como vai sua esposa? ❺ Minha família é de Madri.

Exercício 2: Complete as palavras que faltam!

❶ Wir wohnen jetzt in Deutschland.
_____ nós _______ na Alemanha.

❷ Wie geht es dir (wie geht), Mama?
____ ___, mãe?

❸ Mein neuer Nachbar ist Portugiese.
Meu ____ _______ é português.

❹ Meiner Frau geht es sehr gut, danke.
Minha esposa ___ muito ___, obrigado.

❺ Dieses Stadtviertel ist neu.
Este ______ é ____.

18 Décima oitava aula [*däßima ojtawa aola*]

Casa ou apartamento?

1 – **O**nde voc**ê** m**o**ra?

2 – **E**u m**o**ro em Curit**i**ba, p**e**rto do c**e**ntro.

3 – Voc**ê**s têm **u**ma c**a**sa em Curit**i**ba? ①

PRONÚNCIA

[*kasa o apartamä^{n}tu* **1** *o^{n}dji woße mOra* **2** *eo mOru ä^{n} kuritschiba pärtu du ßä^{n}tru* **3** *woßejß tä^{n} uma kasa ä^{n} kuritschiba*]

Solução do primeiro exercício: Você entendeu?

❶ Der Nachbar spricht nicht mit Rita. ❷ Unser Stadtviertel ist hier in der Nähe (nahe von-hier). ❸ Alle Nachbarn sind in der "Lanchonete". ❹ Wie geht es deiner Ehefrau? ❺ Meine Familie ist aus Madrid.

Solução do segundo exercício: As palavras que faltam.

❶ Agora – moramos ❷ Como vai ❸ novo vizinho ❹ vai – bem ❺ bairro – novo.

Porto Alegre

Porto Alegre kann als ökonomisches und kulturelles Zentrum Südbrasiliens bezeichnet werden. Es wurde 1772 von portugiesischen Einwanderern gegründet und wurde im 19. Jh. von deutschen, polnischen und italienischen Zuwanderern besiedelt. Sehenswürdig sind u. a. das historische Zentrum mit dem **Mercado Público**, die **Usina do Gasômetro**, die **Casa de Cultura Mário Quintana** sowie der **Parque Farroupilha**, in dem am Wochenende der **Brique da Redenção**, eine Mischung aus Bio-, Floh- und Kunsthandwerkermarkt, stattfindet.

Achtzehnte Lektion

Haus oder Wohnung?

1 – Wo wohnst du?

2 – Ich wohne in Curitiba, in der Nähe des Zentrums.

3 – Habt ihr ein Haus in Curitiba?

ANMERKUNGEN

① **têm** "[sie] haben": 3. Pers. Pl. von **ter**. **Têm** wird auch für **vocês** "ihr" benutzt. Der Plural unterscheidet sich vom Singular nur durch den Akzent (^) auf dem **e: Ele tem um carro.** "Er hat ein Auto."

4 – Não, nós moramos num prédio muito alto de trinta andares. ② ③ ④ ⑤

5 – E seu cachorro?

6 Ele não tem medo?

7 – Claro que não. ⑥

8 Nosso apartamento é no térreo.

PRONÚNCIA

[**4** *nao*^{n} *nOß moramuß nu*^{n} *prädĵu muj*^{n}*tu autu dĵi tri*^{n}*ta a*^{n}*dariß* **5** *i ßeo kaschoh*$_r$*u* **6** *äli nao*^{n} *tä*^{n} *medu* **7** *klaru ki nao*^{n} **8** *nOßu apartamä*^{n}*tu ä nu teh*$_r$*äju*]

Exercício 1: Você entende estas frases?

❶ Minha irmã mora com o seu marido em Paris. ❷ O João e o Paulo têm uma casa muito grande no centro da cidade. ❸ Nosso apartamento não é grande, mas ele é novo. ❹ O prédio onde mora meu amigo não é muito alto. ❺ Meu cachorro tem medo de viajar de avião.

4 – Nein, wir wohnen in einem sehr hohen 30-stöckigen Gebäude.
(nicht, wir wohnen in-ein Gebäude♂ sehr hoch♂ von dreißig Stockwerke♂♂.)

5 – Und dein Hund?

6 Hat er keine Angst♂?

7 – Natürlich nicht.

8 Unsere Wohnung♂ ist im Erdgeschoss♂.

ANMERKUNGEN

② **num** "in einem": Präposition **em** "in" plus unbestimmter Artikel **um**. Femininum: **numa** (**em** + **uma**): **Moro numa cidade grande**. "Ich wohne in einer großen Stadt."

③ **prédio** heißt eigentlich "Gebäude", wird aber häufig im Sinne von "Hochhaus" verwendet.

④ Das unveränderliche **trinta** "30" endet wie fast alle Zehnerzahlen auf **-nta**. Nur **um/uma** "eins" und **dois/duas** "zwei" kennen Formen für das Maskulinum und das Femininum.

⑤ Nomen, die auf **-ar** enden, bilden den Plural durch Anhängen von **-es**: **um andar** "ein Stockwerk" > **trinta andares** "30 Stockwerke".

⑥ Sie kennen **que** bereits als Ausruf "was für/welch-". In Kombination mit dem Artikel **o** bedeutet es "was": **O que você acha do nosso prédio?** "Was hältst du von unserem Hochhaus?". Ansonsten heißt es "dass".

Solução do primeiro exercício: Você entendeu?

❶ Meine Schwester wohnt mit ihrem/deinem Ehemann in Paris. ❷ Johann und Paul haben ein sehr großes Haus im Stadtzentrum (in-der Zentrum von-die Stadt). ❸ Unsere Wohnung ist nicht groß, aber sie (er) ist neu. ❹ Das Gebäude, in dem mein Freund wohnt, ist nicht sehr hoch. ❺ Mein Hund hat Angst [davor], mit dem Flugzeug zu reisen (von reisen von Flugzeug).

Exercício 2: Complete as palavras que faltam!

❶ Ich wohne bei (mit) meiner Familie.
Eu ____ com a ____ família.

❷ Wir möchten kein neues Haus.
Nós não ________ uma ____ nova.

❸ Habt ihr einen Hund?
Vocês ___ um ________?

❹ Dieses Hochhaus hat ein Schwimmbad.
Este ______ ___ uma piscina.

❺ Habt ihr Angst [davor], mit dem Bus zu reisen?
Vocês ___ ____ de viajar __ ônibus?

19 Décima nona aula [*däßima nona aola*]

Um, dois ou três cartões postais?

1 – Você gosta deste cartão postal? ① ② ③

2 – Sim, é bonito.

3 Eu gosto muito do Pão de Açúcar.

4 – E aquele com a praia de Ipanema? ④

PRONÚNCIA

[*un dojß o trejß kartoj^{n}ß pOßtajß* **1** *woße gOßta däßtschi kartao^n poßtau* **2** *ßi^n ä bonitu* **3** *eo gOßtu muj^{n}tu du pao^n dji aßukar* **4** *i akäli ko^n a praja dji ipanema*]

ANMERKUNGEN

① **gostar** "mögen" steht immer mit der Präposition **de** "von": **Você gosta de viajar?** "Magst du [es] zu reisen?". **Eu gosto de você!** "Ich mag dich!"

Solução do segundo exercício: As palavras que faltam.

❶ moro – minha ❷ queremos – casa ❸ têm – cachorro ❹ prédio tem ❺ têm medo – de.

Curitiba

Curitiba (aus der Tupí-Sprache) liegt auf einer Hochebene im Landesinneren. Die Stadt ist wegen ihres milden Klimas bekannt. Bei der Gründung durch die Portugiesen 1693 hieß die Stadt noch **Vila Nossa Senhora da Luz e Bom Jesus dos Pinhais**. Ab 1870 wanderten viele europäische Immigranten, vor allem Deutsche, Polen und Italiener, nach Curitiba ein. In unmittelbarer Umgebung gründeten auch japanische, französische, britische und Schweizer Einwanderer Kolonien. Heute verfügt Curitiba über eines der besten Nahverkehrssysteme Brasiliens und ist in ökologischen Belangen, z. B. bei der Mülltrennung, national vorbildlich.

Neunzehnte Lektion

Eine, zwei oder drei Postkarten?

1 – Gefällt dir diese Postkarte?
(du mag von-diesem Karte♂ postalisch♂?)

2 – Ja, sie ist schön.

3 Mir gefällt der Zuckerhut sehr (Brot♂ von Zucker♂).

4 – Und diese (jene) mit dem Strand♀ von Ipanema?

② **deste** "von diesem" ist eine kontrahierte Form aus der Präposition **de** und dem Demonstrativpronomen **este** "dieser". Im Femininum: **de + esta = desta** "von dieser".

③ "Postkarte": **cartão postal** oder nur **postal**. Der Plural lautet **cartões postais** oder nur **postais**. **postal** heißt "postalisch, Post-": **a caixa postal** "das Postfach".

④ **aquele** "jener" bezieht sich auf einen Gegenstand, der vom Sprecher und vom Angesprochenen weiter entfernt ist. **este** "dieser (hier)" hingegen befindet sich nah beim Sprecher, **esse** "dieser (da)" nah beim Angesprochenen (Femininum: **esta**, **essa** und **aquela**).

5 – Não, eu não gosto.

6 – Quantos cartões você quer comprar? ⑤

7 – Não sei.

8 Um para a minha mãe,

9 um para o meu pai,

10 um para os meus irmãos. ⑥

PRONÚNCIA

[**5** *nao^n eo nao^n gOßtu* **6** *kua^{n}tuß kartoj^{n}ß woße kär ko^{n}prar* **7** *nao^n ßäj* **8** *u^n para a minja maj^n* **9** *u^n para u meo paj* **10** *u^n para uß meuß irmao^{n}ß*]

Exercício 1: Você entende estas frases?

❶ Eu quero comprar três cartões postais. ❷ Vocês querem caminhar na praia? ❸ Meu pai não gosta deste cartão do Portinari. ❹ Quantos postais você tem? ❺ Agora os dois amigos querem tomar um suco.

Exercício 2: Complete as palavras que faltam!

❶ Gefällt dir diese Stadt?

Você ____ desta cidade?

❷ Mir gefällt dieses Gebäude nicht.

Eu não ____ deste ____.

5 – Nein, [die] gefällt mir nicht.

6 – Wie viele Karten möchtest du kaufen?

7 – Ich weiß nicht.

8 Eine für meine Mutter,
(ein für die meine♀ Mutter♀,)

9 eine für meinen Vater,
(ein für der mein♂ Vater♂,)

10 eine für meine Geschwister.
(ein für die♂♂ meine♂♂ Brüder♂♂.)

ANMERKUNGEN

⑤ Merken Sie sich zu **quanto**(♂) "wie viel" auch **quanta**(♀), **quantos**(♂♂) und **quantas**(♀♀). **Quantas praias?** "Wie viele Strände?"

⑥ **irmãos**: "Brüder; Geschwister", selbst wenn darunter auch Schwestern sind. Bei gemischtgeschlechtlichen Gruppen wird immer die männliche Form verwendet: **Quantos senhores estão aqui?** "Wie viele [Damen und] Herren sind hier?"

Solução do primeiro exercício: Você entendeu?

❶ Ich möchte drei Postkarten kaufen. ❷ Möchtet ihr am (in-die) Strand [entlang] laufen? ❸ Meinem Vater gefällt diese Karte von Portinari nicht. ❹ Wie viele Postkarten hast du? ❺ Jetzt möchten die zwei Freunde einen Saft trinken.

Sie haben schon gemerkt, dass der brasilianische Satzbau nicht immer dem deutschen Satzbau entspricht. Sehen Sie sich immer wieder die wörtliche Übersetzung genau an, um den Satzbau in der Fremdsprache nachzuvollziehen.

Solução do segundo exercício: As palavras que faltam.

❶ gosta ❷ gosto – prédio

❸ Diese Postkarte ist sehr schön.

Este ______ ______ é muito ______.

❹ Bitte zwei Espressi und drei Milchkaffees!

Por favor, ____ cafezinhos e ____ cafés com leite!

20 Vigésima aula [*wijäsima aola*]

Quem paga o táxi?

1 – Eu não tenho dinheiro para pagar o táxi. ①

2 – E eu só tenho uma nota de 10 (dez) reais. ② ③

3 Será que ele não aceita cartão de crédito? ④ ⑤

4 – Vamos perguntar ao motorista. ⑥ ⑦

5 Com licença, o senhor aceita cartão?

6 – Não, mas vocês podem pagar com cheque.

7 – Ah, então não tem problema. ⑧

PRONÚNCIA

[*kä^n paga u takßi* **1** *eo nao^n tänju djinjejru para pagar u takßi* **2** *i eo ßO tänju uma nOta dji däjß h$_r$eajß* **3** *ßera ke äli nao^n aßejta kartao^n dji krädjitu* **4** *wamuß pärgu^{n}tar au motorißta* **5** *ko^n lißänßa u ßinjor aßejta kartao^n* **6** *nao^n maß woßejß podä^n pagar ko^n schäki* **7** *a i^{n}tao^n nao^n tä^n problema*]

ANMERKUNGEN

① **para** (häufig [*pra*] ausgesprochen) wird auch für "um zu" verwendet: **O que você vai fazer para poder viajar?** "Was wirst du machen, um reisen zu können?"

② **só** "nur" heißt als Adjektiv "allein". Vergleichen Sie: **Só gosto de moda.** "Ich mag nur Mode." – **Você está só?** "Bist du allein?"

❺ Am Strand ist die Hitze unerträglich.

Na ..... o calor está ....

Solução do segundo exercício: As palavras que faltam.

❸ cartão postal – bonito ❹ dois – três ❺ praia – insuportável.

Zwanzigste Lektion

Wer zahlt das Taxi?

1 – Ich habe kein Geld, (für zahlen) um das Taxi zu zahlen.

2 – Und ich habe nur einen 10-Real-Schein (eine Geldschein von zehn Reais).

3 Nimmt er keine Kreditkarte?
(wird-sein dass er nicht akzeptiert Karte♂ von Kredit♂?)

4 – Lass uns den Fahrer fragen.
(gehen fragen nach-der Fahrer.)

5 Gestatten Sie, nehmen Sie Karten?

6 – Nein, aber Sie können mit Scheck♂ zahlen.

7 – Ah, dann gibt es kein Problem♂.

③ Die brasilianische Währung heißt **Real**, der Plural lautet **Reais.**

④ **Será que...** leitet Fragen ein, die mit "ja", "nein" oder "vielleicht" beantwortet werden können. Alternativ steht der Aussagesatz, an dessen Ende die Stimme angehoben wird.

⑤ **aceitar** "akzeptieren" kann wie hier mit "nehmen" oder "erlauben" übersetzt werden: **O senhor aceita nosso cachorro na casa?** "Erlauben Sie unseren Hund im Haus?"

⑥ Steht **perguntar** mit der Präposition **a** "nach, zu", bedeutet es "jmdn. fragen": **Você precisa perguntar ao Ricardo!** "Du musst Richard fragen."

⑦ **motorista** ist wie **paulista** gleichzeitig Maskulinum und Femininum; das ist bei den meisten Wörtern auf -**ista** so: **eletricista** [*älätrißißta*] "Elektriker/-in", **jornalista** [*ĵornalißta*] "Journalist/-in", **taxista** "Taxifahrer/-in" usw.

⑧ Zwar sind die meisten Nomen, die auf -**a** enden, weiblich (**a beleza** [*bälesa*] "die Schönheit"), doch Ausnahmen bestätigen die Regel: **problema** "Problem" ist z. B. ein Maskulinum.

8 **Eu** p**a**go o t**á**xi.

9 Mas **o**nde est**á** o m**e**u tal**ã**o de ch**e**que? ⑨

PRONÚNCIA

[**8** *eo pagu u takßi* **9** *maß* ***o***^{n}*dĵi iß**ta** u meo talao*^{n} *dĵi sch**ä**ki*]

Exercício 1: Você entende estas frases?

❶ Este hotel aceita cartão de crédito internacional? ❷ Eu quero perguntar o nome desta avenida. ❸ Será a Avenida Castro Alves? ❹ Você não vai pagar o táxi? ❺ Meu marido vai pagar o senhor. ❻ Posso pegar esse dinheiro?

Exercício 2: Complete as palavras que faltam!

❶ Wir können den Fahrer fragen (fragen nach-der Fahrer), wo (bleibt) diese Straße ist.
Nós podemos ______ ao ______ onde fica esta rua.

❷ Ich muss (brauche) ein Taxi nehmen, aber ich habe kein Geld.
Eu ______ ______ um táxi, mas não tenho ______.

❸ Kann ich mit Scheck zahlen?
Posso ______ com ______?

8 Ich zahle das Taxi.

9 Aber wo ist mein Scheckheft (mein♂ Schein♂ von Scheck♂)?

ANMERKUNGEN

⑨ "wo ist?" kann mit **onde está?** oder **onde é?** übersetzt werden, je nachdem, ob es sich um ein bewegliches oder unbewegliches Objekt handelt. Alternativ sagt man **onde fica?** von **ficar** "bleiben": **Onde fica seu amigo?** "Wo ist (bleibt) dein Freund?"

Solução do primeiro exercício: Você entendeu?

❶ Akzeptiert dieses Hotel internationale Kreditkarten? ❷ Ich möchte nach dem Namen dieser Einfallstraße fragen. ❸ Ist das die Avenida Castro Alves? ❹ Wirst du nicht das Taxi zahlen? ❺ Mein (Ehe-)Mann wird Sie [be]zahlen (der Herr). ❻ Kann ich dieses Geld nehmen?

❹ Wer hat eine Kreditkarte, um die Reise zu bezahlen?
Quem tem um ___ ___ ___ para pagar a viagem?

❺ Erlauben Sie (die Dame akzeptiert) meinen Hund in der Wohnung?
A senhora ___ meu cachorro ___ ___?

Solução do segundo exercício: As palavras que faltam.

❶ perguntar – motorista ❷ preciso pegar – dinheiro ❸ pagar – cheque ❹ cartão de crédito ❺ aceita – no apartamento.

Brasilianische Währung

Die erste nationale Währung, der Real, wurde 1654 von den Niederländern eingeführt. 1790 wurde dieser zur offiziellen Währung ernannt, jedoch musste zwischen 1942 und 1994 die durch Inflation, Hyperinflation und Reformen abgewertete Währung sechsmal durch eine höherwertige neue Währung ersetzt werden. Im Zuge der als **Plano Real** bekannten Währungsreform gelang es, die chronische Inflation zu beenden. Die letzte große Währungskrise war 1999: Der Real wurde gegenüber dem Dollar radikal abgewertet. Erst 2003 konnte sich die brasilianische Währung stabilisieren.

21 Vigésima primeira aula [*wiʒäsima primejra aola*]

Revisão e anotações

1. Typische Wortendungen

Sie haben zuletzt einige typische Substantivendungen kennengelernt, die wir nun durch einige Regeln erläutern möchten. Allgemein sind die meisten Nomen auf -**a** Feminina: **a vizinha** "die Nachbarin". Dies gilt z. B. auch für solche, die auf -**ência** enden: **a agência** "die Agentur". Wichtige Ausnahmen sind die Wörter, die auf -**ista** enden (auf Deutsch meist Herkunfts- oder Berufsbezeichnungen auf "-ist/in" oder "-er/in"): Sie können sowohl männlich als auch weiblich sein: **o/a jornalista** "der/die Journalist/in".

2. Plural der Nomen

In den meisten Fällen wird der Plural von Nomen durch Anhängen des Suffixes -**s** an die Singularform gebildet:

a nota "der Geldschein" ► **as notas** "die Geldscheine"
o cachorro "der Hund" ► **os cachorros** "die Hunde"

Auch in den letzten Lektionen haben Sie wieder einige Ausnahmen kennengelernt:

• Wörter, die im Singular auf -**ar** enden, erhalten im Plural -**es**:
o andar "das Stockwerk" ► **os andares** "die Stockwerke"

• Wörter, die im Singular auf -**al** enden, ersetzen diese Endung im Plural durch -**ais**:
o postal "die Postkarte" ► **os postais** "die Postkarten"

• Wörter auf -**ã** hängen – ganz regelmäßig – ein -**s** im Plural an:
a irmã "die Schwester" ► **as irmãs** "die Schwestern"

Dies gilt übrigens auch für
o irmão "der Bruder" ► **os irmãos*** "die Brüder"

* im Plural auch mit der Bedeutung "die Geschwister"

Allerdings handelt es sich dabei um eine Ausnahme, denn…

• Wörter, die im Singular auf -**ão** enden, ersetzen diese Endung im Plural durch -**ões**:
o avião "das Flugzeug" ► **os aviões** "die Flugzeuge"
o cartão "die Karte" ► **os cartões** "die Karten"

3. Zahlwörter

Erinnern Sie sich an diesen Satz? **Cadê as duas passagens?** "Wo sind die zwei Tickets?" Sowohl das Zahlwort für "eins" als auch das für "zwei" kennt jeweils eine männliche und eine weibliche Entsprechung, je nachdem, welches grammatische Geschlecht das nachfolgende Nomen hat, **um/uma** und **dois/duas**:

um andar e uma família "ein Stockwerk und eine Familie"
dois bairros e duas casas "zwei Stadtviertel und zwei Häuser"

Zum abstrakten Zählen benutzt man die männlichen Formen:

1 **um** 2 **dois** ...

... Alle anderen Kardinalzahlen kennen nur jeweils eine Form. Hier die Zahlwörter von "3" bis "9": 3 **três**

4 **quatro**	5 **cinco**	6 **seis**
7 **sete**	8 **oito**	9 **nove**

Die Zehner, von denen die meisten auf **-nta** enden, lauten:

10 **dez**	60 **sessenta**
20 **vinte**	70 **setenta**
30 **trinta**	80 **oitenta**
40 **quarenta**	90 **noventa**
50 **cinquenta**	

Anhand der Seitenzahlen können Sie sich hervorragend mit den Kardinalzahlen vertraut machen. Die Bildung der zusammengesetzten Zahlen ist sehr regelmäßig und daher nicht schwer nachzuvollziehen.

4. Pronomen

4.1 Indefinitpronomen

- **todo** "ganz, jeder" bildet das Femininum und den Plural (hier wird es mit "alle" übersetzt) regelmäßig: **toda** (♀), **todos** (♂♂) und **todas** (♀♀):

  todos os postais "alle Postkarten"
  todas as avenidas "alle breiten Einfallstraßen"

Das dazugehörige Adverb ist das unveränderliche **tudo** "alles":

Tudo bem? "Alles klar?, Wie geht'

- Auch **quanto?** "wie viel?" ist veränderlich – **quanto?** (♂), quanta? (♀), **quantos?** (♂♂) und **quantas?** (♀♀) – und bezieht sich in Zahl und Geschlecht auf das zugehörige Nomen:

Quantos postais você quer?
"Wie viele Postkarten möchtest du?"
Quantas praias têm aqui?
"Wie viele Strände gibt es hier?"

Es kann auch als Ausruf benutzt werden und heißt dann "Was für ein/-e ...!":

Quanta beleza! "Was für eine Schönheit!"

4.2 Demonstrativpronomen

Das Brasilianische unterscheidet drei Demonstrativpronomen, je nachdem, ob sich der zugehörige Gegenstand oder die Person...
... in unmittelbarer Nähe des Sprechers = **este** "dieser hier",
... des Angesprochenen = **esse** "dieser da"
... oder von beiden weiter entfernt befindet = **aquele** "jener dort".

Auch wenn die genaue Übersetzung für **aquele** eigentlich "jener dort" ist, übersetzen wir in diesem Fall meistens mit "dieser", weil es im Deutschen natürlicher klingt.

Alle Pronomen kennen Formen im Singular und Plural sowie im Maskulinum und Femininum, die sich wiederum in Genus und Numerus nach dem Wort richten, auf das sie sich beziehen:

	Maskulinum Singular	Femininum Singular	Maskulinum Plural	Femininum Plural
diese/-r hier	este	esta	estes	estas
diese/-r da	esse	essa	esses	essas
jene/-r	aquele	aquela	aqueles	aquelas

Esta casa é minha. "Dieses Haus [hier] ist meines."
Esse apartamento é seu? "Ist diese Wohnung [da] deine?"
Aquela senhora é brasileira. "Diese Dame ist Brasilianerin."

4.3 Personalpronomen

Fassen wir an dieser Stelle alle bis jetzt bekannten Personalpronomen zusammen:

eu "ich"
você "du, Sie"
ele/ela "er/sie"
o senhor / a senhora "Sie"
nós "wir"
vocês "ihr, Sie"

vocês wird – wie **você** – für Personen verwendet, die man im Deutschen duzen oder siezen würde. **vocês** wird jedoch nur in der Mehrzahl in Verbindung mit den Verbformen der 3. Person Plural benutzt; das dazugehörige Possessivpronomen ist – wie bei **você** – **seu**, **sua** usw.:

Aonde vocês querem comprar seus postais?
"Wo wollt ihr eure Postkarten kaufen?"

Das Personalpronomen muss in der Regel nicht stehen. Es wird v. a. dann eingesetzt, wenn man es besonders betonen möchte:

Eu gosto de casa, mas nós moramos num apartamento.
"Ich mag [das] Haus, aber wir wohnen in einer Wohnung."

5. Präpositionen (Verhältniswörter)

Präpositionen können kombiniert werden mit:

- Adverbien:
  para onde? "wohin?"
  de onde? "woher?"
  daqui (**de** + **aqui**) "von hier"
- Artikeln:
  num (**em** + **um**) "in einem"
  numa (**em** + **uma**) "in einer"
- Demonstrativpronomen:
  deste (**de** + **este**) "von diesem"
  daquele (**de** + **aquele**) "von jenem"
  naquele (**em** + **aquele**) "in diesem (jenem)"
- Personalpronomen: **para você** "für dich"

6. Adverbien

In den letzten Lektionen haben wir folgende neue Adverbien kennengelernt: **até** "bis, sogar", **junto** "zusammen", **claro** "klar, natürlich", **só** "nur, alleine".

7. Verben

Auch einige neue Verben sind in den letzten Lektionen vorgekommen. Fassen wir diese hier nochmals zusammen:

- Verben, die im Infinitiv auf -**ar** enden:
  aceitar "akzeptieren" — **morar** "wohnen"
  comprar "kaufen" — **pagar** "zahlen"
  gostar "mögen" — **perguntar** "fragen"
- Unregelmäßige Verben, die im Infinitiv auf -**er** enden:
  fazer "machen, tun"

poder "können" ▶ (**posso**, **pode**, **podemos**, **podem**)
querer "möchten" ▶ (**quer**, **queremos**, **querem**)
saber "wissen" ▶ (**sei**)
ter "haben" ▶ (**tenho**, **tem**, **temos**, **têm**)

- Unregelmäßige Verben, die im Infinitiv auf -**ir** enden:
  ir "gehen" ▶ (**vou**, **vai**, **vamos**, **vão**)

8. Exercício de compreensão e de expressão

Exercício 1: Você entende estas frases?

① Com licença, posso entrar? ② Claro, Paulo. Como vai? ③ Eu vou bem, obrigado. ④ O Manuel está em casa? ⑤ Não, ele está na praia. ⑥ Eu não gosto de praia. ⑦ Minha irmã e eu sempre vamos pra piscina. ⑧ Você sabe, Paulo, nós vamos fazer uma viagem para a Bahia ⑨ e não tem lugar no carro para o Zezinho. ⑩ Zezinho? Quem é Zezinho? ⑪ Um novo vizinho que mora no prédio? ⑫ Não, Zezinho é o cachorro da vizinha do térreo.

22 Vigésima segunda aula [*wijäsima ßägu^{n}da aola*]

O almoço

1 O telefone está tocando. ①

2 – Você pode atender, Marta?

3 – Não, eu não posso.

PRONÚNCIA

[*u aumoßu* **1** *u telefoni ißta toka^{n}du* **2** *woße pOdji atä^{n}der marta* **3** *nao^n eo nao^n pOßu*]

Solução do primeiro exercício: Você entendeu?

① Gestatten Sie, kann ich eintreten? ② Natürlich, Paul. Wie geht es? ③ Mir geht es gut (ich gehe gut), danke. ④ Ist Manuel zu Hause (in Haus)? ⑤ Nein, er ist am (in-die) Strand. ⑥ Ich mag den Strand nicht. ⑦ Meine Schwester und ich gehen immer ins (für) Schwimmbad. ⑧ Weißt du Paul, wir werden eine Reise nach Bahia machen (wir gehen machen eine Reise für die Bahia), ⑨ und es gibt keinen (nicht hat) Platz im Auto für Josefchen. ⑩ Josefchen? Wer ist Josefchen? ⑪ Ein neuer Nachbar, der im Hochhaus wohnt? ⑫ Nein, Josefchen ist der Hund der Nachbarin aus dem (von der) Erdgeschoss.

22. Lektion

Das Mittagessen

1 Das Telefon läutet (ist läutend).

2 – Kannst du drangehen (abnehmen), Martha?

3 – Nein, ich kann nicht.

ANMERKUNGEN

① Die Verlaufsform **está tocando** kennzeichnet hier eine gerade stattfindende Handlung ("dabei sein, etwas zu tun"). Sie besteht aus der konjugierten Form von **estar** + dem sog. Gerundium (das -**r** des Infinitivs wird durch -**ndo** ersetzt).

4 Eu estou almoçando.

5 – E você, Guto, o que você está fazendo? ②

6 – Tô aqui na sala ③

7 assistindo um filme super legal na televisão. ④ ⑤

8 – E você, mãe, onde você está? ⑥

9 – No banheiro.

10 E não posso falar, porque estou escovando os dentes.

PRONÚNCIA

[**4** *eo ißtou aumoßa^{n}du* **5** *i woße gutu u ki woße ißta fasä^{n}du* **6** *to aki na ßala* **7** *aßißtschi^{n}du u^n fiumi ßupär legau na telewisao^n* **8** *i woße maj^n o^{n}dji woße ißta* **9** *nu banjeiru* **10** *i nao^n pOßu falar purkeh ißtou ißkowa^{n}du uß dä^{n}tschiß*]

Exercício 1: Você entende estas frases?

❶ Vocês não estão almoçando com a Marta? ❷ Eu estou fazendo o almoço. ❸ O telefone está tocando. ❹ Quem pode atender o telefone? ❺ Vamos sentar na sala.

4 Ich bin dabei, zu Mittag zu essen (mittagessend).

5 – Und du, Guto, was machst du gerade (der welcher du ist machend)?

6 – Ich bin hier im (in-die) Wohnzimmer

7 und schaue gerade einen supertollen Film im Fernsehen an. (beiwohnend ein Film super gesetzlich in-die Fernsehen.)

8 – Und du, Mama, wo bist du?

9 – Im Bad.

10 Ich kann nicht sprechen, weil ich mir gerade die Zähne putze (weil bin bürstend die Zähne).

ANMERKUNGEN

② **o que** "was" = männl. Artikel + **que** "welcher, -e". **o que** kann auch am Satzende stehen, um der Frage mehr Nachdruck zu geben. Dann steht ein Akzent auf dem **e**: **Você está fazendo o quê?**

③ **Tô** ist die umgangssprachliche Kurzform von **estou** "(ich) bin".

④ **assistir um filme** "einen Film anschauen" ist ein umgangssprachlicher Ausdruck. **Assistir** heißt auch "assistieren, mithelfen; dabei sein, teilnehmen".

⑤ **televisão** bezeichnet sowohl das "Fernsehen" als Medium als auch das "Fernsehgerät". **Ele assiste a televisão.** "Er sieht fern."

⑥ **mãe** "Mutter" und **pai** "Vater" können auch als Kosenamen im Sinne von "Mama, Mutti" oder "Papa, Vati" verwendet werden.

Solução do primeiro exercício: Você entendeu?

❶ Esst ihr nicht mit Martha zu Mittag? ❷ Ich mache gerade das Mittagessen. ❸ Das Telefon läutet (ist läutend). ❹ Wer kann ans Telefon gehen? ❺ Setzen wir uns ins Wohnzimmer (gehen sitzen in-die Wohnzimmer).

Exercício 2: Complete as palavras que faltam!

❶ Der Hund ist vor dem (in-die Vorderseite von-die) Fernseher.
O cachorro está na ______ __ __________.

❷ Mein Papa isst mit meiner Mama im Wohnzimmer zu Mittag.
Meu pai está __________ com a minha mãe __ ____.

❸ Nimmst du meine Hilfe an?
Você aceita a minha _____?

23 Vigésima terceira aula [*wijäsima tärßäjra aola*]

O telefonema

1 – Alô! Quem é que está falando? ① ②

2 – Aqui fala a secretária do Dr. Rubens. ③

3 – O Dr. Rubens está?

4 – Sim, mas ele está muito ocupado.

5 Posso ajudar o senhor?

6 – Dona Maria, a senhora não conhece um tratamento adequado contra a dengue? ④ ⑤

7 – A dengue?

PRONÚNCIA

[*u telefonäma* **1** *alo kä^n ä ki ißta fala^{n}du* **2** *aki fala a ßekretarja du doutor h$_r$ubä^{n}ß* **3** *u doutor h$_r$ubä^{n}ß ißta* **4** *ßi^n maß äli ißta muj^{n}tu okupadu* **5** *pOßu ajudar u ßinjOr* **6** *dona maria a ßinjOra nao^n kunjäßi u^n tratamä^{n}tu adekwado ko^{n}tra a dä^{n}gi* **7** *a dä^{n}gi*]

ANMERKUNGEN

① Die Begrüßung **Alô!** verwendet man nur am Telefon; in jedem anderen zwanglosen Kontext sagt man für "Hallo" **Oi!**

② **quem é que** ist eine häufig verwendete Form der Fragestellung. **é que** entspricht hier dem deutschen "denn; überhaupt". Man könnte auch nur **Quem fala?** oder **Quem está falando?** für "Wer spricht?" sagen.

❹ Nein, weil ich dein Geld nicht möchte.

Não, ______ eu não quero o seu ________.

❺ Was machst du gerade, Ronald?

O que você ____ ________, Ronaldo?

Solução do segundo exercício: As palavras que faltam.

❶ frente da televisão ❷ almoçando – na sala ❸ ajuda ❹ porque – dinheiro ❺ está fazendo.

23. Lektion

Der Anruf

1 – Hallo! Wer spricht denn [dort]? (hallo! wer ist welcher ist sprechend?)

2 – Hier spricht die Sekretärin von (von-der) Dr. Rubens.

3 – Ist Dr. Rubens da? (der Dr. Rubens ist?)

4 – Ja, aber er ist sehr beschäftigt.

5 Kann ich Ihnen helfen?

6 – Maria, kennen Sie nicht ein geeignetes Mittel gegen Denguefieber? (Frau Maria, die Dame nicht kennt ein Behandlung geeignet♂ gegen die Dengue?)

7 – Denguefieber?

③ **Dr.** = **Doutor**, weiblich **Dra**. bzw. **Doutora**. Es ist üblich, im beruflichen Kontext in der Anrede den Doktortitel zu verwenden; es folgt der Nachname. Einige brasilianische Nachnamen können übrigens gleichzeitig auch Vornamen sein!

④ **Dona** (≈ "Frau") steht nur mit Vornamen (männliche Form **Seu** ≈ "Herr"). **Dona/Seu** sind respektvolle Anreden für vertraute Personen reiferen Alters. Das Deutsche kennt keine wirkliche Entsprechung hierfür; so verzichten wir auf eine Übersetzung.

⑤ **tratamento** (von **tratar** "behandeln") wird im medizinischen Sinne auch in der Bedeutung "Mittel" verwendet.

8 O senhor tem certeza que está com dengue? ⑥

9 – Cem por cento certeza eu não tenho. ⑦

10 Mas quando vejo a quantidade de mosquitos aqui em casa…

PRONÚNCIA

[*8 u ßinjor tä^n ßärtesa ki ißta ko^n dä^{n}gi* **9** *ßä^n pur ßä^{n}tu ßärtesa eo nao^n tänju* **10** *maß kwa^{n}du weĵu a kwa^{n}tidadĵi dĵi moßkituß aki ä^n kasa*]

Exercício 1: Você entende estas frases?

❶ Posso tomar o tratamento antes do almoço? ❷ Claro, você pode tomar um agora. ❸ Muito obrigado, Dra. Angélica. ❹ Luciano, você está falando com sua irmã? ❺ Eu preciso falar com você antes da viagem.

Exercício 2: Complete as palavras que faltam!

❶ Wer ist die neue Sekretärin von (von-der) Dr. Fábio?
Quem é a nova _ _ _ _ _ _ _ _ _ _ _ _ Dr. Fábio?

❷ Hallo, ist Juliane da?
Alô, a Juliana _ _ _ _ ?

❸ Ich möchte dir helfen, aber ich kann jetzt nicht.
Eu quero _ _ _ _ _ _ você, mas agora não _ _ _ _ _ _ .

❹ Ich bin sehr beschäftigt.
Eu _ _ _ _ _ muito _ _ _ _ _ _ _ .

❺ Für wen ist der Anruf?
Para quem é o _ _ _ _ _ _ _ _ _ _ ?

8 Sind Sie sicher, dass Sie Denguefieber haben? (der Herr hat Gewissheit dass ist mit Dengue?)

9 – Hundertprozentig sicher bin ich mir nicht. (hundert durch hundert Gewissheit♀ ich nicht habe.)

10 Aber wenn ich die Unmenge von Stechmücken hier zu Hause sehe ... (aber wann sehe die Menge von Stechmücken♂♂ hier in Haus♀ ...)

ANMERKUNGEN

⑥ **que** heißt hier "dass" und leitet einen Nebensatz ein: **Eu tenho certeza que ele está muito ocupado**. "Ich bin sicher, dass er sehr beschäftigt ist."

⑦ Es gibt zwei Wörter für "hundert": **cem** und **cento**. **cem** wird nur für "100" verwendet, **cento** in Kombinationen und für Prozentzahlen: **cento e um** "101", **cento e dois** "102" usw., ... **por cento** "... %".

Solução do primeiro exercício: Você entendeu?

❶ Kann ich das Mittel (der Behandlung) vor dem Mittagessen nehmen? ❷ Klar, du kannst jetzt eines nehmen. ❸ Vielen Dank, Dr. Angelika. ❹ Lukas, sprichst du gerade mit deiner Schwester? ❺ Ich muss mit dir vor der Reise sprechen.

Solução do segundo exercício: As palavras que faltam.

❶ secretária do ❷ está ❸ ajudar – posso ❹ estou – ocupado ❺ telefonema.

24 Vigésima quarta aula [*wijäsima kwarta aola*]

A excursão

1 – Que vont**a**de de par**a**r um p**o**uco! ①

2 Est**o**u trabalh**a**ndo dem**a**is. ②

3 – Por quê voc**ê** n**ã**o s**a**i com s**e**us am**i**gos? ③

4 – Porqu**e** est**o**u prepar**a**ndo o rot**e**iro da excurs**ã**o p**a**ra Foz do Iguaç**u**? ④

5 V**a**mos acompanh**a**r um gr**u**po de tur**i**stas alem**ã**es ⑤

6 que ch**e**ga amanh**ã** de Berl**i**m.

7 – Qu**a**ntos d**i**as voc**ê**s v**ã**o viaj**a**r?

8 – O gr**u**po f**i**ca tr**ê**s d**i**as em Foz,

9 mas **e**u v**o**lto um d**i**a **a**ntes.

PRONÚNCIA

[*a ißkurß**ao**^{n}* **1** *ke wo^n**ta**dĵi dĵi para**r** u^n p**o**uku* **2** *ißt**o**u trabalj**a**^{n}-du dĵim**aj**ß* **3** *pur k**eh** woß**e** na**o**^{n} ß**aj** kon ß**e**uß am**i**guß* **4** *purk**e** ißt**o**u prepar**a**^{n}du u h$_r$ot**e**jru da ißkurß**ao**^{n} p**a**ra f**o**jß du iguaß**u*** **5** *w**a**-muß ako^{n}panj**a**r u^n gr**u**pu dĵi tur**i**ßtaß alem**aj**^{n}ß* **6** *ki sch**e**ga amanj**a**^{n} dĵi bärl**i**^{n}* **7** *kw**a**^{n}tuß dĵ**i**aß woß**e**jß w**ao**^{n} wijaĵ**a**r* **8** *u gr**u**pu f**i**ka tr**e**jß dĵ**i**aß ä^n f**o**jß* **9** *maß **eo** w**O**utu u^n dĵ**i**a **a**^{n}tschiß*]

ANMERKUNGEN

① **a vontade** "Wille, Wunsch, Lust" wird meist mit **estar** verwendet: **estar com vontade de...** "Lust haben zu ...". Häufig hört man auch **à vontade** für "ungezwungen, nach Belieben". **Fica à vontade!** "Mach es dir bequem!"

24. Lektion

Der Ausflug

1 – Was [habe ich] für eine Lust auf eine Ruhepause! (welche Lust♀ von anhalten ein wenig!)

2 Ich arbeite zu viel. (bin arbeitend zu-viel.)

3 – Warum gehst du nicht mit deinen Freunden aus? (durch was du nicht ausgeht mit seine Freunde♂♂?)

4 – Weil ich die Reiseroute für den Ausflug nach Foz do Iguaçu vorbereite. (weil bin vorbereitend der Reiseroute von-die Ausflug für Foz do Iguaçu.)

5 Wir werden eine Gruppe deutscher Touristen begleiten, (gehen begleiten ein Gruppe von Touristen♂♂ deutsch♂♂,)

6 die morgen aus Berlin ankommt. (welcher ankommt morgen von Berlin.)

7 – Wie viele Tage werdet ihr (ihr geht) reisen?

8 – Die (der) Gruppe bleibt drei Tage in Foz,

9 aber ich komme einen Tag vorher zurück.

② **demais** "zu viel" kann in seiner ursprünglichen Bedeutung stehen, kommt aber auch als Ausruf der positiven Überraschung vor: **Ela é bonita demais!** "Sie ist unheimlich schön!". **É demais!** "Das ist der Hit!". Im Plural bedeutet **os demais** "die anderen".

③ "Warum?" kann mit **Porque?** oder **Por quê?** übersetzt werden. In Verbindung mit einem Nomen wird es immer getrennt geschrieben: **Por que motivo?** oder **Por que razão?**, beide: "Aus welchem Grund?". **Porque** kann auch "weil" heißen.

④ Wörter, die auf -**são** und -**ção** enden, sind weiblich: **a excursão** "der Ausflug", **a tradução** "die Übersetzung".

⑤ **alemães** ist der Plural von **alemão** "Deutscher". Die meisten Nomen, die auf -**ão** enden – wie **pão** "Brot" oder **capitão** [*kapitao*ⁿ] "Kapitän" – bilden den Plural auf -**ães**.

10 – Vocês vão de avião? ⑥

11 – Não, nós vamos de ônibus.

12 E ainda bem que o motorista fala alemão!

PRONÚNCIA

[*10 woßejß wao^n dʒi awiao^n **11** nao^n noß wamuß dʒi onibuß **12** i ai^{n}da bä^n ke u motorißta fala alemao^n*]

Exercício 1: Você entende estas frases?

❶ Eu estou com vontade de sentar no carro. ❷ Que lugar bonito: vamos parar aqui! ❸ Minha irmã sai com os amigos. ❹ Estou trabalhando muito, mas depois vou caminhar na praia. ❺ Meu pai e eu acompanhamos os turistas na agência de viagem.

Exercício 2: Complete as palavras que faltam!

❶ Ich bereite gerade das Mittagessen vor und kann nicht mit euch kommen (gehen).

Eu estou ______________ o ________ e não posso ir com vocês.

10 – Fliegt ihr? (ihr gehen von Flugzeug♂?)

11 – Nein, wir fahren mit dem (gehen von) Bus.

12 Und zum Glück spricht der Fahrer Deutsch!

ANMERKUNGEN

⑥ "Fahren mit" oder "fliegen mit" bildet man mit **ir de** und dem entsprechenden Transportmittel: **ir de avião** "mit dem Flugzeug fliegen"; **ir de ônibus** "mit dem Bus fahren".

Solução do primeiro exercício: Você entendeu?

❶ Ich habe Lust (bin mit Lust), mich ins Auto zu setzen. ❷ Was für ein schöner Ort: Lass uns hier anhalten! ❸ Meine Schwester geht mit den Freunden aus. ❹ Ich arbeite gerade viel, aber danach werde ich am Strand [entlang] laufen. ❺ Mein Vater und ich begleiten die Touristen ins Reisebüro.

❷ Papa, hast du die Reiseroute des Ausflugs nach (für) Manaus?

Pai, você tem o .... da .... para Manaus?

❸ Meine Familie kommt morgen aus Miami an.

..... família ..... amanhã de Miami.

❹ Mein Bruder ist unerträglich: Er spricht zu viel.

Meu irmão está insuportável: ele ....

❺ Ihr habt Lust (sind mit Lust), einen Ananassaft zu trinken.

Vocês estão ... . de ..... um suco de abacaxi.

Solução do segundo exercício: As palavras que faltam.

❶ preparando – almoço ❷ roteiro – excursão ❸ Minha – chega ❹ fala demais ❺ com vontade – tomar.

25 Vigésima quinta aula [*wiĵäsima ki^{n}ta aola*]

No aeroporto

1 – B**o**a t**a**rde.

2 **E**u est**o**u viaj**a**ndo com m**e**us d**o**is filh**i**nhos p**a**ra Cuiab**á**. ① ②

3 Aqu**i** est**ã**o as pass**a**gens. ③

4 – A senh**o**ra quer um lug**a**r na jan**e**la **o**u no corred**o**r?

5 – T**a**nto faz. ④

6 O que **e**u qu**e**ro, é sent**a**r bem na fr**e**nte do avi**ã**o. ⑤

7 – Pr**o**nto. ⑥

8 Aqu**i** est**ã**o as pass**a**gens e os cart**õ**es de emb**a**rque.

9 Só f**a**lta pag**a**r a t**a**xa de emb**a**rque.

PRONÚNCIA

[*nu aeroportu* **1** *boa tardĵi* **2** *eo ißtou wiaĵa^{n}du ko^n meuß dojß filji^n jußparakujaba* **3** *akiißtao^{n}aßpaßaĵä^{n}ß* **4** *aßinjOrakäru^{n}lugarna ĵanälaonukoh$_r$edor* **5** *ta^{n}tufajß* **6** *ukeeokäruäßä^{n}tarbä^{n}nafrä^{n}tschi du awiao^n* **7** *pro^{n}tu* **8** *aki ißtao^n aß paßaĵä^{n}ß i uß kartoj^{n}ß dĵi i^{n}bar-ki* **9** *ßO fauta pagar a tascha dĵi i^{n}barki*]

ANMERKUNGEN

① Hier wieder ein Beispiel für das Gerundium. Diese Form kann auch ohne Nennung des Personalpronomens oder des Hilfsverbs im Nebensatz stehen: **Meu pai está em Manaus, viajando com minha mãe.** "Mein Vater ist in Manaus, [er] reist mit meiner Mutter."

Auf dem Flughafen

1 – Guten Tag.

2 Ich reise mit meinen beiden Kindern (bin reisend mit mein♂♂ zwei Söhnchen) nach Cuiabá.

3 Hier sind die Tickets.

4 – Möchten Sie einen Platz am (in-die) Fenster oder am (in-der) Gang?

5 – Egal. (so-sehr macht.)

6 Was ich möchte, ist, weit vorne (gut in-die Vorderseite) im Flugzeug zu sitzen.

7 – Bitte sehr. (fertig.)

8 Hier sind die Tickets und die Bordkarten (Karten♂♂ von Einstieg♂).

9 Es müssen nur noch die Fluggebühren bezahlt werden. (nur fehlt zahlen die Gebühr von Einsteigen♂.)

② Das Suffix (Nachsilbe) **-inho** ist eine häufig verwendete Verniedlichungsform: **filho** "Sohn" → **filhinho** "Söhnchen", weiblich **-inha**: **filha** "Tochter" → **filhinha** "Töchterchen".

③ Neben **aqui está...** "hier ist ..." oder **aqui estão...** "hier sind ..." kann man auch das unveränderliche **eis** benutzen: **Eis a minha filha.** "Hier ist meine Tochter".

④ **Tanto** "so sehr; so viel" ist veränderlich: **tanto / tanta / tantos / tantas**. Es richtet sich in Genus und Numerus nach dem Bezugswort: **As crianças são tantas.** "Es gibt so viele Kinder."; **Há tantos turistas.** "Es gibt so viele Touristen".

⑤ **na frente** "vor, vorne" besteht aus der Präposition **em** und dem Substantiv **a frente**: **Ele está na frente da televisão.** "Er ist vor dem Fernseher."

⑥ **Pronto** "fertig, bereit" kann im übertragenen Sinne auch in der Bedeutung "Bitte sehr!" verwendet werden.

10 – As cri**a**nças tamb**é**m p**a**gam **e**sta t**a**xa? ⑦

11 – Sim, e n**ão** há desc**o**nto p**a**ra **e**las.

PRONÚNCIA

[*__10__ aß kria^{n}ßaß ta^{n}bä^n paga^n äßta tascha* *__11__ ßi^n i nao^n a dißko^{n}tu para älaß*]

Exercício 1: Você entende estas frases?

❶ Amanhã meus três filhos vão viajar para Manaus. ❷ Antes da viagem, elas pagam a taxa de embarque. ❸ Vera, você sabe onde estão os cartões de embarque? ❹ Eu quero sentar no corredor, e você? ❺ Tanto faz, eu não tenho medo de sentar na janela.

Exercício 2: Complete as palavras que faltam!

❶ Hier gibt es keine Ermäßigung für Kinder.

Aqui não ___ ________ para ________.

❷ Fertig. Jetzt kann ich mit deiner Schwester sprechen.

______. Agora eu posso _____ com sua ____.

10 – Zahlen die Kinder♀♀ auch diese Gebühren?

11 – Ja, und es gibt keine Ermäßigung für sie.

ANMERKUNGEN

⑦ **filhos** "Söhne" / **filhinhos** "Söhnchen" wird auch allgemein für (eigene) Kinder gebraucht, selbst wenn darunter auch Töchter sind. Im Gegensatz dazu steht **crianças**, das neutral "Kinder" im Gegensatz zu Erwachsenen bezeichnet.

Solução do primeiro exercício: Você entendeu?

❶ Morgen werden meine drei Kinder (Söhne) nach Manaus reisen. ❷ Vor der Reise zahlen sie (♀♀) die Fluggebühren. ❸ Vera, weißt du, wo die Bordkarten sind? ❹ Ich möchte am Gang sitzen, und du? ❺ Egal, ich habe keine Angst, am Fenster zu sitzen.

❸ Gehen wir? Es muss nur (nur fehlt nehmen) das Scheckheft mitgenommen werden.

Vamos? ... ... pegar o talão de cheque.

❹ Zahlen auch die Touristen den Bus?

Os turistas ... ... o ônibus?

❺ Meine Mutter ist in Europa, sie reist (reisend) mit meinem Vater.

Minha mãe ... ... Europa, ... com meu pai.

Solução do segundo exercício: As palavras que faltam.

❶ há desconto – crianças ❷ Pronto – falar – irmã ❸ Só falta ❹ também pagam ❺ está na – viajando.

26 Vigésima sexta aula [*wiȷ̂äsima ßäßta aola*]

No restaurante

1 – Bom d**i**a.

2 **U**ma m**e**sa p**a**ra qu**a**tro pess**o**as, por fav**o**r.

3 – Aqu**i** há **u**ma m**e**sa m**u**ito tranqu**i**la,

4 mas infelizm**e**nte **e**la já est**á** reserv**a**da. ①

5 O que o senh**o**r **a**cha d**e**ssa aqu**i**, na jan**e**la?

6 **O**u **u**ma m**a**is p**e**rto da coz**i**nha? ②

7 – **E**sta aqu**i** est**á** **ó**tima.

8 O senh**o**r p**o**de traz**e**r o card**á**pio, por fav**o**r?

9 M**e**us am**i**gos n**ã**o conh**e**cem a coz**i**nha bai**a**na.

10 – Ah, a com**i**da bai**a**na é m**u**ito vari**a**da, ③

11 mas cuid**a**do com a pim**e**nta! ④

PRONÚNCIA

[*nu h$_r$äßtaora^{n}tschi* **1** *bo^n dȷ̂ia* **2** *uma mesa para kwatru peßoaß pur fawor* **3** *aki a uma mesa muj^{n}tu tra^{n}kuila* **4** *maß i^{n}felisme^{n}tschi äla ȷ̂a ißta h$_r$esärwada* **5** *u ke u ßinjOr ascha däßa aki na ȷ̂anäla* **6** *o uma majß pärtu da kusinja* **7** *äßta aki ißta Otschima* **8** *u ßinjor pOdȷ̂i traser u kardapiu pur fawor* **9** *meuß amiguß nao^n kunjäße^n a kusinja bajana* **10** *a a kumida bajana ä muj^{n}tu wariada* **11** *maß kuidadu ko^n a pime^{n}ta*]

26. Lektion

Im Restaurant

1 – Guten Tag.

2 Einen Tisch für vier Personen, bitte.

3 – Hier ist ein sehr ruhiger Tisch (hat eine Tisch sehr ruhig♀),

4 aber leider (unglücklicherweise) ist er schon (sie schon ist) reserviert.

5 Was halten Sie von diesem hier, am Fenster? (der welcher der Herr findet von-diese hier, in-die Fenster?)

6 Oder einen näher an der (mehr nahe von-die) Küche?

7 – Dieser hier ist optimal.

8 Können Sie uns die (der) Speisekarte bringen, bitte?

9 Meine Freunde kennen (nicht kennen) die baianische Küche nicht (Küche baianisch♀).

10 – Ah, das Essen aus Bahia (Essen baianisch♀) ist sehr vielseitig,

11 aber Vorsicht mit der Schärfe (mit die Pfeffer)!

ANMERKUNGEN

① Das Adverb (Umstandwort) **infelizmente** besteht aus **infeliz** "unglücklich" + **mente**. Adverbien werden u. a. ausgehend von femininen Adjektiven gebildet. So auch **tranquila** "ruhig" + **mente** = **tranquilamente**.

② Wir kennen **mais** im Sinne von "mehr". Vor einem Adjektiv oder Adverb wird es als Steigerungsmittel verwendet: **perto** "nahe" → **mais perto** "näher".

③ **variada** ist hier eigentlich ein Partizip Perfekt; es wird ausgehend vom Infinitiv gebildet. Anstelle des **-r** wird je nach Genus/Numerus **-do** / **-da** / **-dos** / **-das** angehängt: **variar** "verändern" → **variado** "verändert, vielseitig".

④ **pimenta** bezeichnet im weitesten Sinne alle scharfen Zutaten. Der Küchenpfeffer heißt **pimenta do reino** [*pime*^{n}*ta du h*$_r$*ejnu*] "Pfeffer des Königreichs"; **o pimentão** [*pime*^{n}*tao*^{n}] "der große Pfeffer" ist dagegen "die Paprikaschote".

Exercício 1: Você entende estas frases?

① A cozinha brasileira é muito variada. ② Eu vou trazer o cardápio para a senhora. ③ Vocês conhecem o Brasil? ④ Nós moramos em Florianópolis, uma cidade muito tranquila. ⑤ Minha esposa gosta da comida baiana.

Exercício 2: Complete as palavras que faltam!

① Leider ist der Tisch reserviert.
____ a mesa está ____.

② Kennen sie (♀♀) die Personen, die im Restaurant sind?
Elas ____ as ____ que ____ no restaurante?

③ Vorsicht mit dem Geld!
____ com o ____!

④ Können Sie (der Herr) ein wenig Pfeffer bringen, bitte?
O senhor ____ ____ um pouco de ____, por favor?

⑤ Was halten Sie (der Herr) von diesem Haus am Strand?
____ ____ o senhor ____ desta casa na ____?

27 Vigésima sétima aula [*wiĵäsima ßätschima aola*]

Futebol

1 – Dani**e**l, voc**ê** quer assist**i**r o j**o**go Bras**i**l - Urugu**a**i? ①

2 M**e**u p**a**i tem v**á**rios ingr**e**ssos.

PRONÚNCIA

[*futschibOu* **1** *daniäu woße kär aßistschir u ĵougu brasiu urugu-aj* **2** *meo paj tä^n wariuß i^{n}gräßuß*]

Solução do primeiro exercício: Você entendeu?

① Die brasilianische Küche ist sehr vielseitig. ② Ich werde Ihnen die Speisekarte bringen (für die Dame). ③ Kennt ihr (der) Brasilien? ④ Wir wohnen in Florianopolis, einer sehr ruhigen Stadt (Stadt sehr ruhig♀). ⑤ Meine Ehefrau mag das Essen aus Bahia (Essen baianisch♀).

Solução do segundo exercício: As palavras que faltam.

❶ Infelizmente – reservada ❷ conhecem – pessoas – estão ❸ Cuidado – dinheiro ❹ pode trazer – pimenta ❺ O que – acha – praia.

Baianische Küche

Die Küche von Bahia kann als die brasilianischste überhaupt bezeichnet werden. Sie unterscheidet sich durch starke afrikanische Einflüsse von allen anderen Regionalküchen. Eines der bekanntesten Gerichte ist **Vatapá**: Weißbrot, Zwiebeln, Krabben, Cashewkerne, Erdnüsse, Kokosmilch, Palmöl, Koriander und einige Gewürze werden zerstampft und dann mit scharfer Soße gegessen. Ebenso beliebt sind **Acarajé**, in Palmöl ausgebackene, krokettenartige Bällchen aus gemahlenen Bohnen mit Gewürzen und **Moqueca**, ein Fisch- und/oder Krebs-Eintopf.

27. Lektion

Fußball

1 – Daniel, möchtest du das Spiel Brasilien-Uruguay anschauen?

2 Mein Vater hat mehrere Eintrittskarten.

ANMERKUNGEN

① Die Standardgrammatik verlangt nach **assistir** eigentlich die Präposition **a**; diese wird jedoch in der Umgangssprache häufig weggelassen: **assistir** (**a**) **um jogo** "ein Spiel anschauen".

3 – Que pena, não posso ir com vocês. ②

4 Eu preciso ajudar minha irmã que está em casa.

5 Quem sabe outro dia? ③

6 Você mora no Rio de Janeiro há cinco anos ④

7 e nunca foi a um estádio de futebol?

8 – Sim, mas você sabe

9 que muitos brasileiros jogam em campeonatos europeus. ⑤

10 Eu vi jogadores brasileiros em times famosos como o Barcelona ou o PSG. ⑥ ⑦ ⑧

PRONÚNCIA

*[**3** ki pena nao^n pOßu ir ko^n woßejß **4** eo preßisu aĵudar minja irma^n ki ißta ä^n kasa **5** kä^n ßabi outru dĵia **6** woße mOra nu h$_r$iu dĵi ĵanejru a ßi^{n}ku anuß **7** i nu^{n}ka foj a u^n ißtadju dĵi futschibOu **8** ßi^n maß woße ßabi **9** ki muj^{n}tuß brasilejruß ĵoga^n ä^n ka^{n}pionatuß eoropeuß **10** eo wi ĵogadoriß brasilejruß ä^n tschimiß famOsuß komu u barßelona o u pä-äßi-ĵe]*

3 – Wie schade, ich kann nicht mit euch kommen. (welche Strafe♀, nicht kann gehen mit ihr.)

4 Ich muss meiner Schwester helfen, die zu Hause ist (in Haus).

5 Wer weiß, vielleicht ein anderes Mal? (wer weiß anderer♂ Tag?)

6 Du wohnst seit fünf Jahren in Rio de Janeiro (du wohnt in-der Fluss von Januar hat fünf Jahre♂♂)

7 und warst noch nie in einem Fußballstadion (und nie ging nach ein Stadion von Fußball?)

8 – Ja, aber du weißt,

9 dass viele Brasilianer in europäischen♂♂ Meisterschaften♂♂ spielen.

10 Ich (sah) habe brasilianische Spieler in berühmten Mannschaften gesehen, wie (der) Barcelona oder (der) PSG.

ANMERKUNGEN

② **pena** kann außerdem die Bedeutungen "Vogelfeder" und "Schreibfeder" haben.

③ **outra/outro** "anderer, -e" und **outras/outros** "andere" richten sich in Genus und Numerus nach dem Nomen, auf das sie sich beziehen: **a outra irmã** "die andere Schwester". Achtung: **outro** steht *nie* mit dem unbestimmten Artikel!

④ **há**: 3. Pers. Sg. des Hilfsverbs **haver** "da sein, vorhanden sein" und gleichbedeutend mit **tem**. In Verbindung mit einer Zeitangabe hat es die Bedeutung "seit": **há tantos anos** "seit so vielen Jahren".

⑤ **europeu** endet im Plural auf **-s**. Die weiblichen Formen sind **europeia** (Sg.) und **europeias** (Pl.): **As jogadoras europeias jogam muito bem.** "Die europäischen Spielerinnen spielen sehr gut".

⑥ Wörter, die im Maskulinum auf **-ador** bzw. im Femininum auf **-adora** enden, bilden den Plural auf **-es** bzw. **-s**: **jogador** "Spieler", **jogadora** "Spielerin", **jogadores** "Spieler" (Pl.), **jogadoras** "Spielerinnen".

⑦ **time** (vom engl. *team*) wurde zunächst nur für die Fußballmannschaft gebraucht. Jetzt hört man es sowohl bei Sportarten als auch z. B. in der Handels- und Wirtschaftswelt. Ein Synonym ist **equipe**.

⑧ **PSG**, kurz für "Paris Saint-Germain". In brasilianischen Großstädten gibt es meistens mehrere Fußballteams, z. B. **Fluminense**, **Botafogo** und **Flamengo** in Rio de Janeiro; **Corinthians**, **São Paulo** und **Palmeiras** in São Paulo.

Exercício 1: Você entende estas frases?

❶ O hotel fica ao lado do estádio de futebol. ❷ Nós temos cinco ingressos para o museu. ❸ Meu irmão não foi com os filhos assistir o jogo de futebol. ❹ Flamengo e Fluminense são times famosos. ❺ Os jogadores moram há quatro anos na Alemanha.

Exercício 2: Complete as palavras que faltam!

❶ Ich (sah) habe drei Personen mit einem Hund gesehen.
Eu … três pessoas com um … .

❷ Brasilien hat sehr berühmte Fußballspieler.
O Brasil tem … de futebol muito … .

❸ Mehrere Personen möchten das Spiel Spanien-Italien anschauen.
… pessoas querem … o … Espanha-Itália.

❹ Leider mag ich die europäischen Meisterschaften nicht.
Infelizmente eu não gosto dos … … .

❺ Wer weiß, eines Tages werde ich [vielleicht] in ein Fußballstadion gehen?
Quem sabe um dia eu vou a um … … … ?

28 Vigésima oitava aula [*wiʒäsima ojtawa aola*]

Revisão e anotações

1. Typische Wortendungen

Wörter, die auf **-são** und **-ção** enden, sind Feminina: **a excursão** "der Ausflug", **a tradução** "die Übersetzung".

Solução do primeiro exercício: Você entendeu?

❶ Das Hotel ist neben dem (bleibt nach-der Seite von-der) Fußballstadion. ❷ Wir haben fünf Eintrittskarten für das (der) Museum. ❸ Mein Bruder ging nicht mit den Kindern das Fußballspiel anschauen. ❹ Flamengo und Fluminense sind berühmte Mannschaften. ❺ Die Spieler wohnen seit vier Jahren in (in-die) Deutschland.

Solução do segundo exercício: As palavras que faltam.

❶ vi – cachorro ❷ jogadores – famosos ❸ Várias – assistir – jogo ❹ campeonatos europeus ❺ estádio de futebol.

Prägen Sie sich nicht einzelne Wörter, sondern immer kurze Sätze und Wendungen als Ganzes ein.

Brasilianischer Fußball

futebol ist der National- und Volkssport Brasiliens, die brasilianische Fußballnationalmannschaft mehrfacher Weltmeister und damit die erfolgreichste Nationalmannschaft der Welt, und für viele gilt darüber hinaus Pelé als einer der besten Fußballer aller Zeiten. Für viele junge Menschen in den **favelas** (Elendsvierteln) ist die Aussicht, ein Fußballprofi wie Pelé zu werden, eine der wenigen Möglichkeiten, der Armut zu entgehen. Die berühmtesten Stadien des Landes sind das **Estádio do Maracanã** in Rio de Janeiro und das **Estádio Morumbi** in São Paulo.

28. Lektion

Hauptwörter, die auf **-ão** enden (**alemão** "Deutscher", **pão** "Brot", **capitão** "Kapitän") sind jedoch fast immer männlich und bilden den Plural auf **-ães**.

Wörter, die im Maskulinum auf -**ador** und im Femininum auf -**adora** enden, bilden den Plural auf -**es** bzw. -**s**:

jogador "Spieler", **jogadores** "Spieler"
jogadora "Spielerin", **jogadoras** "Spielerinnen"

2. Indefinit- und Demonstrativpronomen

2.1 outra / outro "andere/r" (♀/♂) und **outras / outros** "andere" (♀♀/♂♂) richten sich in Genus und Numerus nach dem Nomen, auf das sie sich beziehen:

o outro jogador "der andere Spieler"
a outra jogadora "die andere Spielerin"

Für den Ausdruck "die anderen" im Sinne von "die, die übrig bleiben", kann man auch **os demais** sagen:

o jogador europeu e os demais
"der europäische Spieler und die anderen".

2.2 tanto "so sehr, so viel" richtet sich ebenfalls in Genus und Numerus nach dem Wort, auf das es sich bezieht:

tantos jogadores europeus "so viele europäische Spieler"
tantas jogadoras europeias "so viele europ. Spielerinnen"

Tanto wird aber auch in zahlreichen idiomatischen Ausdrücken verwendet, wie z. B.

tanto faz "(das ist) egal"; **tanto melhor** "umso besser"

3. Zahlwörter

Sie finden die Grundzahlen als Seitenzahlen und am Beginn jeder Lektion die Ordnungszahlen in ihrer weiblichen Form:

primeira "erste", **segunda** "zweite", **terceira** "dritte"

Wie bei Adjektiven erhalten Sie die männliche Form durch Anhängen eines -**o** anstelle des -**a** am Wortende:

primeiro, **segundo**, **terceiro** usw.

3.1 Zehnerzahlen

Die Zehnerzahlen enden (außer **dez** "zehn" und **vinte** "zwanzig") auf -**nta**: 30 **trinta**, 40 **quarenta**, 50 **cinquenta**, 60 **sessenta**, 70 **setenta**, 80 **oitenta**, 90 **noventa**

3.2 Hunderterzahlen

"100" heißt **cem**, man verwendet jedoch in Kombinationen mit anderen Zahlen **cento**.

Weitere Hunderterzahlen:

200 **duzentos / as** 600 **seiscentos / as**
300 **trezentos / as** 700 **setecentos / as**
400 **quatrocentos / as** 800 **oitocentos / as**
500 **quinhentos / as** 900 **novecentos / as**

Bei den Tausendern wird es einfacher, denn **mil** "1000" ist unveränderlich: **dois mil**, **três mil**, **dez mil** usw. In Verbindung mit vollen Hundertern fügt man **e** "und" ein: **mil e quinhentos** "1.500", aber **mil novecentos e trinta e dois** "1932".

Im Plural wird **milhão** "Million" zu **milhões**:

1.000.000 **um milhão**
2.000.000 **dois milhões**

Und **bilhão** "Milliarde" wird zu **bilhões**:

1.000.000.000 **um bilhão**
2.000.000.000 **dois bilhões**

3.3 Zahlenkombinationen aus Einer- und Zehnerzahlen

Anders als im Deutschen benutzt man im Brasilianischen bei Zahlenkombinationen zuerst die Zehnerzahl, dann **e** "und" und danach die Einerzahl:

21 **vinte e um**
32 **trinta e dois**
49 **quarenta e nove**
101 **cento e um**
110 **cento e dez**
111 **cento e onze**
121 **cento e vinte e um** usw.

3.4 Prozentzahlen

Prozentzahlen werden durch die jeweilige Kardinalzahl (Grundzahl) plus **por cento** "für hundert" gebildet: **um por cento** "1 %"; **dez por cento** "10 %"; **vinte e cinco por cento** "25 %" usw.

Um sich mit den Kardinalzahlen zu beschäftigen, können Sie die Seitenzahlen des Buches verwenden. Die Ordinalzahlen (Ordnungszahlen) finden Sie in den Lektionsnummern.

4. Adverbien

Adverbien (Umstandswörter) können ausgehend von Adjektiven gebildet werden. Ausschlaggebend ist dabei die weibliche Form (unabhängig davon, ob sie auf **-a**, **-r**, **-s** oder **-z** endet), an die die Endung **-mente** angehängt wird: **feliz + mente = felizmente** "glücklich"; **tranquila + mente = tranquilamente** "ruhig".

5. Interrogativpronomen

In den letzten Lektionen haben Sie folgende Interrogativpronomen neu kennengelernt:

- **o que?** "was?" und seine verstärkte Form **o que é que?**:

O que é que você quer? "Was möchtest du denn?" bzw. "Was ist es denn [genau], was du möchtest?"

- **quem?** "wer?" und seine verstärkte Form **quem é que?**:

Quem é que conhece um tratamento?
"Wer kennt denn eine Behandlung?"

- "warum?" kann durch **porque?** und **por quê?** wiedergegeben werden. **Porque** heißt außerdem "weil":

Por quê você vai de ônibus? "Warum fährst du mit dem Bus?"
Porque eu quero. "Weil ich [es] möchte."

6. Verben

Wir haben in dieser Lektionseinheit zwei neue sehr häufig benutzte Verbformen kennengelernt:

6.1 Verlaufsform

Die Verlaufsform beschreibt eine im Moment stattfindende Handlung, die meist durch die Konstruktionen "dabei sein, etwas zu tun; gerade etwas tun" übersetzt wird. Diese Form wird mit dem konjugierten Verb **estar** und dem Gerundium gebildet. Das Gerundium besteht aus dem Verbinfinitiv, bei dem lediglich die Endung **-r** durch **-ndo** ersetzt wird:

falar ► **fala<u>ndo</u>**
  Estou fala<u>ndo</u> com você.
  "Ich spreche gerade mit dir."
assistir ► **assisti<u>ndo</u>**
  Ele está assisti<u>ndo</u> a um filme.
  "Er ist dabei, einen Film zu anzuschauen."
fazer ► **faze<u>ndo</u>**
  O que é que você está faze<u>ndo</u> aqui?
  "Was machst du [denn] hier gerade?"

6.2 Partizip Perfekt

Ähnlich wie beim Gerundium wird auch das Partizip Perfekt ("gegessen, gemacht, gesehen" usw.) ausgehend vom Infinitiv gebildet. Allerdings wird dabei anstelle des **-r** am Verbende – je nach Genus und Numerus – die Endung **-do**, **-da**, **-dos** oder **-das** angehängt:

falar ► **fal<u>ado</u>**, **fal<u>ada</u>**, **fala<u>dos</u>**, **fala<u>das</u>** "gesprochen"

Viele dieser Partizipien können auch als Adjektive verwendet werden:
variar "verändern" ► **varia<u>do</u>** "verändert, vielseitig"
  bzw. **varia<u>da</u>**, **varia<u>dos</u>**, **varia<u>das</u>**

Exercício 1: Você entende estas frases?

❶ Alô, Guto? Estou saindo com amigos ❷ para almoçar num restaurante baiano que você não conhece. ❸ O cardápio é muito variado! ❹ Tem um vatapá que é demais! ❺ Seus amigos conhecem a comida da Bahia? ❻ Sim e gostam muito. ❼ Você quer vir junto? ❽ Não posso, porque estou preparando uma viagem a Foz. ❾ E o Daniel o que é que ele está fazendo? ❿ Ele está no estádio do Maracanã ⓫ acompanhando um grupo de turistas alemães.

Solução do primeiro exercício: Você entendeu?

❶ Hallo Guto? Ich gehe mit Freunden aus, ❷ um in einem baianischen Restaurant (Restaurant baianisch♂) zu Mittag zu essen, das du nicht kennst. ❸ Die Speisekarte ist sehr vielseitig! ❹ Es gibt (hat) Vatapá, das [einfach] der Hit ist! ❺ Kennen deine Freunde das (die) Essen aus Bahia? ❻ Ja, und sie mögen [es] sehr. ❼ Möchtest du mitkommen? ❽ Ich kann nicht, weil ich gerade eine Reise nach Foz vorbereite. ❾ Und Daniel, was macht der [denn] gerade? ❿ Er ist im Maracanã-Stadion ⓫ [und] begleitet gerade eine Gruppe deutscher Touristen.

Ab der nächsten Lektion werden wir eine kleine Änderung einführen: Sie finden dann in der vereinfachten Lautschrift nicht mehr die ganzen Lektionssätze, sondern nur noch die neuen, längeren und komplizierteren oder etwas schwieriger auszusprechenden Wörter. Alle Auslassungen sind durch eine Ellipse (drei Punkte) gekennzeichnet. Hören Sie besonders aufmerksam die Tonaufnahmen an, und lassen Sie sich jeden Satz – vielleicht auch "häppchenweise" – so oft vorsprechen, bis Sie ihn problemlos verstehen und nachsprechen können.

29 Vigésima nona aula

Acordar cedo

1 – Que horas são, Neuza? ①
2 – São sete horas, e acabamos de tomar o café da manhã. ② ③
3 Ah, eu adoro acordar cedo! ④
4 – Você tem razão.
5 A gente aproveita muito melhor o dia. ⑤ ⑥ ⑦
6 – O César e o Jesus não acordam cedo.
7 Os dois dormem até tarde.
8 – Eu não sei como conseguem dormir com este calor. ⑧

PRONÚNCIA

[*akordar ßedu* **1** *… Oraß … neusa* **2** *… ßätschi … akabamuß … manja*ⁿ **3** *… adOru …* **4** *… h*ᵣ*asao*ⁿ **5** *… ĵä*ⁿ*tschi aprowejta … meljOr …* **6** *… ĵesujß … akOrda*ⁿ*…* **7** *… dOrmä*ⁿ *… tardĵi* **8** *… konßägä*ⁿ *durmir …*]

ANMERKUNGEN

① Die Antwort auf **Que horas são?** kann sein **É uma hora.** "Es ist ein Uhr." Alle weiteren Zeitangaben für die vollen Stunden stehen im Plural: **São (as) ... (horas).** "Es ist ... Uhr." Aber: **É meio-dia / meia-noite.** "Es ist Mittag/Mitternacht."

29. Lektion

Früh aufwachen

1 – Wie spät ist es, Neuza? (welche Stunden♀♀ sind, Neuza?)

2 – Es ist sieben, und wir haben gerade gefrühstückt. (sind sieben Stunden♀♀, und beenden von nehmen der Kaffee von-die Morgen.)

3 Ah, ich liebe [es], früh aufzuwachen (aufwachen früh)!

4 – Du hast Recht (Vernunft).

5 Man hat viel mehr vom Tag. (die Leute wahrnimmt viel besser der Tag.)

6 – Cäsar und Jesus wachen nicht früh auf.

7 Die beiden schlafen lange (bis spät).

8 – Ich weiß nicht, wie sie [es] schaffen, bei dieser Hitze zu schlafen.

② **acabar de** beschreibt Handlungen, die erst vor Kurzem stattgefunden haben: **Acabamos de jantar.** "Wir haben gerade zu Abend gegessen."

③ **tomar o café da manhã** bedeutet einfach "frühstücken". Im Land des Kaffees fällt das Frühstück recht unspektakulär aus.

④ **adorar** "anbeten, lieben, vergöttern". **Adoro jantar no restaurante.** "Ich liebe es, im Restaurant zu Abend zu essen". Für Liebesbekundungen benutzt man eher **amar**: **Eu amo você.** "Ich liebe dich".

⑤ **A gente** wird umgangssprachlich mit dem Verb in der 3. Pers. Sg. für "wir"/"man" verwendet: **A gente vai fazer o quê agora?** "Was werden wir jetzt machen?".

⑥ **aproveitar** kann "wahrnehmen; genießen; ausnutzen" heißen: **A gente vai aproveitar deste dia na praia.** "Wir werden diesen Tag am Strand genießen."

⑦ **melhor**: Komparativ (1. Steigerungsstufe) von **bom: Melhor jantar já!** "[Es ist] besser, schon zu Abend zu essen!". **Do bom e do melhor** "der allerbeste": **Em casa, o café é do bom e do melhor!** "Zu Hause ist der Kaffee der allerbeste!"

⑧ **conseguir** "schaffen, erreichen" kann ohne Präposition mit einem weiteren Verb stehen: **Eu consigo dormir cedo.** "Ich schaffe es, früh zu schlafen."

9 – E ainda mais com o ar condicionado quebrado.

PRONÚNCIA

[*9 … ai^n^da … ar ko^n^dißionadu kebradu*]

Exercício 1: Você entende estas frases?

❶ Por quê vocês não dormem até tarde? ❷ Meu amigo tem razão: o Brasil é muito bonito. ❸ Nós acabamos de falar com os vizinhos. ❹ A gente vai tomar o café da manhã agora ou depois? ❺ Eu adoro ir à praia!

Exercício 2: Complete as palavras que faltam!

❶ Wie spät ist es jetzt?
Que ..... são .....?

❷ Wir (die Leute) genießen sehr den Ausflug nach Uruguay.
A .... muito . ... no Uruguai.

❸ Es ist Mitternacht, aber die Kinder schlafen nicht sehr gut.
. meia-noite, mas as .... não ...... muito bem.

30 Trigésima aula

A empregada nova

1 – Sabe, Maria Eduarda, muitas vezes o carteiro toca a campainha ① ②

PRONÚNCIA

[*trijäsima … i^n^pregada … 1 ßabi marija eduarda … wesiß u kartejru … ka^n^painja*]

9 – Und vor allem mit der kaputten Klimaanlage. (und noch mehr mit der Luft konditioniert gebrochen♂.)

Solução do primeiro exercício: Você entendeu?

① Warum schlaft ihr nicht lange (bis spät)? ② Mein Freund hat Recht: (Der) Brasilien ist sehr schön. ③ Wir haben gerade mit den Nachbarn gesprochen. ④ Gehen wir jetzt frühstücken oder später (danach)? ⑤ Ich liebe [es], an den Strand zu gehen!

④ Bis wann bleibst du in Salvador?

___ quando você ___ em Salvador?

⑤ Die Touristen schaffen es nicht, früher (mehr früh) aufzuwachen.

Os turistas não ___ ___ mais ___.

Solução do segundo exercício: As palavras que faltam.

① horas – agora ② gente aproveita – a excursão ③ É – crianças – dormem ④ Até – fica ⑤ conseguem acordar – cedo.

30. Lektion

Die neue Hausangestellte

1 – Wissen Sie, Maria Eduarda, oft (viele Male♀♀) klingelt der Postbote (läutet die Glocke),

ANMERKUNGEN

① Die Endungen **-eiro** (Mask.) / **-eira** (Fem.) findet man bei Berufsbezeichnungen: **o carteiro** "der Postbote", **o jornaleiro** "der Zeitungsverkäufer", **o sapateiro** "der Schuster" usw.

② **tocar** "klingeln, läuten" kennen Sie bereits aus **o telefone está tocando**.

2 para entregar um pacote.

3 – E se for criança pedindo jornal velho? ③ ④

4 – Não se preocupe. ⑤

5 Eu sempre deixo jornais para os pedintes.

6 – E se ninguém abrir a porta? ⑥ ⑦

7 – Qual é o problema?

8 O carteiro deixa o pacote com os Barros, ao lado.

9 – Tá bom, Dona Irene, e os pedintes?

10 – Ora! Os pedintes vão embora! ⑧ ⑨

PRONÚNCIA

[**2** … *i^{n}tregar … pakOtschi* **3** … *for … pedĵi^{n}du … wälju* **4** … *preokupi* **5** … *dejschu ĵornajß … pedĵi^{n}tschiß* **6** … *ni^{n}gä^n abrir a pOrta* **7** … *problema* **8** … *dejscha … bah$_r$uß …* **9** … *dona iräni …* **10** *Ora … i^{n}bOra*]

ANMERKUNGEN

③ **for**: Konjunktiv Futur von **ser** "sein" in der 1. und 3. Pers. Sg. Diese Form wird in Nebensätzen, v. a. in Bedingungs- und Temporalsätzen mit **se** oder **quando**, verwendet. Der Konjunktiv Futur kennt im Deutschen keine Entsprechung!

④ **jornal velho** ist hier ein Kollektivbegriff. Das Adjektiv kann vor oder hinter dem dazugehörigen Nomen stehen: **a empregada nova / a nova empregada** "die neue Hausangestellte/ Angestellte".

Exercício 1: Você entende estas frases?

❶ Carlinhos toca a campainha na casa do vizinho. ❷ Mãe, não se preocupe com os pedintes. ❸ Eu deixo os jornais alemães em cima da mesa. ❹ Se não for muito tarde, vamos ao cinema? ❺ Todos dormem e ninguém pode abrir a porta.

2 um (für übergeben) ein Paket abzugeben.

3 – Und wenn es ein Kind ist, das um alte Zeitungen bittet? (und wenn sein-werden-würde Kind♀ bittend Zeitung♂ alt♂?)

4 – Machen Sie sich keine Sorgen. (nicht sich Sorgen-machen.)

5 Ich hebe (lasse) immer Zeitungen für die Bettler auf.

6 – Und wenn niemand die Tür öffnet (öffnen-werden-würde die Tür)?

7 – Was ist das Problem?

8 Der Postbote lässt das Paket bei den Barros nebenan (nach-der Seite♂).

9 – Is' gut, Irene, und die Bettler?

10 – Tja (nun)! Die Bettler gehen [einfach] fort!

⑤ **se preocupe**: verneinter Imperativ (identisch mit dem Konjunktiv Präsens) von **preocupar-se** "sich Sorgen machen". Das Reflexivpronomen **se** "sich" steht vor dem Verb. Die Form kann sowohl in der Du- als auch in der Sie-Form übersetzt werden.

⑥ Merken Sie sich zu **ninguém** auch das verwandte **alguém** "jemand".

⑦ Auch **abrir** ist hier ein Konjunktiv Futur. Bei den regelmäßigen Verben entsprechen die 1. und 3. Person dem Infinitiv.

⑧ **Ora** "nun" wird häufig als Ausruf verwendet, im Sinne von "tja" oder "was soll's!".

⑨ **ir embora** "fortgehen; weggehen" wird auch in seiner reflexiven, d. h. rückbezüglichen Form **ir-se embora** verwendet: **Quando ele (se) vai embora?** "Wann geht er fort?".

Solução do primeiro exercício: Você entendeu?

❶ Karlchen läutet am Haus des Nachbarn. ❷ Mutter, mach dir keine Sorgen wegen der Bettler. ❸ Ich lasse die deutschen Zeitungen auf (in oben von-die) dem Tisch. ❹ Wenn es nicht (sein-werden-würde) sehr spät ist, gehen wir ins Kino? ❺ Alle schlafen und niemand kann die Tür öffnen.

Exercício 2: Complete as palavras que faltam!

❶ Die Dame bittet (ist bittend) [um] Hilfe, um (für) aus dem Bus auszusteigen.

A senhora está .... ajuda para .... ônibus.

❷ Oft lässt die Hausangestellte das Paket vor der Küche.

.... vezes a empregada deixa o pacote .. .. da cozinha.

❸ Das Kind bürstet (ist bürstend) den alten Hund.

A .... está .... o cachorro ....

31 Trigésima primeira aula

Aniversário de adulto ①

1 – Qu**a**ntas pess**o**as voc**ê** convid**o**u p**a**ra a s**u**a f**e**sta de anivers**á**rio, Maril**e**na? ② ③

PRONÚNCIA

[*aniwärß**a**rju ... ad**u**'utu* **1** *... konwid**ou** ... f**ä**ßta ... maril**e**na*]

ANMERKUNGEN

① Bei **adulto** wird das **-u** tatsächlich zweimal nacheinander ausgesprochen!

❹ Mache dir keine Sorgen: Wenn du die Tür nicht öffnest (öffnen-werden-würde), geht der Postbote [wieder] weg.

Não se preocupe: se você não ___ a porta, o ___ vai ___.

❺ Möchte niemand einen Ananassaft trinken?

___ quer tomar um ___ de ___?

Solução do segundo exercício: As palavras que faltam.

❶ pedindo – sair do ❷ Muitas – na frente ❸ criança – escovando – velho ❹ abrir – carteiro – embora ❺ Ninguém – suco – abacaxi.

Soziales Gefälle

Der steigende Wohlstand der aufstrebenden Industrienation Brasilien verteilt sich sehr ungleichmäßig. So zählt die Kluft zwischen einer wohlhabenden Bevölkerungsminderheit und der schlecht gebildeten Mehrheit, die größtenteils am Rande des Existenzminimums lebt, zu den größten Herausforderungen für die brasilianische Gesellschaft. Hinzu kommt eine extreme Landflucht. Praktisch die gesamte Mittel- und Oberschicht kann sich Hauspersonal leisten, während fast ein Viertel der Brasilianer unter der Armutsgrenze, meist in den ausgedehnten stadtrandnahen Elendsvierteln (**favelas**) lebt und viele von ihnen zum Betteln und Hausieren gezwungen sind.

31. Lektion

Erwachsenengeburtstag

1 – Wie viele Personen hast du (ludst-du-ein) zu deiner Geburtstagsfeier eingeladen (Fest♀ von Geburtstag♂), Marilena?

② **Quanto?** "wie viel?" richtet sich in Zahl und Geschlecht immer nach dem entsprechenden Nomen: **quantos adultos?** "wie viele Erwachsene?".

③ **convidou**: Perfekt (vom regelmäßigen Verb **convidar** "einladen"), das im Deutschen streng genommen mit dem Imperfekt zu übersetzen ist. Das zusammengesetzte Perfekt klingt jedoch in der deutschen Übersetzung natürlicher.

2 – Ah, n**ão** me l**e**mbro m**ai**s. ④

3 **E**ntre tr**i**nta e tr**i**nta e c**i**nco pess**o**as.

4 – Qual b**o**lo voc**ê** escolh**e**u? ⑤

5 De mor**a**ngo **o**u de chocol**a**te?

6 – É um segr**e**do de Est**a**do.

7 Só p**o**sso diz**e**r que haver**á** m**u**ita com**i**da ⑥

8 e que dançar**e**mos à vont**a**de. ⑦

9 V**a**i ser **u**ma f**e**sta de arr**o**mba! ⑧

10 – Mas os viz**i**nhos n**ão** v**ão** ach**a**r ru**i**m? ⑨

11 – Os Per**e**iras? Cl**a**ro que n**ão**.

12 **E**les tamb**é**m est**ão** convid**a**dos. ⑩

PRONÚNCIA

[**2** *... lä^{n}bru ...* **3** *ä^{n}tri ...* **4** *... bolu ... ißkoljeu* **5** *... mora^{n}gu ... schokolatschi* **6** *... ßegrädu ... ißtadu* **7** *... pOßu diser ... awera ... kumida* **8** *... da^{n}ßaremuß a wo^{n}tadʒi* **9** *... ah$_{r}$omba* **10** *... wisinjuß ... aschar h$_{r}$uì^{n}* **11** *... perejraß ...* **12** *... ko^{n}widaduß*]

ANMERKUNGEN

④ Beim rückbezüglichen **lembrar-se de** "sich erinnern an" werden die Reflexivpronomen **me** "mich", **se** "dich, sich" usw. ergänzt: **Você se lembra da minha irmã?** "Erinnerst du dich an meine Schwester?".

Exercício 1: Você entende estas frases?

❶ A minha festa de aniversário vai ser amanhã. ❷ Eu me lembro muito bem do bolo de morango da minha amiga. ❸ Se for uma festa de arromba, nós todos dançaremos à vontade. ❹ Meu amigo escolheu um carro com ar condicionado. ❺ Ninguém sabe se o seu irmão chega no aeroporto, de manhã ou de tarde: ❻ é um segredo de Estado.

2 – Ach, [ich] erinnere mich nicht mehr.

3 Zwischen 30 und 35 Personen.

4 – Welchen Kuchen hast du ausgewählt (wähltest-aus)?

5 Erdbeer oder Schokolade?

6 – Das ist ein Staatsgeheimnis.

7 Ich kann nur sagen, dass es [wohl] viel Essen geben wird, (nur kann sagen dass da-sein-wird viel♀ Essen♀,)

8 und dass wir nach Lust und Laune tanzen werden (nach-die Lust).

9 Das wird eine Bombenparty (Fest♀ von Einbruch♀)!

10 – Aber werden die Nachbarn das nicht übel nehmen (nicht gehen finden schlecht)?

11 – Die Pereiras? Natürlich nicht.

12 Sie sind auch eingeladen.

⑤ **escolheu**: Perfekt des regelmäßigen Verbs **escolher** "(aus)wählen" in der 3. Pers. Sg.

⑥ **haverá**, das Futur von **haver** "da sein, vorhanden sein", kann alternativ zu **vai haver** verwendet werden, impliziert dabei aber häufig Zweifel oder Hoffnung.

⑦ Alternativ zu **dançaremos** kann man **vamos dançar** sagen. Die Bildung des Futurs ist: Infinitiv + **-ei** (**eu**), **-á** (**ele**, **ela**, **você**), **-emos** (**nós**), **-ão** (**eles**, **elas**, **vocês**).

⑧ **arromba** ist abgeleitet von **arrombar** "einbrechen" oder "(Safe) knacken".

⑨ Eine feste Wendung, die Sie sich merken sollten: **achar ruim**.

⑩ **convidados** ist ein Partizip. Man bildet es, indem man das **-r** des Infinitivs durch **-do** (♂) / **-da** (♀), **-dos** (♂♂) / **-das** (♀♀) ersetzt. In Verbindung mit **ser** oder **estar** entsteht die Passivform.

Solução do primeiro exercício: Você entendeu?

❶ Meine Geburtstagsparty wird morgen sein. ❷ Ich erinnere mich sehr gut an den Erdbeerkuchen meiner Freundin. ❸ Wenn [es] eine Bombenparty ist, werden wir alle nach Lust und Laune tanzen. ❹ Mein Freund hat ein Auto mit Klimaanlage gewählt. ❺ Niemand weiß, ob dein Bruder morgens oder nachmittags am Flughafen ankommt: ❻ [Das] ist ein Staatsgeheimnis.

Exercício 2: Complete as palavras que faltam!

❶ Meinst du, dass es im Hotel viel Essen geben wird?

Você ____ que no hotel ____ muita ____?

❷ Du wirst die Busreise total klasse finden.

Você vai ____ a viagem de ônibus ____ - ____.

32 Trigésima segunda aula

Aniversário de criança

1 – Que correr**i**a! ①

2 Não pens**a**va que a g**e**nte **i**a peg**a**r **e**ste engar-rafam**e**nto na h**o**ra do alm**o**ço. ②

PRONÚNCIA

[*1 … koh*$_r$*erija* **2** *… pä*^{n}*ß***a***wa … ***i***ja … i*^{n}*gah*$_r$*afam***ä**^{n}*tu … aum***o***ßu*]

❸ Ich erinnere mich nicht mehr, ob er die Freundinnen aus der Schule eingeladen hat.

Eu não me ____ ____ se ele ____ as amigas da escola.

❹ Wie viele Personen kommen zu deinem Geburtstag?

____ pessoas ____ para o ____ aniversário?

❺ Niemand wird [es] schlecht finden, mit dem Auto in den Nordosten zu reisen.

Ninguém vai ____ ____ viajar ____ carro ____ o Nordeste.

Solução do segundo exercício: As palavras que faltam.

❶ acha – haverá – comida ❷ achar – super-legal ❸ lembro mais – convidou ❹ Quantas – vêm – seu ❺ achar ruim – de – para.

32. Lektion

Kindergeburtstag

1 – Was für eine Hetze!

2 Ich dachte nicht, dass wir (die Leute♀ gingen nehmen) zur Mittagszeit in diesen Stau geraten würden (in-die Stunde♀ von-der Mittagessen♂).

ANMERKUNGEN

① **correria** ist von **correr** "laufen, rennen" abgeleitet.

② **pensava**: 1. und 3. Pers. Sg. Imperfekt von **pensar** "denken". Das Imperfekt bezeichnet eine Handlung in der Vergangenheit, die zeitlich unbegrenzt ist oder sich wiederholt. Die entsprechende Form von **ir** "gehen" lautet **ia**.

3 – Ainda bem que a festinha do Joãozinho só começa às três da tarde. ③ ④ ⑤

4 – Agora são duas horas.

5 Ainda dá tempo para comprar um presentinho. ⑥

6 – Já estou com água na boca

7 só de pensar nas pipocas e nos brigadeiros. ⑦

8 – Eu adoro os refris. ⑧

9 Que vontade de tomar um guaraná bem geladinho!

10 – Ah é? E o seu regime?

PRONÚNCIA

[*3 ... fäßtschinja du ĵuao^{n}sinju ... komäßa ...* **5** *... da tä^{n}pu ... ko^{n}prar ... presä^{n}tschinju* **6** *... agua ... boka* **7** *... pä^{n}ßar ... pipOkaß ... brigadejruß* **8** *... adOru ... refriß* **9** *... guarana ... ĵeladĵinju* **10** *... reĵimi*]

ANMERKUNGEN

③ Die Verkleinerungsformen **-inho** / **-inha** und den Einschub des Stützkonsonanten **-z** kennen Sie bereits von **cafezinho**. Ähnlich funktioniert es bei Vornamen: **João** → **Joãozinho**.

④ **só** "nur" kann vor einem Verb auch "erst" bedeuten: **Ele só chega amanhã**. "Er kommt erst morgen an."

Exercício 1: Você entende estas frases?

❶ Que correria para chegar no aeroporto às cinco da tarde! ❷ Eu pensava que o roteiro ia ser muito bonito. ❸ Ainda dá tempo para a gente tomar um guaraná? ❹ Os vizinhos convidados estão pensando num presentinho para a criança. ❺ Que horas começa a festa?

3 – Noch mal gut, dass die Party (die Festchen♀) vom kleinen Johann erst (nur) um drei am Nachmittag beginnt.

4 – Jetzt ist es zwei Uhr.

5 Es ist noch Zeit (noch gibt Zeit), um ein kleines Geschenk zu kaufen.

6 – Mir läuft schon das Wasser im Mund zusammen (schon bin mit Wasser in-die Mund),

7 wenn ich nur an das Popcorn und die "Brigadeiros" denke.

8 – Ich liebe die Erfrischungsgetränke.

9 Was [habe ich] für eine Lust, ein eisgekühltes Guaraná zu trinken (Guaraná gut gekühlt)!

10 – Ach wirklich? Und deine Diät?

⑤ Die Kombination **às** aus **a** "nach, zu" + Artikel **as** wird v. a. bei der Uhrzeit verwendet (**às... horas** "um ... Uhr"). Nach dem gleichen Prinzip bildet man auch **ao meio-dia** "um 12 Uhr mittags" und **à meia-noite** "um Mitternacht".

⑥ **dá**: 3. Pers. Sg. des unregelmäßigen Verbs **dar** "geben". Durch den Akzent auf dem **a** kann man es nicht mit der zusammengesetzten Präposition **da** "von ihr" verwechseln.

⑦ **pensar** steht meist mit der Präposition **em** "in" und bedeutet "denken an", aber auch "nachdenken über": **Já estou pensando na viagem.** "Ich denke schon über die Reise nach."

⑧ **refris** ist die Kurzform von **refrigerante** "Erfrischungsgetränk", die speziell im Süden häufig zu hören ist.

Solução do primeiro exercício: Você entendeu?

❶ Was für eine Hetze, um nachmittags um fünf am Flughafen anzukommen! ❷ Ich dachte, dass die Reiseroute sehr schön sein würde. ❸ Ist noch Zeit, damit wir ein Guaraná trinken? ❹ Die eingeladenen Nachbarn denken [gerade] über ein kleines Geschenk für das Kind nach. ❺ Um wie viel Uhr beginnt die Party (die Fest♀)?

Exercício 2: Complete as palavras que faltam!

❶ Ich dachte, dass du deine Diät nach den Flitterwochen beginnen würdest.
Eu ______ que você __ começar o seu regime _____ da lua-de-mel.

❷ Die brasilianische Küche lässt mir das Wasser im Mund zusammenlaufen!
A cozinha brasileira me dá ____ __ ____!

❸ Ich bereite gerade einen eisgekühlten Orangensaft zu und werde ein wenig für dich [mit]nehmen.
Eu estou preparando um suco de laranja ___ ________ e vou _____ um pouco para você.

33 Trigésima terceira aula

Ninguém gosta de fila

1 – Droga, não tem lugar na frente do shopping para estacionar o carro! ①

PRONÚNCIA

[... *fila* **1** *drOga* ... *ißtaßionar* ...]

❹ Wer mag kein Popcorn?
Quem não ... de ...?

❺ Zum Glück wird meine Schwester zum Mittagessen die "Brigadeiros" mitbringen.
... ... que na ... do almoço minha irmã vai trazer os brigadeiros.

Solução do segundo exercício: As palavras que faltam.

❶ pensava – ia – depois ❷ água na boca ❸ bem geladinho – pegar ❹ gosta – pipoca ❺ Ainda bem – hora.

Brigadeiros und Guaraná

Ein **Brigadeiro** (auch **Negrinho** genannt) ist eine Trüffel-Praline aus Kondensmilch, Schokoladenpulver, Butter und Schokostreuseln. Der Name geht auf den Offizier Brigadier Eduardo Gomes zurück, der in den 1940er Jahren zwei Mal zur Präsidentenwahl antrat. Seine Anhänger verkauften ihm zu Ehren diese Praline, um seinen Wahlkampf zu unterstützen. Heute findet man **Brigadeiros** speziell auf Geburtstagsfesten, ähnlich wie **Beijinhos** (**Brigadeiros** mit Kokosstreuseln), **Cajuzinhos** (eine Süßspeise aus Erdnüssen) und die überall beliebte Limonade aus den Früchten der Amazonaslianenart namens **Guaraná**.

33. Lektion

Niemand mag Warteschlangen

1 – Mist (Droge♀), es gibt keinen Platz vor dem Einkaufszentrum, um das Auto zu parken!

ANMERKUNGEN

① Das räumlich verwendete **na frente de** "vor" ist die etwas umgangssprachlichere Alternative zu **em frente de**: **A gente está em frente do shopping.** "Wir sind vor dem Einkaufszentrum."

2 – Ent**ã**o, v**a**mos deix**a**r a "Bras**í**lia" na Aven**i**da Get**ú**lio V**a**rgas.

3 – Ah, n**ã**o!

4 Tem um p**o**nto de t**á**xi

5 e os c**a**rros est**ã**o em f**i**la indi**a**na p**a**ra entr**a**r naqu**e**la aven**i**da. ②

6 N**ã**o tem c**o**mo fur**a**r a f**i**la? ③

7 – Se voc**ê** n**ã**o g**o**sta de f**i**la,

8 nem de procur**a**r v**a**ga pra estacion**a**r, ④

9 é melh**o**r n**ã**o sa**i**r de c**a**sa.

10 – Mas n**ã**o é **i**sso.

11 **E**u ad**o**ro sa**i**r de c**a**sa,

12 só que **e**u n**ã**o quer**i**a perd**e**r t**e**mpo.

13 – Mas l**e**mbre-se que h**o**je é v**é**spera do d**i**a dos namor**a**dos. ⑤ ⑥ ⑦

14 Voc**ê** p**e**nsa que os sh**o**ppings est**ã**o às m**o**scas?

PRONÚNCIA

[**2** ... *dejschar* ... *ĵetulju wargaß* **4** ... *po^{n}tu* ... **5** ... *i^{n}djijana* ... *ä^{n}trar nakäla* ... **6** ... *furar* ... **8** *nä^n* ... *prokurar waga* ... **10** ... *ißu* ... **12** ... *kerija perder* ... **13** ... *lä^{n}bre-ßi* ... *wäßpera* ... *namoraduß* **14** ... *pä^{n}ßa* ... *mOßkaß*]

ANMERKUNGEN

② **fila** kann mit "Kolonne, Stau" oder "(Warte)schlange" übersetzt werden; "sich anstellen" heißt dementsprechend **fazer fila**.

③ **Não tem como** bedeutet, dass etwas unmöglich ist bzw. es keinen Ausweg aus einem Problem gibt: **Não tem como estacionar o carro.** "Man kann das Auto nicht parken."

④ **nem** "(auch/gar) nicht; nicht einmal" kommt auch doppelt vor: **nem... nem** "weder ..., noch": **Escolhi nem os refris nem a comida.** "Ich habe weder die Erfrischungsgetränke noch das Essen ausgewählt."

2 – Dann lass uns (lassen) den [VW] "Brasília" auf dem Getúlio-Vargas-Boulevard abstellen.

3 – Ach, nein!

4 Es gibt (hat) [dort] eine Taxihaltestelle (Punkt♂ von Taxi♂),

5 und die Autos bilden eine Schlange (sind in Schlange♀ indisch♀), um in diesen (jenen) Boulevard einzubiegen.

6 Kann man den Stau nicht umfahren (durchlöchern die Schlange)?

7 – Wenn du keine Staus magst

8 und auch keinen Parkplatz suchen möchtest (suchen Platz♀ für parken),

9 [dann] ist [es] besser, nicht aus dem Haus zu gehen.

10 – Aber das ist es nicht.

11 Ich liebe es, raus zu gehen (ausgehen von Haus♀),

12 nur (dass) wollte ich keine Zeit verlieren.

13 – Aber erinnere dich (erinnern-sich), dass heute der Vortag des Valentinstags ist (Tag von-die Liebenden♂♂).

14 Denkst du, dass die Einkaufszentren leer sind (nach-die Fliegen♀♀)?

⑤ **lembre-se**: Befehlsform (identisch mit Konjunktiv Präsens) des rückbezüglichen **lembrar-se** "sich erinnern". Das Reflexivpronomen **se** kann vor oder nach dem Verb stehen: **Você se lembra do João?** "Erinnerst du dich an Johann?"

⑥ **véspera** ist der "Vortag, Vorabend": **O que você vai fazer na véspera do seu aniversário?** "Was wirst du am Vorabend deines Geburtstags machen?"

⑦ **o namorado, a namorada** "der/die Geliebte/Freund/in" kommt von **namorar**, das in etwa unserem "mit jmdm. zusammen sein" entspricht. "Verliebt" heißt **enamorado** oder **apaixonado**, abgeleitet von **paixão** "Leidenschaft".

Exercício 1: Você entende estas frases?

❶ No ponto de táxi os carros estão em fila indiana. ❷ Eu queria deixar a mala no hotel, e não no aeroporto. ❸ Droga, as criancinhas vão furar a fila do cinema! ❹ Naquela rua não há vaga para estacionar o carro. ❺ No dia dos namorados nós vamos num restaurante bem legal.

Exercício 2: Complete as palavras que faltam!

❶ Erinnere dich, dass es keine Möglichkeit gibt zu parken.

_____ - __ que não ___ ___ estacionar o carro.

❷ Er möchte nicht (bis) zum Strand laufen und auch nicht einen Platz für das Auto suchen.

Ele não ____ caminhar até a praia, ___ _______ uma vaga para o carro.

❸ Ich habe die neue Hausangestellte mit deinem/ihrem Mann aus der "Lanchonete" hinausgehen sehen.

Eu __ a nova ________ ____ da lanchonete com ___ marido.

❹ Am Vortag einer Reise mag niemand Zeit verlieren, indem man Schlange steht.

Na ______ de uma viagem, ______ gosta de perder tempo fazendo fila.

❺ Sollen wir die Schlange umgehen?

Vamos _____ a fila?

❻ Die Schulen sind leer: Alle Kinder sind am Strand.

As escolas estão __ _____: todas as crianças estão __ _____.

Solução do primeiro exercício: Você entendeu?

① An der Taxihaltestelle bilden die Autos eine Kolonne. ② Ich wollte den Koffer im Hotel lassen und nicht am Flughafen. ③ Mist, die Kinderchen werden die [Warte-]Schlange des Kinos umgehen! ④ In dieser (jener) Straße gibt es keinen Platz, um das Auto zu parken. ⑤ Am Valentinstag werden wir in ein ganz tolles Restaurant gehen.

Solução do segundo exercício: As palavras que faltam.

❶ Lembre-se – tem como ❷ quer – nem procurar ❸ vi – empregada sair – seu ❹ véspera – ninguém ❺ furar ❻ às moscas – na praia.

Lesen Sie Ihre Lektion am Ende immer noch ein paar Mal durch, und versuchen Sie weiterhin, die Sätze zu wiederholen, ohne auf den Text zu sehen.

34 Trigésima quarta aula

Só mais um cigarrinho

1 – Aqui em Salvador há muitos lugares públicos onde é proibido fumar. ①

2 – Não tem dúvida.

3 Todo mundo se deu conta de que fumar faz mal para a saúde. ② ③

4 E não só na Bahia.

5 – E também quase não se vê mais pessoas fumando na rua. ④

6 – Eu concordo com você!

7 Muitos brasileiros preferem os sucos naturais ao cigarro. ⑤

8 Bem, vamos dar uma voltinha na praia?

9 – Espera! ⑥

10 Só vou acabar de fumar o meu cigarro. ⑦

PRONÚNCIA

[... *ßigah$_r$inju* **1** ... *ßauwador* ... *muj^{n}tuß lugariß publikuß* ... *proibidu fumar* **2** ... *duwida* **3** ... *mu^{n}du* ... *deo ko^{n}ta* ... *ßaudʒi* **4** ... *bahija* **5** ... *kwasi* ... *we* ... *fuma^{n}du* ... **6** ... *ko^{n}kOrdu* ... **7** ... *brasilejruß preferä^n* ... *ßukuß naturajß* ... *ßigah$_r$u* **8** ... *dar* ... *woutschinja na praja* **9** *ißpära* **10** ... *akabar* ...]

ANMERKUNGEN

① **proibido**: Partizip von **proibir** "verbieten". Es steht mit **ser**: **É proibido fumar no aeroporto.** "Es ist verboten, am Flughafen zu rauchen".

② **Todo mundo** "[die] ganze Welt, alle (Menschen)": **Todo mundo gosta de brigadeiros.** "Alle mögen 'Brigadeiros'".

Nur noch ein Zigarettchen

1 – Hier in Salvador gibt es viele öffentliche Orte, wo es verboten ist [zu] rauchen.

2 – Zweifellos.

3 Jeder ist sich [darüber] bewusst, dass das Rauchen schlecht für die Gesundheit ist. (ganz Welt sich gab Rechnung♀ von dass rauchen macht schlecht für die Gesundheit.)

4 Und nicht nur in Bahia.

5 – Und man sieht auch (sich sieht) fast keine Menschen mehr, die auf der Straße rauchen.

6 – Ich stimme dir zu (übereinstimme mit du)!

7 Viele Brasilianer ziehen Fruchtsäfte (die Säfte♂♂ natürlich♂♂) der Zigarette vor.

8 Gut, drehen wir ein Ründchen am Strand?

9 – Warte!

10 Ich werde nur meine Zigarette zu Ende rauchen.

③ **dar-se conta** "sich bewusst sein". **Deu**: Perfektform des unregelmäßigen Verbs **dar** in der 3. Pers. Sg.: **Você já se deu conta disso?** "Bist du dir schon darüber bewusst geworden?".

④ **se vê** entspricht der unpersönlichen Aussage "man sieht". Das Reflexivpronomen **se** übernimmt häufig die Funktion des unpersönlichen "man": **Aqui não se fuma.** "Hier raucht man nicht".

⑤ Beim unregelmäßigen Verb **preferir** "vorziehen, bevorzugen" wird das **-e** des Stamms in der 1. Pers. Sg. zu **-i**: **prefiro** "(ich) ziehe vor, (ich) bevorzuge".

⑥ **Espera!**: 2. Pers. Sg. Imperativ von **esperar** "warten, hoffen". Da allerdings die Anrede **você** lautet, müsste an sich der Konjunktiv **Espere!** lauten. In der Umgangssprache kommen aber beide Formen gleichermaßen vor.

⑦ Sie wissen bereits, dass **só** "nur" je nach Kontext auch präzisierende bzw. einschränkende Funktion haben kann.

Exercício 1: Você entende estas frases?

❶ É proibido fumar no aeroporto. ❷ Eu tenho uma dúvida: o Pão de Açúcar fica no Rio de Janeiro ou em Vitória? ❸ Você acha que viajar faz mal para a saúde? ❹ Eu concordo com você: os brasileiros jogam muito bem futebol. ❺ Na Itália não se vê quase mais pessoas fumando na rua.

Exercício 2: Complete as palavras que faltam!

❶ Ich rauche nicht.
Eu ___ fumo.

❷ Ich stimme dir zu, dass jeder frische Säfte mag.
Eu ________ com você que todo _____ gosta de sucos ________.

❸ An öffentlichen Orten ist es verboten zu rauchen.
Nos _______ _______ é ________ fumar.

❹ Warte ein bisschen. Ich werde einen Espresso trinken.
______ um pouco. Eu vou _____ um _________.

❺ Sie ziehen es vor, die Eintrittskarten mit einer Kreditkarte zu zahlen.
____ ________ pagar os _________ com um cartão de crédito.

35 Trigésima quinta aula

Revisão e anotações

In dieser Wiederholungslektion finden Sie wieder eine Übersicht über den Stoff der letzten Lektionen. Lernen Sie die angegebenen Muster und Listen nicht auswendig. In den folgenden Lektionen werden wir noch ausführlich auf alle Formen eingehen, so dass Sie sie ganz problemlos und ohne Mühe assimilieren können.

Solução do primeiro exercício: Você entendeu?

❶ Es ist verboten, am Flughafen zu rauchen. ❷ Ich habe (einen) Zweifel: Befindet sich der Zuckerhut in Rio de Janeiro oder in Vitoria? ❸ Meinst du, dass Reisen schlecht für die Gesundheit ist? ❹ Ich stimme dir zu: Die Brasilianer spielen sehr gut Fußball. ❺ In Italien sieht man fast keine rauchenden Menschen mehr auf der Straße.

Solução do segundo exercício: As palavras que faltam.

❶ não ❷ concordo – mundo – naturais ❸ lugares públicos – proibido ❹ Espera – tomar – cafezinho ❺ Eles preferem – ingressos.

35. Lektion

1. Typische Wortendungen

Die Endungen **-eiro** (♂) und **-eira** (♀) dienen in erster Linie dazu, Berufe zu bezeichnen, z. B.:

cabeleireiro / **-a** "Friseur/Friseuse" von **cabeleira** "Haarpracht", **marinheiro** "Matrose" von **marinha** "Marine"

A faxineira, die "Putzfrau", kümmert sich um **a faxina**, den "Hausputz", und **a enfermeira**, die "Krankenschwester", bemüht sich um die **enfermos** "Kranken" usw.

Die Endung -**inte** kommt in einigen wichtigen von Verben abgeleiteten Substantiven vor und kann sowohl männlich als auch weiblich sein. Von **pedir** "bitten" ausgehend bildet man z. B. **pedinte** "Bettler/in".

2. Präpositionen (Verhältniswörter)

Bei den Präpositionen haben Sie die Verbindung aus **a** und dem Artikel **as** = **às** kennengelernt. Diese Form wird z. B. bei der Uhrzeit ("um ... Uhr") benutzt:

Ele vem às quatro (**horas**). "Er kommt um vier Uhr."

3. Adjektive

Adjektive können in der Regel vor oder hinter dem zugehörigen Substantiv stehen: **a empregada nova** oder **a nova empregada** "die neue Hausangestellte".

Bei den meisten Adjektiven gibt es bei dieser Stellung keine Bedeutungsunterschiede; bei einigen wenigen erkennt man jedoch feine Differenzen:

um novo namorado "ein neuer Geliebter" – **um namorado novo** "ein junger Geliebter"
uma velha amiga "eine alte (langjährige) Freundin" – **uma amiga velha** "eine alte (betagte) Freundin"
um grande senhor "ein großer (wichtiger, bedeutender) Herr" – **um senhor grande** "ein großer (hochgewachsener) Herr"

Auch Adjektive können die Diminutivendung -**inho** / -**inha** haben, dabei verstärkt diese häufig die Aussage: **Vamos tomar um guaraná bem geladinho!** "Lass uns ein eisgekühltes Guaraná trinken!"

4. Verben

Bei den Verbformen sind Sie v. a. dem Perfekt und dem Imperfekt begegnet, das im Deutschen auch als Präteritum oder einfache Vergangenheit bezeichnet wird. Außerdem haben wir in diesem Abschnitt Formen des verneinten Imperativs (gleich: Konjunktiv Präsens) sowie des Konjunktiv Futur behandelt.

In den folgenden Tabellen finden Sie jeweils ein regelmäßiges Verb jeder Gruppe (auf -**ar**, -**er** und -**ir**).

Der Vollständigkeit halber führen wir grundsätzlich alle sechs Personalformen auf. Beachten Sie dabei jedoch:

1) Die **Konjugations*endungen*** machen wir *kursiv* kenntlich.
2) Die 2. Person Singular mit dem Personalpronomen **tu** kommt nur regional – speziell in den Bundesstaaten Paraná, Rio Grande do Sul, Santa Catarina und Pará – vor. Sie kann problemlos durch **você** in Verbindung mit einem Verb in der 3. Person Singular ersetzt werden.
3) Umgangssprachlich wird **a gente** auch häufig im Sinne von "wir" benutzt, steht dabei aber mit der 3. Person Singular.
4) **vós** "ihr" wird heute nur noch in der Kirchensprache verwendet; in der Alltagssprache dagegen benutzt man **vocês** in Verbindung mit der 3. Person Plural.
5) Die mit einem Stern (*) gekennzeichneten Formen sind mit dem Präsens identisch!

4.1 Perfekt (pretérito perfeito)

Das Perfekt wird anders und häufiger verwendet als im Deutschen. Es steht bei einer abgeschlossenen Handlung in der Vergangenheit, bei der der Zeitpunkt des meist einmaligen Geschehens bekannt ist. Im Deutschen kann diese Form sowohl mit dem Präteritum "ich öffnete" als auch mit dem Perfekt "ich habe geöffnet" übersetzt werden.

Wir übersetzen in diesem Kurs das **pretérito perfeito** mit dem zusammengesetzten Perfekt, weil dies im Deutschen natürlicher klingt; in der wörtlichen Übersetzung hingegen lassen wir das Präteritum stehen.

Verben auf:	-ar	-er	-ir
	acabar "beenden"	**escolher** "auswählen"	**abrir** "öffnen"
eu	**acabe*i***	**escolh*i***	**abr*i***
tu	acab*aste*	escolh*este*	abr*iste*
ele / ela / você...	**acab*ou***	**escolh*eu***	**abr*iu***
nós	**acab*amos****	**escolh*emos****	**abr*imos****
vós	acab*astes*	escolh*estes*	abr*istes*
eles / elas / vocês...	**acab*aram***	**escolh*eram***	**abr*iram***
...**o senhor / a senhora / a gente** (Sg.) bzw. **os senhores / as senhoras** (Pl.)			

4.2 Imperfekt (imperfeito)

Das Imperfekt wird gebraucht, um eine Handlung in der Vergangenheit zu bezeichnen, die zeitlich nicht begrenzt ist oder die sich wiederholt bzw. bei Handlungen, die in der Vergangenheit gleichzeitig mit einer anderen stattfanden. Das brasilianische Imperfekt wird in der Regel mit dem deutschen Präteritum übersetzt:

Queria sair um pouco. "Ich wollte ein bisschen rausgehen."

À tarde sempre ia dar uma voltinha.
"Nachmittags ging ich immer ein Ründchen drehen."

Quando falava do meu irmão, chegou a sua* namorada.
"Als ich von meinem Bruder sprach, ist seine* Freundin (an)gekommen."

* **a sua** kann man auch mit "deine" übersetzen.

Verben auf:	-ar	-er	-ir
	pensar "denken"	**querer** "möchten/wollen"	**ir** "gehen"
eu	**pens*ava***	**quer*ia***	***ia***
tu	pens*avas*	quer*ias*	*ias*
ele / ela / você...	**pens*ava***	**quer*ia***	***ia***
nós	**pens*ávamos***	**quer*íamos***	***íamos***
vós	pens*áveis*	quer*íeis*	*íeis*
eles / elas / vocês...	**pens*avam***	**quer*iam***	***iam***
... **o senhor / a senhora / a gente** (Sg.) bzw. **os senhores / as senhoras** (Pl.)			

4.3 Konjunktiv Präsens (presente do conjuntivo)

Der Konjunktiv Präsens wird, anders als im Deutschen, bei bestimmten Ausdrücken, Verben und Konjunktionen verwendet. In der Sprachwissenschaft steht der Konjunktiv für die Möglichkeitsform.

So ist der Konjunktiv Präsens zwingend, ...

a) ... wenn im Hauptsatz z. B. eine Feststellung steht:
É impossível que ele compre este livro.
"Es ist unmöglich, dass er dieses Buch kauft."

b) ... wenn das Verb im Hauptsatz einen Wunsch, eine Hoffnung oder einen Befehl ausdrückt:
Eu quero que ela compre este mapa.
"Ich möchte, dass sie diese Landkarte kauft."

c) ... wenn im Hauptsatz ein verneintes Verb des Wissens, Verstehens, Denkens oder Behauptens steht:
Ele não pensa que eu compre aquele carro.
"Er denkt nicht, dass ich dieses Auto kaufe."

d) ... nach diversen Konjunktionen:

Caso você compre as pipocas, eu não compro nada.
"Falls du das Popcorn kaufst, kaufe ich nichts."

Bisher haben Sie diese Form nur für die Bildung des Imperativs bzw. seiner Verneinung kennengelernt:

Não vá embora! "Geh nicht fort!"
Lembre-se do dia dos namorados!
"Erinnere dich an den Valentinstag!";

Die Bildungsmuster des Konjunktiv Präsens sind oft unregelmäßig. Die unregelmäßigen Verben leiten den Konjunktiv Präsens immer von der 1. Person Sg. Präsens Indikativ ab (Indikativ = Wirklichkeitsform, z. B. **vou**).

Verben auf:	-ar	-ir
	comprar "kaufen"	**ir** "gehen"
eu	**compre**	**vá**
tu	compr*es*	v*ás*
ele / ela / você...	**compre**	**vá**
nós	**compr*emos***	**v*amos******
vós	compr*eis*	v*ades*
eles / elas / vocês...	**compr*em***	**v*ão******
... **o senhor / a senhora / a gente** (Sg.) bzw. **os senhores / as senhoras** (Pl.)		

* Achtung: Diese Formen sind mit dem Präsens identisch!

4.4 Konjunktiv Futur (**futuro do conjuntivo**)

Der Konjunktiv Futur wird in Nebensätzen, vorwiegend in sog. Konditional- (Bedingungs-) und Temporalsätzen (zeitliche Nebensätze) mit **se** oder **quando** oder in Relativsätzen, verwendet. Der Konjunktiv Futur kennt im Deutschen keine Entsprechung.

Verben auf:	-er (unregelmäßig)	-ir
	ser "sein"	**abrir** "öffnen"
eu	**for**	**abr*ir****
tu	for*es*	abr*ires*
ele / ela / você...	**for**	**abr*ir****
nós	**for*mos***	**abr*imos***
vós	for*des*	abr*irdes*
eles / elas / vocês...	**for*em***	**abr*irem***
... **o senhor / a senhora / a gente** (Sg.) bzw. **os senhores / as senhoras** (Pl.)		

* Achtung: Diese Formen sind mit dem Infinitiv identisch!

4.5 Reflexive Verben

Wir haben auch einige reflexive Verbformen kennengelernt:

Não se preocupe! "Machen Sie sich keine Sorgen!"
(**preocupar-se** "sich Sorgen machen");
Lembre-se! "Erinnere dich!"
(**lembrar-se** "sich erinnern");
Todo o mundo se deu conta. "Jeder ist sich bewusst."
(**dar-se conta** "sich bewusst sein").

Vorerst genügt es, wenn Sie sich nur die Struktur dieser Sätze ansehen, und zwar insbesondere die Position des Reflexivpronomens **se**, das vor oder nach dem Verb stehen kann.

5. Exercício de compreensão e de expressão

Exercício 1: Você entende estas frases?

❶ Vera, a porta do banheiro está quebrada. ❷ Você ainda não se deu conta? ❸ Pai, acabamos de acordar ❹ e você já aproveita para falar de problemas! ❺ Eu concordo com ela, João. ❻ Espere a hora do almoço e não se preocupe com isso agora. ❼ Vocês duas têm razão. ❽ Eu vou dar uma voltinha no bairro. ❾ Dá até tempo para tomar um cafezinho. ❿ Mas pai, lembre-se que estamos na véspera do teu aniversário… ⓫ Você convidou todo mundo, até o carteiro e os Silvas, ⓬ mas não escolheu nem o bolo nem a comida. ⓭ Ah, eu adoro festa de aniversário…

36 Trigésima sexta aula

Dois estrangeiros residentes no Brasil

1 – **Eu vou telefonar para o consulado da Suíça** ①

PRONÚNCIA

[… *residä*ⁿ*tschiß* … **1** … *telefon**a**r* … *konßul**a**du* … *ßu**i**ßa*]

Solução do primeiro exercício: Você entendeu?

① Vera, die Tür des Badezimmers ist kaputt (gebrochen). ② Bist du dir noch nicht [darüber] bewusst geworden? ③ Papa, wir sind gerade aufgewacht ④ und du nutzt schon gleich die Gelegenheit (schon nimmt für), um über Probleme zu sprechen! ⑤ Ich stimme ihr zu, Johann. ⑥ Warte die Mittagessenszeit (die Stunde von-der Mittagessen) ab, und mach dir deswegen jetzt keine Sorgen. ⑦ Ihr beide (zwei♀) habt Recht. ⑧ Ich werde im Stadtviertel ein Ründchen drehen (geben). ⑨ Es ist noch Zeit (gibt bis Zeit), um einen Espresso zu trinken. ⑩ Aber Vater, erinnere dich, dass dies der Vorabend deines Geburtstags ist ...
⑪ Du hast alle eingeladen, sogar den Briefträger und die Silvas,
⑫ aber [du] hast weder den Kuchen, noch das Essen ausgewählt.
⑬ Ah, ich liebe Geburtstagsfeier[n] ...

36. Lektion

Zwei in Brasilien ansässige Ausländer

1 – Ich werde das Schweizer Konsulat anrufen,

ANMERKUNGEN

① **Suíça** "Schweiz" ≠ **suíça** "Schweizerin" (Mask. **suíço** "schweizerisch, Schweizer"). Ebenso: **Alemanha** "Deutschland", **alemão** "deutsch, Deutscher", **alemã** "Deutsche", **Áustria** "Österreich", **austríaco** "österreichisch, Österreicher", **austríaca** "Österreicherin".

2 porque preciso renovar a minha carteira de identidade.
3 – O que você precisa saber?
4 – Meu caso é meio delicado ②
5 porque sou estrangeiro,
6 residente no Brasil e casado com uma canadense. ③
7 Acho que vão me pedir uma lista enorme de documentos. ④ ⑤
8 – Que chatice, né? ⑥ ⑦
9 – É. Só me faltava perder tempo com essa papelada toda. ⑧ ⑨

PRONÚNCIA

[**2** *... renowar ... kartejra ... idä^{n}tschidadji* **4** *... kasu ... meju delikadu* **6** *... kasadu ... kanadä^{n}ßi* **7** *aschu ... lißta enOrmi ... dokumä^{n}tuß* **8** *... schatschißi ...* **9** *... fautawa perder ... papelada ...*]

ANMERKUNGEN

② **meio** "halb; Mitte, Mittel" ist häufig ein Adverb: "recht, ziemlich": **Está meio cedo para levantar.** "Es ist ziemlich früh, um aufzustehen."

2 weil ich meinen Personalausweis verlängern (erneuern) [lassen] muss (Ausweis♀ von Identität♀).

3 – Was musst du wissen?

4 – Mein Fall ist nicht ganz leicht (halb delikat),

5 denn ich bin Ausländer,

6 wohnhaft in Brasilien und mit einer Kanadierin verheiratet.

7 Ich glaube, dass sie von mir (mich bitten) eine lange Liste an Dokumenten verlangen werden.

8 – Wie doof (welche Lästigkeit♀), nicht wahr?

9 – Genau (ist). [Das] hat mir gerade noch gefehlt (nur mir fehlte), mit diesem ganzen Papierkram Zeit zu verlieren.

③ **canadense** kann Nomen ("Kanadier/-in") oder Adjektiv ("kanadisch") sein und hat für beide Geschlechter dieselbe Form.

④ **me** entspricht sowohl dem Dativ als auch dem Akkusativ. Es wird mit "mir; mich" übersetzt. **Eles vão me telefonar da Suíça.** "Sie werden mich aus der Schweiz anrufen."

⑤ **pedir** kann "(er)bitten" oder im weiteren Sinne auch "bestellen, verlangen" heißen: **Eu quero pedir um favor.** "Ich möchte um einen Gefallen bitten."

⑥ Das Suffix **-ice** kann von Adjektiven abgeleitete Nomen bilden, z. B. **a chatice** "die Lästigkeit, die Langweiligkeit" (**chato** "lästig, langweilig") oder **a velhice** "Alter" (**velho** "alt").

⑦ **né?** ist die kontrahierte umgangssprachliche Form von **não é?** "nicht wahr?", die der Aussage Nachdruck verleiht.

⑧ In einer Antwort wird oft das Verb aus der Frage wiederholt. Dies ist im Deutschen eher unüblich; daher übersetzen wir etwas freier mit "genau; ja": **Você gosta de furar a fila, né? – Gosto!** "Du möchtest die Schlange umgehen, nicht wahr? – Ja!"

⑨ Das Suffix **-ada** bezeichnet eine größere Menge oder Ansammlung von etwas, hat dabei aber immer einen leicht abwertenden Beiklang: **a papelada** "der Papierkram"; **a criançada** "die Kinderhorde".

Exercício 1: Você entende estas frases?

① Os estrangeiros residentes no Brasil não têm carteira de identidade brasileira. ② Para renovar o seu passaporte no consulado, ③ minha amiga precisa fazer essa fila toda! ④ Eu acho que o irmão do John está casado com uma paulista. ⑤ Você quer saber em que estou pensando? ⑥ No tempo enorme que vou perder no aeroporto com esta papelada toda. ⑦ Que chatice! ⑧ Não me lembro mais da lista dos presentes que preciso comprar.

Exercício 2: Complete as palavras que faltam!

❶ Ich muss die Agentur anrufen, um zu wissen, ob mein Flugticket fertig ist.

.... para a agência para ...... se minha passagem de avião está pronta.

❷ Klasse, ich werde um eine Ermäßigung für die Eintrittskarten ins Museum bitten.

Tá ......, eu vou pedir um ...... para os ...... do museu.

❸ Wie doof: Das portugiesische Konsulat wird einen riesigen Papierkram von mir verlangen.

....: o consulado português vai me pedir uma ...... enorme.

37 Trigésima sétima aula

Na alfândega

1 – O senh**o**r tem **a**lgo a declar**a**r? ①

PRONÚNCIA

[... *aufa^{n}diga* **1** ... *augu* ... *deklarar*]

Solução do primeiro exercício: Você entendeu?

① Die in Brasilien ansässigen Ausländer haben keinen brasilianischen Personalausweis. ② Um ihren/deinen Reisepass am Konsulat zu erneuern, ③ muss sich meine Freundin in dieser Schlange anstellen (machen diese Schlange♀ ganz♀)! ④ Ich meine, dass der Bruder von John mit einer [Frau] aus dem Staat São Paulo verheiratet ist. ⑤ Möchtest du wissen, an was ich gerade denke? ⑥ An die viele Zeit, die ich am Flughafen mit diesem ganzen Papierkram verlieren werde. ⑦ Wie doof! ⑧ Ich erinnere mich nicht mehr an die Liste der Geschenke, die ich kaufen muss.

Bitte lernen Sie nicht auswendig! Das ermöglicht Ihnen nur, die Sätze oder Wörter später "abzuspulen", aber Sie kennen dann ihren Sinn nicht.

❹ Ich stimme zu.

Eu ______.

❺ Das hat mir noch gefehlt: den Ausflug bezahlen und nicht reisen können!

__ me faltava essa: ____ a excursão e não poder _____!

Solução do segundo exercício: As palavras que faltam.

❶ Preciso telefonar – saber ❷ legal – desconto – ingressos ❸ Que chatice – papelada ❹ concordo ❺ Só – pagar – viajar.

37. Lektion

Am Zoll

1 – Haben Sie etwas zu verzollen (erklären)?

ANMERKUNGEN

① Das neutrale **algo** "etwas, irgendetwas" ist unveränderlich: **Vou pedir algo para acompanhar o cafezinho.** "Ich werde etwas zum (für begleiten) Espresso bestellen". Alternative: **alguma coisa**.

LEKTION 37

2 Cig**a**rros? Beb**i**das?

3 – N**ã**o.

4 Est**o**u volt**a**ndo de **u**ma vi**a**gem de neg**ó**cios. ② ③

5 – **E**sta é a s**u**a bag**a**gem? ④

6 O que tem d**e**ntro d**e**sta mal**e**ta pes**a**da?

7 – Obj**e**tos de **u**so pesso**a**l.

8 Mas por quê **e**ssas perg**u**ntas?

9 **E**u s**o**u cidad**ã**o do m**u**ndo e v**i**vo viaj**a**ndo p**e**los c**i**nco contin**e**ntes. ⑤

10 – E **e**u s**o**u encarreg**a**do de vistori**a**r as bag**a**gens no aerop**o**rto S**a**ntos Dum**o**nt ⑥

11 porqu**e** aqu**i** há m**u**ito contr**a**bando! ⑦

PRONÚNCIA

[**2** ... *bebidaß* **4** ... *wouta^{n}du* ... *negOßjuß* **5** ... *bagaĵä^n* **6** ... *dä^{n}tru* ... *maleta pesada* **7** *obĵätuß* ... *usu peßoau* **8** ... *pärgu^{n}taß* **9** ... *ßidadao^n* ... *wiwu wiaĵa^{n}du* ... *ßi^{n}ku kontinä^{n}tschiß* **10** ... *i^{n}kah$_r$egadu* ... *wißtoriar* ... *ßa^{n}tuß dumo^n* **11** ... *kontraba^{n}du*]

2 Zigaretten? [Alkoholische] Getränke?

3 – Nein.

4 Ich komme gerade von einer Geschäftsreise zurück.

5 – Ist dies Ihr Gepäck?

6 Was ist in diesem (innen von-diese♀) schweren Aktenkoffer?

7 – Persönliche Dinge. (Objekte♂♂ von Gebrauch♂ persönlich.)

8 Aber wieso diese Fragen?

9 Ich bin Weltbürger (Bürger♂♂ von-der Welt) und lebe, indem ich durch die fünf Kontinente reise.

10 – Und ich bin beauftragt, das Gepäck am Flughafen Santos Dumont zu inspizieren,

11 denn hier wird viel geschmuggelt (viel Schmuggel♂)!

ANMERKUNGEN

② Anders als der bestimmte Artikel wird der unbestimmte Artikel **um/uma** *nicht* mit Präpositionen verbunden, auch wenn man dies oft hört. Es heißt also **de um / de uma** (*nicht* **dum/duma**).

③ Man sagt **a viagem de negócios** "Geschäftsreise", aber **viajar a serviço** "geschäftlich unterwegs sein". **negócio** "Geschäft" kann umgangssprachlich auch "Ding, Sache" heißen.

④ **a bagagem** "das Gepäckstück", aber auch allgemein "das Gepäck", für das man mitunter auch den Plural **as bagagens** hört. Außerdem: **a maleta** "der Hand-, Aktenkoffer", **a mala** "der Koffer".

⑤ Bei **pelos** werden **por** "durch" und **os** zusammengezogen. **por** kann sowohl räumlich als auch im übertragenen Sinne verstanden werden: **Ele passou por uma situação meio delicada.** "Er ist durch eine nicht ganz leichte Situation gegangen."

⑥ **Santos Dumont** ist einer der beiden Flughäfen von **Rio de Janeiro**.

⑦ Die Ausdrücke **há** und **tem** können beide im Sinne von "es gibt" verwendet werden, wobei **tem** wesentlich häufiger vorkommt.

Exercício 1: Você entende estas frases?

① A gente precisa declarar as bebidas e os cigarros na alfândega do aeroporto. ② Não se preocupe com a mala pesada, ③ o senhor encarregado de vistoriar as bagagens vai ajudar você. ④ Eu vivo pensando na minha viagem pelos cinco continentes. ⑤ O contrabando é um negócio que dá muito dinheiro. ⑥ Você me deixa louca com todas essas perguntas.

Exercício 2: Complete as palavras que faltam!

① Ich habe gesehen, dass Celsos persönliche Gegenstände im roten Koffer sind.
Eu vi que os ___ de uso ___ do Celso estão dentro da mala ___.

② Frag Johanna, ob irgendetwas für Paulas Geburtstagsfest fehlt.
Pergunta pra Joana se falta ___ ___ para a festa de ___ da Paula.

③ Der Herr, [der] beauftragt [ist], das Gepäck zu inspizieren, fragt die Touristen, ob sie [alkoholische] Getränke oder Zigaretten zu verzollen haben.
O senhor ___ de vistoriar as bagagens pergunta aos turistas se eles têm ___ ou cigarros para ___.

38 Trigésima oitava aula

Casamento em Ribeirão Preto

1 – Est**o**u indec**i**sa.

2 N**ão** s**e**i se v**o**u p**a**ra Ribeir**ão** Pr**e**to de c**a**rro ou de **ô**nibus. ①

PRONÚNCIA

[*kasamä^{n}tu ... h$_{r}$ibejrao^{n} pretu* **1** *... i^{n}deßisa ...*]

Solução do primeiro exercício: Você entendeu?

① Wir müssen die [alkoholischen] Getränke und die Zigaretten am Zoll des Flughafens verzollen. ② Mach dir keine Sorgen wegen des schweren Koffers, ③ der Herr, der beauftragt ist, das Gepäck zu inspizieren, wird dir helfen. ④ Ich denke die ganze Zeit (lebe denkend) an meine Reise durch die fünf Kontinente. ⑤ Der Schmuggel ist ein Geschäft, das viel Geld einbringt (gibt viel Geld♂). ⑥ Du machst mich [ganz] verrückt (du mich lässt verrückt♀) mit diesen ganzen Fragen.

④ Die Kinder kommen jetzt gerade vom Strand zurück und wollen wieder hinausgehen (von neu♂).
As crianças _____ _______ da praia agora e querem ____ de novo.

⑤ Karl reist viel: Er ist ein Weltbürger, der die fünf Kontinente kennt.
O Carlos _____ muito: ele é um cidadão do mundo que _______ os cinco __________.

Solução do segundo exercício: As palavras que faltam.

① objetos – pessoal – vermelha ② alguma coisa – aniversário ③ encarregado – bebidas – declarar ④ estão voltando – sair ⑤ viaja – conhece – continentes.

38. Lektion

Heirat in Ribeirão Preto

1 – Ich bin unentschlossen.

2 Ich weiß nicht, ob ich mit dem Auto oder dem Bus nach Ribeirão Preto fahren [soll].

ANMERKUNGEN

① Nach **se** "ob, wenn" steht (wenn das Verb Ungewissheit ausdrückt) der Konjunktiv Futur oder das Präsens (wenn eine Modalität wie das Transportmittel betont wird): **Não sei se este ônibus vai pra rodoviária.** "Ich weiß nicht, ob dieser Bus zum Busbahnhof fährt."

3 – Você está falando do casamento da Adélia no próximo sábado? ②

4 Se você for de ônibus, posso te levar para a rodoviária. ③

5 – O problema é que prometi dar uma carona para os pais do noivo. ④ ⑤

6 – Quem diria. ⑥

7 O Valentino vai mesmo casar com a aeromoça carioca. ⑦ ⑧

8 Eles casam no civil e no religioso?

9 – Você conhece o Valentino:

PRONÚNCIA

[*3 … adälja … prOßimu ßabadu* **4** *… lewar … $h_r$odowijarja* **5** *… prometschi … karona … pajß … nojwu* **6** *… dirija …* **7** *walä^{n}tinu … mesmu kasar … aeromoßa kariOka* **8** *… kasa^n nu ßiwiu … $h_r$eliĵijosu*]

ANMERKUNGEN

② **em** und die zusammengezogenen Formen **no(s)**, **na(s)**, **num**, **numa** werden häufig in Zeitangaben verwendet: **Na quinta-feira vamos para São Paulo.** "Am Donnerstag fahren wir nach São Paulo."

3 – Sprichst du [gerade] von Adeles Hochzeit am nächsten Samstag?

4   Wenn du [zufällig] (gehen-werden-würde) mit dem Bus fährst, kann ich dich zum Busbahnhof bringen.

5 – Das Problem ist, dass ich den Eltern des Bräutigams versprochen habe, [ihnen] eine Mitfahrgelegenheit anzubieten (geben eine Mitfahrgelegenheit♀ für die Väter♂♂ von-der Verlobter).

6 – Wer hätte das gedacht (wer würde-sagen)?

7   Valentin wird wirklich (selbst♂) die Stewardess aus Rio de Janeiro heiraten.

8   Heiraten sie standesamtlich (in-der zivil) und kirchlich (in-der religiös♂)?

9 – Du kennst [doch] Valentin:

③ **for**: 3. Pers. Sg. Konjunktiv Futur von **ser** *und* von **ir**! Die Tätigkeit beinhaltet einen Zweifel. **Se o casamento for só no civil, os pais do noivo não vão.** "Falls die Heirat nur standesamtlich ist (sein-werden-würde), werden die Eltern des Verlobten nicht hingehen."

④ **os pais** "die Väter; die Eltern" im Gegensatz zu **os parentes** [*uß parä*^{n}*tschiß*] "die Verwandten". Sie kennen bereits **os filhos** "die Söhne; die (eigenen) Kinder". **Os noivos** "das Brautpaar" stammt von **o noivo** "der Verlobte, der Bräutigam".

⑤ Wenn Sie "per Anhalter" fahren, heißt dies **de carona**.

⑥ **diria**: unregelmäßiger Konditional (**futuro do pretérito**) von **dizer** "sagen" in der 1. und 3. Pers. Sg.

⑦ **casar** oder **casar-se** wird beides für "heiraten" verwendet. Das dazugehörige Substantiv heißt **casamento** "Heirat, Hochzeit".

⑧ **carioca** "aus Rio de Janeiro" kann wie **paulista** oder **paulistano** Adjektiv oder Nomen sein: **Os cariocas gostam muito de futebol.** "Die Einwohner Rio de Janeiros mögen Fußball sehr gerne."

10 ele é gente fina,

11 mas por nada casaria na igreja! ⑨

PRONÚNCIA

[*10 … fina* *11 … nada kasarija … igreĵa*]

Exercício 1: Você entende estas frases?

❶ Na próxima quinta-feira vamos levar minha irmã e o seu noivo para o aeroporto. ❷ Eu diria que a aeromoça está indecisa e não sabe o que fazer. ❸ Não pensei mesmo que você casaria no civil e no religioso. ❹ O Paulo é carioca e gente fina. ❺ E por isso eu prometi dar uma carona para ele. ❻ A rodoviária não é muito moderna, mas todos os ônibus têm ar condicionado.

Exercício 2: Complete as palavras que faltam!

❶ Ich habe viel versprochen, aber leider (unglücklicherweise) erinnere ich mich an nichts mehr.
___ muita coisa, mas infelizmente não ___ ___ de mais nada.

❷ Wer hätte gedacht, dass Adele am Samstag den Verlobten zum Busbahnhof bringen wird?
Quem ___ que no ___ Adélia vai ___ o noivo para a rodoviária.

❸ Aurel möchte mich nach der Hochzeit im Auto mitnehmen, aber ich bin ein bisschen unentschlossen.
O Aurélio quer ___ ___ ___ ___ depois do casamento, mas estou um pouco ___.

❹ Ich werde fragen, ob er die Eltern von Lara kennt.
Eu vou ___ se ele ___ os ___ da Lara.

10 Er ist anständig (Leute♀ fein♀),

11 aber für nichts [auf der Welt] würde er kirchlich heiraten (in-die Kirche♀)!

ANMERKUNGEN

⑨ **casaria**: ein Beispiel für den Konditional I. Dazu wird **-ia** an den Infinitiv angehängt. Beispiel: **parar** "anhalten" → **pararia** "(er/sie) würde anhalten".

Solução do primeiro exercício: Você entendeu?

① Am nächsten Donnerstag werden wir meine Schwester und ihren/deinen Verlobten zum Flughafen bringen. ② Ich würde sagen, dass die Stewardess unentschlossen ist und nicht weiß, was [sie] machen [soll]. ③ Ich habe wirklich nicht gedacht, dass du standesamtlich und kirchlich heiraten würdest. ④ Paul ist aus Rio de Janeiro und anständig. ⑤ Und deswegen habe ich versprochen, ihn (für er) mit dem Auto mitzunehmen. ⑥ Der Busbahnhof ist nicht sehr modern, aber alle Busse haben Klimaanlage.

❺ Mein Bruder wird standesamtlich und kirchlich heiraten.
Meu irmão vai _____ no civil e __ _________.

Solução do segundo exercício: As palavras que faltam.

❶ Prometi – me lembro ❷ diria – sábado – levar ❸ me dar uma carona – indecisa ❹ perguntar – conhece – pais ❺ casar – no religioso.

Heiraten auf Brasilianisch

Auch in Brasilien ist eine Heirat eine zivilrechtliche Angelegenheit; in der Regel wird auf dem Standesamt geheiratet. Sehr viele Brasilianer heiraten auch kirchlich, den Traditionen und Bräuchen ihres jeweiligen Glaubens folgend. Bei einem Anteil von fast 75 % Katholiken an der Gesamtbevölkerung spielen die katholischen Riten dabei eine übergeordnet wichtige Rolle.

39 Trigésima nona aula

Folga ou trabalho?

1 – A que horas você sai do Hospital de Juiz de Fora, Márcia? ①

2 – Saímos entre sete e meia e oito horas.

3 De manhã a Flávia e eu começamos às nove em ponto.

4 Trabalhamos aos sábados, ② ③

5 mas temos um dia de folga durante a semana. ④

6 – Acho importantíssimo trabalhar, se não a gente fica maluco. ⑤

7 Mas por enquanto prefiro evitar chefes estressantes e colegas chatos.

8 – Que folgado, hein? ⑥

9 Os sabichões sempre dizem coisas muito óbvias!

PRONÚNCIA

[*fouga ... trabalju* **1** *... oßpitau ... ĵuiß dĵi fOra marßja* **2** *ßaimuß ä^{n}tri ... meja ...* **3** *... a flawia ... komeßamuß ... po^{n}tu* **4** *trabaljamuß ...* **5** *... dura^{n}tschi a ßemana* **6** *... i^{n}porta^{n}tschißimu trabaljar ... maluku* **7** *... i^{n}kwa^{n}tu prefiru ewitar schäfiß eßtreßa^{n}tschiß ... kolägaß schatuß* **8** *... fougadu* **9** *... ßabischoj^{n}ß ... Obwijaß*]

ANMERKUNGEN

① Je nach Satzzusammenhang kann **sair** "ausgehen, weggehen, verlassen, abfahren" und "abfliegen" heißen: **Vocês vão sair desse aeroporto?** "Werdet ihr von diesem Flughafen abfliegen?".

② Von **trabalhar** ist das allgemeine **trabalho** "Arbeit" abgeleitet. Die tägliche Arbeit, z. B. im Büro, nennt sich **serviço** [*ßärwißu*], während die "Arbeits-/Geschäftszeit" als **expediente** [*äßpädie^{n}tschi*] bezeichnet wird.

Frei haben oder Arbeit?

1 – Um wie viel Uhr verlässt du das Krankenhaus Juiz de Fora, Marcia?

2 – Wir gehen zwischen halb acht und acht Uhr.

3 Morgens beginnen Flavia und ich um Punkt neun.

4 Wir arbeiten an den Samstagen,

5 aber wir haben einen freien Tag während der Woche.

6 – Ich halte [es] für extrem wichtig, zu arbeiten, sonst wird man verrückt (wenn nicht die Leute bleibt verrückt♂).

7 Aber vorläufig (durch solange) ziehe ich es vor, anstrengende Chefs und lästige Kollegen zu meiden.

8 – Wie dreist (bequem), was?

9 Die Alleswisser geben immer ultimative Wahrheiten von sich! (die Alleswisser♂♂ immer sagen Sachen♀♀ sehr offensichtlich♀♀!)

③ Bei häufig stattfindenden/sich wiederholenden Handlungen verwendet man in Zeitangaben **a**, **ao**, **aos**, **à**, **às**: **Aos domingos o cinema está sempre cheio** [*scheju*] **de gente**. "Sonntags ist das Kino immer voll (von Leute♀)."

④ **folga** "Ruhepause, freier Tag; Urlaub". Im Gegensatz dazu **as férias** [*aß färiaß*] "der Urlaub, die Ferien". **Quando vocês têm um dia de folga?** "Wann habt ihr einen freien Tag?".

⑤ **-íssimo/-a/-os/-as**, bildet, an einen Wortstamm angehängt, den absoluten Superlativ. Dieser beschreibt einen sehr hohen Grad einer Eigenschaft, z. B. **importante** "wichtig" → **importantíssimo**♂ "äußerst/extrem wichtig".

⑥ **folgado** wird in der Regel mit "bequem, locker" übersetzt; umgangssprachlich heißt es auch "dreist, frech, unverschämt".

Exercício 1: Você entende estas frases?

❶ O Sérgio espera você às duas horas em ponto na lanchonete em frente do estádio. ❷ O centro fica cheio de gente e é por isso que prefiro sair cedo. ❸ Lembre-se que nós temos um dia de folga durante a semana. ❹ A minha esposa prefere uma mesa mais tranquila pra almoçar. ❺ Para evitar os engarrafamentos com o carro, eu prefiro pegar o ônibus.

Exercício 2: Complete as palavras que faltam!

❶ Wir gehen jeden Tag (alle$^{♂♂}$ die Tage$^{♂♂}$) um halb neun hinaus, um einen Espresso zu trinken.
…… todos os …… às oito e meia para …… um cafezinho.

❷ Wir verlassen die Arbeit etwas früher (vor von-die Stunde), um Staus zu meiden.
A gente sai do trabalho antes …… …… para evitar os …………… .

❸ Ich möchte nach einem Arbeitstag nicht in ein überfülltes Einkaufszentrum (in-ein Einkaufszentrum voll$^{♂}$ von Leute$^{♀}$) gehen.
Não …… …… num shopping cheio de gente depois de um dia de …… .

❹ Mein Ehemann bevorzugt einen Platz am Fenster, ich bevorzuge einen Platz am Gang.
Meu marido …… um lugar na janela, eu prefiro um lugar …… …… .

40 Quadragésima [*kwadrajäsima…*] aula

Reencontrar um velho amigo

1 – **O**pa, Bet**i**nho! Qu**a**nto t**e**mpo!

PRONÚNCIA

[*h$_r$ei^{n}ko^{n}trar* … **1** *opa betschinju* …]

Solução do primeiro exercício: Você entendeu?

❶ Sergio erwartet dich um Punkt zwei Uhr an der Lanchonete vor dem Stadion. ❷ Das Zentrum ist voll mit Leuten, und daher ziehe ich es vor, früh wegzugehen. ❸ Erinnern Sie sich/Erinnere dich, dass wir einen freien Tag in (während) der Woche haben. ❹ Meine Ehefrau bevorzugt einen ruhigeren Tisch für das Mittagessen. ❺ Um die Staus mit dem Auto zu meiden, ziehe ich es vor, den Bus zu nehmen.

❺ Wir wohnen in einem neuen Stadtviertel.

Nós ______ num ______ ____.

Solução do segundo exercício: As palavras que faltam.

❶ Saímos – dias – tomar ❷ da hora – engarrafamentos ❸ quero ir – trabalho ❹ prefere – no corredor ❺ moramos – bairro novo.

40. Lektion

LEKTION 40

Einen alten Freund wiedertreffen

1 – He, Berti! Lange nicht gesehen (wie-viel♂ Zeit♂)!

2 – P**u**xa, Zé! ① ②
3 Voc**ê** sum**i**u do m**a**pa!
4 Voc**ê** tamb**é**m v**a**i tom**a**r o **ô**nibus p**a**ra Caxamb**u**?
5 – Sim. V**a**mos depr**e**ssa!
6 **E**le est**á** qu**a**se sa**i**ndo da rodovi**á**ria.
7 – N**ão** pens**e**i te reencontr**a**r t**ão** ced**i**nho, Zé. ③ ④
8 Voc**ê** a**i**nda est**á** mor**a**ndo com a Faf**á** em B**e**lo Horiz**o**nte?
9 – N**ão**, compr**e**i **u**ma c**a**sa pert**i**nho de Caxamb**u** que se ch**a**ma "Cant**i**nho fel**i**z". ⑤
10 **A**ntes n**ão** hav**i**a m**u**ita g**e**nte, ⑥ ⑦

PRONÚNCIA

[**2** *puscha sä* **3** *… ßumiu …* **4** *… kascha^{n}bu* **5** *… dipräßa* **6** *… ßai^{n}du …* **7** *… tao^{n} ßedjinju …* **8** *… mora^{n}du … fafa … bälu oriso^{n}tschi* **9** *… ko^{n}präj … pärtschinju … schama ka^{n}tschinju feliß* **10** *… awija …*]

ANMERKUNGEN

① **Opa!/Oba!** "He!", **Eta!** [*äta*] "Oh!", **Puxa!** "Na sowas, Donnerwetter, Mann!" oder **Poxa!** [*poscha*]/**Puxa vida!** [*puscha wida*] sind häufige Füllwörter für praktisch alle Gefühlsregungen von Überraschung bis Ungeduld.

2 – Na sowas, Sepp!

3 Gibt's dich auch noch! (du verschwand von-der Landkarte!)

4 Wirst du auch den Bus nach Caxambu nehmen?

5 – Ja. Beeilen wir uns (gehen schnell)!

6 Er fährt gleich (er ist fast weggehend) vom Busbahnhof ab.

7 – Ich habe nicht geglaubt (gedacht), dich so bald (früh) wieder zu treffen, Sepp.

8 Wohnst du noch mit Fafa in Belo Horizonte?

9 – Nein, ich habe ein Haus in unmittelbarer Nähe von Caxambu gekauft, das "Glückliches Eckchen" heißt.

10 Vorher gab es [dort] nicht viele Menschen,

② Viele Vornamen haben in der Umgangssprache Koseformen wie **Beto** [*bätu*] oder **Betinho** von **Alberto** [*aubärtu*], **Gilberto** [*ĵiubärtu*] oder **Humberto** [*u*^{n}*bärtu*], **Chico** [*schiku*] von **Francisco** [*franßisku*] oder **Zé** von **José** [*ĵosä*].

③ Das Pronomen für die 2. Pers. Sg. heißt im Dativ/Akkusativ **te** "dir/ dich", was eigentlich zum selten verwendeten **tu** gehört. Dennoch gilt: Wer jemanden mit **você** anredet, kann **te** verwenden: **Tenho que te dizer uma coisa.** "Ich muss dir etwas sagen".

④ **tão** wird ähnlich wie **tanto** "so sehr" verwendet: **Porque você vai tão depressa?** "Warum gehst du so schnell?". Mit beiden bildet man auch den Komparativ der Gleichheit: **Esse sapato é tão caro como o outro.** "Dieser Schuh ist genau so teuer wie der andere."

⑤ Durch **-inho** werden Adjektive in ihrer Bedeutung abgeschwächt oder erhalten einen vertraulichen Charakter: **cedo** "früh" → **cedinho**, **só** "alleine" → **sozinho**. **pertinho** meint, dass das Haus subjektiv gesehen sehr nahe bei Caxambu liegt (kein Pendant im Deutschen).

⑥ **Antes** "vorher" oder auch "davor, zuvor, bevor, vor": **A gente toma um cafezinho antes de ir ao cinema.** "Wir trinken einen Espresso, bevor wir ins Kino gehen."

⑦ **não havia**: **havia** ist das regelmäßige Imperfekt von **haver** "da sein, vorhanden sein".

11 mas ag**o**ra há m**u**itos j**o**vens que **a**ntes mor**a**vam em cid**a**de gr**a**nde.

12 – Voc**ê** se div**e**rte m**a**is do que **e**u: ⑧

13 s**e**mpre mor**e**i e a**i**nda m**o**ro com os m**e**us pais!

PRONÚNCIA

[*11 … jOwä*ⁿ*ß … morawa*ⁿ *… ßidadji … 12 … diwärtschi … 13 … moräj … mOro …*]

Exercício 1: Você entende estas frases?

❶ Temos que ir depressa. ❷ Eu gostaria de reencontrar o Betinho um dia. ❸ Meus pais não moram mais em Belo Horizonte. ❹ Comprei uma casinha pertinho da rodoviária. ❺ Você consegue se divertir numa cidadezinha como Caxambu?

Exercício 2: Complete as palavras que faltam!

❶ Du kannst den Bus nach Belo Horizonte nehmen, der hier ganz in der Nähe abfährt (bleibt) und danach [einen] anderen bis Uberaba.

Você pode tomar o ______ para Belo Horizonte que fica aqui ________, e depois _____ até Uberaba.

❷ Ich habe immer gedacht, dass ich dich eines Tages wieder treffen würde (ging wiedertreffen).

Eu sempre ______ que um dia eu __ ___________ você.

❸ Sie sind noch sehr jung, sie fahren nicht alleine in die Großstadt.

Eles _____ são muito ______; não vão à ______ grande sozinhos.

❹ Ich habe immer in Minas Gerais gewohnt, und ich wohne [immer] noch [dort].

Eu ______ _____ e ainda moro em Minas Gerais.

11 aber jetzt gibt es viele junge [Leute], die zuvor in der Großstadt lebten (in Stadt♀ groß).

12 – Bei dir ist es lustiger als bei mir: (du sich hat-Spaß mehr von-der dass ich:)

13 Ich habe immer bei meinen Eltern gewohnt und ich wohne [immer] noch [dort]!

ANMERKUNGEN

⑧ **do que** "als" wird bei Vergleichen verwendet: **Ele sabe mais do que você acha.** "Er weiß mehr, als du glaubst."

Solução do primeiro exercício: Você entendeu?

❶ Wir müssen uns beeilen (haben dass gehen schnell). ❷ Ich würde Berti gerne eines Tages wieder treffen. ❸ Meine Eltern wohnen nicht mehr in Belo Horizonte. ❹ Ich habe ein Häuschen ganz in der Nähe des Busbahnhofs gekauft. ❺ Schaffst du es, in einem Städtchen wie Caxambu Spaß zu haben?

❺ Ich habe Theresa lange nicht gesehen (verschwand von-der Landkarte).

A Teresa ___ __ ___.

Solução do segundo exercício: As palavras que faltam.

❶ ônibus – pertinho – outro ❷ pensei – ia reencontrar ❸ ainda – jovens – cidade ❹ sempre morei ❺ sumiu do mapa.

Minas Gerais

Der Bundesstaat **Minas Gerais** im Südosten ist mit fast 590.000 km² etwa so groß wie Frankreich. In ihm leben ca. 20,9 Mio. Einwohner. Die Hauptstadt ist das rund 3,1 Mio. Einwohner zählende **Belo Horizonte**, das gleichzeitig ein wichtiges Wirtschafts- und Kulturzentrum ist. Ebenfalls in Minas, in den Mantiqueria-Bergen in einer Höhe von 900 m, liegt **Caxambu**, bekannt für seine Heilwasserquellen und Mineralbäder.

41 Quadragésima primeira aula

Fazer um lanche

1 – Est**a**mos com **u**ma s**e**de daqu**e**las! ① ②

2 – O S**é**rgio e **e**u est**a**mos var**a**dos de f**o**me!

3 – Ent**ã**o, t**o**dos est**ã**o a fim de lanch**a**r? ③ ④

4 V**a**mos n**e**ssa! ⑤

5 – Ô Adri**a**na, voc**ê** vem com**i**go **a**o banh**ei**ro? ⑥ ⑦

6 – N**ã**o, n**ã**o v**o**u com voc**ê** porqu**e** qu**e**ro ped**i**r um c**o**po d'**á**gua no balc**ã**o. ⑧

7 N**ã**o agu**e**nto m**ai**s de s**e**de!

PRONÚNCIA

[... *la^{n}schi* **1** ... *ßedʃi* ... **2** *u ßärʃiu* ... *waraduß* ... *fOmi* **3** ... *fi^n*... *la^{n}schar* **4** ... *näßa* **5** *o adrijana* ... *kumigu* ... **6** ... *kOpu dagua* ... *baukao^n* **7** ... *aguä^{n}tu* ...]

ANMERKUNGEN

① In Brasilien "ist man mit Durst". Ebenso: **estar com fome** [*fOmi*] "Hunger haben". Wenn jemandem heiß/kalt ist, wird **estar com calor/frio** (sein mit Hitze/Kälte) gebraucht.

Einen Imbiss einnehmen

1 – Wir haben einen Wahnsinnsdurst! (sind mit eine Durst von-jene♀♀!)

2 – Sergio und ich haben einen Mordshunger (sind durchbohrt♂♂ von Hunger♀)!

3 – Dann haben alle vor, ein bisschen was zu essen (sind zu Schluss♂ von Imbiss-einnehmen)?

4 Auf geht's! (gehen in-diese♀!)

5 – Adriana, kommst du mit mir auf die Toilette (Badezimmer)?

6 – Nein, ich komme (gehe) nicht mit dir, weil ich ein Glas Wasser an der Theke bestellen möchte.

7 Ich halte den Durst nicht mehr aus!

② **de + aquele = daquele** "von diesem (jenem) dort" wird in seinen verschiedenen Formen oft Nomen nachgestellt und betont diese dadurch: **Ele quer um cafezinho daqueles.** "Er möchte einen von diesen tollen Espressi".

③ **estar a fim de** "die Absicht haben" wird ähnlich verwendet wie **estar com vontade** "Lust haben": **A gente está a fim de comprar uma casa na praia.** "Wir haben die Absicht, ein Haus am Strand zu kaufen."

④ Sie erkennen hier die Verwandtschaft zwischen **lanchonete** und **lanchar**. Man sagt auch **fazer um lanche** "einen Imbiss einnehmen".

⑤ Die weibliche Form **essa** "diese da" wird oft als eine Art Ausruf verwendet, z. B. auch als Kontraktion aus **em + essa = nessa**.

⑥ **comigo** ist eine Sonderform, bei der **me** "mir" an die Präposition **com** "mit" angehängt wird. Man sagt jedoch *nicht* **com me**, sondern **comigo**. Ebenso auch **contigo** "mit dir", Verbindung aus **com** und **te** als Alternative zu **com você**.

⑦ **banheiro** kennen wir als "Badezimmer"; es wird aber auch neutral für die "Toilette" verwendet und ist dabei eleganter als **o toalete** [*u tualätschi*]: **Onde fica o banheiro?** "Wo ist die Toilette?"

⑧ **copo d'água** oder **copo de água** [*kOpu dʒi agua*]? Beide Varianten sind richtig, aber die erste ist gängiger.

8 Eu quero beber uma água-de-coco.

9 – Aqui estão os dois baurus para os rapazes ⑨

10 e as duas águas-de-coco para as moças. ⑩

11 – Nossa, o Décio e o Sérgio são realmente bons de garfo! ⑪

PRONÚNCIA

[8 … beber … agua-dʃi-koku 9 … bauruß … h$_r$apasiß 10 … moßaß 11 nOßa … däßju … h$_r$eaumä^{n}tschi bo^{n}ß … garfu]

Exercício 1: Você entende estas frases?

❶ Vamos parar nessa lanchonete? ❷ Então, você vem ao banheiro comigo? ❸ Os moços estão com uma fome daquelas! ❹ Eu estou sempre com calor. ❺ Nossa! Os rapazes no balcão são realmente bons de garfo!

Exercício 2: Complete as palavras que faltam!

❶ Ich habe eines dieser superleckeren Bauru-[Sandwiches] gekauft!
Comprei um bauru ……!

❷ Mario geht auch mit mir zum Strand.
O Mário …… vai …… à …….

❸ Ich habe einen Mordshunger.
Estou …… de fome.

❹ Und ich habe großen (viel♀) Durst.
E eu estou …… muita sede.

❺ Dann lass uns Kokossäfte an der Theke trinken.
Então vamos …… águas-de-coco no …….

8 Ich möchte einen Kokossaft trinken (Wasser♀-von-Kokosnuss♂).

9 – Hier sind die zwei Bauru-[Sandwiches] für die Jungen

10 und die zwei Kokossäfte für die Mädchen.

11 – Meine Güte, Decio und Sergio haben ja wirklich einen gesegneten Appetit (sind wirklich gut♂♂ von Gabel♂)!

ANMERKUNGEN

⑨ **rapaz** "Junge" bildet, wie alle Nomen auf **-z**, den Plural auf **-es**: **rapazes** "Jungen".

⑩ Es gibt mehrere Ausdrücke für "junger Mann, Junge", die alle gleich verwendet werden können: **rapaz**, **menino** oder **moço**. Für "junge Frau, Mädchen" heißt es entsprechend **menina** oder **moça**.

⑪ Bei allen Wörtern, die im Singular auf **-em, -im, -om** oder **-um** enden, wird im Plural das **-m** durch **-ns** ersetzt: **bom** "gut♂" → **bons** "gut♂♂"; **o bem** "das Gut" → **os bens** "die Güter"; **o fim** "das Ende" → **os fins** "die Enden".

Solução do primeiro exercício: Você entendeu?

❶ Halten wir [an] dieser Lanchonete an? ❷ Also, kommst du mit mir auf die Toilette? ❸ Die Jungen haben einen Wahnsinns-hunger! ❹ Mir ist immer heiß. ❺ Meine Güte! Die Jungs an der Theke haben ja wirklich einen gesegneten Appetit!

❻ Ich halte [es] nicht mehr aus, ich gehe auf die Toilette.
Não _______ mais, vou __ ________.

LEKTION 41

Solução do segundo exercício: As palavras que faltam.

❶ daqueles ❷ também – comigo – praia ❸ varada ❹ com ❺ beber – balcão ❻ aguento – ao banheiro.

42 Quadragésima segunda aula

Revisão e anotações

Wir beschäftigen uns nun mit einigen grundlegenden Dingen wie Pluralbildung, Demonstrativpronomen, Personalpronomen im Dativ und Akkusativ und dem Konjunktiv der Verben. Betrachten Sie das hier Wiederholte weiterhin als reine Übersicht und versuchen Sie nicht, den Stoff auswendig zu lernen.

1. Plural

• Wörter, die im Singular auf **-em**, **-im**, **-om** oder **-um** enden, bilden den Plural, indem sie das **-m** durch **-ns** ersetzen:
a bagagem "das Gepäck[stück]" ► **as bagagens** "die Gepäck[stücke], das Gepäck"
o delfim "der Delfin" ► **os delfins** "die Delfine"
o álbum "das Album" ► **os álbuns** "die Alben"

Dieses Muster gilt auch für Adjektive:
bom "gut" (♂) ► **bons** "gut" (♂♂)

• Wörter, die im Singular auf **-z** enden, stehen im Plural mit **-es**:
o rapaz "der Junge" ► **os rapazes** "die Jungen"
veloz "schnell" (Sg.) ► **velozes** "schnell" (Pl.)

2. Typische Wortendungen

• Wörter, die auf **-eiro** oder **-eira** enden, bezeichnen neben Berufen ...
cabeleireiro "Friseur/Coiffeur"
enfermeira "Krankenschwester"
sapateiro "Schuster"

... auch häufig Orte oder Gegenstände, in denen etwas aufbewahrt wird, oder die man für eine bestimmte Tätigkeit nutzt:
puleiro "Hühnerstall"
banheiro "Badezimmer, Toilette"

Das Femininum, **a banheira**, ist "die Badewanne".

• Das Suffix **-ice** dient dazu, von anderen Nomen oder Adjektiven abgeleitete Substantive zu bilden, z. B.
a meninice "die Kindheit" (**o menino** "der Junge")
a criancice "die Kindheit" (**a criança** "das Kind")

a chatice "die Lästigkeit" (**chato** "langweilig, lästig")
a velhice "Alter" (**velho** "alt")

- Das Suffix **-ada** bezeichnet eine größere Menge oder eine Ansammlung von etwas, hat dabei aber immer einen leicht abwertenden Beiklang:
  a papelada "der Papierkram"
  a criançada "die Kinderhorde"
- Die Endung **-íssimo / -a / -os / -as** kann an einen Wortstamm angehängt werden und bildet den sog. absoluten Superlativ. Dieser beschreibt einen sehr hohen Grad einer Eigenschaft:
  alto "hoch" ► **altíssimo** (♂) "extrem hoch"

Dieses Steigerungssuffix ist sehr häufig zu hören und wird dort angewandt, wo man einem Adjektiv besonderen Nachdruck verleihen möchte, z. B.
cheio "voll" ► **cheiíssimo** "sehr voll"

Sie werden in den folgenden Lektionen weitere Beispiele für diese Suffixe sehen.

3. Demonstrativpronomen

Das Brasilianische unterscheidet drei Demonstrativpronomen, je nachdem, ob sich der Bezugsgegenstand oder die Person in unmittelbarer Nähe des Sprechers (**este** "dieser hier"), des Angesprochenen (**esse** "dieser da") oder von beiden weiter entfernt befindet (**aquele** "dieser (jener) dort"). Was insbesondere die beiden letzten Formen betrifft, so sei an dieser Stelle noch Folgendes erwähnt:

- Die weibliche Form **essa** "diese da" wird mitunter auch als Ausruf verwendet, z. B. in Ausdrücken wie: **Ora essa!** "Auch das noch!"; **Essa é boa!** "Super!, Einfach spitze!"; **Só faltava essa!** "Das hat [mir/uns] gerade noch gefehlt!". Ähnlich verwendet man die Kontraktion aus **em + essa = nessa**: **Vamos nessa!** "Auf geht's!".
- Die Kombination aus **de + aquele = daquele** "von diesem (jenem) dort" wird in ihren Formen oftmals Nomen nachgestellt und verleiht diesen dadurch besonderen Nachdruck: **Ele quer um bauru daqueles.** "Er möchte eines von diesen superleckeren Bauru-Sandwiches". In diesem Satz schwingt durch **daqueles** auch

unterschwellig die Aussage "aber nur von diesen (richtigen)" bzw. "du weißt doch, welche ich meine" mit.

4. Personalpronomen

Neben den bereits bekannten Personalpronomen im Nominativ – **eu**, **tu**, **ele**, **ela**, **você**, (**o senhor**, **a senhora**), **nós**, **vós**, **eles**, **elas**, **vocês**, (**os senhores**, **as senhoras**) – gibt es Formen, die in etwa denen des deutschen Dativ und Akkusativ entsprechen. Hierbei wird jedoch unterschieden, ob diese Formen mit oder ohne Präposition stehen.

4.1 Personalpronomen ohne Präposition

me "mir, mich" 1. Pers. Sg. steht grundsätzlich ohne Präposition:

ele me ama "er liebt mich"
ele me falou "er hat mir gesagt (gesprochen)"

Für die 2. Pers. Sg. wird **te** "dir, dich" verwendet, auch wenn dieses, der Standardgrammatik entsprechend, zum selten verwendeten Personalpronomen **tu** gehört. Dennoch gilt: Wer sein Gegenüber mit **você** anredet, kann **te** ebenso verwenden; bei den Anreden **o senhor** bzw. **a senhora** geht dies jedoch nicht:

Ele te dá uma flor. "Er gibt dir eine Blume."
Quero te pedir um favor.
"Ich möchte dich um einen Gefallen bitten."

4.2 Personalpronomen mit Präposition

Sie haben die folgenden Verschmelzungen von Personalpronomen und Präpositionen kennengelernt: **comigo** "mit mir"; **contigo** "mit dir"; ebenso verhalten sich **conosco** "mit uns" und das sehr seltene **convosco** "mit euch". Bei den anderen Personen stehen die Pronomen im Nominativ und separat zur Präposition: **com + ele**(**s**) / **ela**(**s**) oder **com + você**(**s**) bzw. auch **com + o**(**s**) **senhor**(**es**), **a**(**s**) **senhora**(**s**):

Eu viajo com ele ou com você?
"Reise ich mit ihm oder mit dir/Ihnen?"
Ela falou com o senhor daquela viagem?
"Hat sie mit Ihnen über diese (jene) Reise gesprochen?"

Es existiert außerdem die rückbezüglich verwendete Form **consigo** "mit sich":

Ele fala consigo. "Er spricht mit sich (selbst)."

5. Zeitangaben

Die Wochentage lauten **domingo** "Sonntag", **segunda-feira** (abgekürzt: **2a**) "Montag", **terça-feira** (**3a**) "Dienstag", **quarta-feira** (**4a**) "Mittwoch", **quinta-feira** (**5a**) "Donnerstag", **sexta-feira** (**6a**) "Freitag", **sábado** "Samstag". Umgangssprachlich lässt man **feira** "(Wochen-)Markt" gerne weg.

Die Präposition **em** und ihre kontrahierten Formen **no(s)**, **na(s)**, **num**, **numa** werden häufig in Zeitangaben verwendet:

Na quinta-feira vou para o Rio de Janeiro.
"Am Donnerstag fahre ich nach Rio de Janeiro."

Bei häufig stattfindenden bzw. sich wiederholenden Handlungen verwendet man jedoch eher die Präposition **a** und ihre Kombinationen **ao**, **aos**, **à**, **às**, wenn auch umgangssprachlich hier häufig **no**, **na**, **nos**, **nas** zu hören sind:

Aos domingos sempre viajo no ônibus das quatro.
"Sonntags reise ich immer mit dem Bus um vier [Uhr]."

Im letzten Beispielsatz sehen Sie eine weitere Kontraktion, bei der die Präposition **de** "von" mit **às** "um" zu **das** zusammengezogen wird. Nach dem gleichen Schema wird auch **de** mit dem Artikel **as** ("die"♀♀) zu **das** zusammengezogen und ebenso auch **de** mit **os** ("die"♂♂) zu **dos** (s. Lektion 27):

Eu não gosto dos campeonatos europeus.
"Ich mag die (von-die♂♂) europäischen Meisterschaften nicht."

6. Konditional

Anders als im Deutschen wird das **futuro do pretérito / Konditional I** nicht mit einem Hilfsverb zusammengesetzt ("ich würde machen"), sondern es wird gebildet, indem man an den Infinitiv entsprechende Endungen anhängt. Sehen Sie sich dazu die folgende Tabelle mit drei regelmäßigen Verben an:

Verben auf:	-ar	-er	-ir
	acabar "beenden"	**escolher** "aussuchen"	**abrir** "öffnen"
eu	**acabar*ia***	escolher*ia*	**abri*ria***
tu	acabar*ias*	escolher*ias*	abri*rias*
ele / ela / você...	**acabar*ia***	**escolher*ia***	**abri*ria***
nós	**acabar*íamos***	**escolher*íamos***	**abri*ríamos***
vós	acabar*íeis*	escolher*íeis*	abri*ríeis*
eles / elas / vocês...	**acabar*iam***	**escolher*iam***	**abri*riam***
...**o senhor / a senhora / a gente** (Sg.) bzw. **os senhores / as senhoras** (Pl.)			

Você casaria na igreja? "Würdest du kirchlich heiraten?"
Eu gostaria muito viajar pelos cinco continentes.
"Ich würde sehr gerne durch die fünf Kontinente reisen."

7. Exercício de compreensão e de expressão

Exercício 1: Você entende estas frases?

① Precisamos sair desse aeroporto! ② Só faltava essa, perder tempo na alfândega com toda essa papelada! ③ Puxa! Vamos perder o ônibus porque o empregado vai vistoriar todas as malas. ④ Ainda temos uma hora. ⑤ Prometi reencontrar meu velho amigo Tiago dentro da rodoviária. ⑥ O Tiago também vem? ⑦ Na sexta ele tem folga. ⑧ Essa viagem é importantíssima pra ele, ⑨ mas antes vamos fazer um lanche. ⑩ Você conhece nosso amigo, ⑪ por nada viajaria com fome. ⑫ E eu não aguento mais de sede. ⑬ Nossa! Se você for levar seu amigo para fazer um lanche, ⑭ quando vamos sair da cidade?

Nutzen Sie die Multimedialität Ihres Kurses: Das handliche Lehrbuch ist überall einsatzbereit, und die Audio-CDs bzw. die MP3-CD ermöglichen es Ihnen, auch unterwegs mobil und flexibel zu lernen.

43 Quadragésima terceira aula

Chuva, chuvinha, chuvão ①

1 – Está chovendo sem parar!

PRONÚNCIA

[*schuwa schuwinja schuwao*ⁿ **1** ... *schuwä*ⁿ*du ßä*ⁿ ...]

Solução do primeiro exercício: Você entendeu?

① Wir müssen von diesem Flughafen abfliegen! ② Das hat [mir] gerade noch gefehlt, mit diesem ganzen Papierkram Zeit am Zoll zu verlieren. ③ Mann! Wir werden den Bus verpassen (verlieren), weil der Angestellte alle Koffer inspizieren wird. ④ Wir haben noch eine Stunde. ⑤ Ich habe versprochen, meinen alten Freund Tiago im Busbahnhof wieder zu treffen. ⑥ Kommt Tiago auch? ⑦ Am Freitag hat er frei. ⑧ Diese Reise ist extrem wichtig für ihn, ⑨ aber vorher werden wir einen Imbiss einnehmen. ⑩ Du kennst [doch] unseren Freund, ⑪ er würde für nichts [auf der Welt] hungrig reisen. ⑫ Und ich halte den Durst nicht mehr aus. ⑬ Meine Güte! Wenn du deinen Freund mitnimmst (gehen-werden-würde mitnehmen), um einen Imbiss einzunehmen, ⑭ wann werden wir [denn dann] die Stadt verlassen?

43. Lektion

Regen, kleiner Regen, großer Regen

1 – Es regnet [gerade] ohne Ende (ohne anhalten)!

ANMERKUNGEN

① **-ão**: Gegenstück zu **-inho/-zinho**: **a chuva** "der Regen" → **o chuvão** "der große/starke Regen"; **um mapa** "eine Landkarte, ein Stadtplan" → **um mapão** "eine große Landkarte". Die Vergrößerungsform wird auch "Augmentativ" genannt.

2 – **E**ssa chuv**i**nha f**i**na que ch**a**mam de chu**v**a-criad**e**ira m**o**lha bem a t**e**rra. ②

3 Os col**o**nos g**o**stam m**ui**to d**e**la. ③ ④

4 Quer ch**o**va, quer f**a**ça sol, v**o**u mostr**a**r a cid**a**de p**a**ra o Joaqu**i**m e o **Á**lvaro. ⑤

5 – Faz**e**mos quest**ão** de descobr**i**r a v**e**lha Rec**i**fe, ⑥

6 e n**ão** faz mal se as r**u**as est**ão** molh**a**das.

7 – Em vez de fic**a**r n**e**sse ch**o**ve-n**ão**-m**o**lha, s**a**i-n**ão**-s**a**i, ⑦

8 faz**e**mos de c**o**nta que viv**e**mos em **u**ma d**e**ssas l**i**ndas c**a**sas coloni**ai**s. ⑧

PRONÚNCIA

[**2** … *ki scham**a**^{n}… krijad**e**jra m**O**lja... t**ä**h$_r$a* **3** ... *kol**o**nuß...* **4** *kär sch**o**wa… f**a**ßa ß**O**u ... moßtr**a**r… ĵoak**i**^{n}… **a**uwaru* **5** *fas**e**muß keßt**ao**^{n}... däßkubr**i**r... h$_r$eß**i**fi* **6** … *f**a**jß mau… h$_r$**u**aß... molj**a**daß* **7** *ä^n w**ä**jß... fik**a**r n**e**ßi sch**o**wi-nao^n-m**O**lja…* **8** … *k**o**^{n}ta… wiw**e**muß… d**ä**ßaß l**i**^{n}daß ... kolonj**a**jß*]

ANMERKUNGEN

② Von **molhar** "anfeuchten, nässen" bildet man das regelmäßige Partizip **molhado** "angefeuchtet, genässt; feucht, nass": **A rua está molhada**. "Die Straße ist nass."

2 – Dieser kleine, feine Regen, den man "fruchtbaren Regen" (dass nennen von Regen♀-Zucht♀) nennt, bewässert (anfeuchtet) gut die Erde.

3 Die Bauern (Siedler♂♂) mögen ihn sehr gerne (von-ihr).

4 Ob es regnet oder die Sonne scheint (möchte regnet, möchte macht Sonne♂), ich werde Joachim und Alvaro die Stadt zeigen.

5 – Wir müssen unbedingt (machen Frage♀ von) Alt-Recife (alt♀ Riff♂) entdecken,

6 und da macht es nichts (nicht macht schlecht), wenn die Straßen nass sind.

7 – Anstelle dieses Hin-und-Hers (in Mal von bleiben in-dieser regnet-nicht-anfeuchtet, weggeht-nicht-weggeht,)

8 tun wir so (machen von Rechnung♀), als ob wir in einem dieser schönen Kolonialhäuser wohnen.

③ **colono** bezeichnet in erster Linie die "Siedler", also die, die sich in den **colônias** [*kolOniaß*] "Kolonien" ansiedelten und v. a. in der Landwirtschaft tätig waren. "Bauer" heißt auch **agricultor** [*agrikultor*].

④ **dela**: Kombination aus der Präposition **de** "von" + dem Pronomen **ela** "sie". Die männliche Form lautet dele "von ihm", im Plural entsprechend **deles / delas** "von ihnen".

⑤ Nach **quer**... **quer** "ob ... oder; sei es dass ... oder" steht immer der Konjunktiv Präsens: **chover** "regnen" → **chova** "(dass es) regne"; **fazer** "machen" → **faça** "(dass es) mache".

⑥ Es heißt zwar **o recife** "das Riff", aber **a velha Recife**, da hier unterschwellig **a cidade** "die Stadt" mitklingt.

⑦ Zögern bzw. Unentschlossenheit wird durch Wortspiele wie **sai-não-sai** oder **chove-não-molha** ausgedrückt, in etwa "Wie dem auch sei; Hin-und-Her; Soll-ich-oder-soll-ich-nicht?". **Estar vai não vai para fazer alguma coisa** "sich unschlüssig sein, ob man etwas tun soll".

⑧ Es gibt zahlreiche Ausdrücke mit **fazer**: **faz sol** "die Sonne scheint", **fazer calor** "heiß sein", **fazer frio** "kalt sein", **fazer questão de** "unbedingt müssen", **fazer conta de** "so tun als ob", fazer mal "weh tun", das in der Wendung **Não faz mal!** "Es macht nichts!" heißt.

9 – Falou, Mauro!

10 Não precisa fazer tempestade em um copo d'água!

PRONÚNCIA

[*9 falou maoru 10 … tä^{n}peßtadĵi…*]

Exercício 1: Você entende estas frases?

① Que chove-não-molha! ② Falou Lucas! ③ Gosto dessa chuvinha que molha a terra. ④ Quer chova, quer faça sol ... ⑤ ... não precisa fazer tempestade em um copo d'água. ⑥ Você vai para a cidade nesse carrinho? ⑦ Não faz mal, fazemos de conta que é um carrão!

Exercício 2: Complete as palavras que faltam!

① Ich mag diese alten feuchten Straßen. Und magst du sie?

Gosto ______ velhas ruas ________. E você gosta ______?

② Du musst nicht so tun, als seist du glücklich.

Você não ________ fazer de ______ que está feliz.

44 Quadragésima quarta aula

Língua brasílica

1 – Você sabia que a Clarissa e o Moacir falam quatro idiomas? ①

PRONÚNCIA

[*li^{n}gua brasilika 1 ... ßabija ... klarißa ... moaßir fala^{n} kuatru idĵiomaß*]

9 – Du sagst es (sprach), Mauro!

10 Man muss nicht einen Sturm♀ im Wasserglas verursachen (in ein Glas♂ von Wasser♀)!

Solução do primeiro exercício: Você entendeu?

① Was für ein Hin und Her! ② Du sagst es, Lukas! ③ Ich mag diesen (kleinen) Regen, der die Erde anfeuchtet. ④ Ob es regnet oder die Sonne scheint ... ⑤ ... man muss nicht einen Sturm im Wasserglas verursachen. ⑥ Fährst du in diesem Autochen in die Stadt? ⑦ Es macht nichts, tun wir so, als sei es ein Riesenauto!

❸ Ob es regnet oder ob die Sonne scheint, ich werde weggehen.
Quer ....., ... sol, eu vou sair.

❹ Er mag es sehr, einen Sturm im Wasserglas zu verursachen.
Ele gosta ..... de fazer tempestade em um .... d'.....

❺ Es regnet ohne Ende, und du weißt nicht, was du tun sollst (du bleibt in-dieser weggeht-nicht-weggeht).
Chove sem ..... e você fica ..... sai-não-... .

Solução do segundo exercício: As palavras que faltam.

❶ dessas – molhadas – delas ❷ precisa – conta ❸ chova – quer faça ❹ muito – copo d'água ❺ parar – nesse – sai.

44. Lektion

Brasilianische Sprache

1 – Wusstest du, dass Clarissa und Moacir vier Sprachen sprechen?

ANMERKUNGEN

① Man unterscheidet **a língua**, "Sprache" (allgemein), und **o idioma** "(Fremd)Sprache/n". **Ele fala quatro idiomas, mas o português é sua língua materna**. "Er spricht vier [Fremd-]sprachen, aber Portugiesisch ist seine Muttersprache."

2 – Não sabia não; só sei que eles falam pelos cotovelos! ②

3 – Eles aprenderam a ler e a escrever em inglês desde pequenos. ③

4 e estudaram alemão e italiano durante muito tempo. ④

5 – Deve ser dificílimo conhecer todas essas línguas. ⑤ ⑥

6 – Espera, isso não é tudo.

7 Agora os dois estão estudando as línguas indígenas do Brasil dos séculos XVII e XVIII. ⑦

8 – Que legal!

9 E eles não acham a pronúncia difícil demais? ⑧

PRONÚNCIA

[**2** … *kotoweluß* **3** … *aprä^{n}deran… ler … ißkrewer… däsdĵi pikenuß* **4** … *ißtudara^n alemao^n… dura^{n}tschi…* **5** *däwi … difißilimu konjeßer…* **7** … *eßtuda^{n}du… indiĵenaß… ßäkuluß diseßätschi i disojtu* **9** … *ascha^n… pronu^{n}ßja difißiu* …]

ANMERKUNGEN

② Das doppelte não verstärkt die Aussage: **Não gosto de chuva não**. "Ich mag Regen gar/überhaupt nicht."

2 – Nein, wusste [ich] gar nicht; nur, dass sie Plappermäuler sind (dass sie sprechen durch-die Ellenbogen♂♂)!

3 – Sie haben Englisch lesen und schreiben gelernt, seit sie klein sind (seit klein♂♂),

4 und [sie] haben sehr lange Deutsch und Italienisch studiert (während viel Zeit♂).

5 – Es muss sehr schwierig sein, all diese Sprachen zu kennen.

6 – Warte, das ist [noch] nicht alles.

7 Jetzt studieren die beiden [gerade] die indigenen Sprachen (Sprachen♀♀ eingeboren♀♀) Brasiliens des 17. und 18. Jahrhunderts.

8 – Wie klasse!

9 Und finden sie die Aussprache nicht zu schwierig (schwierig zu viel)?

③ Die Präposition **em** bedeutet in Verbindung mit einer Sprache "auf": **Ela fala bem inglês, mas prefere escrever em francês**. "Sie spricht gut Englisch, aber sie zieht es vor, auf Französisch zu schreiben."

④ **estudar** kann je nach Kontext mit "studieren" oder "lernen" übersetzt werden. In diesem Fall ist das Studieren an der Universität gemeint.

⑤ Neben **dificílimo** "sehr schwer, sehr schwierig" kann man ebenso **dificilíssimo** sagen.

⑥ Neben **conhecer uma língua** "eine Sprache kennen" und **falar uma língua** "eine Sprache sprechen" gibt es auch **saber uma língua** "eine Sprache können". **saber** "wissen" entspricht dabei (im Gegensatz zu **poder** "können") einer erlernbaren Fähigkeit.

⑦ **século** steht vor den römischen Zahlen, die jedoch als Kardinalzahl gelesen werden: **No século XXI (vinte e um) todo o mundo deve falar no mínimo três idiomas**. "Im 21. Jahrhundert muss jeder mindestens (in-der Minimum) drei Sprachen sprechen."

⑧ Hier ein Beispiel, bei dem **demais** einem Adjektiv nachgestellt und dabei mit "zu" übersetzt wird: **A pronúncia do português é fácil demais**. "Die Aussprache des Portugiesischen ist zu einfach."

10 – Há pal**a**vras f**á**ceis, dif**í**ceis e **ú**teis, como a pal**a**vra abacax**i** por ex**e**mplo. ⑨

PRONÚNCIA

[*10 … palawraß faßäjß … utäjß …. isä*^{n}*plu*]

Exercício 1: Você entende estas frases?

❶ Laura fala seis idiomas e está estudando um sétimo. ❷ Eles falam pelos cotovelos, mas não acham que falam muito. ❸ Você sabia que há muitas palavras indígenas na língua brasileira? ❹ Não sabia não. E essas palavras são fáceis? ❺ Ele sabe bem italiano, mas prefere escrever em alemão.

Exercício 2: Complete as palavras que faltam!

❶ Seit sie klein sind, haben sie diese Sprachen gelernt.

..... pequenos eles .... esses ....

❷ Im 19. Jahrhundert haben viele Brasilianer Französisch studiert.

No ...... XIX muitos brasileiros .... a língua francesa.

❸ Ich weiß, dass es sehr schwierig sein muss, all diese Sprachen zu können (wissen).

Eu ... que .... ser muito difícil saber ..... esses idiomas.

❹ Ich mag diese Sprache überhaupt nicht.

Eu não .... idioma, ...

❺ In der brasilianischen Sprache sind viele Wörter indianisch.

Na ...... brasileira, muitas .... são ....

10 – Es gibt einfache, schwierige und nützliche Wörter, wie das Wort 'Ananas' zum Beispiel.

ANMERKUNGEN

⑨ Wörter, die im Singular auf **-il** enden, bilden den Plural auf **-eis**: **fácil** [*faßiu*] "einfach, leicht" → **fáceis**; **útil** [*utschiu*] "nützlich, brauchbar" → **úteis**; **difícil** "schwer, schwierig" → **difíceis** [*difißäjß*].

Solução do primeiro exercício: Você entendeu?

❶ Laura spricht sechs Sprachen und [sie] studiert [gerade] eine siebte. ❷ Sie sind Plappermäuler, meinen aber nicht, dass sie viel sprechen. ❸ Wusstest du, dass es in der brasilianischen Sprache viele indigene Wörter gibt? ❹ Nein, wusste [ich] nicht. Und sind diese Wörter einfach? ❺ Er kann (weiß) gut Italienisch, zieht es aber vor, auf Deutsch zu schreiben.

Solução do segundo exercício: As palavras que faltam.

❶ Desde – aprenderam – idiomas ❷ século – estudaram ❸ sei – deve – todos ❹ gosto deste – não ❺ língua – palavras – indígenas.

Brasileiro oder brasílico?

Grundsätzlich stehen **brasílico** und **brasileiro** synonym für "brasilianisch", jedoch ist **brasileiro** weiter verbreitet. **Brasílico** bezeichnet eher das historische, also präkoloniale bzw. präkolumbianische Brasilianisch: **Onde vive a verdadeira gente brasílica?** "Wo lebt die wirkliche ur-brasilianische Bevölkerung?" In dieser Lektion bezeichnet **língua brasílica** also v. a. das Nheengatu, die offizielle Umgangssprache Brasiliens, bevor das Portugiesische zur allgemeingültigen Staatssprache wurde.

45 Quadragésima quinta aula

Veranear à moda antiga

1 – Tia Abigail, quando vocês compraram a casa na praia,

2 já existia a estrada que vai de Blumenau para o litoral? ①

3 – Sim, minha filha, mas não se pagava pedágio. ②

4 – E o que vocês faziam durante os longos meses de verão? ③ ④

5 – Bem, de manhã ficávamos de pernas para o ar,

6 de tarde fazíamos a sesta

7 e todas as sextas à noite íamos ao baile.

8 – E é verdade que minha mãe conheceu meu pai aqui?

9 – É, sim, um dia tua mãe decidiu ir tomar uma fresca,

PRONÚNCIA

[*weranjar a mOda a^{n}tschiga* **1** *tschija abigaju ... ko^{n}praran...* **2** *... esistschija ... ißtrada ... blumenau ... litorau* **3** *filja ... pagawa ... pedaǯju* **4** *... fasija^n ... lo^{n}guß mesiß ... werao^n* **5** *... fikawamuß ... pärnaß ...* **6** *... fasijamuß ... ßäßta* **7** *... ßeßtaß ... ijamuß au bajli* **8** *... wärdadǯi ... ko^{n}jeßeu ...* **9** *... tua ... deßidǯiu ... freßka*]

ANMERKUNGEN

① Das Imperfekt beschreibt immer eine andauernde Handlung in der Vergangenheit, das Perfekt eine einmalige, abgeschlossene Handlung: **Minha filha comprou a casa da tia dela que ficava no litoral**. "Meine Tochter hat das Haus ihrer Tante gekauft, die (blieb) an der Küste wohnte."

Den Sommer nach altmodischer Art verbringen

1 – Tante Abigail, als ihr das Haus am Strand gekauft habt,

2 gab es [da] schon die Straße, die (geht) von Blumenau an die Küste führt?

3 – Ja, meine Liebe (Mädchen♀), aber man zahlte [noch] keine Maut.

4 – Und was machtet ihr während der langen Sommermonate?

5 – Nun (gut), morgens streckten wir alle Viere von uns (blieben von Beine♀♀ für der Luft),

6 nachmittags machten wir Siesta,

7 und jeden Freitagabend gingen wir tanzen (zu-der Tanz♂).

8 – Und ist [es] wahr (Wahrheit♀), dass meine Mutter hier meinen Vater kennengelernt hat?

9 – [Das] ist [es], ja, eines Tages hat deine Mutter entschieden, frische Luft zu schnappen (nehmen eine frisch♀),

② In **se pagava** hat **se** die Funktion des neutralen "man". In bejahten Sätzen steht es vor oder nach dem Verb, in verneinten – wie hier – stets davor: **Ainda não se sabe quando ele vai chegar**. "Noch weiß man nicht, wann er ankommen wird.".

③ Verwechseln Sie nicht das unveränderliche **longe** "weit (entfernt)" (**É longe daqui?** "Ist es weit von hier?") mit dem veränderlichen **longo** "lang" (**Vai ser uma longa noite**. "Es wird eine lange Nacht werden.").

④ Nomen, die im Singular auf **-s** enden, enden im Plural auf **-es**: **o chinês** "der Chinese" → **os chineses** "die Chinesen"; **o país** "das Land" → **os países** "die Länder"; **o deus** "der Gott" → **os deuses** "die Götter".

10 f**o**i na pr**a**ça e encontr**o**u t**e**u p**a**i; ⑤

11 e no d**i**a segu**i**nte receb**e**u **u**ma c**e**sta ch**e**ia de fl**o**res. ⑥ ⑦

PRONÚNCIA

[*10 foj ... praßa ... i^{n}ko^{n}trou ... 11 ... ßegi^{n}tschi h_reßebeo ... ßäß-tascheja ... floriß*]

Exercício 1: Você entende estas frases?

❶ Nós preferimos ir pelas estradas menores, onde não pagamos pedágio. ❷ Foi nessa praça que a minha mãe encontrou meu pai? ❸ Quando faz muito calor temos que sair pra tomar uma fresca. ❹ Eu acho que eu vou dar uma cesta de flores para minha esposa. ❺ Nós íamos à praia todos os dias durante o verão.

Exercício 2: Complete as palavras que faltam!

❶ Hast du [dich] entschieden, diesen Sommer nach Rio zu fahren?

Você .... ir para o Rio nesse ...... ?

❷ Was machtet ihr während der Sommernächte?

. ... vocês faziam durante as noites de verão?

❸ Mein Vater hat auf der Straße nach (von) Blumenau keine Maut bezahlt.

Meu pai não ..... pedágio .. .. de Blumenau.

❹ In dieser Stadt gab es viele Chinesen.

Nessa ...... existiam muitos ....

❺ Wir gingen jeden Donnerstag und jeden Samstag tanzen.

Nós ..... dançar todas as .... e todos os ....

10 [sie] ging auf den Platz und hat deinen Vater getroffen;

11 und am folgenden Tag hat sie einen Korb voller Blumen erhalten.

ANMERKUNGEN

⑤ **foi** ist das Perfekt der 3. Pers. Sg. der Verben **ser** "sein" und **ir** "gehen": **Ele foi para a cidade e não foi feliz**. "Er ist in die Stadt gegangen und ist nicht glücklich gewesen."

⑥ Achten Sie bei **cesta** [*ßäßta*] "Korb", **sesta** [*ßäßta*] "Siesta" und **sexta** [*ßeßta*] "Freitag" besonders auf die richtige Aussprache.

⑦ Wörter, die im Singular auf **-r** enden, erhalten im Plural die Endung **-es**: **melhor** "besser (Sg.)" → **melhores** "besser (Pl.)"; **a colher** "der Löffel" → **as colheres** "die Löffel"; **o dólar** "der Dollar" → **os dólares** "die Dollar".

Solução do primeiro exercício: Você entendeu?

❶ Wir ziehen es vor, auf den kleineren Straßen zu fahren (gehen), wo wir keine Maut bezahlen. ❷ Bist du auf diesen Platz gegangen, wo (dass) meine Mutter meinen Vater getroffen hat? ❸ Wenn es sehr heiß ist (macht viel Hitze♂), müssen wir (haben dass) hinausgehen, um frische Luft zu schnappen. ❹ Ich glaube, dass ich meiner Ehefrau einen Blumenkorb (Korb von Blumen ♀♀) überreichen (geben) werde. ❺ Während des Sommers gingen wir jeden Tag an den Strand.

Solução do segundo exercício: As palavras que faltam.

❶ decidiu – verão ❷ O que ❸ pagou – na estrada ❹ cidade – chineses ❺ íamos – quartas – sábados.

46 Quadragésima sexta aula

Churrasco com amigos

1 – Alô, Lilica, você vai ao churrasco dos Aranhas?

2 – Estou por fora. ①

3 Que vocês decidiram no final?

4 – Como se você não soubesse! ②

5 O Aranha vai preparar um churrasco no sítio dos pais dele ③

6 e o pessoal vai trazer a bebida. ④

7 – Não, deixa para lá. ⑤

8 Prefiro ficar por aqui mesmo. ⑥

9 – Imagina, uma cerveja bem geladinha,

PRONÚNCIA

[*schuh$_{r}$aßku…* **1** *…lilika … aranjaß* **2** *… fOra* **3** *… deßidĵira^{n} … finau* **4** *… ßoubäßi* **5** *… preparar … ßitschu …* **9** *imaĵina … ßerweĵa … ĵeladĵinja*]

ANMERKUNGEN

① **fora** kann Adverb oder Präposition sein. Wendungen mit **fora** sind **estar por fora** "nicht auf dem Laufenden sein; nichts anfangen können (mit)"; **dar um fora** "einen Fauxpas begehen, sich blamieren". Das Gegenteil ist **dentro** "innen, drinnen". Man sagt: **Não estou por dentro**. "Ich bin nicht auf dem Laufenden".

46. Lektion

Grillparty mit Freunden

1 – Hallo Lilika, kommst (geht) du zur Grillparty der Aranhas?

2 – Ich bin nicht auf dem Laufenden (bin durch draußen).

3 Was habt ihr letztendlich beschlossen (in-der Schluss)?

4 – Als ob du [das] nicht wüsstest.

5 Aranha wird eine Grillparty im Landhaus seiner Eltern vorbereiten (von-ihm),

6 und die Gäste (und der Personal) bringen die Getränke mit (die Getränk).

7 – Nein, vergiss es (lässt für dort).

8 Ich ziehe es vor, genau hier zu bleiben.

9 – Stell dir ein gut gekühltes Bier vor,

② **soubesse** ist der Konjunktiv Imperfekt, der v. a. in Nebensätzen und irrealen Bedingungssätzen mit den Konjunktionen **se** "wenn" oder **como se** "als ob" benutzt wird.

③ **dele** ist hier Possessivpronomen. Es ist unveränderlich und wird oft anstelle von **seu / sua** verwendet, da diese v. a. der 2. Person (**você**) vorbehalten sind: **É a sua irmã ou a filha dele?** "Ist das deine Schwester oder seine Tochter (die Tochter von ihm)?".

④ Mit **-al** werden Kollektivbegriffe gebildet: **a pessoa** "die Person" → **o pessoal** "das Personal" (umgangssprachlich "[unsere] Leute"). Oder man verwendet **gente**: **Oi gente, o pessoal decidiu comer uma pizza!** "He Leute, wir haben beschlossen, eine Pizza zu essen."

⑤ Die Entfernung zum Sprecher/Angesprochenen wird mit **aqui / cá** "hier" (nah beim Sprecher), **aí / ali** "da" (nah beim Angesprochenen), **lá** "dort" (weiter vom Sprecher/Angesprochenen entfernt) angegeben: **Do lado de cá da rua, ainda é meu bairro; do lado de lá já é outro**. "Auf [dieser] Seite der Straße hier ist noch mein Stadtviertel, auf [jener] Seite dort ist schon ein anderes."

⑥ Sie kennen **mesmo** als "wirklich, tatsächlich". Es kann auch, wie hier, "genau" heißen, oder "selbst" im Sinne von "sogar".

LEKTION 46

10 uns salgad**i**nhos gostos**i**nhos, r**o**da de viol**ão**... ⑦ ⑧

11 – T**ô**co e **e**u prefer**i**mos com**e**r **u**ma p**i**zza em fr**e**nte da televis**ão**.

12 – É **i**sso que ch**a**mam de se divert**i**r? ⑨

13 V**a**mos, m**u**dem de id**e**ia!

PRONÚNCIA

[*10 u^{n}ß ßaugadʃinjuß ... h$_r$Oda ... wiolao^n ...* ***11*** *toku ... preferimuß kumer ... pitßa ... telewisao^n* ***12*** *... ßi diwertir* ***13*** *... mudä^n ...*]

ANMERKUNGEN

⑦ **uns**: unbestimmter Artikel des Maskulinum Plural (Fem. **umas**) "einige, ein paar": **uns amigos** "einige Freunde", **umas aranhas** "ein paar Spinnen". **A aranha**, hier ein Nachname, heißt eigentlich "die Spinne".

Exercício 1: Você entende estas frases?

❶ O pessoal vai fazer os salgadinhos e trazer cervejas bem geladinhas. ❷ Vocês decidiram preparar um churrasco? ❸ Não estou por dentro desta nova moda. ❹ O sítio dos pais do Aranha é super legal. ❺ Vamos, deixa pra lá!

Exercício 2: Complete as palavras que faltam!

❶ Er hat einen Fauxpas begangen!
Ele ... um ...!

❷ Er hat Toco nicht eingeladen.
Ele não ... o Tôco.

❸ Wir haben viel Spaß gehabt!
A gente ... ...!

❹ Als ob er [das] nicht wüsste!
Como se ele não ...!

❺ Mein Haus befindet sich auf dieser Seite der Straße.
A minha casa ... do ... de ... da rua.

❻ Ich bin nicht auf dem Laufenden.
Eu não estou ... .

10 leckeres Salzgebäck, ein bisschen Gitarrenspielen (Runde von Gitarre♂) …

11 – Toco und ich ziehen es vor, eine Pizza vor dem Fernseher zu essen.

12 – Ist es das, was ihr Spaß haben nennt?

13 Los, überlegt es euch noch mal (verändern von Idee♀)!

⑧ Auch Adjektive können Verkleinerungs- und Vergrößerungsformen bilden, z. B. **gostosinho** oder **gostosão**. Weitere Ableitungen, die auch als Nomen gebraucht werden, sind z. B. **gostosona** "tolle Frau" oder **gostosura** als Begriff für etwas, was einem sehr gefällt.

⑨ Beim Infinitiv rückbezüglicher Verben wird **se** dem Verb nachgestellt: **divertir-se** "Spaß haben", in der Umgangssprache neigt man jedoch eher dazu, **se** voranzustellen: **se divertir**.

Solução do primeiro exercício: Você entendeu?

❶ Unsere Leute werden (machen) Salzgebäck vorbereiten und eiskaltes Bier mitbringen (Biere♀♀ gut gekühlt♀♀). ❷ Habt ihr [euch] entschieden, eine Grillparty zu machen? ❸ Ich kann mit dieser neuen Mode nichts anfangen ❹ Das Landhaus von Aranhas Eltern ist total klasse. ❺ Komm (los), vergiss es!

Solução do segundo exercício: As palavras que faltam.

❶ deu – fora ❷ convidou ❸ se divertiu muito ❹ soubesse ❺ fica – lado – cá ❻ por dentro.

Churrasco

Churrasco bezeichnet das Grillen von Fleisch (vor allem Rindfleisch), aber auch eine "Grillparty". Man isst in erster Linie **Picanha** (Tafelspitz oder Schwanzstück), **Maminha** (Bürgermeisterstück), **Costela** (hohe Rippe), **Cupim** (Höcker) und **Contra-Filé** (Kontrafilet). Als Vorspeise serviert man meist Grillwürste und Hühnerherzen am Spieß. Im ganzen Land finden sich auch **Churrascarias**, Restaurants, die auf gegrilltes Fleisch spezialisiert sind. In diesen meist "All-you-can-eat"-Lokalen wird das gebratene Fleisch frisch vom Grillspieß direkt am Tisch serviert, während der Gast sich die Beilagen an einem Buffet holt.

47 Quadragésima sétima aula

Liquidação

1 – Artur, começou a liquidação! ①

2 Vamos entrar nessa loja para dar uma olhadinha nas roupas. ②

3 – Pois não. ③

4 Posso ajudar em alguma coisa?

5 – Não, obrigada, a gente está só olhando.

6 – Olha Neusa, essa calça azul-marinho custa bem menos do que parece ④ ⑤

7 – Esse vestido verde-garrafa é muito chique.

8 Será que tem o meu tamanho?

9 – A moça foi buscar um tamanho médio para você. ⑥

10 Ficou ótimo com seus sapatos amarelo-ouro. ⑦

PRONÚNCIA

[*likuidaßao*^{n} **1** *artur komeßou* … **2** ... *ä*^{n}*trar* … *lOĵa* … *Oljadĵinja naß h*$_r$*oupaß* **3** *pojs* … **5** … *olja*^{n}*du* **6** *Olja neusa* … *kaußa asu marinju kußta* … *menuß* … *paräßi* **7** *weßtschidu werdĵi-gah*$_r$*afa* … *schiki* **8** *ßera* … *tamanju* **9** … *bußkar* … *mädĵiu* … **10** *fikou Otschimu* … *ßapatuß amarälu-ouru*]

ANMERKUNGEN

① Verben auf **-çar** ändern aus phonetischen Gründen **-ç-** in **-c-**, sofern danach ein **e** folgt: **eu começo** "ich beginne", aber **Quero que você comece**. "Ich möchte, dass du beginnst." (Konjunktiv Präsens).

② **olhadinha**: Diminutiv von **a olhada** "der Blick". Solche Verkleinerungsformen lassen sich leider nicht immer treffend ins Deutsche übersetzen; wir verzichten daher an manchen Stellen auf die Übersetzung.

Schlussverkauf

1 – Arthur, der Schlussverkauf hat begonnen!

2 Lass uns in dieses Geschäft gehen, um einen Blick auf die Kleidung zu werfen (für geben eine Blickchen in-die Kleidungen♀♀).

3 – Bitte schön (also nicht).

4 Kann ich behilflich sein (helfen in irgendeine Sache♀)?

5 – Nein danke, wir schauen nur.

6 – Schau [mal] Neusa, diese marineblaue Hose kostet viel (gut) weniger, als [es] scheint.

7 – Dieses flaschengrüne (grün-Flasche♀) Kleid ist sehr schick.

8 Gibt es wohl (wird-sein dass hat) meine Größe?

9 – Die Verkäuferin (Mädchen♀) holt (ging suchen) eine mittlere Größe für Sie.

10 Es sieht toll aus (blieb optimal) mit Ihren goldgelben (gelb-Gold♂) Schuhen.

③ **Pois não** kann je nach Zusammenhang mit "bitte schön, warum nicht?, zu Diensten" oder am Telefon mit "am Apparat" übersetzt werden.

④ Bei zusammengesetzten Farbadjektiven (**a cor** "die Farbe") wird meist nur der zweite Teil in den Plural gesetzt: **castanho-escuro** [*kastanju-äßkuru*] "dunkelbraun" (Kastanienholz♂-dunkel♂) → **os cabelos** [*kabäluß*] **castanho-escuros** "dunkelbraune Haare". Ist der zweite Teil ein Substantiv, gilt dies nicht: **os sapatos amarelo** [*ßapatuß amarälu*] **laranja** "die orangegelben Schuhe".

⑤ Mit **menos**... **que** oder **menos**... **do que**, beide: "weniger als...", wird der sog. Komparativ der Unterlegenheit gebildet. Das Gegenteil (Komparativ der Überlegenheit) steht dagegen mit **mais**... (**do**) **que** "mehr als ...": **Esta calça custa mais** (**do**) **que aquela**. "Diese Hose kostet mehr als diese dort (jene)".

⑥ **ir buscar** wird meist mit "(ab)holen" übersetzt: **Vou te buscar no aeroporto**. "Ich werde dich am Flughafen abholen."

⑦ Wie **ótimo** spiegeln viele Wörter den Optimismus der Brasilianer wider: **legal** "klasse", **bonito** "schön", **lindo** [*lindu*] "hübsch".

11 – Melh**o**r ass**i**m!

12 Porqu**e** os sap**a**tos contin**u**am c**a**ros, apes**a**r da liquidaç**ão**. ⑧

PRONÚNCIA

[***11*** *... aßi^n* ***12*** *... kontschin**ua**^{n} ... apes**a**r ...*]

Exercício 1: Você entende estas frases?

❶ Meu marido vem me buscar na porta do trabalho. ❷ Minha mãe acha que azul-marinho é cor para meninos. ❸ Estas calças são lindíssimas, mas estão tão caras... ❹ Mesmo em liquidação essa loja é mais cara do que a outra? ❺ Estas roupas ficaram pequenas, o senhor não tem um tamanho médio?

Exercício 2: Complete as palavras que faltam!

❶ Haben Sie dieses grüne Kleid nicht in gelb (in-die Farbe gelb♀)?

O ___ não tem este vestido ___ na cor ___?

❷ Schau, wie schick diese Hose (bleibt) mit diesen Schuhen ist (dieser Schuh).

___ como esta calça ___ chique com este ___.

❸ In werde einen Blick in dieses Geschäft werfen.

Eu vou ___ uma ___ ___ loja.

❹ Ich finde es besser, diesen Fernseher im Schlussverkauf zu kaufen.

Eu ___ melhor ___ esta televisão na ___.

❺ Besser so.

___ ___.

11 – Umso besser (besser so)!

12 Denn die Schuhe [sind] weiterhin teuer (fortsetzen teuer♂♂), trotz des Schlussverkaufs.

ANMERKUNGEN

⑧ Beachten Sie den Gebrauch von **continuar**, das hier auch ohne das Hilfsverb **ser** stehen kann.

Solução do primeiro exercício: Você entendeu?

① Mein Mann holt mich direkt von der Arbeit (in-die Tür von-der Arbeit) ab. ② Meine Mutter meint, dass marineblau [eine] Farbe für Jungen ist. ③ Diese Hosen sind sehr hübsch, aber [sie] sind so teuer ... ④ Selbst zum Schlussverkauf ist dieses Geschäft da teurer (mehr teuer♀) als das andere. ⑤ Diese Kleidung ist [zu] klein (Kleidungen♀♀ blieben klein♀♀), haben Sie nicht eine mittlere Größe?

Solução do segundo exercício: As palavras que faltam.

① senhor – verde – amarela ② Olha – fica – sapato ③ dar – olhada naquela ④ acho – comprar – liquidação ⑤ Melhor assim.

Lerntipp: *Sie können die fremdsprachigen Texte oder einzelne Wendungen auch mehrmals abschreiben. Oder wie wäre es mit einem Diktat und den Tonaufnahmen als "Lehrer"? Was man einige Male geschrieben hat, kann man meist besser im Gedächtnis behalten.*

48 Quadragésima oitava aula

Bingão

1 – Oba, a maré está pra peixe,

2 e eu tenho a impressão que não voltaremos de mãos vazias do Bingo. ① ②

3 – Na semana passada você disse a mesma coisa.

4 – Tá certo, eu me enganei… ③

5 mas hoje sinto uma coceirinha na palma da mão direita… ④

6 que não me engana!

7 – Não sei não,

8 não acredito muito nessas histórias de coceira,

9 de número de sorte, de talismã …

10 – Escuta aqui, ⑤

11 você vai deixar de ser tão pessimista.

12 Quando você levanta com o pé esquerdo, ninguém te aguenta!

PRONÚNCIA

[bi^{n}gao^{n} **1** *oba … marä … peischi* **2** *… i^{n}preßao^{n} … woutaremuß … mao^{n}ß wasijaß du bi^{n}gu* **3** *… paßada … dißi …* **4** *… ßärtu … i^{n}ganäj …* **5** *… ßi^{n}tu … koßejrinja … pauma …* **6** *… i^{n}gana* **8** *… akredjitu … ißtOrjaß …* **9** *… numeru … ßOrtschi … talißma^{n}* **10** *ißkuta…* **11** *… peßimißta* **12** *… lewa^{n}ta … ißkerdu … aguä^{n}ta]*

ANMERKUNGEN

① **voltaremos**, Futur von **voltar** "zurückkommen", kann als Alternative zu **vamos voltar** benutzt werden, impliziert aber häufig Zweifel oder Hoffnung. Für das Futur wird an den Infinitiv **-emos** angehängt.

Riesenbingo

1 – Super, die Zeichen stehen gut (die Gezeit ist für Fisch♀),

2 und ich habe den Eindruck, dass wir [wohl] nicht mit leeren Händen vom Bingo zurückkommen werden.

3 – Letzte Woche hast du das Gleiche gesagt (gleich♀ Sache♀).

4 – Das stimmt (is' sicher), ich habe mich geirrt ...

5 aber heute fühle [ich] ein leichtes Jucken in der rechten Handfläche ...

6 das mich nicht täuscht!

7 – Ich weiß nicht,

8 ich glaube nicht sehr an diese Geschichten von Jucken,

9 Glückszahl, Talisman ...

10 – Hör mal,

11 wirst du [wohl] aufhören (lassen von sein), so pessimistisch zu sein.

12 Wenn du mit dem linken Fuß aufstehst, bist du unerträglich (niemand dich erträgt)!

② Auch Nomen, die im Singular auf **-o** enden, können durch Anfügen von **-ão** "vergrößert" werden: **um carro** "ein Auto" → **um carrão** "ein großes Auto"; **um beijo** "ein Kuss" → **um beijão** "ein dicker Kuss"; **bingo** "Bingo" → **bingão** "Riesenbingo".

③ Neben "irren" hat **enganar** auch die Bedeutungen "täuschen, betrügen": **Ele me enganou tantas vezes**. "Er hat mich so viele Male betrogen."

④ **sentir** ist unregelmäßig; es verändert das **e** des Stamms in der 1. Pers. Sg. Präsens zu **i**: **eu sinto, tu sentes, ele / ela sente** usw. Entsprechend tritt dieses Muster auch im Konjunktiv bei allen Personen auf: **eu sinta** "(dass) ich fühle", **tu sintas** "(dass) du fühlst", **ele / ela sinta** "(dass) er/sie fühle" usw.

⑤ Für "Hör mal!" sagt man gleichermaßen **Escuta aí**!

Exercício 1: Você entende estas frases?

1 Escuta aqui, não voltaremos de mãos vazias. 2 Sinto que a maré está para peixe. 3 Você disse a mesma coisa na semana passada. 4 Quando você vai deixar de ser tão pessimista? 5 Tá certo! Na semana passada levantei com o pé esquerdo.

Exercício 2: Complete as palavras que faltam!

1 He! Ich habe den Eindruck, dass die Zeichen gut stehen.
Oba! Tenho a impressão que a ____ ____ para ____.

2 Heute fühle ich, dass wir nicht mit leeren Händen zurückkommen werden.
Hoje eu ____ que não ____ de ____ vazias.

3 Riesenbingo! Ich habe mich nicht geirrt.
____! Não me ____.

4 Ich glaube nicht an diese Geschichten von Jucken, von Talisman …
Eu não acredito ____ histórias de ____, de talismã…

5 Wir ertragen [es] nicht, früh aufzustehen.
A gente não ____ ____ ____.

49 Quadragésima nona aula

Revisão e anotações

Schon wieder haben Sie eine Lektionseinheit gemeistert. In dieser beschäftigen wir uns mit weiteren grundlegenden Aspekten der Grammatik wie Pluralbildung, Suffixe, Komparativ, Ortsadverbien und Konjunktiv Imperfekt.

Solução do primeiro exercício: Você entendeu?

❶ Hör mal, wir werden [wohl] nicht mit leeren Händen zurückkommen. ❷ Ich fühle, dass die Zeichen gut stehen. ❸ Du hast letzte Woche das Gleiche gesagt. ❹ Wann wirst du aufhören, so pessimistisch zu sein? ❺ Das stimmt! Letzte Woche bin ich mit dem linken Fuß aufgestanden.

Solução do segundo exercício: As palavras que faltam.

❶ maré está – peixe ❷ sinto – voltaremos – mãos ❸ Bingão – enganei ❹ nessas – coceira ❺ aguenta levantar cedo.

42. Lektion

1. Plural

Wörter, die im Singular auf **-il** enden – sie werden in der Regel auf der vorletzten Silbe betont – bilden den Plural auf **-eis**: **fácil** "einfach, leicht" ▶ **fáceis**; **útil** "nützlich, brauchbar" ▶ **úteis**; **difícil** "**schwer, schwierig**" ▶ **difíceis**.
Wörter, die im Singular auf **-s** enden und auch solche, die auf **-r** enden, erhalten im Plural die Endung **-es inglês** "englisch, Engländer"

▶ **ingleses, a melhor mulher** "die beste Frau" ▶ **as melhores mulheres** "die besten Frauen".

2. Suffixe

Sie wissen bereits, dass diverse Suffixe die Bedeutung eines Wortes verändern können. Diese Suffixe kann man in zwei Gruppen unterteilen:

a) Suffixe, die die Größe eines Gegenstands oder einer Person beschreiben

Hierzu gehören z. B. die bereits seit Lektion 9 bekannten Diminutivendungen -**inho** oder -**zinho**:

Paulo "Paul" ▶ **Paulinho** "Paulchen"
café "Kaffee" ▶ **cafezinho** "kleiner Kaffee, Espresso"

In dieser Einheit haben Sie außerdem das Gegenstück -**ão** kennengelernt, das ausdrückt, dass etwas besonders groß ist:

um mapa "eine Landkarte, ein Stadtplan"
▶ **um mapão** "eine große Landkarte, ein großer Stadtplan"
um carro "ein Auto" ▶ **um carrão** "ein großes Auto"
um beijo "ein Kuss" ▶ **um beijão** "ein dicker Kuss"

b) das Suffix -**al**, mit dem Kollektivbegriffe gebildet werden können

a pessoa "die Person" ▶ **o pessoal** "das Personal", umgangssprachlich im Sinne von: "(unsere) Leute":
o café "der Kaffee" ▶ **o cafezal** "die Kaffeeplantage"
a banana "die Banane" ▶ **o bananal** "die Bananenplantage"

3. Komparativ (Mehr-, Höherstufe)

Der Komparativ drückt den Vergleich zwischen Dingen mithilfe von Adjektiven bzw. Adverbien aus. Man unterscheidet:

- den Komparativ der Unterlegenheit / **comparativo de inferi ori-dade**, der mit **menos**... (**do**) **que** "weniger als ..." gebildet wird:

  Este vestido é menos chique (do) que aquele verde.
  "Dieses Kleid ist weniger schick als dieses grüne [dort]."

- den Komparativ der Überlegenheit / **comparativo de superioridade**, der mit **mais**... (**do**) **que** "mehr als ..." gebildet wird:

  Esta calça é mais cara (do) que aquela azul.
  "Diese Hose ist teurer (mehr teuer♀) als diese blaue [dort]."

- den Komparativ der Gleichheit / **comparativo de igualdade**, der mit **tão... como** "so ... wie", **tão... quanto**, ebenfalls "so ... wie" oder **tanto / tanta... quanto** "so sehr ... wie" gebildet wird:

Ele é tão feliz como o irmão.
"Er ist [genau] so glücklich wie der Bruder."
Ela voltou tão depressa quanto você.
"Sie kam [genau] so schnell zurück wie du."
O chefe tem tantas ideias quanto eu.
"Der Chef hat [genau] so viele Ideen wie ich."

4. Farbadjektive

Im Folgenden finden Sie eine Auflistung der kennengelernten Farbadjektive, ergänzt um einige weitere wichtige:

amarelo/a [*amarälu/a*] "gelb"
azul [*asu*] "blau"
azul-turquesa [*asu-turkäsa*] "türkis"
beige [*bejĵi*] "beige"
branco/a [*branku/a*] "weiß"
cinza [*ßi^{n}sa*] "grau"
colorido/a [*koloridu/a*] "bunt, farbig"
cor-de-rosa [*kor-dĵi-h$_r$osa*] (unveränderlich) "rosa"
creme [*krämi*] "creme"
dourado/a [*douradu/a*] "gold"
laranja [*lara^{n}ĵa*] "orange"
marron [*mah$_r$o^n*] "braun"
prateado/a [*pratä'adu/a*] "silber"
preto/a [*pretu/a*] "schwarz"
roxo/a [*h$_r$oschu/a*] "violett"
verde [*wärdĵi*] "grün"
vermelho/a [*wärmälju/a*] "rot"

Daneben gibt es zusammengesetzte Farbadjektive, bei denen in der Regel nur der zweite Teil in den Plural gesetzt wird:

castanho-escuro "dunkelbraun"
► **os cabelos castanho-escuros** "dunkelbraune Haare"

Dies gilt aber nicht für **azul-marinho** "marineblau":

► **as calças azul-marinho** "die marineblauen Hosen"

und auch nicht, wenn der zweite Teil ein Substantiv ist:

amarelo-laranja "orangegelb"
► **os sapatos amarelo-laranja** "die orangegelben Schuhe"

5. Ortsadverbien

Die drei Demonstrativpronomen **este**, **esse**, **aquele** kennen jeweils zugehörige Ortsadverbien, die sich auf die relative Entfernung zum

Sprecher oder Angesprochenen beziehen: **aqui** oder **cá** "hier" (in der Nähe des Sprechers), **aí** oder **ali** "da" (in der Nähe des Angesprochenen) und **lá** "dort" (von Sprecher und Angesprochenem weiter entfernt):

Aquele menino que dorme lá fora ficaria melhor aqui dentro. "Dieser Junge, der dort draußen schläft, sollte besser hier drinnen bleiben."

Ähnlich wie **essa** oder **nessa** werden auch diese Ortsadverbien oft in idiomatischen Ausdrücken verwendet, jedoch verlieren sie dabei ihre ursprüngliche Bedeutung:

Espera aí! "Warte mal!" **Vem cá!** "Komm her!"

6. Konjugation

Wir rekapitulieren an dieser Stelle nochmals sämtliche Verbformen, die Sie bis jetzt kennengelernt haben:
den Infinitiv (z. B. **abrir**),
den Indikativ Präsens (die Wirklichkeitsform, z. B. **vou**),
das Perfekt (z. B. **ficou**),
das Imperfekt (z. B. **pensava**),
den Konditional (z. B. **casaria**),
den Konjunktiv Präsens (die Möglichkeitsform, z. B. **chova**, **faça**),
den Konjunktiv Futur (z. B. **for**), den Imperativ (z. B. **escuta**),
das Gerundium (z. B. **olhando**, **chovendo**) und...
das Partizip Perfekt (z. B. **falado**).

Sie haben mittlerweile einige Beispiele gesehen, die die unterschiedliche Anwendung des Perfekts und Imperfekts (Präteritum) anschaulich machen. Außerdem kennen Sie den informellen Gebrauch des Imperativs auch für die 3. Person mit **você**. Neu war in diesem Lektionsabschnitt der Konjunktiv Imperfekt. Auch einige Futurformen kamen vor; deshalb gehen wir auch auf diese Zeitform unten noch einmal ein.

7. Konjunktiv Imperfekt

Der Konjunktiv Imperfekt wird sehr häufig benutzt, und zwar v. a. in Nebensätzen, bei denen im Hauptsatz das Verb im Perfekt bzw. Imperfekt steht, z. B.

Ela queria que eu abrisse a porta pra vocês.
"Sie wollte, dass ich für euch die Tür öffne."

Außerdem steht diese Zeit in irrealen Bedingungssätzen mit der Konjunktion **se** "wenn": **Como se você não soubesse!** "Als ob du

[das] nicht wüsstest!" bzw. "Als ob du [das] nicht gewusst hättest!" – mehr dazu später.

Verben auf:	-ar	-er	-ir
	acabar "beenden"	**escolher** "aussuchen"	**abrir** "öffnen"
eu	**acab*asse***	**escolh*esse***	**abr*isse***
tu	acab*asses*	escolh*esses*	abr*isses*
ele / ela / você...	**acab*asse***	**escolh*esse***	**abr*isse***
nós	**acab*ássemos***	**escolh*êssemos***	**abr*íssimos***
vós	acab*ásseis*	escolh*êsseis*	abr*ísseis*
eles / elas / vocês...	**acab*assem***	**escolh*essem***	**abr*issem***
...**o senhor / a senhora / a gente** (Sg.) bzw. **os senhores / as senhoras** (Pl.)			

8. Futur

Sie sind inzwischen bereits mehrfach diversen Formen des Futurs begegnet. Erinnern Sie sich z. B. an **será que...** in Lektion 20 oder **haverá** und **dançaremos** in Lektion 31? Die Bildung des Futurs ist denkbar einfach, denn es wird nur eine der folgenden Endungen an den Infinitiv angehängt:

eu (Infinitiv)-**ei**; **tu** (Inf.)-**ás**; **ele**, **ela**, **você** usw. (Inf.)-**á**;
nós (Inf.)-**emos**; **vós** (Inf.)-**eis**; **eles**, **elas**, **vocês** usw. (Inf.)-**ão**.

Verben auf:	-ar	-er	-ir
	acabar "beenden"	**escolher** "aussuchen"	**abrir** "öffnen"
eu	**acabar*ei***	**escolher*ei***	**abrir*ei***
tu	acabar*ás*	escolher*ás*	abrir*ás*
ele / ela / você...	**acabar*á***	**escolher*á***	**abrir*á***
nós	**acabar*emos***	**escolher*emos***	**abrir*emos***
vós	acabar*eis*	escolher*eis*	abrir*eis*
eles / elas / vocês...	**acabar*ão***	**escolher*ão***	**abrir*ão***
...**o senhor / a senhora / a gente** (Sg.) bzw. **os senhores / as senhoras** (Pl.)			

Es gibt nur wenige unregelmäßige Ausnahmefälle. Einige davon sind **dizer** "sagen", **fazer** "machen" und **trazer** "bringen, mitbringen", in denen das **-z** im Infinitiv bei der Futurform zu **-r** wird: **direi**, **dirás**, **dirá** usw.; **farei**, **farás**, **fará** usw.; **trarei**, **trarás**, **trará** usw.

Wichtig: Das Futur wird häufig in Sätzen verwendet, in denen Zweifel, Hoffnung oder manchmal auch Drohung zum Ausdruck kommt. Bei sicher eintretenden Handlungen in der Zukunft verwendet man dagegen eher das zusammengesetzte Futur (Lektion 4) oder das Präsens. Vergleichen Sie:

Quer chova, quer faça sol,
nós iremos conhecer a cidade.
"Ob es regnet oder die Sonne scheint,
wir werden [wohl] die Stadt kennenlernen."
Quando você vai falar com ela?
"Wann wirst du mit ihr sprechen?"
Chego no trem das* onze.
"Ich werde mit dem Zug um elf ankommen."

* das = Kontraktion aus Präposition de + Artikel as

9. Exercício de compreensão e de expressão

Exercício 1: Você entende estas frases?

❶ Os melhores dias no verão são aqueles em que não faz muito calor. ❷ Bem, com muito calor, ficamos em casa de pernas pro ar! ❸ E nossos amigos franceses que fazem questão de descobrir a velha Recife… ❹ Não faz mal, com todo esse calor vai chover mais tarde. ❺ Não pensava que ia chover hoje. ❻ São chuvas de verão. ❼ Quer chova, quer faça sol, eles irão conhecer a cidade. ❽ E você deixa de ficar nesse chove-não-molha, nesse sai-não-sai. ❾ Espera aí, você sabia que não aguento esses dois ❿ quando começam a falar de todos os idiomas que falam ⓫ e das línguas indígenas dos séculos XVII e XVIII que estão aprendendo!

Solução do primeiro exercício: Você entendeu?

❶ Die besten Tage im Sommer sind die (jene), an denen es nicht sehr heiß ist. ❷ Nun (gut), bei großer Hitze bleiben wir zuhause (und) strecken alle Viere von uns! ❸ Und unsere französischen Freunde, die unbedingt Alt-Recife entdecken müssen … ❹ Das macht nichts, bei dieser ganzen Hitze wird es später regnen. ⑤ Ich dachte nicht, dass es heute regnen würde. ⑥ [Das] sind Sommerregen. ⑦ Ob es regnet oder die Sonne scheint, sie werden [wohl] die Stadt kennenlernen. ⑧ Und du hör/hörst auf mit diesem Hin-und-Her, diesem "Soll-ich-oder-soll-ich-nicht". ⑨ Warte mal, du wusstest, dass ich diese zwei nicht ertrage, ⑩ wenn sie anfangen, über alle Sprachen zu reden, die sie sprechen ⑪ und über die indigenen Sprachen des 17. und 18. Jahrhunderts, die sie [gerade] lernen!

10. Die "Zweite Welle"

In den ersten 49 Lektionen dieses Kurses haben Sie die Lektionstexte und die Anmerkungen gelesen, sich auf das Verstehen konzentriert und sich mit der Aussprache vertraut gemacht, d. h. Sie haben sich eher passiv mit der Sprache beschäftigt, aber noch keine eigenen Sätze gebildet. Mit der nächsten Lektion treten Sie in eine neue Phase Ihres Brasilianischstudiums ein: Die "Zweite Welle" oder auch "Aktive Phase".

Hierfür müssen Sie von nun an täglich etwa 5–10 Minuten mehr einplanen, denn nach jeder neu durchgearbeiteten Lektion "aktivieren" ie eine der ersten Lektionen, d. h. Sie aktivieren nach Lektion 50 die Lektion 1, nach Lektion 51 die Lektion 2, nach Lektion 52 die Lektion 3 usw.

Sie gehen folgendermaßen vor: Sie verdecken den brasilianischen Lektionstext und versuchen, den deutschen Text der Lektion – und danach, wenn Sie besonders gründlich sein wollen, auch den deutschen Text der Verständnisübung – auf Brasilianisch zu formulieren. Sehen Sie dann auf der linken Seite nach, ob Sie die Sätze richtig wiedergegeben haben. Wiederholen Sie die Wörter und Wendungen, die Ihnen entfallen waren, oder lesen Sie ggf. noch einmal die entsprechenden Anmerkungen.

Im Laufe dieser "Zweiten Welle" werden Sie feststellen, dass Sie Ihre bislang erworbenen Kenntnisse vertiefen und festigen und gleichzeitig Ihren Wortschatz erweitern.

50 Quinquagésima [kiⁿkaĵäsima ...] aula

Compra de carro

1 – Nossa! Mas que volante mais esquisito! ① ②

2 – É uma direção de nova geração.

3 – Que câmbio moderno!

4 – Repare nos pedais de freio, embreagem e acelerador. ③

5 São super macios.

6 – E o bagageiro? É grande?

7 – Venha ver o porta-malas. ④ ⑤

8 Ele é espaçoso e todo revestido.

ANMERKUNGEN

① **Nossa!**: Kurzform von **Nossa Senhora!**, was die Heilige Jungfrau Maria meint. Alternativ: **Meu Deus! / Meu Deus do céu!** "(Mein) Gott im Himmel!".

② Mit **que... mais** kann etwas besonders hervorgehoben werden: **Que livro mais interessante!** "Was für ein [besonders] interessantes Buch!". **Que criança mais bonitinha!** "Was für ein [besonders] schönes Kind!".

③ **reparar** erhält mit der Präposition **em** die Bedeutung "achten auf, beachten". Es steht hier im Imperativ der 3. Pers. Sg., da die angesprochene Person mit Respekt behandelt wird.

Verzichten Sie nicht auf diese "aktive Phase"; sie ist ein integraler Bestandteil des Kurses! Sie werden merken, wie viele passive Kenntnisse Sie schon besitzen, und nun können Sie endlich selbst auf Brasilianisch formulieren! Außerdem zeigt Ihnen die "Zweite Welle" die Schwierigkeiten auf, die noch bei Ihnen bestehen, und Sie werden herausfinden, was Sie noch einmal wiederholen müssen.

50. Lektion

Autokauf

1 – Meine Güte (unser♀)! Was für ein ausgefallenes Lenkrad!

2 – Das ist eine Lenkung der neuen Generation.

3 – Was für ein modernes Getriebe!

4 – Beachten Sie die Bremspedale (repariere in-die♂♂ Pedale♂♂ von Bremse♂), [die] Kupplung und [das] Gaspedal.

5 [Sie] sind total leichtgängig (weich♂♂).

6 – Und der Stauraum (Gepäckträger♂)? Ist [er] groß?

7 – Kommen Sie sich den Kofferraum ansehen.

8 Er ist geräumig und vollständig ausgekleidet.

④ **Venha!** "Komm!, Kommen Sie!": unregelmäßiger Imperativ der 3. Pers. Sg. von vir. Die Form ist identisch im Konjunktiv Präsens: **Quero que você venha cá.** "Ich möchte, dass du hierher kommst."

⑤ Anstelle von **porta-malas** kann man auch **porta-bagagem** sagen. **bagageiro** dagegen bezeichnet den "(Dach-)Gepäckträger" eines Autos oder den "Gepäckträger" eines Fahrrads. Die "Motorhaube" heißt **cofre**.

9 – O estepe e o macaco ficam aonde?

10 – Eles ficam aqui, debaixo do carpete do porta-malas. ⑥

11 – E o motor?

12 – O motor deste carro é super potente.

13 – Gostei! Ele parece ser bem confortável.

14 Mas eu não sei se quero comprar um carro tão grande. ⑦

15 – E se nós fôssemos sentar um pouco, para conversar a respeito? ⑧ ⑨

ANMERKUNGEN

⑥ Neben **debaixo de** "unter" gibt es außerdem **em baixo** "unten" und **por baixo** "von unten", die alle ausgehend vom Adjektiv **baixo** "niedrig, tief" gebildet werden.

⑦ Bedingungssätze werden mit **se** "wenn, ob" gebildet. Dabei steht bei realen Bedingungen nach **se** das Präsens und bei irrealen Bedingungen und Hypothesen der Konjunktiv Imperfekt.

Exercício 1: Você entende estas frases?

❶ Eu gostaria de comprar um carro. ❷ Este carro é super confortável! ❸ Eu não sei se tenho dinheiro para comprar um carro tão potente. ❹ Vamos sentar para discutir um pouco. ❺ Onde fica o macaco deste carro?

9 – Wo befinden sich das Reserverad und der Wagenheber?
(der Reserverad und der Affe bleiben wohin?)

10 – Sie befinden sich hier, unter dem Teppich des Kofferraums.

11 – Und der Motor?

12 – Der Motor dieses Autos ist extrem leistungsstark.

13 – Es gefällt mir (mochte)! Es scheint sehr komfortabel zu sein.

14 Aber ich weiß nicht, ob ich ein so großes Auto kaufen möchte.

15 – Und wenn wir uns ein wenig setzen würden, um uns darüber zu unterhalten (für unterhalten zu Respekt⑨)?

⑧ Unterscheiden Sie **falar** "sprechen", **conversar** "sich unterhalten", **discutir** "diskutieren; streiten". Umgangssprachlich hört man auch oft **bater papo** (schlagen Kropf⑧) "plaudern".

⑨ Merken Sie sich neben **a respeito** "darüber" auch **a respeito de...** "über ... (ein Thema)", **com relação a...** "in Bezug auf ...", **com referência a...** "in Anbetracht ..." oder ganz einfach **sobre...** "über ...".

In den ersten 49 Lektionen haben Sie sich mit der Grundstruktur der brasilianischen Sprache vertraut gemacht. Sie haben sich auf das Verstehen konzentriert und eher passiv gelernt. Nun beginnt die "aktive Phase" (oder "Zweite Welle"): Ab jetzt formulieren Sie selbstständig Sätze auf Brasilianisch. Sie werden feststellen, dass Ihnen die benötigten Ausdrücke und Redewendungen spontan einfallen. Mittlerweile verstehen Sie sehr viel, und die Texte der ersten Lektionen werden Ihnen besonders leicht erscheinen. Bevor Sie jedoch diesen neuen Lernabschnitt absolvieren, sollten Sie die heutige Lektion ganz normal bearbeiten, d. h. sich nur mit dem Verstehen des Dialogs beschäftigen. Wie Sie die "Zweite Welle" absolvieren, wird am Ende von Lektion 49 erklärt.

Solução do primeiro exercício: Você entendeu?

❶ Ich würde gerne ein Auto kaufen. ❷ Dieses Auto ist total komfortabel! ❸ Ich weiß nicht, ob ich Geld habe, um so ein leistungsstarkes Auto zu kaufen. ❹ Setzen wir uns, um ein bisschen zu diskutieren. ❺ Wo befindet sich der Wagenheber dieses Autos?

Exercício 2: Complete as palavras que faltam!

❶ Marcel hat ein sehr schönes Auto gekauft.
O Marcelo ______ um carro ______ bonito.

❷ Das teuerste Auto ist das in Rot (von Farbe♀ rot♀).
O carro mais caro _ o de ___ vermelha.

❸ Unser Auto hat einen sehr leichtgängigen Motor.
O ______ ______ tem um ______ bem macio.

❹ Ich habe ein neues Auto gekauft, komm [es dir] ansehen!
Eu comprei um carro ____, _____ ver!

❺ Die Koffer befinden sich im Kofferraum.
As _____ ficam no _____-_____.

51 Quinquagésima primeira aula

Ligação a cobrar

1 "**E**sta é **u**ma ligaç**ão** a cobr**a**r; ①

2 p**a**ra aceit**a**r, contin**u**e na l**i**nha ap**ó**s a identificaç**ão**..." ②

3 – Al**ô**, por fav**o**r, **e**u gostar**i**a de fal**a**r com o senh**o**r C**a**rlos. ③ ④

4 – **E**le não est**á**.

ANMERKUNGEN

① **ligação** (von **ligar** "verbinden") ist im Sinne von "Anruf" synonym zum umgangssprachlicheren **telefonema** verwendbar. **desligar** "auflegen". Und **ligar para** heißt (ebenso wie **telefonar**) "anrufen" oder "sich interessieren für": **Estou pouco ligando para carros.** "Ich interessiere mich wenig für Autos."

② **após** "nach" ist eine elegantere Alternative zu **depois**: **Dia após dia, ele trabalhava mais.** "Tag für (nach) Tag arbeitete er mehr."

Solução do segundo exercício: As palavras que faltam.

❶ comprou – muito ❷ é – cor ❸ nosso carro – motor ❹ novo – venha ❺ malas – porta-malas.

Sie haben hier eine weitere Änderung bemerkt: Die vereinfachte Lautschrift fällt nun weg. Wir geben sie nur noch bei schwierigen Wörtern an. Konzentrieren Sie sich ab jetzt besonders auf die Tonaufnahmen.

Zweite Welle: Aktivieren Sie heute Lektion 1!

51. Lektion

R-Gespräch

1 "Dies ist ein R-Gespräch (Verbindung♀ zu kassieren);

2 um [es] anzunehmen, bleiben Sie (in-die Linie) nach der Identifizierung in der Leitung ..."

3 – Hallo, ich würde gerne mit (Herrn) Carlos sprechen, bitte.

4 – Er ist nicht [da].

③ **Alô** hat eine Verkleinerungsform, **alozinho**, die im übertragenen Sinne auch "Erinnerung" heißen kann: **Você pode me dar um alozinho para eu não esquecer o livro?** "Kannst du mich [daran] erinnern, dass ich das Buch nicht vergesse?"

④ **eu gostaria de...** + Infinitiv ist wie "ich würde gerne ..." anwendbar: **Eu gostaria de te ver na minha festa.** "Ich würde dich gerne auf meinem Fest sehen."

5 – A esp**o**sa d**e**le est**á**? ⑤
6 – Sim, um minut**i**nho.
7 D**o**na Z**é**lia!
8 – F**a**la **E**lza! ⑥
9 – Telef**o**ne pra senh**o**ra.
10 – Quem é?
11 – É um m**o**ço, que quer fal**a**r com a mulh**e**r do s**e**u C**a**rlos! ⑦
12 – O que **e**le quer?
13 – N**ã**o sei. É a cobr**a**r. ⑧
14 – A cobr**a**r?
15 E só ag**o**ra é que voc**ê** me av**i**sa?!

ANMERKUNGEN

⑤ Umgangssprachlich hat sich für die 3. Pers. **dele** "von ihm = sein"/ **dela** "von ihr = ihr" durchgesetzt. **Seu/sua** wird meist für "dein" verwendet: **Eu não sei se quero comprar a sua casa ou o apartamento dela.** "Ich weiß nicht, ob ich dein Haus oder ihre Wohnung kaufen möchte."

Exercício 1: Você entende estas frases?

❶ Eu vou fazer uma ligação a cobrar. ❷ Tem um moço no telefone. ❸ O marido da Carmen está viajando. ❹ Estou esperando uma ligação. ❺ Só agora eu consegui falar com a Zélia.

5 – Ist seine Ehefrau [da]?

6 – Ja, einen Moment (Minütchen♂).

7 Celia!

8 – Ja (sprich), Else!

9 – Telefon für Sie.

10 – Wer ist [es]?

11 – Es ist ein junger Mann, der mit der Frau von (Herrn) Carlos sprechen möchte!

12 – Was will er?

13 – Ich weiß [es] nicht. Es ist ein R-Gespräch (ist zu kassieren).

14 – Ein R-Gespräch?

15 Und das sagst du mir erst jetzt (benachrichtigt)?!

⑥ **Fala!**: Imperativ der sonst eher unüblichen 2. Pers. Sg. Man duzt im Imperativ Freunde, Bekannte, Verwandte, Gleichaltrige oder Jüngere, aber z. B. auch die Hausangestellte. Die Anrede bleibt **você** "du/Sie": **Filho liga para seu pai!** "Sohn, ruf deinen Vater an!"

⑦ Hier ist **seu** die Kurzform von **senhor**, dem der Vorname folgt. Dies ist respektvoll und gleichzeitig vertrauter als **senhor**. Es kann auch ironisch mit einem Adjektiv benutzt werden: **Venha trabalhar seu preguiçoso!** "Komm arbeiten, Herr Faulpelz (faul♂)!"

⑧ **cobrar**: "kassieren, (Schuld) eintreiben", aber auch "einlösen, erfüllen" (z. B. ein Versprechen): **Quando você vai cobrar aquele favor que você me prometeu?** "Wann wirst du [mir] diesen Gefallen tun (einlösen), den du mir versprochen hast?".

Solução do primeiro exercício: Você entendeu?

❶ Ich werde ein R-Gespräch führen. ❷ Es ist ein junger Mann am Telefon. ❸ Der Mann von Carmen ist gerade auf Reisen. ❹ Ich erwarte einen Anruf. ❺ Erst jetzt habe ich es geschafft, mit Celia zu sprechen.

Exercício 2: Complete as palavras que faltam!

❶ Rita wird Paul anrufen.
A Rita vai ▒▒▒▒▒ para o Paulo.

❷ Das R-Gespräch ist teuer!
A ligação a ▒▒▒▒▒▒ é ▒▒▒▒!

❸ Verzeihung, aber ich muss auflegen.
Desculpa, ▒▒▒ eu tenho que desligar.

❹ Da ist ein junger Mann, der mit Ines sprechen möchte.
Tem um ▒▒▒▒ que ▒▒▒▒ ▒▒▒▒▒ com a Inês.

52 Quinquagésima segunda aula

Arroz e feijão

1 – Manh**ê**? ①

2 – F**a**la f**i**lha. ②

3 – O que v**a**i ter de alm**o**ço? ③

4 – Arr**o**z, feij**ão**, c**a**rne de pan**e**la, co**u**ve e sal**a**da.

5 – E no jant**a**r?

6 – No jant**a**r ter**e**mos, provavelm**e**nte, o que sobr**o**u do alm**o**ço. ④

7 – Qu**a**ndo é que **eu** v**o**u pod**e**r convid**a**r o Mur**i**lo pra com**e**r com a g**e**nte? ⑤

ANMERKUNGEN

① **Manhê** ist eine weitere vertraute Anrede für **mãe** (Pl. **mães**). Sie kennen außerdem bereits **mamãe** oder **mamãezinha**.

② Eltern sprechen ihre Kinder mit **filho** "Sohn"/**filha** "Tochter" an. **filhos** "Söhne" wird auch für die (eigenen) Kinder gebraucht. Im Gegensatz dazu steht **as crianças**, das neutral "die Kinder" bezeichnet.

③ In Verbindung mit **almoço** und **jantar** können gleichermaßen die Präpositionen **para**, **de** und **em** stehen: **Quero feijão para o almoço.** "Ich möchte Bohnen zum Mittagessen."

❺ Nehmen Sie dieses R-Gespräch an?

Você ______ esta ______ a cobrar?

Solução do segundo exercício: As palavras que faltam.

❶ ligar ❷ cobrar – cara ❸ mas ❹ moço – quer falar ❺ aceita – ligação.

Zweite Welle: Aktivieren Sie heute Lektion 2!

52. Lektion

Reis und Bohnen

1 – Mutti?

2 – Ja (sprich), Tochter.

3 – Was wird es zum Mittagessen geben (haben von Mittagessen♂)?

4 – Reis, Bohne[n], gekochtes Fleisch (Fleisch♀ von Kochtopf♀), Grünkohl und Salat.

5 – Und zum Abendessen?

6 – Zum Abendessen werden wir wahrscheinlich das haben, was vom Mittagessen übrig geblieben ist.

7 – Wann werde ich (gehe können) Murilo einladen können, um mit uns zu essen?

④ **teremos** ist eine Form des Futurs, die – hier durch **provavelmente** betont – einen Zweifel beinhaltet. Im Unterschied dazu: **No jantar vai ter arroz e feijão.** "Zum Abendessen wird es Reis und Bohnen geben."

⑤ Das Partizip Perfekt von **convidar** bildet man regelmäßig: **convidado. Convidado/convidada** heißt auch "Gast": **Hoje à noite temos um convidado em casa.** "Heute Abend haben wir einen Gast zu Hause."

8 – Quando você quiser. ⑥

9 – Quando você fizer aquela feijoada maravilhosa, que só você faz! ⑦

10 – Tá bom. Sábado vai ter feijoada.

11 – Com farofa?

12 – Sim. E de sobremesa um manjar.

13 – Aquela sua caipirinha deliciosa também?

14 Posso convidá-lo, então?! ⑧

Exercício 1: Você entende estas frases?

❶ Agora é hora de jantar. ❷ Eu vou preparar um bauru para o almoço. ❸ A Magali é nossa convidada. ❹ E de sobremesa bolo de coco! ❺ O que vai ter no jantar?

Exercício 2: Complete as palavras que faltam!

❶ Sergio kommt mit uns mittagessen.

O Sérgio vem .... com . .....

❷ Heute wird es Reis mit Bohnen geben!

Hoje ... ter arroz com ......!

❸ Die Kokoscreme ist wunderbar.

O manjar está ....

❹ Der Grünkohl ist fertig, [wir] können essen!

A ..... está ......, podemos .....!

❺ Das Abendessen wird in meinem Haus stattfinden (sein).

O ...... vai ser na ..... casa.

8 – Wann du möchtest (möchten-werden-würde).

9 – Wenn du diesen wunderbaren Bohneneintopf machst (machen-werden-würde), den nur du machst!

10 – Is' gut. Am Samstag wird es Bohneneintopf geben.

11 – Mit geröstetem Maniokmehl?

12 – Ja. Und zum Nachtisch eine Kokoscreme.

13 – Und auch diese köstliche Caipirinha von dir?

14 Kann ich ihn also einladen? (kann einladen-ihn, dann?!)

ANMERKUNGEN

⑥ Nach **quando** oder **se** drückt der Konjunktiv Futur eine Möglichkeit in der Zukunft aus: **Se sobrar feijão, a gente pode comer amanhã.** "Falls Bohnen übrig bleiben [sollten], können wir [sie] morgen essen". Aber: **Quando sobra feijão, a gente repete.** "Wenn Bohnen übrig bleiben, nehmen wir uns noch [welche] (wiederholt)."

⑦ Bei **quiser** und **fizer** handelt es sich jeweils um den Konjunktiv Futur von **querer** "möchten" und **fazer** "machen, tun".

⑧ Die Akkusativpronomen in der 3. Pers. **o** "ihn" / **a** "sie" (Sg.), **os** / **as** "sie" (Pl.) können vor oder nach dem Verb (in diesem Fall mit Bindestrich) stehen. **Eu o convido.** / **Eu convido-o.** "Ich lade ihn ein." Folgen sie einem Infinitiv, wird die Endung **-ar** zu **-á** verkürzt und das Pronomen **o** / **os** bzw. **a** / **as** zu **-lo** / **-los** bzw. **-la** / **-las** verlängert: **Quero convidá-lo.** "Ich möchte ihn einladen".

Solução do primeiro exercício: Você entendeu?

❶ Jetzt ist Abendessenszeit (Stunde♀ von Abendessen♂). ❷ Ich werde zum Mittagessen ein Bauru-Sandwich zubereiten. ❸ Magali ist unser Gast. ❹ Und zum Nachtisch Kokoskuchen! ❺ Was wird es zum Abendessen geben?

Solução do segundo exercício: As palavras que faltam.

❶ almoçar – a gente ❷ vai – feijão ❸ maravilhoso ❹ couve – pronta – comer ❺ jantar – minha.

53 Quinquagésima terceira aula

As babás

1 – Oi Lu, você tá boa? ①

2 – Eu tô. E você?

3 – Também...

4 Ô Lu? ②

5 Você sabe quem é aquela moça, toda de branco, com um nenê no colo? ③

ANMERKUNGEN

① Mit **Você tá boa?** (an eine Frau) / **Você tá bom?** (an einen Mann) erkundigt man sich umgangssprachlich nach dem Befinden. Auch Ausdrücke wie **Oi!** "Hallo!" oder **Tchau!** "Tschüss!" hört man sehr häufig.

Feijoada

Feijoada ist das brasilianische Nationalgericht schlechthin: Ein Eintopf aus meist schwarzen Bohnen, Trockenfleisch, Räucherwürstchen, Zunge, Schweinsohren und -füßen, diversen Gewürzen, Knoblauch und Zwiebeln. Dazu werden Reis, **Farofa** (geröstetes Maniokmehl), gedünsteter **Couve mineira** (Grünkohl) und Orangenscheiben serviert. **Feijoada** galt früher als Sklavenessen, denn es umfasste nur Zutaten, die die Gutsherren nicht aßen. Es wurde traditionell mittwochs und samstags serviert, was auch heute in vielen Restaurants noch so gehandhabt wird.

Zweite Welle: Aktivieren Sie heute Lektion 3!

53. Lektion

Die Kindermädchen

1 – Hi Lu, geht's dir gut (du bist gut♀)?

2 – Ja (ich bin). Und du?

3 – Auch ...

4 He Lu?

5 Weißt du, wer diese junge Frau ganz in Weiß (alle♀ von Weiß♂) ist, mit einem Baby auf dem Schoß?

② Durch **ô** + Name fordert man die Aufmerksamkeit einer Person: **Ô Zé, cadê o seu carro?** "He Josef, wo ist dein Auto?". **Ô** wird alternativ zu **opa** verwendet (s. Lektion 40).

③ Viele Wörter kennen zweisilbige Kurzformen wie **nenê/neném** für **bebê** "Baby", **vovó** "Oma" für **avó** "Großmutter", **papai** "Papa" für **pai** "Vater". Dies gilt auch für einige Vornamen: **Bubu**, **Bebê** oder **Bebel** für **Isabel** oder **Cacá** für **Carlos**.

6 – D**e**ve ser a bab**á** do apartam**e**nto cinqu**e**nta e um. ④

7 – **E**les mud**a**ram de bab**á**?

8 – Sim. Par**e**ce que a **o**utra deix**a**va o nen**ê** s**e**mpre com f**o**me e a fr**a**lda molh**a**da.

9 – Ai cr**e**do! ⑤

10 Bem que **e**la merec**e**u ser mand**a**da emb**o**ra.

11 **E**le dev**i**a est**a**r s**e**mpre ass**a**do. ⑥

12 Coitad**i**nho! ⑦

13 – Se tiv**e**sse acontec**i**do lá em c**a**sa... ⑧

14 ... a m**i**nha patr**o**a ter**i**a at**é** cham**a**do a pol**í**cia! ⑨ ⑩

ANMERKUNGEN

④ Unter den Räumen in einer Wohnung findet man neben **banheiro** "Badezimmer", **cozinha** "Küche", **sala de estar** "Wohnzimmer" und **quarto de dormir** "Schlafzimmer" meist auch das **quarto do nenê** "Kinderzimmer".

6 – Das muss [wohl] das Kindermädchen von Wohnung 51 sein.

7 – Haben sie das Kindermädchen gewechselt?

8 – Ja. Es scheint, als ließe die andere das Baby immer hungern und die Windeln nass.

9 – Um Gottes willen!

10 Sie hat es wirklich verdient, fortgeschickt zu werden. (gut dass sie verdiente sein geschickt♀ fort.)

11 Er muss immer [ganz] irritiert (gebraten♂) gewesen sein.

12 Der arme Kleine!

13 – Wenn [das] dort [bei mir] zu Hause geschehen wäre ...

14 ... hätte meine Chefin sogar die Polizei gerufen!

⑤ Religiöse Ausrufe wie **Credo! / Cruz-credo!** (Kreuz♀-glaube) "Um Gottes willen!", **Nossa Senhora! / Meu Deus do Céu!** hört man ständig. Ebenso **Vai com Deus!** "Geh mit Gott!"; **Fica com Deus!** "Gott sei mit dir!"

⑥ **assado**: Partizip Perfekt von **assar** "braten". **Frangos assados** sind z. B. "Brathähnchen". Im übertragenen Sinne kann **assado** auch "verwirrt, irritiert" bedeuten. **assim assado** heißt "so là-là".

⑦ **Coitadinho** ist die Verkleinerungsform von **coitado** "arm, unglücklich".

⑧ **em casa** "im Haus" kann im übertragenen Sinne "bei" heißen: **Hoje têm convidados na minha casa.** "Heute sind Gäste bei mir zu Hause." Aber: **Você poderia vir na casa do Mário?** "Könntest du zu Mario [nach Hause] kommen?".

⑨ **patroa** "Chefin": weibliche Form zu **patrão** "Chef". Ebenso verhält es sich mit **leão** "Löwe" und **leoa** "Löwin".

⑩ Das Partizip Perfekt im Maskulinum Singular auf -**o** kann mit dem Hilfsverb **ter** "haben" einige zusammengesetzte Zeitformen bilden, z. B. das Konditional: **Se ele tivesse ficado mais tempo no Brasil, teria até estudado uma língua indígena.** "Wenn er länger in Brasilien geblieben wäre, hätte er sogar eine indigene Sprache gelernt."

Exercício 1: Você entende estas frases?

❶ A babá da vizinha foi embora. ❷ Eu vou procurar as fraldas. ❸ Este nenê está molhado e todo assado. ❹ Ele deve morar no apartamento da frente. ❺ A minha patroa é aquela moça de amarelo.

Exercício 2: Complete as palavras que faltam!

❶ Dieses Kindermädchen arbeitet im Haus meiner Schwester.
Esta ___ trabalha na casa da ___ ___.

❷ Das Baby wird ein bisschen Milch trinken.
O nenê vai ___ um ___ de leite.

❸ Claudia ist auf meinem Schoß. Sie schafft es nicht [ein]zuschlafen.
A Claudia está no meu ___. Ela não ___ ___.

❹ Wir werden das Kinderzimmer (machen der Zimmer von-der Baby) hier einrichten.
Nós vamos ___ o quarto do nenê ___.

❺ Sie hat ein Kind auf dem Schoß.
Ela ___ uma ___ no colo.

54 Quinquagésima quarta aula

O meu computador quebrou!

1 – Não acre**di**to! ①

2 – O que foi, **ca**ra? ②

3 – **Jus**to h**o**je, que **e**u t**e**nho que entreg**a**r um relat**ó**rio important**í**ssimo **a**ntes do fin**a**l do d**i**a,

ANMERKUNGEN

① Ausdrücke wie **Não acredito!/Isso não existe!**, in etwa: "Das kann nicht wahr sein!", gehören zur Umgangssprache wie der Karneval zu Rio.

Solução do primeiro exercício: Você entendeu?

❶ Das Kindermädchen der Nachbarin ist fortgegangen. ❷ Ich werde die Windeln suchen. ❸ Dieses Baby ist nass und ganz irritiert. ❹ Er muss [wohl] in der Wohnung gegenüber wohnen. ❺ Meine Chefin ist diese junge Frau in Gelb.

Solução do segundo exercício: As palavras que faltam.

❶ babá – minha irmã ❷ tomar – pouco ❸ colo – consegue dormir ❹ fazer – aqui ❺ tem – criança.

Sie merken, dass wir langsam die wörtliche Übersetzung immer mehr einschränken. Mittlerweile können Sie schon viele Verbformen erkennen, und auch die Satzstrukturen des Brasilianischen werden Ihnen immer vertrauter. In Zweifelsfällen lassen wir Sie natürlich nicht im Stich.

Zweite Welle: Aktivieren Sie heute Lektion 4!

54. Lektion

Mein Computer ist kaputt!

1 – Ich glaube [es] nicht!

2 – Was ist los (der welcher war), Kumpel?

3 – Gerade heute, wo ich einen extrem wichtigen Bericht vor Tagesende abliefern muss (vor von-der Schluss von-der Tag),

② Verwechseln Sie nicht **a cara** "das Gesicht" mit **o cara** "der Typ, Kerl, Kumpel" bzw. **Cara!** "Mann, Mensch!". Merken Sie sich auch den Ausdruck **ter** (**a**) **cara de pau** "unverschämt sein".

4 **e**ste computad**o**r qu**e**bra! ③
5 – O que **e**le tem?
6 – N**ão** sei.
7 **E**u est**a**va digit**a**ndo e **e**le trav**o**u.
8 D**e**u p**au**!
9 – D**ei**xa **eu** ver… ④
10 T**e**nta deslig**a**r e lig**a**r de n**o**vo.
11 Voc**ê** salv**o**u o que já t**i**nha f**ei**to? ⑤
12 – N**ão**.
13 – Ent**ão** é melh**o**r cham**a**r a assist**ê**ncia t**é**cnica.
14 – Que ra**i**va!
15 **E**u n**ão** p**o**sso esper**a**r por **e**les.
16 – **U**sa o lap-top da Arl**e**te!
17 H**o**je **e**la n**ão** vem.
18 – Por ac**a**so é aqu**e**le az**u**l? ⑥

ANMERKUNGEN

③ **quebrar** kann auch "kaputt gehen" heißen: **Quebrou!** "Er/sie/es ist kaputt [gegangen]!" und **quebrado** "zerbrochen, kaputt". "Eine Panne haben" drückt man mit **pifar** aus.

4 geht dieser Computer kaputt (bricht)!

5 – Was hat er?

6 – [Ich] weiß [es] nicht.

7 Ich war dabei zu tippen, und er hat sich aufgehängt (blockierte).

8 Er ist abgestürzt! (gab Stock♂!)

9 – Lass mich [mal] sehen ... (lass ich sehen ...)

10 Versuch, [ihn] auszuschalten und wieder einzuschalten.

11 Hast du gesichert (du speicherte), was du schon gemacht hattest?

12 – Nein.

13 – Dann ist es besser, den technischen Kundendienst zu rufen (Versorgung♀ technisch♀).

14 – Wie nervig (welche Wut♀)!

15 Ich kann nicht auf sie warten (durch sie).

16 – Benutz den Laptop von Arlete!

17 Sie kommt heute nicht.

18 – Ist [das] zufällig (durch Zufall) dieser blaue?

④ **Deixa eu ver** ist der sog. persönliche Infinitiv. Hier werden an den Infinitiv personenspezifische Endungen angehängt. Für die regelmäßigen Verben ist diese Form mit dem Konjunktiv Futur identisch.

⑤ **tinha feito**: zusammengesetztes Plusquamperfekt (Vorvergangenheit), bestehend aus dem unregelmäßigen Partizip Perfekt von **fazer** (**feito**) und der Imperfektform (hier 3. Person Sg.) von **ter** "haben".

⑥ Die meisten Substantive und Adjektive, die auf -l enden, bilden den Plural, indem -l durch -**is** ersetzt wird: **legal** "gesetzlich"→ **legais**; **papel** "Papier"→ **papéis; azul** "blau" → **azuis**.

19 Aqu**e**le que est**á** na s**a**la em fr**e**nte do bebed**or** de **á**gua?

20 – Sim, mas por lá é um p**o**uco barulh**e**nto. ⑦

21 N**ão** se cons**e**gue trabalh**a**r em sil**ê**ncio. ⑧

ANMERKUNGEN

⑦ Merken Sie sich zu **barulhento** auch **barulheira** und **barulho**, die beide "Lärm, Krach, Radau" bedeuten. **Barulho** heißt auch "Rummel, Durcheinander": **Naquela lanchonete sempre tem tanto barulho.** "In dieser Lanchonete ist immer so ein Durcheinander."

Exercício 1: Você entende estas frases?

❶ Este computador é de quem? ❷ Eu posso usá-lo? ❸ Eu vou entregar o meu relatório. ❹ O moço da assistência técnica já chegou? ❺ Ele deve dar uma olhada no meu computador. ❻ Você pode usar o computador do Paulo. ❼ Hoje ele tem um encontro fora. ❽ Não salvei o documento!

Exercício 2: Complete as palavras que faltam!

❶ Der Computer meines Chefs ist ein Laptop.
O computador ... meu ... ... um lap-top.

❷ Benutze diesen Computer [dort]. Der andere ist kaputt.
Usa aquele ... . O outro ... .

❸ Ich werde den technischen Kundendienst anrufen.
Eu ... ligar ... a assistência técnica.

❹ Er muss einen Bericht vor Tagesende abliefern.
Ela precisa ... um relatório antes do ... ...

❺ Um meine Arbeit zu beenden, brauche ich Ruhe.
Para ... o meu trabalho, ... silêncio.

19 Der, der im Wohnzimmer gegenüber vom Wasserspender steht (Trinker♂ von Wasser♀)?

20 – Ja, aber dort ist es ein wenig laut.

21 Man schafft es nicht, in Ruhe zu arbeiten (in Stille♂).

⑧ **se** "man": In verneinten Sätzen steht **se** vor dem Verb, in bejahten Sätzen (vor allem in der Schriftsprache) meist dahinter: **vende-se computador** "Computer zu verkaufen"; **Aqui não se vende computador.** "Hier verkauft man keine Computer".

Solução do primeiro exercício: Você entendeu?

❶ Von wem ist dieser Computer? ❷ Kann ich ihn benutzen (benutze-ihn)? ❸ Ich werde meinen Bericht abliefern. ❹ Ist der junge Mann vom technischen Kundendienst schon gekommen? ❺ Er muss einen Blick auf meinen Computer werfen. ❻ Du kannst den Computer von Paul benutzen. ❼ Er hat heute ein Treffen auswärts (draußen). ❽ Ich habe das Dokument nicht gesichert (nicht speicherte)!

Solução do segundo exercício: As palavras que faltam.

❶ do – patrão é ❷ computador – está quebrado ❸ vou – para ❹ entregar – final do dia ❺ acabar – preciso de.

Bestimmt haben Sie sich schon etwas an die Arbeitsweise der "Zweiten Welle" gewöhnt. Hören Sie sich ruhig immer wieder die Tonaufnahmen der ersten Lektionen an. Jetzt, wo Sie mehr verstehen, haben Sie ein noch besseres Ohr für den brasilianischen Tonfall und die typischen Laute.

Zweite Welle: Aktivieren Sie heute Lektion 5!

55 Quinquagésima quinta aula

Machucado

1 – Socorro!

2 – O que foi?

3 – O cavalo me mordeu. ①

4 – Pensei que tivesse sido o cachorro. ②

5 – Tá sangrando muito!

6 – Calma! ③

7 Vamos limpar esta ferida e fazer um curativo.

8 – Tudo bem, mas eu acho melhor irmos ao Pronto Socorro. ④

9 – Por quê?

10 – Porque parece ter quebrado um osso.

11 Meu dedo está doendo muito. ⑤ ⑥

12 – Mas antes vamos desinfetar.

13 – Cuidado com o que você vai passar, pra não me causar uma alergia.

ANMERKUNGEN

① **me** ist hier das Akkusativpronomen. Die anderen Formen lauten **te** "dich", **o** "ihn", **a** "sie♀", **nos** "uns", **vos** "euch", **os** "sie♂♂", **as** "sie♀♀": **Ele te ligou ontem**. "Er hat dich gestern angerufen."

55. Lektion

Verletzt

1 – Hilfe!

2 – Was ist passiert?

3 – Das Pferd hat mich gebissen.

4 – Ich dachte, dass es der Hund gewesen wäre.

5 – Es blutet stark (ist blutend viel)!

6 – Ganz ruhig (Ruhe♀)!

7 Lass uns diese Wunde säubern und einen Verband anlegen (machen ein Verband).

8 – Alles klar, aber ich finde [es] besser, [wenn] wir zur Notaufnahme (fertig♂ Hilfe♂) fahren.

9 – Warum?

10 – Weil [es] scheint, [als ob] ein Knochen gebrochen ist (scheint haben gebrochen ein Knochen).

11 Mein Finger tut sehr weh (ist schmerzend viel).

12 – Aber lass uns vorher desinfizieren.

13 – Vorsicht mit dem, was du darauf gibst (du geht streichen), damit nicht (mir verursachen) eine Allergie ausgelöst wird.

② Das Partizip Perfekt **sido** von **ser** steht hier mit dem Konjunktiv Imperfekt von **ter** und bildet so eine zusammengesetzte Vergangenheitsform: **Se tivesse sido amor...** "Wenn es Liebe gewesen wäre ...".

③ **calma** kann auch "Stille, Gelassenheit" bedeuten. Das dazugehörige Verb heißt **acalmar** "besänftigen, beruhigen".

④ **irmos**: persönlicher Infinitiv, bei dem die Endung -**mos** die 1. Pers. Pl. kenntlich macht: **Acho bom sermos unidos.** "Ich denke, dass es [für uns] gut ist, zusammen zu sein."

⑤ **dedo** kann "Finger" und "Zeh" bedeuten, wobei der "Zeh" eindeutiger auch **dedo do pé**, wörtlich "Finger von-der Fuß", genannt wird.

⑥ **doer** "schmerzen, weh tun" ist regelmäßig. Abgeleitet davon sind die Ausdrücke **doença** "Krankheit", **doente** "krank" und **doentio** "krankhaft, kränklich".

14 – Est**á** bem.

15 – Aprov**ei**ta e me tr**a**ga um analg**é**sico, por fav**o**r. ⑦ ⑧

16 – **E**u n**ão** s**ei** se t**e**nho.

17 **E**u v**ou** at**é** a farm**á**cia compr**a**r alg**u**ns rem**é**dios. ⑨

18 – Tá leg**a**l! ⑩

19 V**o**u descans**a**r um p**o**uco.

20 **E**u est**ou** com um p**o**uco de dor de cab**e**ça também.

ANMERKUNGEN

⑦ **Aproveitar**, normalerweise "nutzen, gebrauchen", heißt im übertragenen Sinne auch "(eine Gelegenheit) wahrnehmen" oder "etw. genießen": **A gente vai aproveitar do nosso dia de folga**. "Wir werden unseren freien Tag genießen."

Exercício 1: Você entende estas frases?

❶ A Célia tem um curativo no pé. ❷ O cachorro mordeu o dedo dela. ❸ Que dor de cabeça! ❹ Você tem um analgésico, por acaso? ❺ Vamos ao Pronto Socorro. ❻ Você está sangrando muito! ❼ O cachorro da vizinha se machucou. ❽ Ela tem alergia, por isso toma tanto remédio.

Exercício 2: Complete as palavras que faltam!

❶ Unser Nachbar ist nicht arbeiten gegangen. Er ist verletzt.
Nosso vizinho ___ ___ trabalhar. Ele está __________.

❷ Wir gehen zur Apotheke, um ein Schmerzmittel zu kaufen.
_____ à farmácia _______ um __________.

❸ Einige Medikamente können eine Allergie verursachen.
______ remédios _____ causar _______.

❹ Der Hund hat das Pferd gebissen. Wir brauchen ein Medikament.
O cachorro ______ o cavalo. Nós __________ de remédio.

14 – Ist gut.

15 – Bring mir bei dieser Gelegenheit (wahrnimmt und mir bring) bitte [gleich] ein Schmerzmittel mit.

16 – Ich weiß nicht, ob ich [eins] habe.

17 Ich gehe zur Apotheke, um einige Medikamente zu kaufen.

18 – Klasse!

19 Ich werde mich ein wenig ausruhen.

20 Ich habe auch ein bisschen Kopfschmerzen (Schmerz♀ von Kopf♀).

⑧ **traga**: hier Imperativ der 3. Pers. Sg. (identisch mit dem Konjunktiv Präsens) von **trazer** "bringen". Nicht zu verwechseln mit **tragar** "schlucken": **Ele está me trazendo um vinho difícil de tragar**. "Er bringt mir gerade einen Wein, der schwer zu schlucken ist."

⑨ **alguns**: hier Plural von **algum** "einer, irgendeiner". Im Femininum **alguma/s**, das Sie bereits von **alguma coisa** "etwas" kennen: **Alguns alunos não têm estudado nada**. "Einige Schüler haben gar nichts gelernt (studiert)."

⑩ Neben **Tá legal**! hört man häufig auch **Bacana!**, **Ótimo!**, **É um barato!** oder **Tá tudo jóia!**, die alle in etwa das Gleiche ausdrücken.

Solução do primeiro exercício: Você entendeu?

❶ Celia hat einen Verband am Fuß. ❷ Der Hund hat in ihren Zeh (Finger♂) gebissen. ❸ Was für Kopfschmerzen! ❹ Hast du zufällig ein Schmerzmittel? ❺ Lass uns zur Notaufnahme fahren. ❻ Du blutest stark! ❼ Der Hund der Nachbarin hat sich verletzt. ❽ Sie hat (eine) Allergie, deshalb nimmt sie so viele Medikamente (so-viel♂ Medikament♂).

❺ Wir werden diese Wunde säubern, um sie zu desinfizieren.
Vamos ______ esta ______ para desinfetá-la.

Solução do segundo exercício: As palavras que faltam.

❶ não foi – machucado ❷ Vamos – comprar – analgésico ❸ Alguns – podem – alergia ❹ mordeu – precisamos ❺ limpar – ferida.

Zweite Welle: Aktivieren Sie heute Lektion 6!

56 Quinquagésima sexta aula

Revisão e anotações

1. Unregelmäßige Pluralformen

Die meisten Substantive und Adjektive, die auf -l enden – mit Ausnahme derer auf -**il** (s.a. Lektion 44) bilden den Plural, indem sie -**l** durch -**is** ersetzen:
a) Endung -**al**: **legal** "gesetzlich"→ **legais**
b) Endung -**el**: **papel** "Papier"→ **papéis**
c) Endung -**ol**: **álcool** "Alkohol" → **álcoois**
d) Endung -**ul**: **azul** "blau" → **azuis**

Eine Ausnahme ist z. B. **cônsul** "Konsul" → **cônsules**.

2. Betonung

Mittlerweile haben Sie sich bestimmt an die Laute und den Rhythmus des Brasilianischen gewöhnt. Daher wird seit Lektion 50 auf die phonetische Transkription verzichtet. Nicht immer eindeutig ist in diesem Zusammenhang die Betonung, weshalb wir hier einige grundsätzliche Dinge zusammenfassen, die es Ihnen erleichtern sollen, die Aussprache auf den Tonaufnahmen nachzuvollziehen und auch neue Wörter automatisch richtig zu betonen.

2.1 Betonung auf der vorletzten Silbe
Die meisten Wörter haben die Betonung auf der vorletzten Silbe, z. B. jene Wörter, die auf einen Vokal wie -**a**, -**e** oder -**o** enden:
compra "Kauf, Einkauf"; **carro** "Auto"; **moderno** "modern";
grande "groß"; **porta** "Tür"; **ele** "er"; **macaco** "Affe";
deste "von diesem"; **potente** "kraftvoll, stark";
parece "(es) scheint"; **quero** "(ich) möchte";
pouco "wenig"; **respeito** "Respekt"; **boa** "gut♀" usw.
Dies gilt auch, wenn diese im Plural stehen und folglich noch ein -**s** angehängt wird:
malas "Koffer" (Pl.);
verdes "grün" (Pl.); **vermelhos** "rot" (Pl.);

Außerdem gilt dies für Wörter, die auf -**am**, -**em** und -**ens** enden:
ficam "(ihr) bleibt, (sie) bleiben"; **bagagem** "Gepäck";
gostam "(ihr) mögt, (sie) mögen"; **viagem** "Reise";
homem "Mann"; **querem** "(ihr) möchtet, (sie) möchten";
imagens "Bild".

2.2 Betonung auf der letzten Silbe

Alle Wörter, die auf dem Vokal **i** oder **u** enden – gleich, ob danach Konsonanten folgen oder nicht – tragen die Betonung auf der letzten Silbe:

aqui "hier"; **preferi** "(ich) zog vor, (ich) habe vorgezogen";
abacaxi "Ananas"; **jardim** "Garten"; **manequim** "Mannequin";
ruim "schlecht"; **Tocantins** "[Bundesstaat] Tocantins";
jejum "Fasten"; **alguns** "einige";
beiju "Beiju" (kulinarische Spezialität aus Bahia);
Bauru "Bauru" (Stadt im Bundesstaat São Paulo)".

Wörter, bei denen die letzte Silbe einer der Diphthonge **ai** oder **ei** ist – gleich, ob danach Konsonanten folgen oder nicht – werden ebenfalls auf der letzten Silbe betont:

gostei "(ich) habe gemocht"; **Uruguai** "Uruguay";
canaviais "Zuckerrohrplantagen".

Alle Wörter, die auf **-l**, **-r** oder **-z** enden, tragen die Betonung auf der letzten Silbe:

papel "Papier"; **mulher** "Frau";
ator "Schauspieler"; **lucidez** "Deutlichkeit, Klarheit";
juiz "Richter"; **feliz** "glücklich".

Wörter, die auf einen nasalen Vokal oder Diphthong enden (**ã**, **ão**, **ãe**, **õe**) – ebenfalls unabhängig davon, ob danach Konsonanten folgen oder nicht – werden auf der letzten Silbe betont:

irmã "Schwester"; **geração** "Generation";
mamãe "Mama"; **ladrões** "Diebe" usw.

3. Akzente zur Kennzeichnung der betonten Silbe

Es gibt zwei Akzente, die anzeigen, wie ein Vokal auszusprechen ist; die also für die richtige Aussprache von Bedeutung sind: der **acento agudo** (´) und der **acento circunflexo** (^). Der **acento agudo** macht deutlich, dass ein **o**, das diesen Akzent trägt, als offenes [o] wie in "Pott" auszusprechen ist. Im Gegensatz dazu zeigt der **acento circunflexo** an, dass ein Vokal geschlossen gesprochen wird, wie z. B. in "See".

Weicht die Betonung eines Wortes von den in Paragraf 2 beschriebenen Regeln ab, macht der Akzent ganz allgemein einfach nur die betonte Silbe kenntlich:

táxi "Taxi"; **útil** "nützlich"; **cônsul** "Konsul";
alô "Hallo"; **café** "Kaffee, Café";
convidá-la "sie einladen"; **será** "(er/sie/es) wird sein" usw.

In vielen Fällen stehen Akzente auch auf einsilbigen Wörtern:
pé "Fuß"; **sóis** "Sonnen" usw.

Akzente werden gesetzt, wenn die Betonung auf der vorvorletzten Silbe liegt:
e se nós fôssemos "und wenn wir gegangen wären / und wenn wir gehen würden";
próximo "nächster"; **alfândega** "Zoll";
dúvida "Zweifel"; **públicos** "öffentlich♂♂" usw.

Im Jahr 2004 fand in der gesamten portugiesischsprachigen Welt eine Rechtschreibreform statt. Nach den alten Regeln – die man natürlich immer noch in alten Büchern und anderen Veröffentlichungen findet – trugen viele Wörter den Akzent, um diese von anderen, gleich geschriebenen Wörtern zu unterscheiden: Das Verb **pôr** "setzen, stellen, legen" setzte sich dadurch von der Präposition **por** "aus, durch, für" ab; die Verbform **pára** "(er/sie/es) hält an" von der Präposition **para** "für", usw. Obwohl durch die Reform die meisten Akzente in diesen Fällen verschwunden sind, behalten wir sie in einigen wenigen Beispielen bei, um Ihnen die Aussprache zu erleichtern und möglichen Missverständnissen vorzubeugen.

Darüber hinaus gibt es einen Akzent namens **crase** (`), der z. B. verwendet wird, wenn die Präposition **a** "nach, zu, in" mit einem nachfolgenden, ebenfalls auf **a** beginnenden Artikel oder Demonstrativpronomen eine Verbindung eingeht: **Eu volto às cinco horas**. (**a** + **as** = **às**) "Ich komme um fünf Uhr zurück."; **Ele escreveu uma carta postal àquela menina.** (**a** + **aquela** = **àquela**) "Er hat diesem Mädchen eine Postkarte geschrieben." Der Akzent **crase** hat keine Auswirkungen auf die Aussprache.

4. Präfixe und Suffixe (Vor- und Nachsilben)

Sie haben das Präfix **des-** kennengelernt, das in etwa unserem "Miss-, Un-, Des-" entspricht und v. a. zur Bildung negativer Pendants von Substantiven oder Verben gebraucht wird:
confiança "Vertrauen" ▶ **desconfiança** "Misstrauen";
amor "Liebe" ▶ **desamor** "Lieblosigkeit",
fazer "machen, tun" ▶ **desfazer** "auseinandernehmen, rückgängig machen";
ligar "verbinden" ▶ **desligar** "auflegen (am Telefon), sich nicht interessieren für"
und davon abgeleitet **desligado** "verwirrt, abwesend":

An Suffixen haben Sie **-nça** kennengelernt. Hiermit werden aus Verben Nomen gebildet:

cobrar "kassieren, Schuld eintreiben" ► **cobrança** "Eintreibung";
esperar "hoffen" ► **esperança** "Hoffnung", usw.

5. Pronomen

In dieser Lektion behandeln wir speziell die Pronomen der 3. Person. Sowohl bei den Akkusativ- als auch bei den Possessivpronomen werden die entsprechenden Formen auch für die Anrede mit **você** – also 2. Person Sg. "du" bzw. "Sie" – verwendet. Dies kann hin und wieder zu Missverständnissen in der Übersetzung führen. Grundsätzlich ergibt sich der Sinn aus dem Kontext.

5.1 Akkusativ

Die Formen der Akkusativpronomen in der 3. Person sind:

männlich (♂):	**o** "ihn" (Sg.)	**os** "sie" (Pl. ♂♂... oder ♂♀...)
weiblich (♀):	**a** "sie" (Sg.)	**as** "sie" (Pl. bzw. ♀♀...)

Sie können vor oder nach dem entsprechenden Verb stehen, werden im zweiten Fall jedoch durch einen Bindestrich angeschlossen:

Eu o convido. oder **Eu convido-o**. "Ich lade ihn ein."

Folgen diese Formen einem Infinitiv oder einer Verbform, die auf **s** oder **-z** endet, werden sie zu **-lo** / **-los** bzw. **-la** / **-las**. Die Endungen **-r**, **-s** oder **-z** fallen dann weg und die betonte Silbe trägt einen Akzent (Ausnahme: Verben auf **-ir**):

Quero convidá-lo. "Ich möchte ihn einladen";
Aonde convidamo-los? "Wohin laden wir sie ein?".

Da diese Formen auch für die Anrede mit **você** benutzt werden, wären für einen Satz wie **Eu a convido para jantar** neben der Standardübersetzung "Ich lade sie zum Abendessen ein" auch folgende Varianten möglich: "Ich lade dich/Sie (zu einer Frau) zum Abendessen ein".
Hierzu weitere Beispiele:

Eu convido o senhor. "Ich lade dich♂/Sie♂/den Herrn ein."
Não o convidei. "Ich habe ihn (dich♂/Sie♂) nicht eingeladen."

Als Alternative für die Anrede der 2. Person bieten sich folgende Möglichkeiten an:

Quero convidar você. "Ich möchte dich/Sie einladen."
Quero te convidar. "Ich möchte dich einladen."

5.2 Possessivpronomen seu oder dele

Auch das Possessivpronomen **seu** / **sua** kann, je nach Satzzusammenhang, in der 2. ("dein/Ihr") oder 3. ("sein/ihr") Person übersetzt werden. Da dies häufig zu Missverständnissen führt, hat sich in der Umgangssprache **seu** / **sua** hauptsächlich für "dein/Ihr" durchgesetzt, während man für die 3. Person **dele** "von ihm = sein" und **dela** "von ihr = ihr" benutzt:

> **Quero ver a sua casa.** "Ich möchte dein/Ihr Haus sehen."
> **Quero ver a casa dele.** "Ich möchte sein Haus sehen."
> **Quero ver a casa dela.** "Ich möchte ihr Haus sehen."

Neben **seu / sua** findet man auch **teu / tua** "dein", das jedoch v. a. regional gebraucht wird.

> **Quem está na tua casa?** "Wer ist in deinem Haus?" bzw.
> "Wer ist bei dir zu Hause?"

5.3 Possessivpronomen nosso

Das Possessivpronomen **nosso** "unser" wird regelmäßig gebeugt, also **nosso**♂, **nossos**♂♂, **nossa**♀, **nossas**♀♀:

> **O carro vermelho é nosso.** "Das rote Auto ist unseres."
> **Esta é a nossa nova empregada.** "Das ist unsere neue Hausangestellte."

(! **Empregado/-a** kann auch "Angestellter/Angestellte" heißen.)

6. Verben

6.1 Imperativ

Die Formen des Imperativs entsprechen weitestgehend denen des Konjunktiv Präsens. Ausnahmen bilden nur die 2. Person Singular und Plural:

Verben auf:	-ar	-er	-ir
	falar "sprechen"	**escolher** "aussuchen"	**abrir** "öffnen"
eu	-	-	-
tu	fal*a**	escolh*e**	abr*e**
ele / ela / você...	**fal*e***	**escolh*a***	**abr*a***
nós	**fal*emos***	**escolh*amos***	**abr*amos***
vós	fal*ai**	escolh*ei**	abr*i**
eles / elas / vocês...	**fal*em***	**escolh*am***	**abr*am***
... **o senhor / a senhora / a gente** (Sg.) bzw. **os senhores / as senhoras** (Pl.)			

* Im verneinten Imperativ werden diese Formen durch die des Konjunktiv Präsens ersetzt, also **Não fales!**, **Não faleis!**, **Não escolhas!**, **Não escolhais!**, **Não abras!** und **Não abrais!**

In der Regel benutzt man zur Aufforderung – dem Sprachduktus zu **você** und **o senhor / a senhora** entsprechend – die Formen der 3. Person. Sie kennen bereits aus den Übungen die Beispiele **Complete!** "Ergänzen Sie!" oder **Traduza!** "Übersetzen Sie!". Weitere Beispiele:

Repare nos pedais de freio! "Beachten Sie die Bremspedale!"
Venha ver o porta-malas! "Kommen Sie sich den Kofferraum ansehen!"

In Lektion 51 haben Sie außerdem gesehen:
Fala Elza! "Sprich, Else!".

Es handelt sich hier um die 2. Person Singular, die im Unterschied zu allen anderen Zeitformen noch häufig verwendet wird. Man duzt im Imperativ Freunde und Bekannte, Verwandte, Gleichaltrige oder Jüngere, aber auch diejenigen, die eine niedrigere gesellschaftliche Position innehaben (z. B. die Hausangestellte). Zwar ändert sich auch hierbei nicht die Anrede – **você** "du/Sie" bleibt identisch – aber die Form des Verbs macht die feine Nuance deutlich.

__Regionale Unterschiede:__ In Lektion 35 haben wir kurz über das Personalpronomens **tu** gesprochen. Die 2. Person Singular mit dem Pronomen **tu** kommt speziell in den südlichen Bundesstaaten **Paraná**, **Rio Grande do Sul** und **Santa Catarina**, teilweise im Nordosten (außer **Bahia**) sowie im nördlichen Bundesstaat **Pará** vor, dabei häufig sogar öfter als **você**. Speziell in den südlichen Regionen und im Nordosten verwendet man **tu** aber vorrangig mit den Verbformen der 3. Person, also **tu fala** "du sprichst" anstelle von **tu falas** oder **tu é** "du bist" anstelle von **tu és**. Nur im Bundesstaat Pará wird **tu** immer regelmäßig mit den Verbkonjugationen der 2. Person gebraucht.

6.2 Zusammengesetzte Zeitformen mit dem Partizip Perfekt
In Lektion 28 wurde die Bildung des Partizip Perfekt ("gegessen", "gemacht", "gesehen", usw.) behandelt. Es gibt jedoch einige unregelmäßige Formen wie z. B. **feito** "gemacht, getan" von **fazer** "machen, tun".

Das Partizip Perfekt – in seiner männlichen Singularform auf **-o** – kann in Verbindung mit dem Hilfsverb **ter** "haben" diverse zusammengesetzte Zeitformen bilden, wie z. B. das zusammengesetzte Perfekt (auf Brasilianisch: **pretérito perfeito composto**), das ausdrückt, dass etwas kürzlich geschehen ist und immer noch anhält: **No último tempo tenho falado muito com ele.** "In der letzten Zeit habe ich viel mit ihm gesprochen (und tue es immer noch)."

Im Unterschied zum Deutschen benutzt das Brasilianische für diese Zeitform nur das Hilfsverb **ter**. Man sagt also gleichermaßen **tenho bebido** "ich habe getrunken" und **tenho chegado** "ich bin angekommen".

Da **ter** in anderen Zeitformen stehen kann, ergeben sich daraus verschiedene zusammengesetzte Möglichkeiten, die wir an dieser Stelle der Vollständigkeit halber alle anführen möchten:

Zeitform + PP (Partizip Perfekt)	
Indikativ Präsens + PP	**eu tenho falado** "ich habe gesprochen"
Imperfekt + PP	**eu tinha falado** "ich hatte gesprochen"
Futur + PP	**eu terei falado** "ich werde gesprochen haben"
Konditional + PP	**eu teria falado** "ich hätte gesprochen"/ "ich würde gesprochen haben"
Im Konjunktiv benötigt man außerdem eine Konjunktion:	
Konjunktiv Präsens + PP	**... que eu tenha falado** "..., dass ich gesprochen habe"
Konjunktiv Imperfekt + PP	**... se tivesse falado** "..., wenn ich gesprochen hätte"
Konjunktiv Futur + PP	**... quando tiver falado** "..., wenn ich gesprochen haben werde"

6.3 Persönlicher Infinitiv

Dies ist eine Besonderheit der brasilianischen (bzw. portugiesischen) Sprache, bei der an einen Infinitiv personenspezifische Endungen angehängt werden:

Acho bom sermos unidos.
"Ich denke, dass es für uns gut ist, zusammen zu sein."
(wörtlich: [Ich]denke gut sein-uns vereint)

Für die regelmäßigen Verben sind die Endungen des persönlichen Infinitivs mit dem Konjunktiv Futur identisch.

Verben auf:	-ar	-er	-ir
	acabar "beenden"	**escolher** "aussuchen"	**abrir** "öffnen"
eu	**acabar**	**escolher**	**abrir**
tu	acabar*es*	escolher*es*	abrir*es*
ele / ela / você...	**acabar**	**escolher**	**abrir**
nós	**acabar*mos***	**escolher*mos***	**abrir*mos***
vós	acabar*des*	escolher*des*	abrir*des*
eles / elas / vocês...	**acabar*em***	**escolher*em***	**abrir*em***
... **o senhor / a senhora / a gente** (Sg.) bzw. **os senhores / as senhoras** (Pl.)			

Não é possível conversarmos.
"Es ist uns nicht möglich, uns zu unterhalten."
Para vocês tomarem alguma coisa.
"Damit ihr etwas trinkt."

6.4 Gerundium

Das Gerundium, auch Verlaufsform genannt, bezieht sich normalerweise auf eine momentan stattfindende Handlung. Es wird meist durch die Konstruktionen "(gerade) dabei sein, etwas zu tun" wiedergegeben.

Brasilianer verwenden sie auch gerne, um einen anhaltenden Zustand zu beschreiben:

Estou pouco ligando para carros.
"Ich interessiere mich wenig für Autos."
ligar (hier: "sich interessieren für") → **liga<u>ndo</u>**

7. Exercício de compreensão e de expressão

Exercício 1: Você entende estas frases?

① Não acredito! ② O que foi? ③ A babá não vem ④ Não faz mal, deixamos o Mário na casa da tua mãe. ⑤ Não podemos, ela vai almoçar na casa da minha irmã! ⑥ E se nós ficássemos por aqui? ⑦ Você poderia ir ao cinema com o Mário. ⑧ Por quê? ⑨ Para eu poder trabalhar um pouco. ⑩ Eu achava que o computador estava quebrado. ⑪ Sim, mas eu vou usar o computador do Rui. ⑫ Legal!

57 Quinquagésima sétima aula

É pra hoje ou pra amanhã?

1 – Cassi**a**no, voc**ê** já est**á** pr**o**nto?

2 – Qu**a**se.

3 – V**a**mos emb**o**ra! ①

Solução do primeiro exercício: Você entendeu?

① Ich glaube [es] nicht! ② Was ist los? ③ Das Kindermädchen kommt nicht. ④ Es macht nichts, wir lassen Mario bei deiner Mutter. ⑤ Das können wir nicht, sie wird bei meiner Schwester zu Mittag essen! ⑥ Und wenn wir hier bleiben würden? ⑦ Du könntest mit Mario ins Kino gehen. ⑧ Warum? ⑨ Damit ich ein bisschen arbeiten kann. ⑩ Ich dachte, dass der Computer kaputt sei. ⑪ Ja, aber ich werde Ruis Computer benutzen. ⑫ Klasse!

Die "Zweite Welle"

Wenn Sie die "Zweite Welle" wie vorgesehen ab Lektion 50 begonnen haben, werden Sie mit dem Formulieren der ersten Lektionstexte wahrscheinlich keine großen Probleme gehabt haben. Den Stoff dieser Lektionen haben Sie schon vor langer Zeit assimiliert und inzwischen viele Male wiederholt. Profitieren Sie von diesen Erfolgserlebnissen, um in der gleichen Weise weiterzumachen!

Da Sie ja nun schon ein bisschen "fortgeschritten" sind, kommt der Hinweis auf die "Zweite Welle" ab der nächsten Lektion auf Brasilianisch: **"Segunda onda: ative hoje a ... aula!"**

Zweite Welle: Aktivieren Sie heute Lektion 7!

57. Lektion

Wird das heute noch was?

1 – Cassian, bist du schon fertig?

2 – Fast.

3 – Lass uns gehen (gehen fort)!

ANMERKUNGEN

① **ir embora** wird, wie hier, sehr häufig als Ausruf verwendet: Alternativ hört man auch die Kurzform **Embora!**

4 – Já está ficando tarde, o sol vai esquentar

5 e talvez não consigamos um bom lugar na praia. ②

6 – Tô indo...! ③

7 – Você pegou o protetor solar? ④

8 – Não. Pera aí que eu já volto! ⑤

9 Pronto.

10 – E cadê o guarda-sol?

11 – Ai! Esqueci o que eu sempre esqueço. ⑥

12 – Corre lá!

13 E aproveita pra pegar as raquetes de frescobol, ⑦ ⑧

14 as bolas, a esteira e a toalha,

ANMERKUNGEN

② Nach **talvez** steht der Konjunktiv. Dieser ist bei **conseguir** "bekommen, erreichen" (ebenso wie bei **seguir** "folgen") unregelmäßig, denn hier wird das **-e-** durchgängig zu **-i-**: **Talvez você não consiga um lugar no teatro.** "Vielleicht bekommst du keinen Platz im Theater."

4 – Es ist schon spät, die Sonne wird brennen (geht erhitzen),

5 und vielleicht bekommen wir keinen guten Platz [mehr] am Strand.

6 – Ich komm ja schon [bin gehend] ...!

7 – Hast du die Sonnencreme eingesteckt (nahm der Schutz Sonnen-)?

8 – Nein. Warte mal kurz (warte dort), ich komme gleich wieder!

9 Fertig.

10 – Und wo ist der Sonnenschirm (Aufbewahrung♂-Sonne♂)?

11 – Ui! Ich habe vergessen, was ich immer vergesse.

12 – Beeil dich! (renne dort!)

13 Um nimm gleich auch (und nimm-wahr für nehmen) die Strandtennis-Schläger (Schläger von frisch-Ball),

14 die Bälle, die Strandmatte und das Handtuch mit,

③ Das Gerundium kann auch in Verbindung mit einem nachfolgenden Infinitiv stehen: **A gente está indo jogar futebol na praia.** "Wir gehen gerade Fußball am Strand spielen."

④ Dazu passt der Ausdruck **passar protetor solar** "Sonnen(schutz)creme auftragen (streichen)".

⑤ **Pera aí!**: umgangssprachliche Kurzform von **Espera aí!**. Sie kennen diese idiomatische Verwendung von Ortsadverbien bereits seit Lektion 49. Ebenso: **É isso aí!** "Genau so ist es!"; **E daí?** "Na und?; Was soll's?"

⑥ Bei **esquecer** verwandelt sich das **c** vor **a** und **o** aus phonetischen Gründen zu **ç**: **Eu não esqueço nada.** "Ich vergesse nichts."; **Talvez ele esqueça tudo de novo.** "Vielleicht vergisst er wieder alles."

⑦ Die Konstruktion **aproveitar para**... "wahrnehmen für ..." wird in etwa wie unser "gleich; bei dieser Gelegenheit" gebraucht: **Aproveita pra comprar uns jornais.** "Kauf bei dieser Gelegenheit ein paar Zeitungen."

⑧ **frescobol** "Strandtennis" wird auch **raquetinha** genannt. Experten streiten sich, ob es zum ersten Mal in Rio de Janeiro oder in Kalifornien gespielt wurde.

15 que n**ã**o est**ã**o aqu**i**.

16 – Pr**o**nto. Pod**e**mos ir.

17 Compr**a**mos **u**ma rev**i**sta na b**a**nca ou lev**a**mos um l**i**vro? ⑨

18 – Nem um, nem **o**utro. ⑩

19 V**a**mos à pr**a**ia pra descans**a**r…

20 deit**a**r na ar**e**ia…

21 entr**a**r no mar, jog**a**r raquet**i**nha…

22 M**a**is n**a**da.

23 – Voc**ê** tr**o**uxe dinh**e**iro p**a**ra tom**a**rmos **u**ma **á**gua-de-c**o**co?

24 – Tr**o**uxe. ⑪

25 E ag**o**ra v**a**mos emb**o**ra,

26 se n**ã**o só chegar**e**mos amanh**ã** de manh**ã** na pr**a**ia!

PRONÚNCIA

[***21*** *h,aketschinja*]

ANMERKUNGEN

⑨ Verwechseln Sie nicht **a banca** (**de jornal**) "der Zeitungskiosk", a **banca** (**examinadora**) "die Jury", **o banco** "die Bank" (Geldinstitut oder Sitzbank): **Nesse parque ao lado do banco não têm bancos.** "In diesem Park neben der Bank gibt es keine Bänke."

Exercício 1: Você entende estas frases?

❶ O que é que você trouxe? ❷ Pega tudo o que a gente precisa. ❸ Aproveita pra comprar umas revistas. ❹ Já está tarde e eu tenho que ir embora. ❺ O Cassiano está quase pronto, só falta pegar o dinheiro.

15 die sind [nämlich] nicht hier.

16 – Fertig. Wir können gehen.

17 Kaufen wir am Kiosk eine Zeitschrift, oder nehmen wir ein Buch mit?

18 – Weder noch. (auch-nicht ein♂, auch-nicht anderer♂.)

19 Wir gehen an den Strand, um [uns] auszuruhen …

20 im Sand zu liegen …

21 im Meer zu baden (eintreten in-der Meer), Strandtennis zu spielen …

22 Sonst (mehr) nichts.

23 – Hast du (du mitnahm) Geld mitgenommen, um (für trinken-wir) ein Kokosnusswasser zu trinken?

24 – Habe ich (mitnahm).

25 Und jetzt lass uns gehen,

26 sonst werden wir erst morgen früh (morgen von Morgen♀) am Strand ankommen!

⑩ Ergänzend zu **nem ... nem** kann noch der Ausdruck **que nem** "so wie" stehen: **Ele não joga nem bola nem pingue-pongue…** [*pĩ^{n}gi-po^{n}gi*] **que nem eu**. "Er spielt weder Ball noch Tischtennis … so wie ich."

⑪ **Trouxe**: unregelmäßige Perfektform von **trazer** "bringen, mitbringen": **Quem trouxe este bolo?** "Wer hat diesen Kuchen mitgebracht?"

Solução do primeiro exercício: Você entendeu?

❶ Was hast du mitgenommen? ❷ Nimm alles, was wir brauchen. ❸ [Und] kauf bei dieser Gelegenheit ein paar Zeitschriften. ❹ Es ist schon spät, und ich muss gehen. ❺ Cassian ist fast fertig, [er] muss nur [noch] das Geld nehmen.

Exercício 2: Complete as palavras que faltam!

1. Morgen früh werden wir ein Kokosnusswasser am Strand trinken.
   Amanhã ___ ___ nós iremos ___ água-de-coco na praia.
2. Wo ist der Ball? Hast du vergessen, dass wir [gerade] Fußball spielen gehen?
   ___ a bola? Você ___ que estamos indo jogar futebol?
3. Wir haben keine Zeit, die Zeitung zu kaufen, das werden wir ausnutzen, um uns wirklich auszuruhen (gehen wahrnehmen für ausruhen selbst).
   Não temos ___ ___ comprar o jornal, vamos ___ ___ descansar mesmo.
4. Ich will weder zum Strand noch ins Schwimmbad gehen!
   Eu não quero ___ ___ à praia, ___ à piscina!
5. Dr. Rubens hat gesagt, dass wir Sonnencreme auftragen (streichen) sollen, wenn wir zum Strand gehen (wann gehen-werden-würden zu-die Strand).
   O Dr. Rubens ___ que devemos ___ protetor ___ quando formos à praia.

58 Quinquagésima oitava aula

Umas comprinhas

1 – Mocinha! Por favor, você poderia me informar onde ficam os ovos? ①

Solução do segundo exercício: As palavras que faltam.

❶ de manhã – tomar ❷ Cadê – esqueceu ❸ tempo de – aproveitar para ❹ ir nem – nem ❺ disse – passar – solar.

Das Wesentliche der Basisgrammatik haben Sie sich bereits erarbeitet. Seit Lektion 50 geht es vor allem darum, das Gelernte zu festigen und Ihre Brasilianischkenntnisse weiter in die Praxis umzusetzen. Ein Grund mehr, die "Zweite Welle" nicht zu vernachlässigen!

Saftparadies Brasilien

In den Lanchonetes, in Strandlokalen oder an Straßenständen erhält man fast immer frisch gepresste Fruchtsäfte. Sie werden wahlweise pur, mit Wasser verdünnt oder mit Milch als Shake verkauft. Ganz oben auf der Beliebtheitsskala stehen Säfte aus Avocado – denn die Avocado gilt in Brasilien als Frucht! – oder aus Kokosnuss, die neben anderen Früchten auch die Grundlage für die sog. **Batida**-Cocktails ist, die gerne als eisgekühlter Aperitif genossen werden.

Segunda onda: ative hoje a 8ª aula!

58. Lektion

Einige kleine Einkäufe

1 – Fräulein (kleines Mädchen)! Könnten Sie mir bitte sagen (du würde-können mich informieren), wo die Eier sind?

ANMERKUNGEN

① **moço** "Junge" / **moça** "Mädchen" bzw. **mocinha** ist häufig die Anrede für junge Kellner/-innen oder Verkäufer/-innen. Persönliche Anredeformen wie z. B. **senhora** "[gnädige] Frau" und **senhor** "Herr" werden auch dort verwendet, wo es im Deutschen antiquiert klingen mag.

2 – P**o**is n**ão**. ②

3 Os **o**vos ficam n**u**ma pratel**e**ira, na seç**ão** de hortifr**u**ti.

4 – Hortifr**u**ti?

5 – Sim senh**o**ra; beterr**a**ba, cen**o**ura, qui**a**bo, chuch**u**, ③

6 abac**a**te, c**o**uve-fl**o**r, alf**a**ce, agri**ão**, ④

7 caqu**i**, maracuj**á**, abacax**i**, caramb**o**la...

8 – Obrig**a**da.

9 – S**e**mpre às **o**rdens.

10 – Dep**o**is dos **o**vos v**a**mos peg**a**r o fub**á** ... ⑤ ⑥

11 que d**e**ve fic**a**r na pratel**e**ira, j**u**nto com a far**i**nha de tr**i**go!

12 – Acred**i**to que sim.

13 Aprov**e**ita e p**e**ga um p**o**uco de palm**i**to.

14 Cusc**uz** de camar**ão** tem que ter bast**a**nte palm**i**to! ⑦

15 – É verd**a**de.

PRONÚNCIA

[*3 säßao*^{n}]

ANMERKUNGEN

② **Pois não!** heißt hier "Natürlich!"; "Selbstverständlich!"

③ Beachten Sie, dass die Gemüsesorten hier jeweils in der Einzahl stehen, da sie damit bereits den kollektiven Begriff beinhalten: **Eu gosto de cenoura.** "Ich mag Karotten."

④ Aus **couve-flor** wird im Plural **as couves-flores**.

2 – Selbstverständlich.

3 Die Eier sind in einem Regal in der Abteilung "Obst- und Gemüsegarten".

4 – "Obst- und Gemüsegarten"?

5 – Ja [gnädige] Frau; Rote Rüben, Karotten, Okra, Kürbisgemüse,

6 Avocado, Blumenkohl (Kohl-Blume), Kopfsalat, Brunnenkresse,

7 Kaki, Maracuja, Ananas, Sternfrucht ...

8 – Danke.

9 – Immer zu Diensten.

10 – Lass uns nach den Eiern das Maismehl holen ...

11 das muss im Regal zusammen mit dem Weizenmehl (Mehl♀ von Weizen♂) stehen (bleiben)!

12 – Ich glaube ja.

13 Nimm bei der Gelegenheit ein bisschen Palmmark mit.

14 In Krabbencouscous muss ziemlich [viel] Palmmark hinein!

15 – Das stimmt (ist Wahrheit♀).

⑤ **milho** bzw. **milho verde** "Mais" ist ein wichtiger Bestandteil der brasilianischen Küche. Man isst ihn entweder **cozido** "gekocht" oder **moído** "gemahlen", also als **fubá fino** "feines Maismehl".

⑥ **fubá** ist ein Lehnwort aus den afrikanischen Sprachen Kimbundu (**fuba**) und Kikongo (**mfuba**), die in Nordangola und im Kongo gesprochen werden. Viele afrikanische Wörter kamen durch die Sklaven nach Brasilien.

⑦ **bastante** von **bastar** "genügen" bedeutet auch "ausreichend, genügend". Wie im Deutschen gibt es auch den Ausruf **Basta!** "Es reicht!"; "Es genügt!"

16 – **O**lha a fila que tá no c**a**ixa! (8)

17 Enqu**a**nto voc**ê** p**e**ga **e**ssas c**o**isas **e**u f**i**co na f**i**la.

18 – N**ão** v**a**i fur**a**r a f**i**la!

19 Aprov**e**ita enqu**a**nto esp**e**ra e vai começ**a**ndo a preench**e**r o ch**e**que.

20 – A m**á**quina pre**e**nche.

Exercício 1: Você entende estas frases?

1 Cassiano, vou fazer umas comprinhas e já volto. 2 Enquanto vocês comem eu vou descansar um pouco. 3 Depois da praia vamos fazer umas compras. 4 Preciso de ovos, camarão, e palmito para fazer uma salada. 5 Aproveita que está sol e vai jogar bola no jardim.

Exercício 2: Complete as palavras que faltam!

1 Das Palmmark steht beim (ist zusammen mit) Mais.
O ________ está junto com o ______.

2 Kannst du mir sagen, wo genau du warst?
Você ____ me dizer onde _ que você ______?

3 Ja [gnädige] Frau, dieses Maismehl ist fein.
Sim ________, este fubá é ____.

16 – Schau dir die Schlange an, die an der Kasse ist!

17 Während du diese Dinge holst, bleibe ich in der Schlange [stehen].

18 – Drängel dich nicht vor! (nicht geh durchlöchern die Schlange!)

19 Nutz [die Zeit], während du wartest, und füll schon mal (geh anfangend zu ausfüllen) den Scheck aus.

20 – Das macht die Kasse. (die Maschine ausfüllt.)

ANMERKUNGEN

⑧ Verwechseln Sie nicht **o caixa** "die Kasse, der Kassierer" und **a caixa** "die Schachtel, die Dose, die Kiste; die Kassiererin": **Cadê o caixa?** "Wo ist die Kasse?"

Solução do primeiro exercício: Você entendeu?

❶ Cassian, ich werde einige kleine Einkäufe machen und komme gleich zurück. ❷ Während ihr esst, werde ich [mich] ein bisschen ausruhen. ❸ Nach dem Strand werden wir ein paar Einkäufe machen. ❹ Ich brauche Eier, Krabben und Palmmark, um einen Salat zu machen. ❺ Nutze es aus, dass die Sonne scheint (ist Sonne♂) und geh in den Garten Ball spielen.

❹ Ich stehe (bin) zu Diensten, für [alles], was Sie brauchen.
Eu estou ___ ___, para o que você ___.

❺ Ich werde Geld nehmen, um diese Einkäufe zu bezahlen.
Vou ___ dinheiro pra ___ estas ___.

Solução do segundo exercício: As palavras que faltam.

❶ palmito – milho ❷ pode – é – estava ❸ senhora – fino ❹ às ordens – precisar ❺ pegar – pagar – compras.

Denken Sie auch immer an die "Zweite Welle"? Jetzt, am Anfang dieser Phase, fällt Ihnen das Formulieren der ersten Lektionen auf Brasilianisch bestimmt ganz leicht, denn Sie begegnen Kenntnissen, die Sie sich schon vor langer Zeit angeeignet und mittlerweile viele Male wiederholt haben.

59 Quinquagésima nona aula

Bolo de banana

1 – Ingredientes:

2 Duas xícaras de farinha de trigo;

3 Duas xícaras de açúcar;

4 Meia xícara de óleo; ① ②

5 Canela;

6 Cinco ovos;

7 Três bananas maduras, amassadas com o garfo;

8 Uma colher de sopa de fermento.

ANMERKUNGEN

① **Meio** "halber" / **meia** "halbe" kennen Sie bereits von **meio-dia** "Mittag" / **meia-noite** "Mitternacht". **Meia dúzia** "halbes Dutzend", **uma meia-entrada** "ein Ticket zum halben Preis". Speziell bei Telefonnummern verwendet man **meia** häufig anstelle von **seis** "sechs".

Traditionelle Kochzutaten

Eine Grundzutat der traditionellen Küche ist z. B. Mais (**milho** od. **milho verde**), der gerne gekocht (**cozido**) gegessen wird, meistens jedoch als Maismehl (**fubá**) Anwendung findet. Beliebt ist aus Maismehl hergestellter salziger oder süßer Teig, in ein Bananenblatt eingewickelt (**pamonha**), aber auch das berühmte **pipoca** (Popcorn). Etwas exotischer sind hingegen die aus der Palme gewonnenen Zutaten wie das Palmmark (**palmito**) und das **dendê** genannte Palmöl.

Segunda onda: ative hoje a 9ª aula!

59. Lektion

Bananenkuchen

1 – Zutaten:

2 Zwei Tassen (von) Weizenmehl;

3 Zwei Tassen (von) Zucker;

4 [Eine] halbe Tasse (von) Öl;

5 Zimt;

6 Fünf Eier;

7 Drei reife Bananen, (zerdrückt♀♀) mit einer Gabel zerdrückt;

8 Ein Esslöffel (eine Löffel von Suppe♀ von) Backpulver.

② **óleo** "Öl" bezieht sich auf alle Ölsorten, inklusive des Motoröls, nur das "Olivenöl" heißt **o azeite**. Das dazugehörige Adjektiv lautet **oleoso** "ölig, fettig": **cabelos oleosos** "fettige Haare", **pele oleosa** "fettige Haut".

9 M**o**do de prep**a**ro:

10 Mist**u**re t**o**dos os ingredi**e**ntes.

11 **U**nte **u**ma f**ô**rma e polv**i**lhe com aç**ú**car e can**e**la. ③

12 Col**o**que a m**a**ssa na assad**e**ira e l**e**ve **ao** f**o**rno. ④

13 Dep**o**is que o b**o**lo estiv**e**r no p**o**nto, salp**i**que aç**ú**car e can**e**la. ⑤ ⑥ ⑦

14 **E**u ouv**i** **e**sta rec**e**ita no r**á**dio.

15 **E**la é m**u**ito gost**o**sa!

16 – E a m**a**ssa c**a**be n**u**ma f**ô**rma pequ**e**na? ⑧

17 – N**ão**, tem que ser **u**ma gr**a**nde! ⑨

18 – D**e**ve fic**a**r **u**ma del**í**cia com cr**e**me de l**e**ite!

ANMERKUNGEN

③ Bei **misture**, **unte** und **polvilhe** handelt es sich jeweils um den Imperativ (= Konjunktiv Präsens) der Verben **misturar** "vermischen", **untar** "einfetten" und **polvilhar** "bestäuben" in der Sie-Form.

④ Unter **assadeira** versteht man auch die "Tonform" bzw. "Auflaufform". Weiteres Vokabular: **a frigideira** "die Bratpfanne", **a panela** "der Kochtopf".

9 Zubereitung: (Art♂ von Zubereitung♂:)

10 Vermischen Sie alle Zutaten.

11 Fetten Sie eine Form ein, und bestäuben Sie [sie] mit Zucker und Zimt.

12 Geben Sie den Teig in die Form (in-die Backblech), und stellen Sie [sie] in den Ofen.

13 Sobald der Kuchen gebacken ist (danach dass der Kuchen sein-werden-würde in-der Punkt), bestreuen (bespritzen) Sie [ihn] mit Zucker und Zimt.

14 Ich habe dieses Rezept im Radio gehört.

15 Es ist sehr lecker!

16 – Und passt der Teig in eine kleine Form?

17 – Nein, es muss eine große sein!

18 – Mit Sahne muss [es] einfach köstlich sein! (soll bleiben eine Wonne mit Creme♂ von Milch♂!)

⑤ Merken Sie sich neben **bolo** "Kuchen, Torte" auch **o doce** [*doßi*] "Süßigkeit, Süßspeise" und **o biscoito** [*bißkojtu*] bzw. **a bolacha** [*bolascha*] "Biskuit, Keks". Brasilianer tauchen beides gerne in **o leite moça** "gezuckerte Kondensmilch" ein.

⑥ **ponto** hat zahlreiche Anwendungen: **carne no ponto** "gut durchgebratenes Fleisch", **bater o ponto** "Arbeit stempeln", **o ponto de ônibus** "Bushaltestelle", **o ponto de táxi** "Taxihaltestelle", **nove em ponto** "Punkt neun Uhr".

⑦ Alle Verben auf **-car** ändern aus phonetischen Gründen das **c** zu **qu**, wenn darauf ein **-e** folgt: **ficar** "bleiben" → **fiquei** "ich bin geblieben, ich blieb"; **salpicar** "bestreuen" → **salpiquei** "ich habe bestreut, ich bestreute".

⑧ **caber** "passen" ist in der 1. Pers. Sg. Präsens unregelmäßig: **Não caibo mais nessa roupa.** "Ich passe nicht mehr in diese Kleidung." Ebenso der Konjunktiv: **Talvez não caiba na fôrma?** "Vielleicht passt [es] nicht in die Form?"

⑨ Der Unterschied zwischen **precisar** und **ter que** "müssen"? **Ter que** ist stärker als **precisar**: **Você tem que fazer-lo.** "Du musst es [unbedingt] tun." – **Você precisa fazê-lo.** "Du musst es tun" (denn es wäre besser so).

19 – Depois eu te passo uma receita que eu vi num programa da Globo. ⑩ ⑪

Exercício 1: Você entende estas frases?

❶ Estes papéis estão todos misturados! ❷ Meu filho adora arroz misturado com feijão. ❸ Não esqueça de untar a fôrma. ❹ Já faz meia hora que ela foi embora. ❺ Ontem eu tomei cinco xícaras de café.

Exercício 2: Complete as palavras que faltam!

❶ (Der) Mario isst immer zerdrückte Bananen (Banane♀ zerdrückt♀) mit Zucker.
O Mario sempre ____ banana ________ com ______.

❷ Vermischen Sie das Backpulver gut.
_______ bem o ________.

❸ Dieser ganze Teig passt nicht auf dieses Backblech.
Esta _____ ____ não ____ nesta assadeira.

❹ Wir haben schon fast alles, es fehlen nur die Gabeln.
Já temos _____ tudo, só ______ os ______.

❺ Nehmen Sie drei Esslöffel von diesem Medikament, und morgen wird es Ihnen besser gehen.
Tome três ________ de ____ deste remédio e amanhã você ___ estar melhor.

60 Sexagésima *[ßäkßaĵäsima ...]* aula

Posso ajudar?

1 – **Oi tia. O que é que a senhora tá fazendo?** ① ②

ANMERKUNGEN

① **tia** "Tante" / **tio** "Onkel" sagen Kinder oft zu Fremden oder Lehrern. Beides deutet umgangssprachlich darauf hin, dass der/die Angesprochene nicht verheiratet ist: **ficar para tia / titia** "Junggesellin bleiben" und **ficar para tio** "Junggeselle bleiben".

19 – Später gebe ich dir (danach ich dir reiche) ein Rezept, das ich in einer Sendung (Programm) des [Fernsehsenders] Globo gesehen habe.

ANMERKUNGEN

⑩ **passar** kennt auch die Entsprechungen "vorübergehen; (Prüfung) bestehen; (Zeit) vergehen; bügeln". Unser "passieren, geschehen" wird jedoch mit **acontecer** wiedergegeben: **O quê aconteceu quando você estava passando a roupa?** "Was ist passiert/geschehen, als du dabei warst, die Kleidung zu bügeln?"

⑪ **Globo** oder **Rede Globo** ist der Name des größten brasilianischen Fernsehsenders, der weltweit an vierter Stelle steht, übertroffen nur von nordamerikanischen TV-Stationen.

Solução do primeiro exercício: Você entendeu?

❶ Diese Zettel (Papiere♂♂) sind ganz durcheinander (vermischt)! ❷ Mein Sohn liebt Reis mit Bohnen vermischt. ❸ Vergessen Sie nicht, die Form einzufetten. ❹ Es ist schon eine halbe Stunde her (schon macht halb♀ Stunde♀), dass sie weggegangen ist. ❺ Gestern habe ich fünf Tassen Kaffee getrunken.

Solução do segundo exercício: As palavras que faltam.

❶ come – amassada – açúcar ❷ Misture – fermento ❸ massa toda – cabe ❹ quase – faltam – garfos ❺ colheres – sopa – vai.

Segunda onda: ative hoje a 10ª aula!

60. Lektion

Kann ich helfen?

1 – Hallo Tante. Was machen Sie denn gerade?

② Es ist sehr verbreitet, dass Kinder Tante und Onkel siezen. Ebenso sprechen Kinder häufig von ihrer Mutter als **dona**: **A dona Flávia fez isso ou aquilo...** "(Frau) Flavia hat dieses oder jenes gemacht ...".

LEKTION 60

2 – Arrum**a**ndo as r**o**upas de inv**e**rno.

3 – P**o**sso ajud**a**r? ③

4 – Cl**a**ro. **U**ma mãoz**i**nha s**e**mpre é bom. ④

5 – O que é que a senh**o**ra quer que **e**u f**a**ça?

6 – Prim**ei**ro voc**ê** t**i**ra as r**o**upas que est**ã**o na m**á**quina de lav**a**r.

7 – E dep**o**is?

8 – Dep**o**is voc**ê** col**o**ca no var**a**l. ⑤

9 – Tá bom.

10 – Dep**o**is de pendur**a**r aqu**e**las, voc**ê** v**a**i torc**e**ndo as que est**ã**o no t**a**nque. ⑥

11 E pra acab**a**r, voc**ê** vai guard**a**r **e**stas que **e**u est**o**u pass**a**ndo.

12 – **O**lha t**i**a, **e**u t**i**nha esquec**i**do da m**i**nha liç**ã**o de c**a**sa. ⑦

ANMERKUNGEN

③ Neben **ajuda** "Hilfe" gibt es auch die Ausdrücke **o auxílio** "Hilfe, Beistand", **o amparo** "Schutz, Hilfe" und **o apoio** "Unterstützung".

2 – Ich bringe gerade die Winterkleidung in Ordnung. (aufräumend die Kleidungen von Winter♂.)

3 – Kann ich helfen?

4 – Klar. Ein [helfendes] Händchen ist immer gut.

5 – Was soll ich tun? (der was ist dass die Dame möchte dass ich mache?)

6 – Zuerst nimmst du die Kleidung heraus, die in der Waschmaschine ist (Maschine♀ von waschen).

7 – Und danach?

8 – Danach hängst (du legt) du [sie] auf die Wäscheleine.

9 – Is' gut.

10 – Nachdem du sie da aufgehängt hast (danach von hängen jene♀♀), wirst du die [Kleidung] auswringen, die im Waschbecken ist.

11 Und zum Schluss (und für beenden) wirst du diese einräumen (du geht aufbewahren), die ich gerade bügle.

12 – Schauen Sie, Tante, ich hatte meine Hausaufgaben [ganz] vergessen (Lektion♀ von Haus♀).

④ Neben **ajudar** hört man ebenso **dar uma mão / maozinha**, wörtlich "ein/e [helfende/s] Hand/Händchen reichen".

⑤ Das Allround-Verb **colocar** kann je nach Kontext vielfältig übersetzt werden, u. a. mit "setzen, stellen, legen, stecken, anbringen". **Você vai colocá-lo no carro, né?** "Du wirst es ins Auto legen, nicht wahr?"

⑥ Auch **torcer** hat viele Bedeutungen: "auswringen, verdrehen, verstauchen, (Nase) rümpfen", aber auch "Fan sein (von einem Fußballteam)": **Você torce pra quem?** "Für wen hältst du?". Davon abgeleitet ist **a torcida** "die Fangemeinde, die Fans".

⑦ Im Gegensatz zum Deutschen stehen die "Hausaufgaben" meist im Singular: **Eu tenho muita lição de casa.** "Ich habe viele Hausaufgaben." Alternativ hört man auch **o dever de casa**.

13 Fica pra uma outra vez, tá?

14 – Tudo bem, desde que você estude mesmo, e não faça como no ano passado,

15 que em vez de estudar ficava paquerando. ⑧

16 – Tia, a senhora está exagerando tudo.

17 O ano passado foi uma exceção!

18 E eu não creio ter paquerado tanto assim, a ponto de repetir de ano. ⑨ ⑩

19 Foi culpa daquela professora cujo nome eu nem me lembro. ⑪

20 – Mas deveria se lembrar sempre,

21 para nunca mais fazer a mesma besteira!

22 – Tchau, tia!

ANMERKUNGEN

⑧ Der Unterschied zwischen **em vez de** "anstatt, anstelle von" und **ao invés de** "anstatt, anstelle von, im Gegensatz zu": **ao invés de** wird nur verwendet, wenn man zwei gegensätzliche Aussagen miteinander vergleicht: **Ao invés de falar, ele prefere calar.** "Anstatt zu sprechen, zieht er es vor, zu schweigen."

⑨ Sowohl **crer** als auch **acreditar** bedeuten "glauben", z. B. **crer em Deus** "an Gott glauben". "Gläubig" dagegen heißt **crente**: **Muitos brasileiros são crentes.** "Viele Brasilianer sind gläubig."

Exercício 1: Você entende estas frases?

❶ Por favor, a senhora pode me dar uma mãozinha? ❷ Eu trouxe o Carlinhos para te ajudar. ❸ A Célia torceu o pé na praia. ❹ Hoje a gente tem muita lição de casa. ❺ Em algumas casas, ainda se lava a roupa no tanque.

13 Ein anderes Mal, OK? (bleibt für eine andere Mal♀, is'?)

14 – Alles klar, solange (bis dass) du wirklich lernst und [es] nicht so machst wie im letzten Jahr,

15 [wo du,] anstatt zu lernen (in Mal♀ von studieren), mit Flirten beschäftigt warst (bliebst flirtend).

16 – Tante, Sie übertreiben [gerade] (alles).

17 Das letzte Jahr war eine Ausnahme!

18 Und ich glaube nicht, dass ich so viel geflirtet habe (haben geflirtet), (zu Punkt von) dass ich das Jahr wiederholen [musste].

19 Es war die Schuld dieser Lehrerin, an deren Name ich mich nicht mal mehr erinnere (ich auch-nicht mich erinnere).

20 – Aber du solltest dich immer [daran] erinnern,

21 um nie wieder die gleiche Dummheit zu machen!

22 – Tschüss, Tante!

⑩ **repetir** "wiederholen" wird wie **divertir**, **preferir**, **seguir** usw. konjugiert: **Ele tem que repetir o exame.** "Er muss die Prüfung wiederholen." Nur im Ausdruck **repetir de ano** "das Schuljahr wiederholen" steht es mit **de**.

⑪ **cujo** und **cuja**, beide "dessen"/"deren", richten sich in Zahl und Geschlecht nach dem folgenden Substantiv: **A professora cujos alunos viajam comigo, é minha vizinha.** "Die Lehrerin/Professorin, deren Schüler mit mir reisen, ist meine Nachbarin." Als Alternative zu **cujo** / **cuja** könnte man auch **do qual**, **da qual** oder das unveränderliche **de quem** verwenden.

Solução do primeiro exercício: Você entendeu?

❶ Können Sie mir bitte helfen? ❷ Ich habe das Karlchen mitgebracht, um dir zu helfen. ❸ Celia hat sich den Fuß am Strand verstaucht. ❹ Heute haben wir (die Leute) viele Hausaufgaben. ❺ In einigen Häusern wäscht man die Wäsche noch im Waschbecken.

Exercício 2: Complete as palavras que faltam!

❶ Möchtest du jetzt bügeln oder ein anderes Mal?
Você quer ______ agora, ou ____ pra ______ ___?

❷ Zuerst wäschst du [die Wäsche], dann wringst du [sie] aus und hängst [sie] auf.
Primeiro você ____, depois _____ e _______.

❸ In diesem Winter werde ich neue Kleidung kaufen müssen (einige Kleidungen♀♀ neu♀♀).
Neste _______ eu vou precisar _______ umas ______ novas.

61 Sexagésima primeira aula

Boletim de ocorrência

1 – Bom d**i**a m**i**nha senh**o**ra.

2 – Bom d**i**a. **E**u acab**e**i de ser assalt**a**da! ① ②

3 O que é que **e**u f**a**ço?

4 – Roub**a**ram o quê, m**i**nha senh**o**ra?

5 – O m**e**u c**a**rro, com a m**i**nha b**o**lsa d**e**ntro!

6 – A senh**o**ra tem que faz**e**r um bolet**i**m de ocorr**ê**ncia. ③

ANMERKUNGEN

① Dass **acabar** im Lektionstext im Perfekt steht, bringt zum Ausdruck, dass die Handlung bereits etwas zurück liegt.

② **assaltar** "überfallen" bildet das Partizip Perfekt regelmäßig: **assaltado** "überfallen". Merken Sie sich dazu auch **assalto** "Überfall" und **assaltante** "Angreifer".

❹ Rita räumt gerade das Zimmer auf, und danach wird [sie] (machen) einen Kuchen backen.

A Rita está ______ o quarto, e depois vai ______ um ______.

❺ Du (nur) kannst erst rausgehen, nachdem du (haben-werden-würde aufbewahrt♂) diese Kleidung eingeräumt haben wirst.

Você só ______ sair ______ ______ tiver ______ estas roupas.

Solução do segundo exercício: As palavras que faltam.

❶ passar – fica – outra vez ❷ lava – torce – pendura ❸ inverno – comprar – roupas ❹ arrumando – fazer – bolo ❺ pode – depois que – guardado.

Segunda onda: ative hoje a 11ª aula!

61. Lektion

Polizeiprotokoll

1 – Guten Morgen (mein♀) die Dame.

2 – Guten Morgen. Ich wurde überfallen! (ich beendete von sein überfallen♀!)

3 Was tue ich [jetzt]?

4 – Was haben sie gestohlen, gnädige Frau?

5 – Mein Auto, mit meiner Tasche drin!

6 – Sie müssen ein Protokoll anfertigen [lassen] (hat dass machen ein Bericht♂ von Vorfall♀).

③ **ocorrência** kommt von **ocorrer** "sich ereignen, vorkommen; einfallen, durch den Kopf gehen": **De repente, me ocorreu uma ideia genial.** "Plötzlich ging mir eine geniale Idee durch den Kopf."

7 Mas é na delegacia; aqui é só um posto de atendimento. ④

8 – E onde é a delegacia?

9 – A senhora não é daqui?

10 – Não, eu sou de Itajubá.

11 – Minas Gerais! Um momento, por favor.

12 Cabo Pereira! ⑤

13 – Pois não, Sargento.

14 – Acompanha esta senhora até o distrito policial pra fazer um B.O. ⑥

15 – A pé, Sargento?

16 – Claro que não Cabo Pereira!

Exercício 1: Você entende estas frases?

❶ Eu acabei de comprar este telefone. ❷ Eu vou te acompanhar até a delegacia. ❸ A senhora tem que avisar a polícia. ❹ A minha bolsa está vazia. ❺ Você deve ter sido roubada.

7 Aber dazu muss man zum Polizeirevier; hier ist nur eine Wache (Posten♂ von Bedienung♂).

8 – Und wo ist das Polizeirevier?

9 – Sind Sie nicht von hier?

10 – Nein, ich bin aus Itajubá.

11 – [Aus dem Bundesstaat] Minas Gerais! Einen Moment bitte.

12 Korporal Pereira!

13 – Bitte, Herr Wachtmeister.

14 – Begleite diese Dame zum Polizeipräsidium, um ein Protokoll anzufertigen.

15 – Zu Fuß, [Herr] Wachtmeister?

16 – Natürlich nicht, Korporal Pereira!

ANMERKUNGEN

④ **atendimento** "Bedienung, Service, Abfertigung" beinhaltet immer eine Dienstleistung. Es stammt von **atender** "annehmen, bedienen, Sprechstunde haben": **a central de atendimento** "Kundenservice". **O médico atende às quartas e às sextas.** "Der Arzt hat mittwochs und freitags Sprechstunde."

⑤ In Brasilien überwacht die **Polícia Militar** (kurz **PM** [*pe ämi*]) Recht und Ordnung. Die **PM** untersteht dem **Ministério da Defesa** "Verteidigungsministerium"; daneben gibt es noch die **Polícia Civil**, die sich nur um juristische Dinge kümmert und folglich dem **Ministério da Justiça** "Justizministerium" untersteht.

⑥ **até** "bis" kann zeitlich und räumlich verwendet werden: **Este ônibus vai até São Paulo?** "Fährt dieser Bus (bis) nach São Paulo?". **Tenho que estar aí até às cinco da tarde.** "Ich muss bis fünf Uhr nachmittags dort sein."

Solução do primeiro exercício: Você entendeu?

❶ Ich habe gerade dieses Telefon gekauft. ❷ Ich werde dich bis zum Polizeirevier begleiten. ❸ Sie müssen die Polizei benachrichtigen. ❹ Meine Tasche ist leer. ❺ Du bist [wohl] beraubt worden. (du soll haben gewesen geraubt♀.)

Exercício 2: Complete as palavras que faltam!

❶ Sie haben das Schuhgeschäft (Geschäft♀ von Schuhe♂♂) überfallen!
___ a loja de sapatos!

❷ Sie haben alle Kassen gestohlen.
___ todos os ___.

❸ Einen Moment bitte, ich werde den Wachtmeister rufen.
Um ___ por ___, eu vou ___ o sargento.

❹ Sie können sogar zu Fuß bis zur Polizeiwache gehen.
O senhor ___ ir até o posto de ___ ___ mesmo.

❺ Ich habe meine Tasche im Auto vergessen.
Eu ___ ___ minha bolsa ___ do carro.

❻ Ich möchte einen Saft trinken, aber hier gibt es keinen.
Eu quero ___ um suco, ___ aqui ___ tem.

62 Sexagésima segunda aula

Banho de verdade ①

1 – Nossa, Guilherme! Por onde você andava?
2 – Jogando futebol no campo de areia.
3 – Vai direto pro banho! ②
4 – Já vou…
5 – Não, vai já!
6 – Posso tomar banho de banheira?
7 – Não, a tua mãe já está vindo te pegar.

ANMERKUNGEN

① Hier wurde **de verdade** "von Wahrheit♀" mit einem Adjektiv übersetzt. Zwar hätte man auch das Adjektiv **verdadeiro** benutzen können, aber **de verdade** ist gängiger. Merken Sie sich auch **na verdade** "wirklich, tatsächlich".

Solução do segundo exercício: As palavras que faltam.

❶ Assaltaram ❷ Roubaram – caixas ❸ momento – favor – chamar ❹ pode – atendimento a pé ❺ esqueci a – dentro ❻ tomar – mas – não.

Kriminalität in Brasilien

Leider hat Brasilien im weltweiten Vergleich eine extrem hohe Kriminalitätsrate. Diebstähle, bewaffnete Raubüberfalle, Entführungen, Schutzgelderpressungen, Betrug, Drogendelikte und Morde verzeichnen astronomische Raten. Die meisten Verbrechen passieren in den Großstädten, in denen teilweise riesige organisierte Drogen- und Kriminellensyndikate ihr Unwesen treiben. Durch die niedrigen Gehälter gelten außerdem die "Wächter des Gesetzes", d. h. Polizisten, Staatsanwälte und Richter, vielerorts als korrupt und unzuverlässig, ja hin und wieder sogar als Handlanger des organisierten Verbrechens.

Segunda onda: ative hoje a 12ª aula!

62. Lektion

Ein wahrhaftiges Bad

1 – Meine Güte, Wilhelm! Wo bist du denn gewesen? (durch wo du gingst?)

2 – Fußballspielen auf dem Sandplatz.

3 – Geh gleich ins Bad (direkt für-der Bad)!

4 – Ich gehe [ja] schon ...

5 – Nein, geh jetzt gleich (geh schon)!

6 – Kann ich [ein] Bad in der (von) Badewanne nehmen?

7 – Nein, deine Mutter kommt gerade schon, [um] dich abzuholen (nehmen).

② So wie **pra** die umgangssprachliche Kurzform von **para + a** ist, wird **para + o** häufig zu **pro** zusammengezogen.

8 E nada de ligar o chuveiro, sentar na privada... ③ ④

9 e ficar lendo revistinha... ⑤

10 depois molhar os cabelos e falar que se lavou!

11 – Vó! Pára de pegar no meu pé! ⑥

12 Até parece que eu faço isso!

13 – Você, ainda não fez, mas o teu pai sempre fazia. ⑦

14 – Nunca se esqueça, vó, a genética não é tudo.

15 – O que fizera eu numa outra vida pra ter filho e neto que me deixam quase doida? ⑧

16 Haja paciência! ⑨

ANMERKUNGEN

③ **nada** "nichts" kommt in zahlreichen Ausdrücken vor: **De nada** "Bitte sehr" (als Antwort auf einen Dank)"; **Nada disso!** "Auf keinen Fall!, Davon will ich nichts mehr hören!"

④ **a privada**: "die Toilette" als Sanitäranlage. Fragt man nach der Toilette, benutzt man **o banheiro** "das Bad", nicht zu verwechseln mit **a banheira** "die Badewanne". Man sagt **tomar banho de banheira** "ein [Voll]bad nehmen"; **tomar banho** "duschen". In Brasilien haben die meisten Bäder nur **o chuveiro** "die Dusche".

8 Und nicht (und nichts von einschalten), dass du die Dusche aufdrehst, auf der Toilette sitzt ...

9 und die ganze Zeit Zeitschriften liest (bleiben lesend Zeitschriftchen) ...

10 dann die Haare nass machst und sagst, dass [du] dich gewaschen hast!

11 – Omi! Hör auf, dich über mich lustig zu machen (nehmen auf-den meinen Fuß)!

12 Als ob (bis scheint dass) ich das mache!

13 – Du hast es noch nicht gemacht, aber dein Vater machte [das] immer.

14 – Vergiss nie, Oma, die Genetik ist nicht alles.

15 – Was hatte ich [nur] in einem anderen Leben getan, um [einen] Sohn und [einen] Enkel zu haben, die mich fast verrückt [werden] lassen?

16 Man braucht (habe) Geduld!

⑤ Die Kombination aus **ficar** "bleiben" und dem Gerundium bedeutet, dass man etwas ständig tut: **No escritório ele fica lendo jornais o dia inteiro.** "Im Büro liest er den ganzen Tag Zeitungen."

⑥ **Vó**: Kurzform von **vovó** "Oma", abgeleitet von **a avó** "die Großmutter". Ebenso **vô** "Opi", **vovô** "Opa", **o avô** "der Großvater". Mit den Präfixen **bis**- "Ur-", **tris**- "Urur-" und **tatar**- "Ururur-" ergibt sich **bisavô** "Urgroßvater", **trisavô** "Ururgroßvater" und **tataravô** "Urururgroßvater".

⑦ **fazer** "machen, tun" weist einige Unregelmäßigkeiten auf, wie in der 1. Pers. Sg. Präsens **eu faço** "ich mache"; in der 3. Pers. Sg. Perfekt **ele fez** "er hat gemacht" oder auch in der 1. Pers. Sg. Perfekt **eu fiz** "ich habe gemacht".

⑧ **eu fizera:** einfaches Plusquamperfekt, das gewöhnlich nur in der geschriebenen Sprache oder (wie hier) in Redewendungen gebraucht wird. In der Umgangssprache ersetzt man es durch das zusammengesetzte **eu tinha feito** "ich hatte gemacht".

⑨ **Haja paciência!** oder **Paciência!** wird häufig verwendet, auch im Sinne von "Nur mit der Ruhe!, Bloß nicht aufregen!"

Exercício 1: Você entende estas frases?

❶ Estou tomando um banho de banheira. ❷ O Murilo tomou banho e saiu. ❸ O teu pai vai te pegar na casa do Cassiano. ❹ Seus cabelos estão meio molhados. ❺ Vai direto pro chuveiro!

Exercício 2: Complete as palavras que faltam!

❶ Die Kinder lieben [es], ständig Heftchen zu lesen.
.. .. adoram ficar ..... revistinha.

❷ Hör auf so zu tun, als wärst du verletzt!
.... de fazer .... se estivesse ....!

❸ Bist du noch nicht aus dem Bad heraus gekommen?
Você ..... não saiu do ....?

❹ Ich werde diesen Kuchen essen und gehe [dann] schon.
... comer .... bolo e .. vou.

63 Sexagésima terceira aula

Revisão e anotações

1. Verben

1.1 Plusquamperfekt (Vorvergangenheit)

Das Plusquamperfekt drückt aus, dass ein Ereignis in der Vergangenheit vor einem anderen Ereignis oder Zustand in der Vergangenheit stattgefunden hat. In Lektion 54 haben wir das zusammengesetzte Plusquamperfekt kennengelernt, das nach dem Schema Imperfekt + Partizip Perfekt gebildet wird:

Eu tinha falado. "Ich hatte gesprochen."

Daneben gibt es eine einfache Form, die jedoch fast ausschließlich in der Schriftsprache gebraucht wird. Hier die Personalendungen:

Solução do primeiro exercício: Você entendeu?

① Ich nehme gerade ein [Voll-]Bad (ein Bad von Badewanne). ② Murilo hat ein Bad genommen (nahm) und ist raus gegangen (ging-raus). ③ Dein Vater (geht dich nehmen in-die Haus♀) wird dich bei Cassian abholen. ④ Deine Haare sind ziemlich nass. ⑤ Geh gleich unter die (für-der) Dusche!

⑤ Und nicht, dass du nasse Haare hast (von bleiben von Haare nass♂♂)!
____ de ____ __ cabelhos ________!

Solução do segundo exercício: As palavras que faltam.

① As crianças – lendo ② Pára – como – machucado ③ ainda – banheiro ④ Vou – este – já ⑤ Nada – ficar de – molhados.

Segunda onda: ative hoje a 13ª aula!

63. Lektion

Verben auf:	-ar	-er	-ir
	acabar "beenden"	**escolher** "aussuchen"	**abrir** "öffnen"
eu	**acaba*ra***	**escolhe*ra***	**abr*ira***
tu	acaba*ras*	escolhe*ras*	abr*iras*
ele / ela / você...	**acaba*ra***	**escolhe*ra***	**abr*ira***
nós	**acabá*ramos***	**escolhê*ramos***	**abrí*ramos***
vós	acabá*reis*	escolhê*reis*	abrí*reis*
eles / elas / vocês...	**acaba*ram***	**escolhe*ram***	**abri*ram***
... **o senhor / a senhora / a gente** (Sg.) bzw. **os senhores / as senhoras** (Pl.)			

Quando a gente chegou, você já comera (tinha comido).
"Als wir ankamen, hattest du schon gegessen."
Eles já falaram (tinham falado) muito no telefone antes do encontro da semana passada.
"Sie hatten vor dem Treffen letzte Woche schon viel [miteinander] telefoniert."

1.2 Unregelmäßige Verben

Einige unregelmäßige Verben bilden zahlreiche Formen (z. B. das Plusquamperfekt, den Konditional Imperfekt oder den Konditional Futur) ausgehend von der 1. Person Singular Perfekt. Dies ist z. B. der Fall bei:

	• **fazer** "machen, tun" •			
	Perfekt	**Plusquamperfekt**	**Konditional Imperfekt**	**Konditional Futur**
Sing.	**fiz**	**fiz*era***	**fiz*esse***	**fiz*er***
	fiz*este*	fiz*eras*	fiz*esses*	fiz*eres*
	fez	**fiz*era***	**fiz*esse***	**fiz*er***
Plur.	**fiz*emos***	**fiz*éramos***	**fiz*éssemos***	**fiz*ermos***
	fiz*estes*	fiz*éreis*	fiz*ésseis*	fiz*erdes*
	fiz*eram*	**fiz*eram***	**fiz*essem***	**fiz*erem***
... **o senhor / a senhora / a gente** (Sg.) bzw. **os senhores / as senhoras** (Pl.)				

trazer "bringen, mitbringen" funktioniert nach dem gleichen Schema, ausgehend von seinem Perfekt: **trouxe** "(ich) brachte, (ich) habe gebracht"…

	• **trazer** "bringen" •			
	Perfekt	**Plusquamperfekt**	**Konditional Imperfekt**	**Konditional Futur**
Sing.	**trouxe**	**troux*era***	**troux*esse***	**troux*er***
	troux*este*	troux*eras*	troux*esses*	troux*eres*
	trouxe	**troux*era***	**troux*esse***	**troux*er***
Plur.	**troux*emos***	**troux*éramos***	**troux*éssemos***	**troux*ermos***
	troux*estes*	troux*éreis*	troux*ésseis*	troux*erdes*
	troux*eram*	**troux*eram***	**troux*essem***	**troux*erem***
... **o senhor / a senhora / a gente** (Sg.) bzw. **os senhores / as senhoras** (Pl.)				

2. Zeitenfolge ("Kongruenz") von Verbformen

Für die Verbformen in Haupt- und Nebensätzen gibt es eine klar definierte Zeitenfolge, d. h. die im Nebensatz verwendete Zeitform ist stets von der im Hauptsatz verwendeten abhängig. Wir erläutern dies an den nachstehenden Beispielsätzen.

Indikativ ► Indikativ

Hauptsatz	Nebensatz
Präsens ►	Präsens
Diz...	**que agradece.**
"Er sagt,...	dass er dankt."
►	Futur
	que virá.
	dass er kommen wird."
►	Futur + Partizip
	que terá acabado em breve.
	dass er [es] bald beendet haben wird."
Imperfekt ►	Imperfekt
Dizia	**que agradecia.**
"Er sagte,	dass er dankte."
Perfekt ►	Perfekt
Agradeceu	**quando acabou.**
"Er hat gedankt,...	als [es] geendet hat."
►	Imperfekt
Disse	**que agradecia.**
"Er hat gesagt,	dass er dankte."

Indikativ ► Konjunktiv		
Hauptsatz		**Nebensatz**
Präsens	►	Präsens
Não penso		**que seja útil.**
"Ich denke nicht,		dass [es] brauchbar ist."
	►	Zusammengesetztes Perfekt
Duvido		**que tenha cantado.**
"Ich bezweifle,		dass er gesungen hat."
Futur	►	Präsens
Pedirei		**que cante.**
"Ich werde bitten,		dass er singt."
		Futur
Falarei...		**quando ele acabar.**
"Ich werde sprechen,		wenn er aufgehört hat."
		Futur + Partizip
		quando ele tiver acabado.
		wenn er [es] beendet hat."
Imperfekt		Imperfekt
Não pensava		**que fosse útil.**
"Ich dachte nicht,		dass es brauchbar war."
	►	Plusquamperfekt
Duvidava		**que ele tivesse cantado.**
"Ich bezweifelte,		dass er gesungen hatte."
Perfekt	►	Imperfekt
Não pensei		**que fosse útil.**
"Ich habe nicht gedacht,		dass es brauchbar war."
	►	Plusquamperfekt
Duvidei		**que ele tivesse cantado.**
"Ich habe bezweifelt,		dass er gesungen hatte."

Indikativ ▶ Indikativ + Konjunktiv		
Hauptsatz	**Nebensatz 1**	**Nebensatz 2**
Präsens ▶	Futur	Futur
Diz...	**que cantará**	**quando quiser.**
"Er sagt, ...	dass er singen wird,	wenn er möchte[1]."

Indikativ ▶ Konjunktiv + Konjunktiv		
Perfekt ▶	Präsens	Imperfekt
Disse	**que cantaria**	**quando quisesse.**
"Er hat gesagt,	dass er singen würde,	wenn er [es] möchte[2]."

[1] wörtlich "möchten-werden-würde" / [2] wörtlich "wollte"

3. Exercício de compreensão e de expressão

Exercício 1: Você entende estas frases?

① Manhê!!!! ② Rita, você viu a minha mãe? ③ Ela saiu. ④ Ela disse alguma coisa? ⑤ Sim. Ela falou que ia ao cinema... ⑥ e que depois te pegava na casa da tua avó. ⑦ E como eu vou até a casa da minha avó? ⑧ Ela deixou o dinheiro para o ônibus e pediu que você tomasse cuidado. ⑨ Legal. Tô indo, você pode dar este papel pra ela? ⑩ Mãe, não fui pra casa da vovó. ⑪ Fui até a casa do Rui. ⑫ Vou ajudá-lo a preparar a festa. ⑬ Não esqueça de levar a minha roupa que está dentro da minha mala. ⑭ Um beijo, Murilo. ⑮ Menino?! Você não vai comer? Tem bolo no forno.

Solução do primeiro exercício: Você entendeu?

① Mutti!!!! ② Rita, hast du meine Mutter gesehen? ③ Sie ist weggegangen. ④ Hat sie etwas gesagt? ⑤ Ja. Sie hat gesagt (sprach), dass sie ins Kino geht (ging) ... ⑥ und dass sie dich dann bei deiner Oma abholt (nahm) ⑦ Und wie komme (gehe) ich zu meiner Oma? ⑧ Sie hat Geld für den Bus da gelassen und hat [darum] gebeten, dass du vorsichtig bist (dass du nehmen-würden Vorsicht♂). ⑨ Klasse. Ich geh' schon, kannst du ihr diesen Zettel (Papier♂) geben? ⑩ Mutter, ich bin nicht zu Oma gegangen. ⑪ Ich bin zu Rui gegangen. ⑫ Ich werde ihm helfen, das Fest vorzubereiten. ⑬ Vergiss nicht, meine Kleidung mitzunehmen, die in meinem Koffer ist. ⑭ Kuss (ein Kuss♂), Murilo. ⑮ Junge?! Wirst du nicht essen? Da ist (hat) ein Kuchen im Ofen.

64 Sexagésima quarta aula

Prova amanhã

1 – Pronto. Já estudei. ①

2 Agora a senhora pode tomar a minha lição. ②

3 – Me dá o caderno.

4 – Tó. ③

5 – Quem descobriu o Brasil? ④

6 – Os portugueses. ⑤

ANMERKUNGEN

① Die Unterschiede zwischen **estudar** "studieren" und **aprender** "lernen" sind fließend. **Estudar** wird vor allem bei Hochschulen/Universitäten verwendet, es kann auch allgemein "lernen" heißen. Außerdem gibt es noch **cursar** "Schule besuchen, studieren".

② **aula** "Lektion" – **lição** "Aufgabe". **Prova** "Prüfung, Beweis, Probe" (von **provar** "(an)probieren") findet sich z. B. auch in **prova de amor** "Liebesbeweis", **prova de vestimento** "Kleiderprobe", **prova escolar** "Schulprüfung, Examen", **prova de vinhos** "Weinprobe". Außerdem: **a toda prova** "unbedingt".

Vergessen Sie nicht, ab und zu mal ein wenig zurück zu blättern und die eine oder andere Lektion zu wiederholen.

Segunda onda: ative hoje a 14ª aula!

64. Lektion

Morgen Prüfung

1 – Fertig. [Ich] habe schon gelernt. (schon studierte.)

2 Jetzt können Sie mich abfragen (nehmen die mein♀ Aufgabe♀).

3 – Gib mir das Heft.

4 – Hier. (nimm.)

5 – Wer hat Brasilien entdeckt?

6 – Die Portugiesen.

③ Verwechseln Sie nicht die Kurzformen **tó** (von **toma** "nimm") und **tô** (von **estou** "(ich) bin"). Häufig hört man den Ausdruck **tomá-lá-dá-cá**, das das gegenseitige Erweisen eines Gefallens bezeichnet.

④ **descobriu**: 3. Pers. Sg. Perfekt von **descobrir** "entdecken". Merken Sie sich auch **o descobrimento** "Entdeckung" und **a descoberta** "Entdeckung, Erfindung".

⑤ Nur geografische Namen und Adjektive werden groß geschrieben, nicht jedoch Bezeichnungen für Völker: **Há muitos europeus no Brasil, isto é, no Continente Americano.** "Es gibt viele Europäer in Brasilien, das heißt (ist), auf dem amerikanischen Kontinent."

7 – De **f**a**to** **e**ra um portugu**ê**s e se cham**a**va P**e**dro **Á**lvares Cabr**a**l. ⑥

8 Em que **a**no f**o**i descob**e**rto o Bras**i**l?

9 – No **a**no de mil e quinh**e**ntos (1500). ⑦

10 – **O**nde fica o Bras**i**l?

11 – P**e**rto da Argent**i**na.

12 – **A**i, **a**i, **a**i! No hemisf**é**rio Sul do Contin**e**nte Americ**a**no.

13 – Na Am**é**rica do Sul.

14 – Excel**e**nte! Qual é o n**o**sso cl**i**ma?

15 – Tropic**a**l.

16 – Qual m**a**is? ⑧

17 – **O**ra b**o**las, se é um país tropic**a**l, o cl**i**ma só p**o**de ser tropic**a**l! ⑨

18 – N**a**da d**i**sso.

19 T**e**mos s**e**is cl**i**mas difer**e**ntes no país. ⑩

20 – E qu**a**is s**ão**?

21 – V**a**i estud**a**r gar**o**to! ⑪

ANMERKUNGEN

⑥ **chamar-se** "sich nennen": rückbezügliche Form von **chamar** "rufen; einberufen": **O Ministro chamou a Embaixadora** [*ä^{n}bajschadora*] **para ser Secretária de Estado.** "Der Minister hat die Botschafterin einberufen, damit sie Staatssekretärin wird."

7 – Tatsächlich (von Fakt♂) war es ein Portugiese, und er hieß Pedro Álvares Cabral.

8 In welchem Jahr wurde Brasilien entdeckt?

9 – Im Jahr 1500.

10 – Wo liegt (bleibt) Brasilien?

11 – In der Nähe von Argentinien.

12 – Ei, ei, ei! In der südlichen Hemisphäre des amerikanischen Kontinents.

13 – In Südamerika. (in-die Amerika von-der Süden.)

14 – Ausgezeichnet! Welches Klima haben wir?

15 – Tropisch.

16 – Welches noch?

17 – Och Mensch (nun Bälle♀♀), wenn es ein tropisches Land ist, kann das Klima nur tropisch sein!

18 – Gar nicht [wahr].

19 Wir haben sechs verschiedene Klima[zonen] im Land.

20 – Und welche sind das?

21 – Lern weiter, Kleiner!

⑦ Bei Datumsangaben steht vor Jahreszahlen immer die Präposition **de** "von", vor dem Tag jedoch **em** "in": **Em 4 de janeiro de mil e quinhentos** "4. Januar 1500".

⑧ Beachten Sie den feinen Unterschied zwischen **Qual mais?** "Welches noch?" und **Que mais?** "Was noch?"

⑨ Das gängige **Ora bolas!** drückt Unzufriedenheit aus. **Bola** "Ball, Kugel" kommt in zahlreichen Ausdrücken, wie etwa **(não) dar bola** "(nicht) beachten", vor: **Essa menina não me deu bola.** "Dieses Mädchen hat mich nicht beachtet".

⑩ **clima** bildet auch einen Plural (daher "Klimazonen"): **No Brasil têm seis climas: equatorial, tropical, semiárido, tropical de altitude, temperado e subtropical.** "In Brasilien gibt es sechs Klimazonen: äquatorial, tropisch, halbtrocken, hochlandtropisch, gemäßigt und subtropisch".

⑪ Als **garoto** bezeichnet man den "Jungen, Kleinen" (weibliche Form **garota**) oder ein köstliches Bonbon aus Schokolade.

Exercício 1: Você entende estas frases?

❶ O Brasil fica no Continente Americano. ❷ Eu tenho prova de história do Brasil amanhã. ❸ Pedro Álvares Cabral descobriu o Brasil no ano de mil e quinhentos. ❹ Este país tem climas diferentes. ❺ No Sul do Brasil, perto da Argentina, faz frio.

Exercício 2: Complete as palavras que faltam!

❶ Dieser Junge lernt tatsächlich (studiert) nicht viel.
Este menino, ___ ___ não ___ muito.

❷ Meine Mutter fragt mich immer ab, wenn ich [eine] Prüfung habe.
A minha mãe ___ toma a minha lição ___ eu tenho ___.

❸ Es existieren auf ein [und demselben] Kontinent verschiedene Klima[zonen] (in-ein Kontinent selber♂).
Existem ___ ___ num ___ continente.

65 Sexagésima quinta aula

Isto aqui é um pouquinho de Brasil

1 O português Pedro Álvares Cabral, chegando perto de terras com imensos coqueirais, ①

2 não aguentou de emoção e gritou:

3 "Terra à vista!!!" ②

4 Em terra firme,

ANMERKUNGEN

① **coqueirais**: Plural von **coqueiral** "Kokosnussplantage" mit vielen **coqueiros** "Kokospalmen". Ebenso: **o bananal** "die Bananenplantage" (**a banana** "die Banane"), **o canavial** "die Zuckerrohrplantage" (**a cana** "das Zuckerrohr").

Solução do primeiro exercício: Você entendeu?

① Brasilien liegt (bleibt) auf dem amerikanischen Kontinent. ② Ich habe morgen [eine] Prüfung in brasilianischer Geschichte. ③ Pedro Álvares Cabral hat Brasilien im Jahr 1500 entdeckt. ④ Dieses Land hat verschiedene Klima[zonen]. ⑤ Im Süden Brasiliens, in der Nähe von Argentinien, ist es kalt.

④ Der Vater von Celia war Portugiese und hieß José Pedro da Silva.

O pai da Zélia ___ português e ___ ___ José Pedro da Silva.

⑤ Als das Auto gestohlen wurde, waren wir [gerade] dabei zu lernen.

Quando o carro foi ___ ___ estávamos ___.

Solução do segundo exercício: As palavras que faltam.

① de fato – estuda ② sempre – quando – prova ③ vários climas – mesmo ④ era – se chamava ⑤ roubado nós – estudando.

Segunda onda: ative hoje a 15ª aula!

65. Lektion

Dies hier ist ein kleines bisschen Brasilien

1 [Als] der Portugiese Pedro Alvares Cabral sich der Küste mit ausgedehnten Kokosnussplantagen näherte (ankommend nahe von Länder♀♀),

2 hat er es vor [lauter] Emotionen nicht [mehr] ausgehalten und geschrien:

3 "Land in Sicht!!!"

4 Auf dem Festland (in Land♀ fest)

② **Terra** kennt mehrere Übersetzungsmöglichkeiten: "Land, Boden, Erde".

5 um outro português, Pero Vaz de Caminha, escreveu uma carta ao rei, Dom João VI (Sexto), ③ ④

6 contando-lhe da riqueza e da mão de obra que por aqui pairavam. ⑤ ⑥

7 Depois os padres vieram para Terra de Santa Cruz para catequizar os índios; ⑦ ⑧

8 e os africanos para ajudar a explorar as ricas terras brasileiras, ⑨

9 junto aos índios, como trabalho forçado.

10 Também vieram outros europeus: holandeses, ingleses, franceses ... ⑩

11 ... mas foram embora.

12 Tudo corria bem para a corte portuguesa

ANMERKUNGEN

③ Namen von Monarchen erhalten römische Ziffern, lesen sich aber bis "zehn" wie Ordinalzahlen: **Dom João VI** (**sexto** "der sechste"), aber **Luis XV** (**quinze** "der 15."). **Dom** ist ein Ehrentitel, der vor dem Vornamen eines Adligen steht.

5 hat ein anderer Portugiese, Pero Vaz de Caminha, einen Brief an König João VI. geschrieben,

6 [und] erzählte ihm von dem Reichtum und den Arbeitskräften, die sie hier vorfanden (dass durch hier schwebten).

7 Danach sind die Priester ins Land des Heiligen Kreuzes gekommen, um die indigene Bevölkerung zu missionieren;

8 und die Afrikaner, um zu helfen, die reichen brasilianischen Böden zu bewirtschaften,

9 gemeinsam mit den Indigenen in Zwangsarbeit (wie Arbeit♂ gezwungen♂).

10 Es sind auch andere Europäer gekommen: Holländer, Engländer, Franzosen ...

11 ... aber sie fuhren [wieder] weg.

④ Bedauerlicherweise hat sich hier ein kleiner Fehler eingeschlichen: Zur Zeit der Entdeckung Brasiliens war nicht João VI., sondern Manuel I. König von Portugal.

⑤ Im Dativ ist das Personalpronomen der 3. Pers. Sg. **lhe** "ihm, ihr". Es kann aber auch mit "dir; Ihnen" übersetzt werden, wenn man sein Gegenüber mit **você** anredet: **Eu lhe disse tudo que sabia.** "Ich habe dir alles gesagt, was ich wusste".

⑥ Das Suffix **-eza** kann aus zahlreichen Adjektiven Nomen bilden: **a clareza** "die Klarheit" (**claro** "klar"), **a pureza** "die Reinheit" (**puro** "rein"), **a pobreza** "die Armut" (**pobre** "arm") usw.

⑦ **padre** "Priester, Pater" ≠ **pai** "Vater". Im Brasilianischen bezeichnet **padre** nämlich nur den religiösen Würdenträger! **O meu pai é amigo do padre.** "Mein Vater ist [ein] Freund des Priesters."

⑧ **vieram**: Perfektform von vir "kommen" in der 3. Person Plural.

⑨ **explorar** kann, je nach Zusammenhang, mit "bewirtschaften; erkunden; ausbeuten" übersetzt werden.

⑩ Viele Sprachen- und Nationalitätsbezeichnungen tragen im Singular ein **^** auf der letzten Silbe, um die Betonung zu verdeutlichen. Im Plural fällt dieser jedoch weg, da durch die Pluralsilbe **-es** die Betonung auf der vorletzten Silbe steht: **holandês** → **holandeses**.

13 até que o filho do rei, futuro imperador, o então mocinho Pedro, ⑪

14 resolveu ficar e tornar o Brasil independente. ⑫

ANMERKUNGEN

⑪ **até** hat auch die Bedeutung "sogar": **Até o Mario chegou aqui.** "Sogar Mario ist hierher gekommen."

⑫ "Brasilien" steht in der Regel mit Artikel: **O Brasil.** Wird es jedoch in einem eher abstrakten Sinne benutzt, z. B. als ein Gefühl oder eine Einstellung, kann der Artikel auch fehlen: **um poquinho de Brasil** "ein kleines bisschen Brasilien".

Exercício 1: Você entende estas frases?

❶ O João e o Pedro também vieram de Portugal. ❷ Os índios e os africanos faziam trabalho forçado. ❸ A praia estava uma delícia até começar a chover. ❹ Os padres portugueses catequizaram os índios brasileiros. ❺ Esta terra é muito rica, disse o rei.

Exercício 2: Complete as palavras que faltam!

❶ Die brasilianischen Böden (Länder♀♀) wurden durch die Portugiesen bewirtschaftet.

As ____ brasileiras foram ____ ____ portugueses.

❷ Priester haben keine Kinder (Söhne♂♂).

Os ____ não ____ filhos.

❸ Lass uns einen Brief an den König schreiben, um zu erzählen, dass wir ankommen.

Vamos ____ uma carta ao rei, para ____ que ____.

❹ Diese Kokosnussplantagen sind hübsch, und ich halte es vor [lauter] Emotionen nicht [mehr] aus.

Estes ____ são lindos e eu não ____ de ____.

❺ Der damals junge Mario, der heute dein Großvater ist, war Holländer.

O ____ ____ Mario, que ____ é teu avô, era holandês.

12 Alles lief gut für den portugiesischen Hof,

13 bis (dass) der Sohn des Königs [Johann VI.], zukünftiger Kaiser, der damals junge (der dann kleiner-Junge♂) Pedro,

14 sich entschieden hat, zu bleiben und Brasilien in die Unabhängigkeit zu entlassen (werden der Brasilien unabhängig).

Solução do primeiro exercício: Você entendeu?

❶ Johann und Peter sind auch aus Portugal gekommen. ❷ Die Indios und die Afrikaner machten Zwangsarbeit. ❸ Der Strand war ein Traum (Wonne♀), bis es zu regnen begann. ❹ Die portugiesischen Priester haben die brasilianischen Indios missioniert. ❺ Dieses Land ist sehr reich, hat der König gesagt.

Solução do segundo exercício: As palavras que faltam.

❶ terras – exploradas pelos ❷ padres – têm ❸ escrever – contar – chegamos ❹ coqueirais – aguento – emoção ❺ então mocinho – hoje.

Woher hat Brasilien seinen Namen?

Nach der Entdeckung nannten die Portugiesen die neu erworbene Kolonie zunächst **Terra de Santa Cruz**. Später entstand der Name Brasilien auf der Basis der in den Wäldern weit verbreiteten Baumart **pau-brasil** "Palisander" (**pau** "Holzstück, Stock", **brasa** "Glut"); das Adjektiv **brasil** "glutartig" bezieht sich dabei auf die Farbe des nach dem Fällen rot leuchtenden Holzes.

*In den folgenden Lektionen zeigen wir Ihnen, wie sehr sich Aussprache und Wortschatz des Brasilianischen regional unterscheiden können. Die nächste Lektion ist im Dialekt des Bundesstaates Minas Gerais (**dialeto mineiro**) verfasst. Achten Sie auf die typische Melodie und darauf, dass speziell Endkonsonanten wie **-s** oder **-r** "verschluckt" werden. Wir geben diese durch ' wieder. Lassen Sie sich durch die teils befremdlich wirkende Rechtschreibung nicht verunsichern – wir gehen hierauf in den Anmerkungen ein.*

Segunda onda: ative hoje a 16ª aula!

66 Sexagésima sexta aula

Dia de eleição

1 – Coisa b**o**a, sô! ①
2 Dep**o**is de amanh**ã** é feri**a**do nacion**a**l, ② ③
3 v**a**mo' acord**a**' bem t**a**rde,
4 tom**a**' um caf**é** com l**e**ite qu**e**nte, do bem bom,
5 e dep**o**is v**a**mo' pass**a**' o d**i**a na cacho**e**ira.
6 – E 'oc**ê** n**ão** v**a**i vot**a**', n**ão**?! ④
7 Dep**o**is de amanh**ã** é feri**a**do porqu**e** é d**i**a de eleiç**ão**.
8 – V**a**mo' justific**a**' mui**é**. ⑤
9 – **Não**. **E**u pref**i**ro i' pra cid**a**de vot**a**'.
10 **Ú**ltima vez que resolv**e**mo' justific**a**' o v**o**to
11 esquec**e**mo' e tiv**e**mo' que pag**a**' m**u**'ta. ⑥

ANMERKUNGEN

① **sô**: umgangssprachliche Abkürzung für **senhor**. In Minas Gerais und einigen anderen Regionen wird **sô** im Sinne von "hier, nimm mal" oder "hier, schau mal" gebraucht.

② Kleine Auffrischung der Zeitangaben? **Anteontem** "vorgestern", **ontem** "gestern", **hoje** "heute", **amanhã** "morgen" und **depois de amanhã** "übermorgen". Außerdem: **de manhã** "morgens", **à noite** "abends" und **de noite** "nachts".

Wahltag

1 – Schau mal, einfach super! (Sache♀ gut♀, Herr!)

2 Übermorgen (danach von morgen) ist Nationalfeiertag,

3 lass uns richtig spät (gut spät) aufstehen (aufwachen),

4 einen sehr leckeren heißen Milchkaffee trinken (von-der gut gut♂),

5 und lass uns danach den Tag am Wasserfall verbringen.

6 – Und du wirst [gar] nicht wählen gehen?!

7 Übermorgen ist Feiertag, weil Wahltag ist (Tag♂ von Wahl♀).

8 – Wir lassen uns entschuldigen, mein Schatz. (gehen rechtfertigen Frau♀.)

9 – Nein. Ich gehe lieber in die Stadt wählen.

10 Beim letzten Mal, als wir uns entschieden haben, uns bei der Wahl entschuldigen zu lassen,

11 haben wir [es] vergessen und mussten eine Strafe bezahlen.

③ **nacional** "national" bezeichnet alles, was mit **a nação** "die Nation" zu tun hat, sprich alles, was wirklich **bem brasileiro** "richtig brasilianisch" ist.

④ **você** klingt im **dialeto mineiro** wie **'ocê**. Dieser Wegfall von Konsonanten und das Verkürzen der Vokale sind typisch. So wird aus **Quantas horas são?** "Wie spät ist es?" in Minas Gerais **Conta zóra?**.

⑤ **mulher** wird hier im Dialekt **muié**, in einem vertrauten Kontext auch mit "mein Schatz" übersetzbar. Auch hier werden Konsonanten verkürzt gesprochen, z. B. wird **chovendo** "regnend" zu **chuvenu**, **fazendo** "machend" zu **fazenu** und **deixa eu ver** "lass mich mal sehen" zu **dexovê**.

⑥ Mit **multa** – hier lautlich zu **mu'ta** verkürzt – meint man "Geldstrafe, Bußgeld". Die dazugehörigen Verben lauten **multar** "mit einer Geldstrafe belegen" und **levar uma multa** "eine Geldstrafe bekommen".

12 N**ó**is v**o**ta. Dep**o**is, com o comprov**a**nte nas m**ã**o', ⑦ ⑧ ⑨

13 n**ó**is com**e**mo' tut**u** por lá e v**a**mo' at**é** a c**a**sa da Carl**i**nha. ⑩

14 – V**a**mo' cham**a**' a Andr**é**ia e o Dirc**e**u pra **i** 'con**o**sco.

15 – A Andr**é**ia f**a**la m**u**ito, sô.

16 – U**a**i! 'Oc**ê** s**e**mpre d**i**sse que **e**la é m**u**ita simp**á**tica! ⑪

17 – Vai l**á**! Conv**i**da **e**les. ⑫

18 – V**o**u convid**a**' **e**les tamb**é**m pra d**o**rmi' aqu**i**.

19 Pr**o**nto! Já convid**e**i.

ANMERKUNGEN

⑦ In Minas Gerais werden Vokale vor -**s** oder -**z** meist als Diphthonge artikuliert: **nós** "wir" wird zu **nóis, três** "drei" zu **treis** und **arroz** "Reis" zu **arroiz.**

Exercício 1: Você entende estas frases?

❶ Amanhã é dia de eleição. Vamos votar. ❷ Este arroz estava do bem bom. ❸ Vamos chamá-los para ir à cachoeira conosco? ❹ Que coisa boa esse tutu do restaurante do Dirceu! ❺ Até que a Andréia é simpática.

Exercício 2: Complete as palavras que faltam!

❶ Lass uns wählen [gehen] und danach den Tag am Strand genießen.

Vamos ______, e depois __________ o dia na ______.

❷ Du hast immer gesagt, dass du das Restaurant von Carlina vorziehst (vorzog).

Você sempre _____ que ________ o restaurante __ Carlinha.

12 Wir wählen. Danach, mit der Bestätigung in der Hand,

13 essen wir dort Tutu und gehen zu Carlina.

14 – Lass uns Andrea und Dirk anrufen, damit sie (um) mit uns kommen (gehen).

15 – [Aber] schau mal, Andrea spricht viel.

16 – Oje! Du hast immer gesagt, dass sie sehr sympathisch ist!

17 – OK! Lad sie ein.

18 – Ich werde sie auch einladen, um hier zu schlafen.

19 Fertig! Ich habe [sie] schon eingeladen.

⑧ Dialektal wird oft die 3. Pers. Sg. eines Verbs auch in Verbindung mit dem Personalpronomen **nós** verwendet – also **nós vota** statt **nós votamos**. Dieses Phänomen kommt durch den Gebrauch von **a gente**, das ebenfalls in der 3. Pers. Sg. gebeugt wird und für "wir" steht: **a gente vota**.

⑨ **o comprovante** heißt gleichermaßen "die Bestätigung, der Beleg", aber auch "die Quittung".

⑩ Die bekannteste Spezialität aus Minas Gerais ist **tutu**, eine Art Brei aus schwarzen Bohnen und Maniokmehl. **O tutu** bezeichnet umgangssprachlich auch das Geld, in etwa wie "der Zaster, die Kohle".

⑪ **Uai!** "Oje"! ist genauso typisch für die Sprache der Mineiros wie kleine grammatikalische Unebenheiten, z. B. **Ela é muita simpática** anstelle des korrekten **Ela é muito simpática.** "Sie ist sehr sympatisch."

⑫ Die grammatikalisch korrekte Form wäre **convida-os** "lade sie ein", umgangssprachlich hört man aber häufiger **convida eles**.

Solução do primeiro exercício: Você entendeu?

❶ Morgen ist Wahltag. Lass uns wählen [gehen]. ❷ Dieser Reis war sehr lecker. ❸ Sollen wir sie anrufen, damit sie mit uns an den Wasserfall fahren? ❹ Wie super dieses Tutu von Dirks Restaurant ist! ❺ Sogar Andrea ist sympathisch.

Solução do segundo exercício: As palavras que faltam.

❶ votar – aproveitar – praia ❷ disse – preferia – da

❸ Wenn du ihn einlädst (einladen-werden-würde), rufe ich Andrea an und lade sie auch ein.
Se você ___ convidar, eu ligo ___ ___ Andréa e convido ___ também.

❹ Morgen ist Feiertag, und wir werden den Tag bei Dirk verbringen.
Amanhã é ___ e vamos ___ o dia na ___ do Dirceu.

❺ Sollen wir in die Stadt oder zum Wasserfall fahren?
___ pra cidade ou ___ ___?

Demokratie in Brasilien

Brasilien ist seit 1889 eine Republik, doch in der Anfangszeit regierten Oligarchen das Land, die nicht selten durch den Kaffeeanbau zu erheblichem Reichtum gekommen waren. Ab 1930 folgte die teilweise diktatorisch anmutende, durch die Militärs gestützte Herrschaft unter Getúlio Vargas, dem "Vater der Armen", die (mit einer kurzen Unterbrechung) bis 1954 dauerte, als das Land erstmalig mehr oder weniger demokratische Strukturen annahm. Doch bereits 1964 putschte das Militär erneut und blieb bis 1985 an der Macht. Erst danach zog in Brasilien eine echte Demokratie mit funktionierenden Wahlen und politischer Stabilität ein.

67 Sexagésima sétima aula

Festas Juninas

1 – "P**u**la a fogu**e**ira, i**ô**, i**ô** … ①

2 P**u**la a fogu**e**ira, i**á**, i**á** …

Solução do segundo exercício: As palavras que faltam.

❸ o – para a – ela ❹ feriado – passar – casa ❺ Vamos – pra cachoeira.

Der folgende Lektionstext ist im Dialekt des Nordostens geschrieben. Diese Region umfasst die Bundesstaaten Alagoas, Bahia, Ceará, Maranhão, Paraíba, Piauí, Pernambuco, Rio Grande do Norte und Sergipe. In diesem Dialekt werden Silben gerne verschluckt, **de** und **te** werden [*di*] und [*ti*] (und nicht [*dʃi*] und [*tschi*]) gesprochen, und das **r** wird seltener gerollt. Dafür spricht man langsamer als zum Beispiel im Süden des Landes.

Segunda onda: ative hoje a 17ª aula!

67. Lektion

Junifeste

1 – "Spring [über] das Lagerfeuer, jo, jo ...

2 Spring [über] das Lagerfeuer, ja, ja ...

ANMERKUNGEN

① **a fogueira** "das Lagerfeuer; der Scheiterhaufen" von **o fogo** "das Feuer". In Liedtexten (speziell des im Nordosten beliebten **Forró**) wird das Feuer stets mit Liebe, Leidenschaft und Freude gleichgesetzt. So wird oft ausgerufen **Pega fogo cabaré!** "Fange Feuer Kabarett/ Nachtclub!", um die Stimmung anzuheizen.

3 Cuidado para não se queima' ... ②
4 Olha que a fogueira já queimou o meu amo '!"
5 – Já tá chegando! ③
6 Olha a placa: Caruaru – vinte kilômetro'.
7 – Vixi Maria! Num 'guento mais! ④
8 Num vejo a hora de toma' um quentão daquele'!
9 – Vixi bichinha! Tu tá parecendo doida! ⑤ ⑥
10 – Tô não. Tu que tá muito mole.
11 Num vai nem 'guenta' dança' a quadrilha.
12 – Tá doida? Quadrilha eu num danço de jeito nenhum! ⑦
13 – Então eu danço com o Ednei.
14 – Oh! Pode dança' com quem tu quise'!
15 Eu é que num danço!
16 – E eu é que num fico sem dança'.

ANMERKUNGEN

② Viele Verben können rückbezügliche Formen bilden, z. B. **queimar** "(ver)brennen" → **queimar-se** "sich verbrennen", **olhar** "schauen, sehen" → **olhar-se** "sich anschauen, sich sehen": **Ela se olha no espelho**. "Sie sieht sich im Spiegel an".

③ Mit dem Gerundium (hier für **a gente**) kann auch die nahe Zukunft ausgedrückt werden: **Quando vocês estão chegando?** bzw. **Quando vocês vão chegando?** "Wann kommt ihr an?"

3 Vorsicht, dass du dich nicht verbrennst (für nicht sich brennen) ...

4 Schau, das Lagerfeuer hat schon meine Liebe verbrannt!"

5 – [Wir] kommen gleich an!

6 Schau [auf] das Schild: Caruaru – 20 Kilometer.

7 – Oh Mann! Ich halte es nicht mehr aus!

8 Keine Ahnung (nicht sehe die Stunde von nehmen), wann ich [endlich etwas] von diesem tollen Rumpunsch bekomme!

9 – Oh je! (kleine-Schlange♀!) Du scheinst verrückt zu sein!

10 – Bin ich nicht. Du [bist es], der sehr träge ist (weich).

11 Du wirst nicht mal (aushalten tanzen) die Quadrille tanzen können.

12 – Spinnst du? (ist verrückt♀?) Die Quadrille tanze ich auf keinen Fall (von Art♂ kein♂)!

13 – Dann tanze ich mit Ednei.

14 – Oh! Du kannst tanzen, mit wem du willst (möchten-werden-würde)!

15 Ich bin es, der nicht tanzt!

16 – Und ich bin die, die nicht ohne Tanzen sein kann.

④ Im Dialekt des Nordostens heißt es vor Verben **num** anstelle von **não**. Dafür verneint man häufig doppelt, indem man dem Verb **não** nachstellt: **Num sei não!** "Keine Ahnung!"

⑤ Ebenso wie **Nossa!** verwendet man Ausrufe wie **Vixi!** oder **Bicho!**, die Schrecken, Erstaunen oder Verwunderung ausdrücken können. Das Kosewort **bichinha** kann im Sinne von "Frechdachs" verwendet werden. Vorsicht: **a bicha** ist auch eine abwertende Bezeichnung für Homosexuelle.

⑥ Fast im ganzen Nordosten hört man häufiger **tu** als **você**, aber mit den Verben in der 3. Person: **Tu está aqui** anstelle von **Tu estás aqui** "Du bist hier".

⑦ **de jeito nenhum**: Das typisch brasilianische **o jeito** (oft auch **o jeitinho**) heißt "die Art, das Geschick, das Talent", nämlich etwas machbar zu machen, was eigentlich gar nicht geht: **Quem pode dar um jeitinho?** "Wer kann das möglich machen?" Alternativ sagt man für "das Unmögliche möglich machen" auch **quebrar o galho**, wörtlich "brechen der Zweig".

17 São Pedro que me perdoe, ⑧ ⑨

18 mas se meu marido num dança, eu danço!

19 Mesmo se for um forró daqueles bem arretado! ⑩

ANMERKUNGEN

⑧ Vor Namen mit Vokal oder **h** im Anlaut steht **Santo**, ansonsten **São**: **No Estado de São Paulo quatro cidades – Santo André, São Bernardo, São Caetano e Diadema – formam o ABCD**. "Im Staat São Paulo bilden vier Städte das [Industrieviereck] ABCD: Santo André, São Bernardo, São Caetano und Diadema."

Exercício 1: Você entende estas frases?

❶ Cuidado pra não se queimar com a fogueira. ❷ Até Caruaru faltam cinquenta kilômetros. ❸ Esta festa junina foi demais, mas faltou o quentão. ❹ Quando tu quiseres podemos dançar a quadrilha. ❺ O meu marido não quer dançar forró comigo.

Exercício 2: Complete as palavras que faltam!

❶ Keine Ahnung, wann ich zur Party kommen und mit dir tanzen werde.
Eu não ____ a hora de chegar __ festa e dançar ___ você.

❷ Mein Ehemann möge es mir verzeihen, aber ich werde seinen Rumpunsch trinken.
Meu marido que me ______, mas eu vou _____ o quentão ____.

❸ Sieh, ob du höher springen [kannst]. Du bist sehr träge.
Vê se ____ mais ____. Você está muito ____.

❹ Such ein Schild, um zu sehen, ob wir schon ankommen.
_______ uma _____ pra ver se já estamos ________.

❺ Vorsicht, dass du dich nicht verbrennst.
_______ ____ não se queimar.

17 Der Heilige Petrus möge es mir verzeihen,

18 auch (aber) wenn mein Mann nicht tanzt, ich tanze!

19 Selbst wenn (sein-werden-würde) es einer dieser heißen Forrós ist!

⑨ **perdoe**: regelmäßiges Präsens Konjunktiv von **perdoar** "verzeihen". Ebenso: **aperfeiçoar** "verbessern, vollenden"; **atordoar** "angeschlagen sein"; **coroar** "krönen"; **desabotoar** "aufknöpfen"; **enjoar** "Übelkeit verursachen"; **soar** "klingen, ertönen".

⑩ **arretado** "erregt; großartig, super, toll". Im Nordosten bezeichnet es auch eine mutige Person (als Synonym zu **cabra-da-peste** "Teufelskerl"), es heißt aber auch "irritiert, verwirrt" oder sogar "stocksauer": **Eu tô arretado com aquela sacanagem.** "Ich bin stocksauer wegen dieser Schweinerei."

Solução do primeiro exercício: Você entendeu?

❶ Vorsicht, dass du dich nicht (für nicht sich verbrennen) am Lagerfeuer verbrennst. ❷ Bis Caruaru sind es [noch] (fehlen) 50 Kilometer. ❸ Dieses Junifest war der Hit (zu-viel), aber es gab keinen Rumpunsch. ❹ Wenn du möchtest (möchten-werden-würdest), können wir die Quadrille tanzen. ❺ Mein Mann möchte nicht mit mir Forró tanzen.

Solução do segundo exercício: As palavras que faltam.

❶ vejo – na – com ❷ perdoe – tomar – dele ❸ pula – alto – mole ❹ Procura – placa – chegando ❺ Cuidado para.

Feiertage

In Brasilien begeht man alle großen katholischen Feiertage; darüber hinaus gibt es noch die **Festas Juninas** "Junifeste" (**junho** "Juni"), bei denen man den Heiligen **Santo Antônio**, **São João**, **São Pedro** huldigt. Am Gedenktag für **São João** (23.6.) wird das Johannisfeuer entfacht. Zu allen Arten von Festen gehört Musik; die beliebtesten Tanzstile sind **Forró**, **Pagode** oder **Samba**, während der **Bossa Nova** und die **Música Popular Brasileira** (kurz MPB) besonders wegen ihrer tiefgründigen Texte beliebt sind. Zentrum des **Forró** ist die im Bundesstaat **Pernambuco** gelegene Stadt **Caruaru**.

Segunda onda: ative hoje a 18ª aula!

68 Sexagésima oitava aula

Da Tijuca à Urca ①

1 – Psiu! Moço! Ô, moço!

2 Cê poderia me dar uma informação?

3 Tô perdidona. ②

4 Preciso ir pra Urca,

5 mas eu não tenho a menor ideia como é que eu chego lá. ③

6 – Mas você tá perdida mesmo, aí!

7 Deixa eu ver como é que eu posso te explicar... ④

8 Aí! Você vai andando aqui, toda vida. ⑤ ⑥

ANMERKUNGEN

① Nun folgt eine Lektion im Dialekt von Rio de Janeiro. Die Einwohner Rios – **cariocas** genannt – sprechen das **s** am Wortende oder vor einem Konsonanten fast immer als [*sch*] (wie in Schatz) und rollen das **r** häufig nicht, sondern artikulieren es weit hinten in der Kehle.

68. Lektion

Von Tijuca nach Urca

1 – Psst! Junger Mann! He, junger Mann!

2 Könnten Sie mir eine Information geben?

3 Ich bin total verloren.

4 Ich muss nach Urca fahren,

5 aber ich habe nicht die geringste (die kleiner) Idee, wie ich dorthin komme.

6 – Na, da bist du aber wirklich verloren!

7 Lass mich [mal] sehen, wie ich dir [das] erklären kann ...

8 Also: Du gehst hier immer geradeaus (ganz♀ Leben♀).

② **perdidona**: bedeutungsverstärkende Form des Partizip Perfekts **perdida** "verloren". Diese weibliche Form auf -**ona** kann auch ausgehend von Adjektiven oder Substantiven gebildet werden: **choro** "Weinen" → **chorona** "Heulsuse" (männliche Form **chorão**).

③ **menor**: Steigerungsstufe von **pequeno** "klein", nicht zu verwechseln mit **menos** "weniger". Die entsprechende Form von **grande** "groß" ist **maior** "größer". Zwar hört man umgangssprachlich auch **mais pequeno** und **mais grande**, grammatikalisch ist dies aber falsch!

④ Unter jungen Leuten sind die Formen für "du" in Rio sehr üblich. Hier hört man häufig **tu** anstelle von **você** und **te** anstelle von **o**, **a** bzw. **lhe**.

⑤ **Aí** ist ein beliebter Ausruf der **cariocas**, der mit "also, aha, dann, nun; eben" übersetzt werden kann.

⑥ **toda vida** "das ganze Leben" bedeutet einfach, dass man einem Weg relativ lange folgen muss. Blumige Umschreibungen dieser Art sind sehr üblich.

9 Quando chegar ali na frente tem a estação terminal do metrô da Tijuca, morô? ⑦ ⑧

10 Você vai andando, assim, uns quatro quarteirões.

11 Depois tem a praça Saens Peña. ⑨

12 Aí, você pega o metrô e salta na estação de Botafogo. ⑩

13 Aí você vai pegar a direção da praia de Botafogo.

14 Na praia, lá na frente do shopping tem um ponto de ônibus.

15 Aí, você apanha o ônibus escrito Urca. ⑪ ⑫

16 Eu acho que só tem duas linhas que vão pra lá.

17 Não tem errada. ⑬

18 Quando o ônibus pára no Pão de Açúcar, você não desce.

19 Onde você quer ir me'mo?

20 – Quero ir pro Forte Estácio de Sá.

21 – Aí! Então você vai pro ponto final.

ANMERKUNGEN

⑦ **na frente** heißt "gegenüber", wird aber auch im Sinne von "vor, vorne" bzw. "davor" benutzt: **Aí na frente tem um shopping.** "Da vorne gibt es ein Einkaufszentrum."

⑧ **morô?** fragt nach einer Bestätigung. Man könnte auch **Tá?** "Ist das klar?"; **Entendeu?** "Verstanden?" oder **Valeu?** "Gilt es?" sagen. Häufig stellen Brasilianer auch ... **falou?** "... abgemacht?" oder ... **viu?** "... siehst du?" ans Satzende.

⑨ **Roque Sáenz Peña** (bras. Name **Saens Penha**) gilt als Vater der Demokratie Argentiniens. Er war von 1910-1914 Präsident seines Landes, und auch in Brasilien sind einige Plätze und Straßen nach ihm benannt.

9 Wenn du dort ankommst (ankommen-werden-würde), ist gegenüber die U-Bahn-Endhaltestelle Tijuca, alles klar?

10 Du gehst so etwa vier Häuserblöcke weiter.

11 Danach kommt der Saens Peña Platz.

12 Dort nimmst du nun die U-Bahn und steigst (spring) an der Station Botafogo aus.

13 Dann nimmst du die Richtung zum Strand von Botafogo.

14 Am Strand, dort gegenüber vom Einkaufszentrum, ist eine Bushaltestelle.

15 Dort nimmst du dann den Bus, [auf dem] Urca geschrieben [steht].

16 Ich glaube, dass es nur zwei Linien gibt, die dorthin fahren.

17 Man kann nichts falsch machen. (nicht hat falsch♀.)

18 Wenn der Bus am Zuckerhut anhält, steigst du nicht aus.

19 Wohin genau (wirklich) möchtest du fahren?

20 – Ich möchte zur Festung Estácio de Sá fahren.

21 – Aha! Dann fährst du bis zur Endhaltestelle.

⑩ **saltar** "hüpfen, springen" wird hier umgangssprachlich anstelle von **descer** "aussteigen" verwendet. **saltar** kann genau wie das bereits bekannte **pular** "hüpfen, springen" verwendet werden.

⑪ **apanhar** hat viele Bedeutungen; in diesem Satz wird es synonym zu **pegar** verwendet.

⑫ **escrito** ist das unregelmäßige Partizip Perfekt von **escrever** "schreiben". Merken Sie sich dazu **a escrita** "die Schrift, das Schriftstück", **a escritura** "die Urkunde", **o escritório** "das Büro, das Arbeitszimmer; die Kanzlei".

⑬ Das Partizip Perfekt **errado** "falsch, unrecht" ist von **errar** "Fehler machen; sich irren" abgeleitet. Dazu gehört auch **o erro** "der Fehler". **Você tá errado.** "Du irrst dich."

Exercício 1: Você entende estas frases?

❶ Quando você chegar na frente do restaurante me telefona. ❷ Pra ir até a Tijuca você tem que apanhar um ônibus e depois pegar o metrô. ❸ Eu acho que só tem dois quarteirões até a casa da Ana. ❹ Moço, eu preciso pegar o metrô mas não sei onde é. ❺ Esta mulher está mesmo perdidona. ❻ Ela está procurando o Pão de Açúcar em São Paulo!

Exercício 2: Complete as palavras que faltam!

❶ Ich habe nicht die geringste Idee, wie man Wein herstellt (macht).
Eu não ___ a ___ ideia ___ ___ se faz o vinho.

❷ Du gehst hier entlang, bis du gegenüber einem Platz ankommst.
Você vai andando por ___ até ___ na ___ de uma praça.

❸ Wir sind an der Busendhaltestelle, wir müssen aussteigen.
Estamos no ___ ___ do ___, temos que saltar.

❹ Du nimmst den Bus, [auf dem] Botafogo geschrieben [steht] und steigst am Strand aus.
Você ___ o ônibus ___ Botafogo e ___ na praia.

❺ Wann kann ich dich zur Festung mitnehmen?
Quando é que eu ___ te ___ ___ o forte?

69 Sexagésima nona aula

Feira de utilidades domésticas

1 – Bom dia.

Solução do primeiro exercício: Você entendeu?

① Wenn du vor dem Restaurant ankommst, ruf mich an. ② Um nach Tijuca zu fahren, musst du einen Bus und danach die U-Bahn nehmen. ③ Ich glaube, dass es nur zwei Häuserblöcke bis zu Annas Haus sind. ④ Junger Mann, ich muss die U-Bahn nehmen, weiß aber nicht, wo [sie] ist. ⑤ Diese Frau ist wirklich total verloren. ⑥ Sie sucht den Zuckerhut in São Paulo!

Solução do segundo exercício: As palavras que faltam.

❶ tenho – menor – de como ❷ aqui – chegar – frente ❸ ponto final – ônibus ❹ pega – escrito – desce ❺ posso – levar até.

Tijuca und Urca

Der Nationalpark **Tijuca** in **Rio de Janeiro** bietet diverse Aussichtspunkte, Wanderwege, Höhlen und sogar Wasserfälle. Die beiden höchsten Erhebungen sind die **Pedra da Gávea** und **Pico da Tijuca**. Auch das Wahrzeichen Rios, der **Corcovado**, die Christus-Statue, befindet sich in dem Park. **Urca** ist ein südlicher Stadtteil Rio de Janeiros am Fuße des Zuckerhuts. Von hier fährt der **Bondinho**, die Seilbahn, hinauf auf den Zuckerhut. Außerdem ist hier der berühmte **Praia Vermelha** "Roter Strand" und die nach dem Stadtgründer **Estácio de Sá** (1520-1567) benannte Festung.

Segunda onda: ative hoje a 19ª aula!

69. Lektion

Messe für Haushaltswaren

1 – Guten Tag.

2 – Bom dia. Como o senhor se chama? ①

3 – Lucas Almeida Santini.

4 – O senhor é expositor?

5 Qual é a empresa?

6 – Sou o diretor de marketing da Brilho Máximo produtos de limpeza Limitada. ② ③

7 – O senhor tem um cartão de visita?

8 – Tenho sim.

9 – O senhor pode me dar um para fazermos o cadastro? ④

10 – E o meu crachá?

11 – Depois que o cadastro estiver pronto, lhe entregamos o crachá. ⑤

12 – Enquanto isso, eu posso saber onde é o meu stand? ⑥ ⑦ ⑧

ANMERKUNGEN

① **Como você se chama?** ist ein Synonym zu **Qual é o seu nome?** "Wie ist Ihr Name?". Sie kennen **chamar-se** "sich nennen" bereits als rückbezügliche Form von **chamar** "rufen".

② **Máximo**: unregelmäßiger Superlativ von **grande** "groß". **Máximo** kann auch "spätestens; perfekt, spitze" heißen. **No máximo, a gente chega daqui a duas horas.** "Wir kommen spätestens in zwei Stunden an."; **Esse professor é o máximo.** "Dieser Professor ist spitze."

2 – Guten Tag. Wie heißen Sie?

3 – Lukas Almeida Santini.

4 – Sind Sie Aussteller?

5 Welche Firma?

6 – Ich bin Marketingleiter der Brilho Maximo Reinigungsprodukte (Glanz♂ größter♂ Produkte♂♂ von Sauberkeit♀) GmbH.

7 – Haben Sie eine Visitenkarte?

8 – Ja, habe ich.

9 – Können Sie mir eine geben, damit wir Sie ins Verzeichnis eintragen (für machen-wir der Verzeichnis)?

10 – Und mein Namensschild?

11 – Sobald (danach dass) der [Eintrag im] Verzeichnis fertig ist (sein-werden-würde), geben wir Ihnen das Namensschild.

12 – Kann ich in der Zwischenzeit (solange dieses) erfahren (wissen), wo mein Stand ist?

③ In Firmennamen wird **Limitada** meist durch **Ltda.** "GmbH" abgekürzt. Die komplette Rechtsform heißt **Sociedade Anônima de Responsabilidade Limitada (S.A.R.L)**.

④ Im äußerst bürokratischen Brasilien unterscheidet man zwischen **o cadastro** "Verzeichnis (administrativ)", **a matrícula** "Anmeldeformular, Immatrikulation" und **o registro** "Eintragung, Register, Verzeichnis".

⑤ Bei **estiver** handelt es sich um den Konjunktiv Futur von **estar** "sein": **estiver**, **estiveres**, **estiver**, **estivermos**, **estiverdes**, **estiverem**.

⑥ **Enquanto isso**: **enquanto** kennen Sie in der Bedeutung "solange, während"; **por enquanto** heißt dagegen "im Moment".

⑦ Die Demonstrativpronomen haben die neutralen Formen **isto**, **isso**, **aquilo**. Sie werden verwendet, wenn man sich stellvertretend auf ein Substantiv bezieht, z. B. **O que é isso?** "Was ist das da?". Man findet außerdem **isto é** "das heißt".

⑧ Brasilianer haben Schwierigkeiten, **sp-** oder **st-** am Wortanfang zu sprechen. Meistens klingt davor ein **e** mit: **esp-** oder **est-**. **Stand** "(Messe-)Stand" klingt folglich wie [*ißta*^{n}*dschi*].

13 – Nós já lhe informaremos. ⑨

14 O senhor só pode ir até lá acompanhado por um de nós.

15 – Por quê?

16 – Porque preferimos lhe mostrar o acesso mais fácil e rápido. ⑩

17 E verificar, com o senhor, se as instalações foram bem feitas.

18 – Muito obrigado. Eu volto mais tarde. ⑪

Exercício 1: Você entende estas frases?

❶ Eu sou expositor, a senhora pode me dar o meu crachá? ❷ Os stands não estão prontos. ❸ Eu sou diretor de uma empresa de produtos de limpeza. ❹ Para que o senhor possa entrar na feira, precisamos fazer um cadastro. ❺ Estou precisando de uns cartões de visita.

Exercício 2: Complete as palavras que faltam!

❶ Kann ich, solange ich warte, den Häuserblock kennen [lernen]?
... eu ..., eu posso conhecer o ...?

❷ Ich habe diese Reinigungsprodukte auf der Messe für Haushaltswaren gekauft.
Eu comprei estes ... de ... na feira de utilidades ... .

❸ Welcher ist der schnellste Zugang, um ins MASP zu kommen?
... é o ... mais ... para chegar no MASP?

❹ Ein Marketingleiter muss immer eine Visitenkarte zur Hand haben.
Um ... de marketing ... ter sempre à mão um ... de visita.

13 – Wir werden Sie gleich informieren.

14 Sie können nur in Begleitung (begleitet durch) von einem von uns dorthin gehen.

15 – Warum?

16 – Weil wir es vorziehen, Ihnen den einfachsten und schnellsten Zugang zu zeigen.

17 Und [um] mit Ihnen zu überprüfen, ob alles richtig installiert wurde (Installationen♀♀ waren gut gemacht♀♀).

18 – Vielen Dank. Ich komme später wieder.

ANMERKUNGEN

⑨ **informar** steht mit dem Dativ (hier in der 3. Pers. Sg. **lhe** "ihm, ihr"), auch wenn wir es mit dem Akkusativ übersetzen. Sie wissen bereits, dass **lhe** auch "dir, Ihnen" heißen kann, wenn man sein Gegenüber mit **você** anredet.

⑩ **rápido** "schnell" hat das Gegenstück **devagar** "langsam".

⑪ Wie Sie sehen, können **mais** "mehr" und **menos** "weniger" auch vor Adverbien stehen: **mais tarde** "später" und **mais cedo** "früher".

Solução do primeiro exercício: Você entendeu?

❶ Ich bin Aussteller, können Sie mir mein Namensschild geben? ❷ Die Stände sind nicht fertig. ❸ Ich bin Direktor einer Firma für Reinigungsprodukte. ❹ Damit Sie auf die Messe können (eintreten in-die Messe), müssen wir [Sie] ins Verzeichnis eintragen (machen ein Verzeichnis). ❺ Ich brauche einige Visitenkarten.

❺ Hier ist Ihr Namensschild.
Aqui está o seu ______.

❻ Wir werden Sie jetzt zum Stand begleiten.
Agora vamos ________ - __ ___ o stand.

Solução do segundo exercício: As palavras que faltam.

❶ Enquanto – espero – quarteirão ❷ produtos – limpeza – domésticas ❸ Qual – acesso – rápido ❹ diretor – deve – cartão ❺ crachá ❻ acompanhá-lo – até.

Segunda onda: ative hoje a 20ª aula!

70 Septuagésima [*ßäptuaĵäsima*] aula

Revisão e anotações

1. Pronomen

In dieser Wiederholungslektion gehen wir speziell auf die Personalpronomen der 3. Person im Dativ und auf die Pronomen bei rückbezüglichen Verben ein.

1.1 Personalpronomen im Dativ

Die Formen des Dativs in der 3. Person im Dativ lauten wie folgt...

lhe (Sg. ♂ und ♀)
lhes (Pl. ♂ und ♀)

Alle anderen Personen sind mit denen des Akkusativs (**me**, **te**, **nos**, **vos**; s. Lektion 42) identisch:

O carteiro lhe entregou uma carta postal.
"Der Briefträger hat ihm/ihr eine Postkarte übergeben."
Ele lhes contava sempre da riqueza do rei.
"Er erzählte ihnen immer vom Reichtum des Königs."
Eu disse-lhes que não estava em casa.
"Ich habe ihnen gesagt, dass er nicht zu Hause sei/war."
Eu te escrevo uma carta do Brasil.
"Ich schreibe dir einen Brief aus Brasilien."

1.2 Pronomen bei rückbezüglichen Verben

Rückbezügliche (reflexive) Verben stehen immer mit den Pronomen **me**, **te**, **se**, **nos**, **vos** oder **se**. Diese befinden sich im gesprochenen Brasilianisch und bei der Verneinung stets vor der Verbform, im Infinitiv jedoch immer **dahinter**. Betrachten Sie dazu das folgende Beispiel:

lembrar-se "sich erinnern"	
eu	(não) **me lembr*o***
tu	(não) te lembr*as*
ele / ela / você...	(não) **se lembr*a***
nós	(não) **nos lembr*amos***
vós	(não) vos lembr*ais*
eles / elas / vocês...	(não) **se lembr*am***
... **o senhor / a senhora / a gente** (Sg.) bzw. **os senhores / as senhoras** (Pl.)	

70. Lektion

In der Schriftsprache können die Pronomen auch direkt dem Verb nachgestellt werden. Die entsprechenden Formen lauten dann:

Indikativ	Präsens	Imperfekt	Perfekt
eu	**lembro-me**	**lembr*ava*-me**	**lembr*ei*-me**
tu	lembr*as*-te	lembr*avas*-te	lembr*aste*-te
ele / ela / você...	**lembr*a*-se**	**lembr*ava*-se**	**lembr*ou*-se**
nós	**lembr*amo*-nos**	**lembr*ávamo*-nos**	**lembr*amo*-nos**
vós	lembr*ais*-vos	lembr*áveis*-vos	lembr*astes*-vos
eles / elas / vocês...	**lembr*am*-se**	**lembr*avam*-se**	**lembr*aram*-se**
...**o senhor / a senhora / a gente** (Sg.) bzw. **os senhores / as senhoras** (Pl.)			

Konjunktiv	Präsens	Imperfekt
eu	**lembr*e*-me**	**lembr*asse*-me**
tu	lembr*es*-te	lembr*asses*-te
ele / ela / você...	**lembr*e*-se**	**lembr*asse*-se**
nós	**lembr*emo*-nos***	**lembr*ássemo*-nos***
vós	lembr*eis*-vos	lembr*ásseis*-vos
eles / elas / vocês...	**lembr*em*-se**	**lembr*assem*-se**
...**o senhor / a senhora / a gente** (Sg.) bzw. **os senhores / as senhoras** (Pl.)		

Imperativ	Singular		Plural
eu	*entfällt*	**nós**	**lembr*emo*-nos***
tu	lembr*a*-te	vós	lembr*ai*-vos
ele / ela / você...	**lembr*e*-se**	**eles / elas / vocês...**	**lembr*em*-se**
...**o senhor / a senhora / a gente** (Sg.) bzw. **os senhores / as senhoras** (Pl.)			

* In der 1. Person Plural fällt das **-s** vor dem Pronomen **nos** weg!

Gerundium gerúndio:
lembrando-te, **-se**, **-nos**, -vos, **-se**

1.3 se als Reflexivpronomen

Viele Verben kennen einfache und rückbezügliche Formen. Vergleichen Sie z. B.:

Sento-me. "Ich setze mich."
Senta a criança no colo do pai.
"Sie setzt das Kind auf den Schoß des Vaters."

Você se olha no espelho. "Du schaust dich im Spiegel an."
Ele olha o mar. "Er schaut das Meer an."

Ele se pergunta se está feliz. "Er fragt sich, ob er glücklich ist."
Ele pergunta ao aluno onde mora.
"Er fragt den Schüler, wo er wohnt."

Divirta-se. "Amüsieren Sie sich gut; Haben Sie Spaß/Amüsier dich gut; Hab Spaß" (mit **você**).
Ele gosta de divertir os amigos.
"Er mag es, die Freunde zu unterhalten."

Rückbezügliche Verbformen werden verwendet...

- ... bei Verben, die nur rückbezüglich vorkommen, z. B. solchen, die Gefühlszustände ausdrücken:
  queixar-se "sich beschweren"; **alegrar-se** "sich freuen"; **zangar-se** "sich ärgern"; **arrepender-se** "bereuen" usw.
- ... bei Beschreibungen von Verben der Gegenseitigkeit:
  amam-se "sie lieben sich (gegenseitig)";
  apaixonaram-se "sie haben sich (ineinander) verliebt";
  olharam-se "sie haben sich (gegenseitig) angesehen";
  convidaram-se "sie haben sich (gegenseitig) eingeladen".
- ... bei der Entsprechung des deutschen "man":
  Procura-se cozinheiro. "Man sucht einen Koch."/"Koch gesucht."
  Alugam-se casas. "Man vermietet Häuser."/"Häuser zu vermieten."
  (**alugar** "vermieten" steht hier wie **casas** "Häuser" im Plural.)
- ... bei Passivformen wie:
  Organizou-se uma festa de arromba.
  "Es wurde eine Bombenparty organisiert."

2. Übersicht über die Präpositionen

Zu Referenzzwecken finden Sie hier eine Liste aller in diesem Kurs vorkommenden Präpositionen:

a "nach, zu"
antes "vor"
apesar de "trotz"
após / depois de "nach"
até "bis"
em cima de "auf, über"
em frente de "vor"
entre "zwischen"
fora de "außerhalb von"
na frente de "gegenüber von, vor"

atrás de "hinter"
com "mit"
contra "gegen"
de "aus, von"
debaixo de "unter/-halb von"
dentro "in, innen, drinnen"
desde "seit"
em "in"
para "für, nach, zu"
perto de "bei"
por "durch, für"
por causa de "da, wegen"
sem "ohne"
salvo "außer"
sob "unter"
sobre "auf, über"

3. Übersicht über die Konjunktionen

Zu Referenzzwecken finden Sie hier eine komplette Liste aller in diesem Kurs vorkommenden Konjunktionen:

3.1 Koordinierende (nebenordnende) Konjunktionen

Sie verbinden Hauptsätze oder einzelne Satzglieder, die im Satz dieselbe Funktion ausüben:

e "und"
mas "aber"
nem "weder, noch"
ou "oder"
pois "also, nun, denn"
porém "jedoch"
quer… quer "ob … oder"

3.2 Subordinierende (unterordnende) Konjunktionen

Diese verbinden Haupt- mit Nebensätzen:

antes que "bevor"
assim que "sobald"
até que "bis"
depois que "nachdem"
desde que "seitdem"
enquanto "während"
porque "weil"
quando "wenn"
que "dass"
se "falls, wenn"
sempre que "immer wenn"
talvez "vielleicht"

4. Exercício de compreensão e de expressão

Exercício 1: Você entende estas frases?

① O que é que você vai fazer amanhã? ② Amanhã? Domingão? O de sempre. ③ Eu descobri um forró excelente. ④ Fui com a Marina na semana passada. ⑤ Obrigado, mas eu prefiro fazer o de sempre: ⑥ ver meu jogo de futebol, ir comer uma pizza e voltar pra casa. ⑦ Deixa de ser mole! ⑧ Mole? Eu? ⑨ E os 15 kilômetros que eu corro? ⑩ Vamos lá! ⑪ A Marina falou que só vai se você e a Rita forem. ⑫ A Rita está viajando, ela foi pra Recife. ⑬ Não faz mal, convida a Carlinha. ⑭ Você tá doido?

Solução do primeiro exercício: Você entendeu?

① Was wirst du morgen machen? ② Morgen? Sooooonntag? Wie immer (der von immer). ③ Ich habe einen ausgezeichneten Forró[Club] entdeckt. ④ Ich bin letzte Woche mit Marina [dorthin] gegangen. ⑤ Danke, aber ich ziehe es vor, [es] wie immer zu machen: ⑥ mein Fußballspiel sehen, eine Pizza essen gehen und nach Hause zurückkehren. ⑦ Hör auf, [so] träge zu sein! (lass von sein träge!) ⑧ Träge? Ich? ⑨ Und die 15 Kilometer, die ich laufe? ⑩ Gehen wir (dorthin)! ⑪ Marina hat gesagt, dass sie nur [mit]geht, wenn du und Rita mitkommen (gehen-werden-würden). ⑫ Rita ist gerade auf Reisen, sie ist nach Recife gefahren. ⑬ Das macht nichts, lade Carlina ein. ⑭ Bist du verrückt?

Falls Sie in der nächsten Zeit eine Reise nach Brasilien planen, so sind Sie sprachlich für Unterhaltungen in Alltagssituationen schon gut gerüstet. Auch sonst werden Sie bei Ihrer Ankunft überall Bekanntes aufschnappen. Bestimmt können Sie auch Schilder, Hinweise und Plakate lesen und verstehen.

71 Septuagésima primeira aula

Paquera em cores

1 – Solange! Olha só aquele gatinho! ①

2 – Onde?

3 – Na tua direita. ②

4 Parece um deus grego!

5 – No meu lado direito? Onde?

ANMERKUNGEN

① Hier wird **só** "nur" wieder idiomatisch verwendet, so wie unser "mal": **Olha só!** "Schau mal!"

Segunda onda: ative hoje a 21ª aula!

71. Lektion

Bunter Flirt

1 – Solange! Schau dir mal diesen gut aussehenden Typ an (Katerchen)!

2 – Wo?

3 – Rechts von dir. (in-die dein♀ rechte-Seite♀.)

4 Er sieht aus [wie] ein griechischer Gott!

5 – Rechts von mir? (in-der mein♂ Seite♂ rechts♂?) Wo?

② Merken Sie sich auch **esquerdo** [*ißkärdu*] "linker, -e, -es", **à esquerda** "nach links", **reto** "geradeaus": **Você vira à direita e segue reto.** "Du biegst nach rechts ab und gehst weiter geradeaus."

6 – Na m**e**sa do l**a**do. **O**lha discretam**e**nte. ③

7 – Tem um m**o**nte de g**e**nte n**e**ssa m**e**sa.

8 – **E**le est**á** de m**a**lha az**u**l. ④ ⑤

9 – O l**o**iro, de **ó**culos esc**u**ros? ⑥

10 – N**ão**, o mor**e**no de cab**e**los chache**a**dos e **o**lhos pr**e**tos. ⑦ ⑧

11 – **E**u só v**e**jo um moren**a**ço de cab**e**los l**i**sos. ⑨

12 – Ent**ão** **o**lha dir**e**ito. ⑩

13 – Ser**i**a, por ac**a**so, aqu**e**le que est**á** v**i**ndo na n**o**ssa direç**ão**?

14 – **A**i, é **e**le… ⑪

15 – V**a**mos sa**i**r daqu**i**! Que az**a**r!

16 – Por qu**ê**?

ANMERKUNGEN

③ Adverbien bildet man mit der weiblichen Adjektivform + **-mente**: **discreta** "diskret" → **discretamente**. Neutrale Adjektive erhalten nur die Endung **-mente: feliz** → **felizmente**.

④ Eigentlich müsste man sagen: **Ele está vestido de malha azul**, doch **vestido** (**vestir** "anziehen, (Kleidung) tragen") ist unmissverständlich und wird in der Alltagssprache weggelassen.

⑤ **azul** "blau" ist zugleich männlich und weiblich; im Plural wird es zu **azuis**. Sie können auch sagen **Tudo azul!** "Alles paletti!", alternativ zu **Tudo bem!**

6 – Am Nebentisch. (in-die Tisch von-der Seite.) Sei (schau) diskret.

7 – Es sind so viele (hat ein Berg♂) Leute an diesem Tisch.

8 – Er trägt (er ist von) eine blaue Strickjacke.

9 – Der Blonde mit der Sonnenbrille (von Brillen♂♂ dunkel♂♂)?

10 – Nein, der Dunkle mit den gelockten Haaren und den dunklen Augen (schwarz♂♂).

11 – Ich sehe nur einen sehr dunklen [Typ] mit glatten Haaren.

12 – Dann schau richtig [hin].

13 – Ist das vielleicht (würde-sein) der, der [gerade] auf uns zukommt (in-die unsere♀ Richtung♀)?

14 – Genau, das ist er ...

15 – Lass uns weggehen (von-hier)! Was für ein Pech!

16 – Warum?

⑥ **os óculos** "die Brille" wird nur im Plural verwendet. "Sonnenbrille" heißt neben **óculos escuros** auch **óculos de sol**.

⑦ **moreno/-a** steht für "dunkel" als Hautfarbe. Merken Sie sich auch **castanho** "braun" (für Haare und Haut) und **bronzeado** "gebräunt".

⑧ Der feine, aber wichtige Unterschied zwischen **o olho preto** "das schwarze Auge" und **o olho negro** "das böse Auge": **negro** hat häufig – anders als das neutrale **preto** – die Bedeutung "bösartig, düster".

⑨ **-aço** / **-aça** kann an Substantive oder Adjektive angehängt werden; es verleiht ihnen (ähnlich wie **-ão**) Nachdruck oder steigert sie; manchmal kann eine gewisse Übertreibung mitklingen: **o gol** "das Tor" → **o golaço** "das Wahnsinnstor".

⑩ **direito** kennen Sie als Richtungsadjektiv: **o braço direito** "der rechte Arm". In diesem Fall hat **direito** aber die Bedeutung "richtig, recht", z. B. auch in **Fala direito!** "Sprich richtig!" Vgl. dazu **direitinho** "ganz richtig".

⑪ **Ai** "Au" hat hier die Bedeutung "genau" bzw. "Ach herrje".

17 – **E**ste é o ex-namor**a**do da Dr**i**ca.
18 **E**les desmanch**a**ram já faz t**e**mpo, (12)
19 mas **e**la a**i**nda est**á** ligad**í**ssima n**e**le!
20 – Quer diz**e**r ent**ã**o que f**o**i **e**le que d**e**u o f**o**ra?!
21 – N**ã**o imp**o**rta. V**a**mos emb**o**ra!

Exercício 1: Você entende estas frases?

❶ Eu tenho muitas coisas pra fazer. ❷ Este carro está quase desmanchado. ❸ A namorada do Rui tem olhos azuis e cabelos loiros. ❹ Não esqueça de levar uma malha, vai fazer frio. ❺ Olhe bem naquela direção.

Exercício 2: Complete as palavras que faltam!

❶ Die Blonde mit den blauen Augen befindet sich (ist) links von dem dunklen [Typ] mit der schwarzen Strickjacke.
A … de olhos azuis está à … do moreno de malha … .

❷ Apollo war ein griechischer Gott, aber man sagt (sagen), dass er nicht so schön war.
Apólo era um deus …, mas … que … não era tão bonito assim.

❸ Drica und ich haben Schluss gemacht; jetzt sind wir nur Freunde.
A Drica e eu …; … somos só … .

❹ Lass uns diskret hier hinausgehen.
Vamos … … discretamente.

❺ Cassian und Karl kommen schon; sie sollten (sollen) in etwa (von-hier) zehn Minuten ankommen.
O Cassiano e o Carlos já estão …; eles … … daqui a dez minutos.

17 – Das ist der Ex-Freund von Drica.
18 Sie haben sich schon vor Längerem getrennt (macht Zeit♂),
19 aber sie steht immer noch sehr auf ihn (ist sehr-verbunden♀ in-er)!
20 – Das heißt, dass er es war, der Schluss gemacht hat (gab der außen)?!
21 – Das ist unwichtig. Lass uns gehen!

ANMERKUNGEN

⑫ **desmanchar** bedeutet "auseinander fallen/nehmen", wird aber auch im Sinne von "sich trennen, Schluss machen" verwendet.

Solução do primeiro exercício: Você entendeu?

❶ Ich habe viele Dinge zu tun. ❷ Dieses Auto fällt fast auseinander. ❸ Ruis Freundin hat blaue Augen und blonde Haare. ❹ Vergiss nicht, eine Strickjacke mitzunehmen, es wird kalt werden (geht machen kalt♂). ❺ Schau richtig (gut) dorthin (in-jene Richtung♀).

Solução do segundo exercício: As palavras que faltam.

❶ loira – esquerda – preta ❷ grego – dizem – ele ❸ desmanchamos – agora – amigos ❹ sair daqui ❺ vindo – devem chegar.

Melting-Pot Brasilien

Den "typischen" Brasilianer gibt es nicht, denn im Einwanderungsland Brasilien vermischen sich Menschen aller Hautfarben und Ethnien. Ob **cafuzos** (Indigene/Farbige), **caboclos** (Indigene/Weiße bzw. Mestizen) oder Hautfarben wie **pardo** "braun", **moreno** "dunkel", **café com leite** "milchkaffeefarben" – viele Brasilianer sind stolz auf ihre gemischte Herkunft und bezeichnen sich gerne selbst ironisch als **vira-lata** "Straßenköter". Kulturelle Markenzeichen wie der Samba, der Kampftanz Capoeira und die Spiritismusform Candomblé stammen ursprünglich von in der Kolonialzeit nach Brasilien verbrachten Sklaven.

Segunda onda: ative hoje a 22ª aula!

72 Septuagésima segunda aula

Música da propaganda... Opa! Música do Pixinguinha!

1 – Sô, lembra daquela música da propaganda de iogurte pra criança? ①

2 – Qual?

3 – Aquela assim ó: ②

4 "Meu coração... Não sei por que

5 Bate feliz quando te vê... ③

6 E os meus olhos ficam sorrindo

7 E pelas ruas vão te seguindo ④

8 Mas mesmo assim foges de mim. Nan Nan Nan Nan Nan Nan Nan Nan ..." ⑤ ⑥

ANMERKUNGEN

① **música** "Musik, Musikstück", umgangssprachlich "Lied" (häufiger als **a canção** "das Lied"): **Você gostou daquela música do Chico?** "Hat dir dieses Lied von Chico [Buarque] gefallen?" "Singen" heißt **cantar**, "der/die Sänger/in" (**o/a cantor**(**a**)).

② Das Füllwörtchen **ó** steht häufig ähnlich wie unser "da, mal; noch": **Não fala assim ó!** "Sprich mal nicht so!", **Como foi ó?** "Wie war das noch mal?"

[Ein] Lied aus der Werbung ... He! [Ein] Lied von Pixinguinha!

1 – So, erinnerst du [dich] an dieses Lied aus der Jogurtwerbung für Kinder?

2 – Welches?

3 – Das da: (jenes so da:)

4 "Mein Herz ... Ich weiß nicht, warum

5 [Es] schlägt glücklich, wenn es dich sieht ...

6 Und meine Augen lächeln (bleiben lächelnd)

7 Und folgen dir durch die Straßen (gehen dir folgend)

8 Aber selbst so fliehst du vor mir. Nan Nan Nan Nan Nan Nan Nan Nan ..."

③ Hier steht (eigentlich nicht ganz korrekt) **feliz** statt **felizmente**. In der Umgangssprache weichen Adverbien oft zugunsten von Adjektiven: **Ele bate forte o tambor.** "Er schlägt die Trommel stark."

④ **seguindo**: Gerundium von **seguir** "folgen", nicht zu verwechseln mit **seguinte** "folgender, nächster", **segundo** "Sekunde; zweiter, -e, -es; nach, laut, gemäß": **Vou te dizer o seguinte: segundo o jornal, ele deve chegar hoje no segundo voo.** "Ich werde dir Folgendes sagen: Laut Zeitung muss er heute mit dem zweiten Flug ankommen."

⑤ **fugir** ist unregelmäßig, da in der 2. und 3. Pers. **u** zu **o** wird (**Ela foge sempre de você** "Sie flieht immer vor dir") und sich das **g** vor **a** und **o** in **j** verwandelt (**Fuja, antes que seja tarde!** "Fliehen Sie, bevor es zu spät ist!"). Dies ist bei allen Verben auf **-ugir** so.

⑥ **mim**: Personalpronomen der 1. Pers. mit den Präpositionen **a**, **de**, **em**, **para** und **por**: **Por mim, ele sabe de tudo.** "Durch mich weiß er alles." Außerdem in der Kombination **ai de mim** "ich Ärmste/Ärmster": **Ai de mim se não acertar este exercício.** "Ich Ärmster, wenn ich diese Aufgabe nicht bestehe."

Beachten Sie in diesem Dialog besonders die Konjugation der Verben ***ir*** *"gehen",* ***ver*** *"sehen" und* ***vir*** *"kommen", damit Sie nicht die ähnlichen Formen* ***vão*** *"(sie) gehen",* ***vê*** *(er/sie) sieht" oder* ***vem*** *"(er/sie) kommt" verwechseln!*

9 – O cara que fez esta letra deve ser muito romântico! ⑦

10 – Sônia! Se liga!

11 Este cara foi simplesmente o Pixinguinha, um dos criadores do choro.

12 – "Choro, choro, chorinho?" Aquela música de violão?

13 – Não, de cavaquinho. ⑧

14 – Ah tá! Eu adoro esta parte:

15 "Ah se tu soubesses como eu sou tão carinhoso... ⑨

16 e como é sincero o meu amor..."

17 –E eu esta:

18 "Vem matar esta paixão que me devora o coração..." ⑩

19 – Ai de mim se ele fosse meu namorado!

20 Me deixaria de cabeça virada!

PRONÚNCIA

[**9** *h$_r$oma^{n}tschiku*]

ANMERKUNGEN

⑦ **letra** "Buchstabe, Handschrift, Liedtext". Im Plural (**as Letras**) meint es "die Geisteswissenschaften". **O cara que escreveu essa letra nem estudou Letras.** "Der Typ, der diesen Liedtext geschrieben hat, hat nicht mal Geisteswissenschaften studiert."

Exercício 1: Você entende estas frases?

❶ O Carlos estava com fome, ele devorou uma pizza sozinho. ❷ Acabaram de bater à porta, deve ser a faxineira. ❸ Eu adoro aquela música de violão. ❹ Você não imagina o quanto ele é carinhoso. ❺ Este teu novo namorado parece ser sincero.

9 – Der Typ, der diesen Liedtext geschrieben hat (machte diese♀ Text♀), muss sehr romantisch sein!

10 – Sonja! Mach dir das mal klar! (sich verbinde!)

11 Dieser Typ war einfach (der) Pixinguinha, einer der Schöpfer des Choro.

12 – "Ch**o**ro, ch**o**ro, chor**i**nho?" Dieses Stück für (von) Gitarre?

13 – Nein, für Cavaquinho.

14 – Ah, stimmt (ist)! Ich liebe diesen Teil:

15 "Ach, wenn du wüsstest, wie zärtlich ich bin ...

16 und wie ehrlich meine Liebe ist ..."

17 – Und ich diesen:

18 "Komm diese Leidenschaft stillen (töten diese Leidenschaft), die mir das Herz verschlingt ..."

19 – Ich Ärmste, wenn er mein Freund gewesen wäre!

20 Er hätte mir den Kopf verdreht! (mich lassen-würde von Kopf♀ gedreht♀!)

⑧ **cavaquinho** ist eine aus Portugal stammende Minigitarre ähnlich der hawaiianischen Ukulele.

⑨ **carinhoso** "zärtlich, liebevoll" ist von **carinho** "Zuneigung" abgeleitet. Sie kennen die Endung **-oso** bereits von **oleoso** "ölig, fettig", abgeleitet von **óleo** "Öl".

⑩ **matar** hat nicht in allen Ausdrücken seine Primärbedeutung: **matar a sede** "den Durst stillen", **matar as aulas** "Unterricht schwänzen", **matar o trabalho** "schlecht und gewissenlos arbeiten", **matar as saudades** "Sehnsucht stillen". Man hört auch **O filme de ontem, era de matar!** "Der Film von gestern war tödlich [langweilig]".

Solução do primeiro exercício: Você entendeu?

❶ Karl hatte Hunger, er hat alleine eine Pizza verschlungen. ❷ Es hat gerade an der Tür geklopft, das muss die Putzfrau sein. ❸ Ich liebe diese Gitarrenmusik. ❹ Du kannst dir nicht vorstellen (du nicht vorstellt), wie zärtlich er ist. ❺ Dieser neue Freund von dir scheint ehrlich zu sein.

Exercício 2: Complete as palavras que faltam!

❶ Wenn ich zu Hause ankomme, ist das Erste (die erste Sache♀), was ich machen werde, die Sehnsucht nach meiner Katze zu stillen.
Chegando em casa, a ________ coisa que eu vou fazer é _____ as saudades do ___ gato.

❷ Komm, lass uns diese schöne Nacht genießen.
___, vamos __________ ____ noite linda.

❸ Ich glaube, dass mir dieser Mann folgt.
Eu ____ que ____ homem está me ________.

❹ Ich ziehe es vor, wenn du lächelnd und singend ankommst.
Eu prefiro ______ você chega _________ e cantando.

❺ Mein Herz schlägt glücklich.
Meu coração ____ _____.

73 Septuagésima terceira aula

Lista de convidados

1 – E aí Edu?

2 Você já viu com os teus pais quantos convites eles vão querer? ①

3 – A minha mãe disse para reservarmos uns cem pra eles. ②

4 – Com mais cento e oitenta para os meus e cento e vinte para os nossos amigos…

ANMERKUNGEN

① **viu**: 3. Pers. Perfekt von **ver**. Nicht zu verwechseln mit **veio** "(er/sie) kam" (Perfekt von **vir** "kommen").

Solução do segundo exercício: As palavras que faltam.

❶ primeira – matar – meu ❷ Vem – aproveitar esta ❸ acho – este – seguindo ❹ quando – sorrindo ❺ bate feliz.

Choro

Der Musikstil **Choro** entstand in den 1870er Jahren in Rio als Mix zwischen europäischer Musik (Polka, Walzer) und afrikanischen Rhythmen. Eine Choro-Band besteht meist aus einer oder zwei Gitarren, einem **Cavaquinho**, einer Rahmentrommel (**Pandeiro**), verschiedenen Schlaginstrumenten und beliebigen Soloinstrumenten, oft Flöte, Klarinette oder Mandoline (**Bandolim**). Die Bassfunktion wird meist von einer 7-saitigen Gitarre (**violão de sete cordas**) übernommen. Die bekanntesten Interpreten des Choro waren Chiquinha Gonzaga, Ernesto Nazareth und Pixinguinha.

Segunda onda: ative hoje a 23ª aula!

73. Lektion

Gästeliste

1 – Und nun Edu?
2 Hast du mit deinen Eltern schon [mal] geschaut (du schon sah), wie viele Einladungen sie möchten?
3 – Meine Mutter hat gesagt, dass wir so ungefähr hundert (einige hundert) für sie reservieren sollen.
4 – Und außerdem (mit mehr) 180 für meine [Eltern] und 120 für unsere Freunde ...

② Der unbestimmte Artikel **uns** (ebenso wie **umas**) heißt hier "so (ungefähr)": **encomendar umas flores** "einige Blumen bestellen" – **encomendar umas cem flores** "so ungefähr 100 Blumen bestellen".

5 – Falamos então para o responsável do *buffet*, que são quatrocentos convidados. ③ ④

6 – Vamos convidar todos para a festa?

7 – Não sei, o que você acha?

8 – Eu acho melhor convidarmos só os mais íntimos; ⑤

9 e os outros convidamos só para a cerimônia religiosa. ⑥

10 – A cerimônia do casamento civil vai ser na igreja ou no buffet?

11 – Na igreja. Eu já falei com o juiz. ⑦

12 – Ok. E a cor dos vestidos das madrinhas? ⑧ ⑨

13 Você decidiu?

14 – Sim, e vou pedir para as minhas damas de honra virem todas em tons de verde. ⑩

ANMERKUNGEN

③ Neben der französischen Schreibweise **buffet** gibt es auch die brasilianische: **bufê**. Europäische Fremdwörter gelten als schick, weshalb man gerne die entsprechende Orthografie beibehält.

④ Die Hunderter **duzentos** "200", **trezentos** "300", **quatrocentos** "400", usw. haben männliche Formen auf **-os** und weibliche Formen auf **-as**: **duzentos e vinte três convidados** "223 Gäste" – **quinhentas e cinquenta amigas** "550 Freundinnen".

5 – Sagen (sprechen) wir also dem Verantwortlichen für das Buffet, dass es 400 Gäste sind.

6 – Laden wir alle zur Feier ein?

7 – Ich weiß nicht, was denkst du?

8 – Ich denke, [dass es] besser [ist], nur die engsten [Freunde und Bekannten] einzuladen (mehr intim♂♂);

9 und die anderen laden wir nur zur kirchlichen Hochzeit ein (Zeremonie♀ religiös♀).

10 – Wird die standesamtliche Trauung (die Zeremonie von-der Heirat zivil) in der Kirche oder zum Buffet sein?

11 – In der Kirche. Ich habe schon mit dem Richter gesprochen.

12 – OK. Und die Farben der Kleider der Trauzeuginnen?

13 Hast du [das schon] entschieden?

14 – Ja, ich werde meine Brautjungfern (Dame♀♀ von Ehre♀) bitten, dass sie alle in Grüntönen kommen.

⑤ **íntimo** "intim, eng, vertraut" wird neutraler gebraucht als im Deutschen. Ein **amigo íntimo** ist nichts weiter als ein "enger Freund".

⑥ **cerimônia** "Feierlichkeit, Zeremonie; Förmlichkeit". Merken Sie sich dazu **de cerimônia** "förmlich", **sem cerimônia** "ungezwungen", **Não faça cerimônia!** "Sei nicht so förmlich!"

⑦ Umgangssprachlich gibt es kaum einen Unterschied zwischen **dizer** und **falar** (beide "sagen"): **Já te falei que não tenho tempo hoje.** "Ich habe dir schon gesagt, dass ich heute keine Zeit habe." Für "sprechen" hingegen benutzt man nur **falar**.

⑧ **Ok** [*Okä*]: **k** kommt nur in Abkürzungen wie **km**, **kw**, **kg** oder **kb** bzw. Lehnwörtern wie **smoking** "Smoking", **kibutz** "Kibbuz", **kitchenette** "Einbauküche" vor. In der Regel wird es jedoch durch **c** ersetzt, z. B. bei **nocaute** "Knockout" (Vollform von **KO**).

⑨ **a cor – as cores**. Weiterhin: **em cores** "bunt, Farb-": **TV em cores** [*täwä ä^n korißß*] "Farbfernseher". **De cor** "von Farbe" hat auch die Bedeutung "auswendig" (von **coração** "Herz"): **saber de cor** "auswendig können/wissen".

⑩ **o tom** "der Ton" bildet den Plural auf **-ons**: **os tons** "die Töne". Sie kennen dieses Phänomen bereits von **bom** "gut".

15 E as t**u**as em tons de lar**a**nja.

16 – V**a**i fic**a**r l**i**ndo... Te l**i**go m**a**is t**a**rde. ⑪

17 – Te **a**mo.

18 – Eu tamb**é**m.

Exercício 1: Você entende estas frases?

① Queremos nossa casa toda em tons de azul. ② Isso é muito íntimo, prefiro que conversemos mais tarde. ③ Se vocês vierem ao meu casamento, eu ficarei muito feliz. ④ A Adriana reservou uns convites da festa do Cassiano para a gente. ⑤ Eu acho melhor você não falar nada para o juiz.

Exercício 2: Complete as palavras que faltam!

❶ Ich finde es besser, wenn wir uns setzen, bevor alle (ganz♂ Welt♂) kommen.
Eu … melhor sentarmos antes que … mundo … .

❷ In diesen Saal passen mehr als 180 Personen.
Nesta sala cabem mais de … e … pessoas.

❸ Seien Sie nicht so förmlich (nicht mach Zeremonie♀), setzen Sie sich, und essen Sie mit uns zu Mittag.
Não … cerimônia, sente e … conosco.

❹ Ich wurde eingeladen, die Trauzeugin von Marianas Sohn zu sein.
Eu … convidada … … a madrinha do filho da Mariana.

❺ Unsere Nachbarin ist sehr religiös, [sie] ist immer in der Kirche.
A … vizinha é muito religiosa, … sempre na … .

15 Und deine in Orangetönen.

16 – Das wird schön werden ... Ich rufe dich später an.

17 – Ich liebe dich.

18 – Ich [dich] auch.

ANMERKUNGEN

⑪ Hier wird **ficar** im Sinne von "sein, werden" benutzt. **Ficar** wird **ser** und **estar** speziell dort vorgezogen, wo es um einen zeitlichen Ablauf geht, in etwa wie unser "ablaufen, sich zutragen" oder eben einfach "werden".

Solução do primeiro exercício: Você entendeu?

❶ Wir möchten unser ganzes Haus in Blautönen. ❷ Das ist sehr intim, ich ziehe [es] vor, dass wir uns später unterhalten. ❸ Wenn ihr auf meine Hochzeit kommt, werde ich (werde-bleiben) sehr glücklich sein. ❹ Adriana hat für uns ein paar Einladungen zu Cassians Feier reserviert (für die Leute). ❺ Ich finde es besser, wenn du dem Richter nichts sagst.

Solução do segundo exercício: As palavras que faltam.

❶ acho – todo – chegue ❷ cento – oitenta ❸ faça – almoce ❹ fui – para ser ❺ nossa – está – igreja.

Wenn Sie das Gefühl haben, dass Sie sich nicht alle Vokabeln einer Lektion merken können, blättern Sie doch öfter mal durch die zurückliegenden Lektionen. Je häufiger Sie sich mit einem Wort beschäftigen, desto besser bleibt es Ihnen auch im Gedächtnis.

Segunda onda: ative hoje a 24ª aula!

74 Septuagésima quarta aula

Nomes de família

1 – **O**i vó!

2 – **O**i m**eu** f**i**lho.

3 – Que car**i**nha é **e**sta, t**ão** pra b**a**ixo D**o**na Juli**e**ta?

4 – N**a**da dem**ai**s.

5 **E**u est**a**va aqu**i** relembr**a**ndo o d**i**a do nascim**en**to do t**eu** p**ai**. ① ②

6 – Me c**o**nta c**o**mo f**oi**.

7 – F**oi** um dos d**i**as m**ai**s fel**i**zes e m**ai**s turbul**en**tos da m**i**nha v**i**da. ③

8 – Por qu**ê**?

9 – **E**u est**a**va fel**i**z por ter t**i**do m**eu** prim**ei**ro f**i**lho, h**o**mem a**i**nda por c**i**ma. ④ ⑤

10 **E**u sab**i**a que **e**ra o s**o**nho do t**eu** av**ô**.

ANMERKUNGEN

① Neben **lembrar(se)** "(sich) erinnern" kann man auch **relembrar** sagen. Die Verbvorsilbe **re-** heißt meist "wieder-": **reconhecer** "wiedererkennen", **recomeçar** "wieder beginnen", **renascer** "wieder aufleben".

Familiennamen

1 – Hallo Oma!

2 – Hallo mein Kleiner (Sohn♂).

3 – Was machst du für ein Gesicht (was Gesichtchen♀ ist diese♀), so schlecht gelaunt (so für niedrig), Julieta?

4 – Nichts Schlimmes (nichts zu-viel).

5 Ich habe mich [gerade] an den Tag der Geburt deines Vaters erinnert.

6 – Erzähl mir, wie [das] war.

7 – Es war einer der glücklichsten und bewegtesten Tage meines Lebens.

8 – Warum?

9 – Ich war glücklich (durch haben gehabt), mein erstes Kind bekommen zu haben, (Mann) obendrein [einen] Jungen (noch durch oben).

10 Ich wusste, dass es der Traum deines Großvaters war.

② Merken Sie sich zu **o dia do nascimento** "der Tag der Geburt" auch **a data do nascimento** "das Geburtsdatum".

③ **feliz** "glücklich" – **feliz da vida** "überglücklich" – **felizmente** "zum Glück": **Felizmente você pegou o ônibus certo!** "Zum Glück hast du den richtigen Bus genommen!" (**certo** heißt "sicher" und "richtig".)

④ **ter um filho** heißt "ein Kind haben" und "ein Kind bekommen": **Você já sabe que a Marta teve um filho?** "Weißt du schon, dass Martha ein Kind bekommen hat?"

⑤ **cima** bildet – ebenso wie **baixo** – mit Präpositionen die Ausdrücke **de cima** "von oben", **em cima** "oben", **para cima** "nach oben", **por cima** "oberhalb; noch dazu, obendrein". Außerdem: **de cima para baixo** "von oben nach unten, auf den Kopf gestellt", **para cima e para baixo** "auf und ab, auf und nieder".

11 Mas qu**a**ndo **e**le cheg**o**u com o reg**i**stro de nascim**e**nto nas m**ã**os...

12 **e**u qu**a**se t**i**ve um pirip**a**que.

13 – O que t**i**nha?

14 – Aqu**e**le sem verg**o**nha f**oi a**o cart**ó**rio, sem mim, ⑥ ⑦

15 e registr**o**u o t**e**u p**a**i com o n**o**me que **e**u n**ão** quer**i**a.

16 – U**a**i. A senh**o**ra n**ão** g**o**sta de Dan**i**lo? ⑧

17 – O n**o**me Dan**i**lo nem me incomod**a**va t**a**nto. ⑨

18 O que me incomod**a**va **e**ra que o t**e**u av**ô** já se cham**a**va Dan**i**lo Santin**i**ni J**ú**nior...

19 E o t**e**u p**a**i fic**o**u s**e**ndo o Dan**i**lo Santin**i**ni N**e**to! ⑩

20 Me diz, m**e**u f**i**lho, pra que t**a**nto Dan**i**lo Santin**i**ni n**u**ma fam**í**lia só?

ANMERKUNGEN

⑥ **o sem vergonha** "der Schuft, der Mistkerl" – **burro** "Esel", auch "dumm, Dummkopf": **Talvez eu seja burro, mas não tão burro como esse sem vergonha!** "Ich bin vielleicht dumm, aber nicht so dumm wie dieser Schuft!"

⑦ **cartório** ist in erster Linie das "Notariat", allerdings erfüllen diese in Brasilien auch viele Aufgaben, die bei uns das Standesamt übernimmt.

Exercício 1: Você entende estas frases?

❶ Estes documentos devem ser registrados em cartório. ❷ Por favor, qual é a sua data de nascimento? ❸ O vizinho lá de cima veio sem ser convidado e ainda trouxe uma amiga! ❹ Eu nunca me lembro do nome dos amigos do meu irmão. ❺ Eu gostaria de ter tido cinco filhas.

11 Aber als er mit der Geburtsurkunde (Register♂ von Geburt♂) in den Händen ankam ...

12 bekam (hatte) ich fast einen Anfall.

13 – Was war [los] (der was hatte)?

14 – Dieser Schuft (jener ohne Schamgefühl♀) ist aufs Notariat gegangen, ohne mich,

15 und hat deinen Vater unter (mit) dem Namen eintragen lassen (und registrierte), den ich nicht wollte.

16 – Ui. Du (die Dame♀) magst [den Namen] Daniel nicht?

17 – Der Name Daniel störte mich nicht einmal so sehr.

18 Was mich störte, war, dass dein Großvater schon Daniel Santinini Junior hieß ...

19 Und dein Vater ist [damit] (blieb seiend) zu Daniel Santinini Enkel geworden!

20 Sag mir, mein Kleiner, wozu so viele Daniel Santinini in einer einzigen Familie?

⑧ Sie wundern sich, dass ein Enkel seine Großmutter mit **a senhora** anredet? Auch das kommt vor, selbst wenn der Ton sonst vertraulich ist.

⑨ Man sagt zwar **incomodar** "stören", doch das dazugehörige Substantiv heißt **distúrbio** "Störung" bzw. **defeito** "Defekt" (bei einer technischen Störung).

⑩ Hier ist **ficar** "bleiben" ein Hilfsverb, an das eine Gerundiumform angehängt wird. Dadurch wird normalerweise ein sich entwickelnder oder anhaltender Prozess beschrieben.

Solução do primeiro exercício: Você entendeu?

❶ Diese Dokumente müssen (sollen sein) beim (in) Notariat eingetragen werden. ❷ Welches ist bitte Ihr Geburtsdatum? ❸ Der Nachbar von dort oben ist gekommen, ohne eingeladen zu sein und hat [sogar] noch eine Freundin mitgebracht! ❹ Ich erinnere mich nie an den Namen (von-der Name) der Freunde meines Bruders. ❺ Ich hätte gerne (würde-gerne von haben gehabt) fünf Töchter gehabt.

Exercício 2: Complete as palavras que faltam!

❶ Ich glaube, dass ich einen Anfall haben werde, wenn dieser Computer wieder kaputt geht (von neu).
Eu acredito que vou ___ um ___ se este computador quebrar de ___.

❷ Wenn ich Heinrich IV. heißen würde, hätte ich ein weißes Pferd.
Se ___ me chamasse Henrique IV, eu ___ um cavalo ___.

❸ Sie hat mich Dummkopf (von Esel) genannt, und obendrein hat [sie] noch mein Auto kaputt gemacht.
Ela ___ chamou de burro e ___ por cima ___ o meu carro.

❹ Sie sprach so viel, dass sie letztlich aus der Schule geworfen wurde (aufhörte seiend gesetzt♀ für außen von-die Schule).
Ela ___ tanto que acabou ___ colocada pra fora da ___.

❺ Dieser Typ ist [ein] Schuft (ohne Schamgefühl♀)!
Aquele ___ é muito ___ ___!

75 Septuagésima quinta aula

A minha existência

1 – No almoço de Natal eu perguntei pra minha tia onde é que ela tinha nascido. ①

2 Ela me respondeu que nasceu em Botucatu. ②

ANMERKUNGEN

① Viele Verben wie **perguntar**, **falar** usw. stehen umgangssprachlich mit der Präposition **para** "für": **Fala para ela que vou vir hoje à noite.** "Sag ihr, dass ich heute Abend kommen werde."

Solução do segundo exercício: As palavras que faltam.

➊ ter – piripaque – novo ➋ eu – teria – branco ➌ me – ainda – quebrou ➍ falava – sendo – escola ➎ cara – sem vergonha.

Brasilianische Namen

Eine Person kann bis zu sechs Namen haben (zwei Vor- und vier Nachnamen). Die Nachnamen eines Kindes ergeben sich aus den jeweils zweiten Nachnamen der Eltern, wobei der der Mutter zuerst genannt wird. **Felipe Fonseca Gonçalves** ist also der Sohn von **Alessandra Lemos Fonseca** und **Alexandre Coelho Gonçalves.** Manchmal werden auch Namen von Ahnen weitergeführt. Ebenso wird häufig bei Übernahme des gleichen Vornamens des Vaters, Onkels oder Großvaters die Verwandtschaftsbeziehung zu diesem – **Júnior** oder **Neto** – als Namensanhang geführt. Viele Brasilianer lassen sich am liebsten mit ihrem Kose- oder Spitznamen rufen, wie z. B. die Fußballer **Ronaldinho** oder **Kaká**.

Segunda onda: ative hoje a 25ª aula!

75. Lektion

Meine Herkunft (Existenz ♀)

1 – Beim Weihnachtsmittagessen habe ich meine Tante gefragt, wo sie geboren wurde (hatte geboren).

2 Sie hat mir geantwortet, dass sie in Botucatu geboren wurde.

② Vergleichen Sie den Gebrauch des Imperfekts und des Perfekts. Das Imperfekt beschreibt meist anhaltende, nicht abgeschlossene Zustände/Ereignisse, das Perfekt einmalige Handlungen. Damit dies klar wird, haben wir im deutschen sinngemäßen Text die Verbformen streng analog zum Brasilianischen übersetzt.

3 E a minha bisavó, começou a contar que...

4 minha avó era filha de um fazendeiro que tinha um cafezal,

5 e que um dia, o meu avô, que era peão da fazenda vizinha, ③

6 passava pelas terras do meu bisavô à procura de um touro que tinha fugido, ④

7 quando ouviu um grito: ⑤

8 "Socorro!"

9 Era uma voz de mulher.

10 Meu avô, um peão destemido, foi correndo, galopando, ver o que tinha acontecido. ⑥ ⑦

ANMERKUNGEN

③ Als **peão** (Plural **peões**) bezeichnet man die Kuhhirten im Süden und Südosten Brasiliens.

④ Hier steht das Imperfekt **passava**, obwohl es sich um eine einmalige Handlung handelt. Das Imperfekt beschreibt in einer Erzählung die Situation im Hintergrund.

3 Und meine Urgroßmutter hat angefangen zu erzählen, dass ...

4 meine Großmutter die Tochter eines Großgrundbesitzers war, der eine Kaffeeplantage hatte,

5 und dass eines Tages mein Großvater, der Kuhhirte [auf] der Nachbarfarm war,

6 durch die Ländereien (durch-die Länder) meines Urgroßvaters ritt (ging), auf der Suche nach einem Stier, der weggelaufen war (hatte geflüchtet),

7 als er einen Schrei gehört hat:

8 "Hilfe!"

9 [Es] war die Stimme einer Frau.

10 Mein Großvater, ein furchtloser Kuhhirte, galoppierte los (ging laufend, galoppierend), [um zu] sehen, was passiert war.

⑤ Ereignet sich plötzlich etwas Unerwartetes (**ouvio um grito**), so wird dies im Perfekt ausgedrückt.

⑥ **destemido** "furchtlos, mutig": Partizip Perfekt von **destemer** "nicht fürchten", wiederum abgeleitet von **temer** "fürchten".

⑦ **foi**: 3. Pers. Sg. Perfekt von **ir** "gehen", nicht von **ser** "sein"! Auch **ir** kann – genau wie **estar** oder **ficar** – mit dem Gerundium eines anderen Verbs stehen: **Vou correndo ligar o dono.** "Ich werde sofort (gehe laufend) den Besitzer anrufen."

In dieser Lektion kommen zusammengesetzte Vergangenheitsformen vor, bestehend aus dem Partizip Perfekt in Verbindung mit dem Hilfsverb **ter** "haben". Sie kennen dieses grammatikalische Phänomen bereits im Ansatz; mehr Informationen dazu finden Sie in Lektion 77.

11 Cheg**a**ndo num p**á**tio, v**i**u **u**ma l**i**nda m**o**ça…

12 que apont**a**va p**a**ra um s**a**co de caf**é** **o**nde hav**i**a **u**ma lagart**i**xa. ⑧

13 Qu**a**ndo os d**o**is se olh**a**ram, l**o**go se apaixon**a**ram. ⑨

14 Se cas**a**ram e tiv**e**ram três f**i**lhos:

15 m**i**nha m**ã**e, m**e**u t**i**o e a m**i**nha t**i**a.

16 E **e**u fiqu**e**i imagin**a**ndo, que se n**ã**o f**o**sse **u**ma lagart**i**xa, ningu**é**m ter**i**a grit**a**do; ⑩

17 m**e**us av**ó**s n**ã**o se conhecer**i**am e **e**u n**ã**o ter**i**a nem bisav**ô**, nem bisav**ó**…

18 nem av**ô**, nem av**ó**, nem p**a**i, nem m**ã**e…

ANMERKUNGEN

⑧ Sie kennen für "zeigen" bereits **mostrar**. Ein anderer Ausdruck dafür ist **apontar** "zeigen, hinweisen".

Exercício 1: Você entende estas frases?

❶ Se não fosse esta senhora eu não teria conseguido pegar o ônibus certo. ❷ Os peões foram procurar o touro que tinha fugido. ❸ Aquele fazendeiro era destemido. ❹ Onde é que tem um cafezal por aqui? ❺ Os meninos devem estar no pátio conversando.

Exercício 2: Complete as palavras que faltam!

❶ Zufällig war der Großvater meines Vaters, mein Urgroßvater, Arzt.

Por ……, o …… do meu pai, meu ……, era médico.

❷ Mein Großvater hatte eine Kaffeefarm in Botucatu.

Meu …… …… uma …… de café em Botucatu.

11 Er kam in einem Hof an und hat eine hübsche junge Frau gesehen ...

12 die auf einen Kaffeesack zeigte, auf dem (wo war-vorhanden) eine Eidechse saß.

13 Als die beiden sich angeschaut haben, haben sie sich gleich [ineinander] verliebt.

14 Sie haben geheiratet und drei Kinder bekommen:

15 meine Mutter, meinen Onkel und meine Tante.

16 Und ich habe mir vorgestellt (ich blieb vorstellend), wenn die Eidechse nicht gewesen wäre, hätte niemand geschrien;

17 meine Großeltern würden sich nicht kennen, und ich hätte weder Urgroßvater, noch Urgroßmutter ...

18 weder Großvater, noch Großmutter, weder Vater, noch Mutter ...

⑨ Beim rückbezüglichen **apaixonar-se** "sich verlieben" steht **se** vor dem Verb. Das Adverb **logo** "bald, gleich" verlangt diese Wortstellung. Vergleichen Sie: **Não é fácil lembrar-se da senha.** "Es ist nicht einfach, sich an das Passwort zu erinnern." **Nunca se queixou de nada.** "Er hat sich nie über etwas beschwert."

⑩ In irrealen Bedingungssätzen steht im ersten Satzteil **se** "wenn" + ein Verb im Konjunktiv Imperfekt, im zweiten Teil folgt ein Verb im Konditional: **Se eu pudesse pedir algo, seria um sorriso seu.** "Wenn ich etwas erbitten könnte, wäre es ein Lächeln von dir."

Solução do primeiro exercício: Você entendeu?

❶ Wenn die Dame nicht gewesen wäre, hätte ich [es] nicht geschafft, den richtigen Bus zu nehmen. ❷ Die Kuhhirten sind den Stier suchen gegangen, der weggelaufen war (geflüchtet). ❸ Dieser Großgrundbesitzer war furchtlos. ❹ Wo gibt es hier eine Kaffeeplantage? ❺ Die Jungen sind wohl (sollten sein) im Hof [und] unterhalten sich (unterhaltend).

Solução do segundo exercício: As palavras que faltam.

❶ acaso – avô – bisavô ❷ avô tinha – fazenda

❸ Ich habe Angst vor Eidechsen; wenn ich eine sehe, laufe ich weg (rausgehe laufend).
Eu tenho ... de lagartixa; quando ... uma, ... correndo.

❹ Ich stelle mir hier [gerade] vor, wie mein Leben ohne Anna wäre.
Eu ... aqui ... como seria a ... vida sem a Ana.

❺ Er hat mich gefragt, ob ich den Besitzer dieser Ländereien kannte.
Ele me perguntou ... eu ... o dono ... terras.

76 Septuagésima sexta aula

É hora da novela!

1 – Oi Ciça! Como foi o teu jantar?

2 – Foi muito agradável.

3 Mas eu perdi o último capítulo da novela. ①

4 Me conta, por favor!

5 – O Júlio descobriu que era o pai da Inês.

6 – E o Tadeu?

Solução do segundo exercício: As palavras que faltam.

❸ medo – vejo – saio ❹ fico – imaginando – minha ❺ se – conhecia – destas.

Kaffeeanbau in Brasilien

Kaffeepflanzen waren zunächst nur in Afrika und Arabien verbreitet. Nach Südamerika kamen sie durch die Niederländer; sie brachten 1718 die ersten Pflanzen nach Surinam. Einige Jahre später gelangte der Kaffee durch die Portugiesen auch nach Brasilien, wo auf den riesigen Plantagen afrikanische Sklaven arbeiteten. Seither ist die Kaffeeindustrie eine wichtige Säule der brasilianischen Wirtschaft. Noch heute ist das Land der größte Kaffeeproduzent der Welt (Marktanteil ca. 28 %). Allerdings wird über ein Drittel der Ernte, ca. 2,8 Mio. t, im Land selbst konsumiert.

Segunda onda: ative hoje a 26ª aula!

76. Lektion

Zeit für die Fernsehserie!

1 – Hallo Sissi! Wie war dein Abendessen?

2 – [Es] war sehr angenehm.

3 Aber ich habe (verlor) die letzte Folge (Kapitel♂) der Fernsehserie verpasst.

4 Erzähl mir bitte [davon]!

5 – Julian hat herausgefunden (entdeckte), dass er (war) der Vater von Ines ist.

6 – Und Tadeus?

ANMERKUNGEN

① **novela** bedeutet zwar auch "Roman; Novelle", aber weit häufiger ist die "Fernsehserie" im Sinne von "Seifenoper" gemeint. Alternativ sagt man auch **telenovela**.

7 Descobriram que era ele que fazia aquelas falcatruas todas?
8 – Sim, e ele foi preso. ②
9 – A Clara e o Henrique ficaram juntos, não foi?
10 – Casaram e ela estava grávida.
11 – O Olavo voltou do Canadá?
12 – Não, ele arranjou um emprego por lá, e resolveu levar a família com ele. ③
13 – E a Dona Conceição?
14 – Aquela continuou fofocando. ④
15 Ela foi até a casa dos Pereiras, e insinuou que o Seu Rocha tinha um caso com a Valéria.
16 – E aí?
17 – E aí que o Seu Rocha estava no alto da escada escutando tudo, e botou ela pra correr. ⑤
18 – Que mais... Como foi o final?
19 – Como sempre, uma festa com todos se abraçando. ⑥

ANMERKUNGEN

② **preso**: unregelmäßiges Partizip Perfekt von **prender** "festnehmen" (regelmäßig **prendido**). Normalerweise verwendet man die regelmäßige Form in Verbindung mit **ter** und **haver**; die unregelmäßige dagegen mit **ser**, **estar** oder **ficar**.

7 Hat man herausgefunden, dass er es war, der (gemacht) diese ganzen Betrügereien angestiftet hat?

8 – Ja, und er wurde festgenommen.

9 – Klara und Henrik sind (blieben) zusammengekommen, nicht wahr?

10 – Sie haben geheiratet, und sie war schwanger.

11 – Ist Olaf aus Kanada zurückgekommen?

12 – Nein, er hat einen Job dort bekommen (besorgte ein Anstellung♂) und [sich dazu] entschlossen, die Familie mitzunehmen (mitnehmen die Familie mit er).

13 – Und Conceição?

14 – Sie hat mit ihrem Klatsch weitergemacht (jene fortsetzte klatschend).

15 Sie ist zu den Pereiras gegangen und hat angedeutet, dass Rocha eine Affäre (Fall♂) mit Valerie hatte.

16 – Und nun?

17 – Und nun stand (war) Rocha oberhalb der Treppe, hörte alles mit an und hat sie rausgeworfen (stellte sie für laufen).

18 – Was noch ... Wie war das Ende?

19 – Wie immer, eine Party, bei der sich alle umarmen (mit alle♂♂ sich umarmend).

③ **resolver** heißt neben "sich entscheiden, beschließen" auch "lösen, erledigen": **Quem vai poder resolver esse problema?** "Wer wird dieses Problem lösen können?"

④ **fofocar** "klatschen, tratschen" ist auch in Brasilien ein Volkssport. Verwechseln Sie dies nicht mit **fofo** "weich, niedlich": **Que cachorrinho mais fofo!** "Was für ein niedliches Hündchen!"

⑤ Merken Sie sich zu **botar pra correr** "rauswerfen" auch die folgenden Ausrufe: **Vai pra lá!** "Hau ab!"; **Sai de perto de mim!** "Geh weg von mir!, Lass mich in Ruhe!"

⑥ **o abraço** "die Umarmung" gehört bei Freunden und Bekannten zu Begrüßung und Abschied dazu. Auch in Briefen, E-Mails und am Telefon verwendet man **um abraço / um abração.** Bei noch intimeren Verhältnissen ist es **o beijo** "der Kuss" oder **o beijinho** "das Küsschen".

20 – **E**stas nov**e**las s**e**mpre ac**a**bam do m**e**smo j**e**ito! ⑦

21 – Mas bem que voc**ê** g**o**sta! ⑧

Exercício 1: Você entende estas frases?

❶ O caso da senhora é um pouco difícil pra resolver. ❷ Bem que eu gostaria de escrever uma novela. ❸ O Carlos sempre insinua que eu não trabalho direito. ❹ Espera eu acabar este capítulo do livro e depois saímos. ❺ Ficamos horas juntos; foi muito agradável. ❻ Relembramos bons momentos da nossa vida.

Exercício 2: Complete as palavras que faltam!

❶ Ich gehe ins Stadtzentrum und werde auch gleich dort zu Mittag essen (wahrnehme für Mittagessen).

Eu vou até o ...... da cidade e .... pra almoçar ... lá.

❷ Hau ab! Geh weg von mir!

Vai pra ..! ... de perto de ...!

❸ Ich habe herausgefunden, dass sie in dem Geschäft, in dem ich mein Kleid gekauft habe, auch Schuhe verkaufen.

Eu descobri que na .... onde eu .... meu vestido, eles também .... sapatos.

❹ Du legst immer dieses Lied [auf], lass uns [das] ein wenig ändern.

Você sempre ...... esta música, ... mudar um .....

❺ Wer war das, der all diese Flaschen hier gelassen hat?

.... foi que ...... estas .... todas aqui?

20 – Diese Serien enden immer auf dieselbe Weise!

21 – Aber [das] magst du [doch] gerne!

ANMERKUNGEN

⑦ **jeito** "(Art und) Weise" ist umgangssprachlicher als das gängige Synonym **maneira**: **Pela primeira vez a novela não acabou desta maneira.** "Zum ersten Mal ist die Fernsehserie nicht auf diese Weise ausgegangen."

⑧ Steht **bem que** vor einem Verb, hat es die Bedeutung "gerne".

Solução do primeiro exercício: Você entendeu?

❶ Ihr Fall (von-die Dame) ist ein bisschen schwierig zu lösen. ❷ Ich würde gerne eine **Novelle** / einen Roman schreiben. ❸ Karl deutet immer an, dass ich nicht richtig (direkt) arbeite. ❹ Warte, bis ich dieses Kapitel des Buches beende, und dann gehen wir raus. ❺ Wir sind Stunden zusammen geblieben; [es] war sehr angenehm. ❻ Wir haben uns an gute **Momente** unseres Lebens erinnert.

Solução do segundo exercício: As palavras que faltam.

❶ centro – aproveito – por ❷ lá – Sai – mim ❸ loja – comprei – vendem ❹ coloca – vamos – pouco ❺ Quem – deixou – garrafas.

Telenovelas

Die oft als "Seifenoper" bezeichneten Fernsehromane sind ein äußerst beliebter Zeitvertreib. Alle Brasilianer lieben die aus unzähligen Folgen bestehenden Dramen rund um alltägliche Probleme wie unerfüllte Liebe, ausbleibender Erfolg, Krankheit und Tod, also Dinge, mit denen sich jeder identifizieren kann. Die erfolgreichste Novela aller Zeiten, **A escrava Isaura** "Die Sklavin Isaura", wurde in insgesamt 95 Länder exportiert. Manche Novelas sind regelrechte "Straßenfeger": Während der Ausstrahlungszeiten sind Geschäfte geschlossen, Straßen menschenleer. 2007 fiel, als das letzte Kapitel von **Paraíso Tropical** lief, in Teilen des Landes wegen Überlastung der Strom aus ...

Segunda onda: ative hoje a 27ª aula!

77 Septuagésima sétima aula

Revisão e anotações

Sie können nun immer besser selbstständig neue Texte verstehen, und sowohl bei der Grammatik als auch beim Wortschatz treten keine größeren Probleme mehr auf. Sie (er)kennen bereits die meisten Konjugationsformen der Verben. Ab jetzt geht es vor allem darum, Bekanntes zu wiederholen und Besonderheiten und Unregelmäßigkeiten zu verinnerlichen. Aus diesem Grund liegt der Schwerpunkt dieser Wiederholungslektion – und aller weiteren bis zum Ende dieses Kurses – auf den unregelmäßigen Verben.

1. Verben

1.1 Konjugation der unregelmäßigen Verben

Betrachten wir zuerst die drei häufig vorkommenden Verben **ver** "sehen", **vir** "kommen" und **ir** "gehen" in den Zeitformen des Indikativ Präsens, Imperfekt, Futur und Perfekt:

Präsens	**ver** "sehen"	**vir** "kommen"	**ir** "gehen"
eu	**vejo**	**venho**	**vou**
tu	vês	vens	vais
ele / ela / você...	**vê**	**vem**	**vai**
nós	**vemos**	**vimos**	**vamos**
vós	vedes	vindes	ides
eles / elas / vocês...	**veem**	**vem**	**vão**
... **o senhor / a senhora / a gente** (Sg.) bzw. **os senhores / as senhoras** (Pl.)			

Imperfekt	**ver** "sehen"	**vir** "kommen"	**ir** "gehen"
eu	**v*ia***	**vin*ha***	***ia***
tu	v*ias*	vin*has*	*ias*
ele / ela / você...	**v*ia***	**vin*ha***	***ia***
nós	**v*íamos***	**vín*hamos***	***íamos***
vós	v*íeis*	vín*heis*	*íeis*
eles / elas / vocês...	**v*iam***	**vin*ham***	***iam***
... **o senhor / a senhora / a gente** (Sg.) bzw. **os senhores / as senhoras** (Pl.)			

Futur	**ver** "sehen"	**vir** "kommen"	**ir** "gehen"
eu	**ver*ei***	**vir*ei***	**ir*ei***
tu	ver*ás*	vir*ás*	ir*ás*
ele / ela / você...	**ver*á***	**vir*á***	**ir*á***
nós	**ver*emos***	**vir*emos***	**ir*emos***
vós	ver*eis*	vir*eis*	ir*eis*
eles / elas / vocês...	**ver*ão***	**vir*ão***	**ir*ão***
... **o senhor / a senhora / a gente** (Sg.) bzw. **os senhores / as senhoras** (Pl.)			

Perfekt	**ver** "sehen"	**vir** "kommen"	**ir** "gehen"
eu	**vi**	**vi*m***	**f*ui***
tu	vi*ste*	vi*este*	fo*stes*
ele / ela / você...	**vi*u***	**ve*io***	**fo*i***
nós	**vi*mos***	**vi*emos***	**fo*mos***
vós	vi*stes*	vi*estes*	fo*stes*
eles / elas / vocês...	**vi*ram***	**vi*eram***	**fo*ram***
... **o senhor / a senhora / a gente** (Sg.) bzw. **os senhores / as senhoras** (Pl.)			

1.2 Zusammengesetzte Zeitformen mit dem Partizip Perfekt

Wir sind bereits einmal ausführlich auf die Bildung der zusammengesetzten Zeitformen, bestehend aus dem Partizip Perfekt und dem Hilfsverb **ter** "haben", eingegangen. Um dieses Thema abzuschließen, führen wir nun die diversen Formen von **ter** mit den Partizipformen der regelmäßigen Verben auf -**ar**, -**er** und -**ir** auf:

Zusammengesetzte Zeitformen mit Hilfsverb ter + Partizip Perfekt			
	Präsens	Imperfekt	Futur
eu	**tenho + PP**	**tinha + PP**	**terei + PP**
tu	tens	tinhas	terás
ele / ela / você...	**tem**	**tinha**	**terá**
nós	**temos**	**tinhamos**	**teremos**
vós	tendes	tinheis	tereis
eles / elas / vocês...	**têm**	**tinham**	**terão**
... **o senhor / a senhora / a gente** (Sg.) bzw. **os senhores / as senhoras** (Pl.)			

Lesebeispiel: **eu tenho / tinha cantado / vendido/dormido** "ich habe/hatte gesungen/verkauft/geschlafen"

1.3 Varianten des Partizip Perfekt

Einige Verben kennen für das Partizip Perfekt eine regelmäßige und eine unregelmäßige Form.

Nach den Regeln der Standardgrammatik verwendet man:

- die regelmäßigen in den zusammengesetzten Zeitformen, also in Verbindung mit den Hilfsverben **ter** "haben" und **haver** "(vorhanden) sein";
- die unregelmäßigen dagegen bei Passivkonstruktionen mit den Hilfsverben **ser** "sein" oder **estar** "sein" bzw. **ficar** "bleiben" und **andar** "gehen, laufen".

Heutzutage hört man aber v. a. die unregelmäßigen öfter, nicht zuletzt, weil sie kürzer sind. Die wichtigsten dieser Formen sind:

Verb	**regelmäßig**	**unregelmäßig**
aceitar "annehmen/akzeptieren"	**aceitado**	**aceito / aceite**
acender "anzünden"	**acendido**	**aceso**
entregar "übergeben"	**entregado**	**entregue**
eleger "wählen"	**elegido**	**eleito**
exprimir "ausdrücken"	**exprimido**	**expresso**
gastar "ausgeben"	**gastado**	**gasto**
imprimir "drucken"	**imprimido**	**impresso**
incluir "einbeziehen"	**incluído**	**incluso**
limpar "säubern"	**limpado**	**limpo**
matar "töten"	**matado**	**morto**

nascer "geboren werden"	**nascido**	**nato**
pagar "zahlen"	**pagado**	**pago**
prender "festnehmen"	**prendido**	**preso**
soltar "losmachen"	**soltado**	**solto**
tingir "färben"	**tingido**	**tinto**

Vergleichen Sie folgende Sätze:

A gente tem elegido para o partido do presidente.
"Wir haben die Partei des Präsidenten gewählt."

O presidente foi eleito de novo.
"Der Präsident wurde wieder gewählt."

Quem tem imprimido este livro?
"Wer hat dieses Buch gedruckt?"

Quando foi impresso este livro?
"Wann wurde dieses Buch gedruckt?"

O delegado tinha prendido o homem à beira da estrada.
"Der Kommissar hatte den Mann am Straßenrand festgenommen."

Ele foi preso ontem no centro da cidade.
"Er wurde gestern im Stadtzentrum festgenommen."

Ele está preso no sótão.
"Er ist (festgenommen) auf dem Dachboden eingesperrt."

2. Wortendung -oso

Von vielen Substantiven können Adjektive abgeleitet werden, indem man ihnen die Endung -**oso** anhängt. Beispiele hierzu sind:

delícia "Wonne"	**delicioso** "köstlich, lecker"
óleo "Öl"	**oleoso** "ölig, fettig"
carinho "Zuneigung"	**carinhoso** "zärtlich, liebevoll"
preguiça "Faulheit"	**preguiçoso** "faul"
cheiro "Geruch, Duft"	**cheiroso** "duftend, wohlriechend"
cuidado "Sorge, Sorgfalt"	**cuidadoso** "sorgfältig"
trabalho "Arbeit"	**trabalhoso** "mühselig"

3. Verwandtschaftsbezeichnungen

Die wichtigsten Verwandtschaftsbezeichnungen sind Ihnen bereits vertraut. Der Vollständigkeit halber fügen wir an dieser Stelle die bislang noch unbekannten hinzu:

o sogro "der Schwiegervater", **a sogra** "die Schwiegermutter"
o genro "der Schwiegersohn", **a nora** "die Schwiegertochter"

o padrasto "der Stiefvater", **a madrasta** "die Stiefmutter"
os enteados "die Stiefkinder"
o sobrinho "der Neffe", **a sobrinha** "die Nichte"
o primo "der Cousin", **a prima** "die Cousine"

4. Exercício de compreensão e de expressão

Exercício 1: Você entende estas frases?

❶ Ricardo! Levanta, você vai chegar muito tarde na escola! ❷ Já vou! ❸ Paulo, o leite já está na xícara e o café já está pronto. ❹ Já vou! ❺ Rita, o teu bolo está pronto! ❻ Já vou! ❼ Todo dia a mesma coisa! ❽ E se eu não existisse, como vocês fariam? ❾ Estaríamos, no mínimo, mais felizes antes de ir pra escola. ❿ Garoto! Olha como você fala com a tua mãe! ⓫ Desculpa, mas como é que alguém pode acordar já falando desse jeito, sem parar? ⓬ Bom, me dá um pouco de café. ⓭ E você, pára de sair tarde pra levar estas crianças pra aula!

78 Septuagésima oitava aula

Histórias de arrepiar

1 – Hoje o dia está bom pra contar histórias. ①

2 – É verdade. Chuva, bolinho de chuva e uma história assustadora...

Solução do primeiro exercício: Você entendeu?

① Richard! Steh auf, du wirst sehr spät in der Schule ankommen! ② Ich gehe [ja] schon! ③ Paul, die Milch ist schon in der Tasse und der Kaffee ist schon fertig. ④ Ich gehe [ja] schon! ⑤ Rita, dein Kuchen ist fertig! ⑥ Ich gehe [ja] schon! ⑦ Jeden Tag das Gleiche (die gleiche♀ Sache♀)! ⑧ Und wenn ich nicht existieren würde, wie würdet ihr [das] machen? ⑨ Wir wären zumindest glücklicher, bevor wir in die Schule gehen. ⑩ Junge! Schau [mal], wie du mit deiner Mutter sprichst! ⑪ Entschuldige, aber wie kann jemand aufwachen und schon derartig sprechen (aufwachen schon sprechend von-diese Weise), ohne aufzuhören? ⑫ Gut, gib mir ein bisschen Kaffee. ⑬ Und du, hör auf [damit], spät loszugehen, um diese Kinder zum Unterricht zu bringen!

Segunda onda: ative hoje a 28ª aula!

78. Lektion

Gruselgeschichten (Geschichten♀♀ von Gänsehaut-bekommen)

1 – Heute ist ein guter Tag, um Geschichten zu erzählen.

2 – Das stimmt. Regen, Gebäckstückchen zum Regen ist eine furchteinflößende Geschichte (erschreckend♀) ...

ANMERKUNGEN

① **Hoje** "heute" ≠ **hoje em dia** "heutzutage": **Hoje em dia tudo fica mais caro.** "Heutzutage ist alles teurer."

3 – Que isso! História nenhuma me assusta. ② ③
4 – Duvi-d-o-dó. Escuta essa: ④
5 Ele é um moleque de uma perna só,
6 que usa gorro vermelho e fuma cachimbo.
7 Ele aparece em estradas desertas, num redemoinho, no meio das árvores, ⑤ ⑥
8 assustando os viajantes. ⑦
9 – Pára com isso, é o Saci Pererê e nem dá medo. ⑧
10 – Então esta:
11 Dizem que filho de homem que nasce depois de sete filhas
12 vira lobisomem, ⑨
13 aparece nas encruzilhadas e cemitérios…
14 – Lobisomem também não tem graça. ⑩

ANMERKUNGEN

② **Que isso**, umgangssprachliche Kurzform von **O que é isso?** "Was ist das?", hier im Sinne von "Was ist das denn für eine Geschichte?"

③ **nenhuma** folgt dem Bezugswort und verstärkt die Aussage. Ebenso **todo / toda**: **esta gente toda** "diese ganzen Leute". Steht **nenhum / nenhuma** vor einem Verb, lässt man **não** weg: **Nenhuma delas veio.** "Keine von ihnen ist gekommen."

3 – Ach was (was das)! Keine Geschichte jagt mir Furcht ein (mich erschreckt).

4 – Das bezweifle ich. Hör [dir] diese [an]:

5 Da ist ein Junge mit nur einem Bein,

6 der (benutzt) eine rote Mütze trägt und Pfeife raucht.

7 Er taucht auf verlassenen Landstraßen auf, in einem Wirbelwind, inmitten der Bäume,

8 [und] erschreckt die Reisenden.

9 – Hör auf damit, das ist der Saci Perere, und der macht nicht mal Angst.

10 – Dann diese:

11 Man sagt, dass ein Sohn (Sohn♂ von Mensch♂), der nach sieben Töchtern geboren wird,

12 [ein] Werwolf wird,

13 [der] auf [Straßen]Kreuzungen und Friedhöfen auftaucht ...

14 – [Nun,] der Werwolf ist auch nicht lustig (nicht hat Anmut♀).

④ **-dó** am Ende von **duvido** (sprich [*duwide-odo*]) ist nichts weiter als eine Wortspielerei, ähnlich wie Kinder bei uns "Kann ja gar nicht sei-ein!" sagen.

⑤ **aparecer** "auftauchen, erscheinen" ≠ **parecer** "ähneln, scheinen". Speziell unter Freunden hört man häufig: **Apareça em casa!** "Komm mal [bei uns] zu Hause vorbei!"

⑥ **rua** "Straße" ≠ **avenida** "Einfallstraße; Boulevard" ≠ **alameda** "Allee" ≠ **estrada** "Landstraße" ≠ **rodovia** "Autobahn": **Nessa hora sempre têm engarrafamentos na rodovia.** "Zu dieser Zeit (Stunde) gibt es immer Staus auf der Autobahn."

⑦ **assustar** "erschrecken", **recear** "(be)fürchten", **temer** "fürchten", **aterrorizar** "terrorisieren" drücken Angst, Furcht, Schrecken aus. Dazu gehören die Nomen **o susto** "der Schrecken", **o receio / o temor** "die Furcht", **o medo** "die Angst".

⑧ Weitere Ausdrücke mit **medo**: **estar com medo** "Angst haben", **dar medo** "Angst machen", **morrer de medo** "vor Angst sterben".

⑨ **virar** ist sehr vielseitig: "umdrehen, umblättern, wenden, umkippen, kentern; werden". **Ele virou a folha de papel.** "Er hat die (Papier)seite umgeblättert." **Depois disso ella virou para mim e sorriu.** "Danach hat sie sich zu mir umgedreht und gelacht."

⑩ Ausdrücke mit **graça** "Anmut, Witz": **fazer graça** "scherzen", **ter graça** "lustig sein", **de graça** "umsonst" (**Nem de graça!** "Nicht mal geschenkt!"); **graças a...** "dank ..." (**Graças a Deus!** "Gott sei Dank!").

15 – **Ú**ltima tentat**i**va: **E**la apar**e**ce de n**o**ite,

16 vem à proc**u**ra das cri**a**nças que n**ã**o d**o**rmem...

17 – A C**u**ca, am**i**ga do b**i**cho pap**ão**.

18 – Ok, par**e**ce que voc**ê** venc**eu**. ⑪ ⑫

19 V**a**mos alug**a**r um f**i**lme? ⑬

ANMERKUNGEN

⑪ Merken Sie sich im Zusammenhang mit **parece que** ... auch **parecer-se com** "jmdm. ähneln, ähnlich sehen": **Ela se parece com a irmã.** "Sie sieht der Schwester ähnlich."

Exercício 1: Você entende estas frases?

❶ Ele se parece muito com o pai. ❷ Dizem que filho de peixe, peixinho é! ❸ Esse moleque não pára; ele fala o tempo todo! ❹ Hoje em dia poucas pessoas fumam cachimbo. ❺ Você já viu un redemoinho? ❻ Vê se aparece lá em casa.

Exercício 2: Complete as palavras que faltam!

❶ Die Fußballmannschaft von Campinas hat die Meisterschaft gewonnen.

O ... de futebol de Campinas ... o campeonato.

❷ Hör auf, so ein Gesicht zu machen, du wirst [noch] die Kinder erschrecken (du geht beenden erschreckend).

Pára de fazer esta cara, você ... acabar ... as ... .

❸ Diese Straße ist verlassen, [sie] macht mir Angst.

... rua ... deserta, me dá ... .

❹ Ich liebe es, [mich] mit diesen Reisenden zu unterhalten, die immer eine Menge Geschichten zu erzählen haben.

Adoro ... com aqueles viajantes que ... sempre um monte de histórias ... contar.

❺ Ich habe gestern nicht mal die Fernsehserie sehen können.

Eu ... ... ver a novela ... .

15 – Letzter Versuch: Sie taucht nachts auf,

16 [und] sucht (kommt zu-die Suche) Kinder, die nicht schlafen ...

17 – Cuca, die Freundin des Butzemanns.

18 – OK, es scheint, als hättest du gewonnen.

19 Sollen wir einen Film ausleihen (mieten ein Film)?

⑫ **vencer**: "gewinnen, siegen" und "Erfolg haben": **Eu queria vencer na vida.** "Ich wollte im Leben Erfolg haben." Auch **ganhar** bedeutet "gewinnen", meist im Sinne von "(geschenkt) bekommen; verdienen": **Eu ganhei um presente dos meus colegas.** "Ich habe ein Geschenk von meinen Kollegen bekommen."

⑬ **alugar** "mieten; vermieten": **Quem aluga carros aqui?** "Wer vermietet hier Autos?". Das zugehörige Nomen ist **aluguel** "Vermietung, Verleih, Miete".

Solução do primeiro exercício: Você entendeu?

❶ Er ähnelt dem Vater sehr. ❷ Man sagt: Wie der Vater, so der Sohn (Sohn♂ von Fisch♂, Fischchen♂ ist)! ❸ Dieser Junge hört nicht auf; er spricht die ganze Zeit! ❹ Heutzutage rauchen wenige Personen Pfeife. ❺ Hast du schon [einmal] einen Wirbelwind gesehen? ❻ Komm doch mal zu Hause vorbei (sieh wenn auftaucht dort in Haus♀).

Solução do segundo exercício: As palavras que faltam.

❶ time – venceu ❷ vai – assustando – crianças ❸ Esta – está – medo ❹ conversar – têm – pra ❺ nem pude – ontem.

Brasilianische Legenden

Saci oder **Saci Pererê** ist eine populäre Figur der Mythologie: ein koboldhaftes, einbeiniges Wesen mit schwarzer Hautfarbe. Er raucht eine Pfeife und hat eine magische rote Kappe, durch die er jederzeit auftauchen und wieder verschwinden kann. Je nach Region gilt er als gutes oder schlechtes Wesen; dementsprechend haben die Geschichten Vorbild- oder abschreckenden Charakter. Kindern, die nicht einschlafen wollen, droht man auch mit der Legende der **Cuca**, einem hässlichen, krokodilähnlichen Wesen, das zusammen mit dem einäugigen **Bicho Papão** die Kinder in einen großen Sack steckt, sie an einen unbekannten Ort bringt und sie dort quält.

Segunda onda: ative hoje a 29ª aula!

79 Septuagésima nona aula

Folia na Avenida

1 – Pront**i**nho, M**ô**nica! ①

2 T**u**a fantas**i**a est**á** pr**o**nta. ②

3 Prep**a**re-se pra ver a m**a**is incr**í**vel fantas**i**a de t**o**dos os t**e**mpos.

4 – O que é **i**sso? Um biqu**í**ni com paet**ê**s?!

5 – N**ão**, é a reprodu**ção** da vestim**e**nta ind**í**gena, com um p**o**uco de br**i**lho.

6 – **E**u n**ão** v**o**u desfil**a**r com **i**sso. ③

7 **I**sso é tr**a**je de ra**i**nha de bater**i**a! ④ ⑤

8 – P**e**ra a**í**!

9 A**i**nda f**a**lta coloc**a**r o coc**a**r e a s**a**ia de p**e**nas que voc**ê** p**e**ga no d**i**a do desf**i**le, na concentra**ção**.

10 – No m**e**io daqu**e**la g**e**nte t**o**da e daqu**e**la barulh**e**ira,

ANMERKUNGEN

① Die Endung **-inho** als Bestärkung ist Ihnen nicht mehr fremd. Sie kennen dieses Phänomen bereits von **direitinho** "ganz richtig" und **pertinho** "ganz in der Nähe".

79. Lektion

Treiben auf dem Boulevard

1 – Fertig, Monika!

2 Dein Kostüm (Fantasie♀) ist fertig.

3 Bereite dich [darauf] vor, das traumhafteste (unglaublich) Kostüm aller Zeiten zu sehen.

4 – Was ist das? Ein Bikini mit Pailletten?!

5 – Nein, es ist die Nachbildung (Reproduktion♀) der indigenen Tracht, mit ein bisschen Glitzer (Glanz♂).

6 – Ich werde damit nicht auftreten (vorbeimarschieren).

7 Das ist [das] Kostüm einer Trommelkönigin (Königin♀ von Schlagzeug♀)!

8 – Warte mal!

9 Es müssen noch (noch fehlt) der Kopfschmuck und der Federrock (Rock♀ von Federn♀♀) befestigt werden, die du (nimmt) am Tag des Umzugs beim Startpunkt trägst (in-die Versammlung).

10 – Zwischen all diesen Leuten und [inmitten all] dieses Krachs

② Neben "Fantasie, Vorstellungskraft" heißt **fantasia** auch "Kostüm, Verkleidung". Zu diesem Themengebiet gehören die Verben **fantasiar-se** "sich kostümieren", **mascarar-se** "sich maskieren", **disfarçar-se** "sich verkleiden".

③ Zu **desfilar** "vorbeiziehen, vorbeimarschieren" gehört das Substantiv **desfile** "Umzug, Festzug, Parade", das sich z. B. auch in Ausdrücken wie **desfile de moda** "Modenschau" findet.

④ Einige zusammengehörige Nomen unterscheiden sich im Maskulinum und Femininum: **o rei** "der König", aber **a rainha** "die Königin"; **o príncipe** "der Prinz", aber **a princesa** "die Prinzessin".

⑤ **bateria** "Schlagzeug" heißt auch "Akku, Autobatterie", steht dabei aber im Unterschied zu **a pilha** "die Batterie".

11 a gente ainda vai ter que entrar numa fila pra terminar de se fantasiar?

12 – Ou então você passa na quadra da escola de samba no domingo de manhã. ⑥

13 – Eu prefiro assim.

14 Posso te pedir um favor? ⑦

15 – Claro, fala.

16 – Eu posso aproveitar e levar a fantasia do meu marido?

17 – Se estiver pronta. ⑧

18 Qual é a ala e o nome dele? ⑨

19 – Ele faz parte da bateria, toca reco-reco e se chama Renato.

20 – Vou até o galpão procurar a fantasia e já venho.

ANMERKUNGEN

⑥ **o samba** ist trotz der Endung **-a** ein Maskulinum. **O sambista** "der Sambatänzer", **a sambista** "die Sambatänzerin". Die berühmte Sambameile in Rio de Janeiro nennt sich **o sambódromo**.

⑦ **pedir** "bitten" ist (wie auch **medir** "messen") etwas unregelmäßig, denn in der 1. Pers. Sg. Indikativ Präsens wird bei allen Formen des Konjunktiv Präsens und fast allen des Imperativs **d** zu **ç**: **Eu te peço!** "Ich bitte dich!"

Exercício 1: Você entende estas frases?

❶ No pátio da minha escola tem uma árvore. ❷ Nós precisamos colocar uma bateria nova neste telefone. ❸ Em menos de cinco minutos ele desliga. ❹ Você viu como é bonita a rainha da bateria? ❺ Eu vi este biquíni num desfile de moda de verão em São Paulo. ❻ Se você quiser comer pipoca antes do filme, vai ter que entrar naquela fila enorme, à tua esquerda.

11 müssen wir [uns] auch noch (eintreten) in der Schlange anstellen, um uns fertig (beenden von) zu kostümieren?

12 – Oder aber du gehst mit der Gruppe der Sambaschule (Block♀ von-die Schule♀ von Samba♂) mit am Sonntagmorgen.

13 – Das ist mir lieber (bevorzuge so).

14 Kann ich dich um einen Gefallen bitten?

15 – Klar, schieß los (sprich).

16 – Kann ich [die Gelegenheit] nutzen und [gleich] das Kostüm meines Mannes mitnehmen?

17 – Sobald (wenn) es fertig ist.

18 Welche Reihe und wie ist sein Vorname?

19 – Er ist (macht Teil) bei den Trommlern, spielt Reco-Reco und heißt Renato.

20 – Ich gehe ins Lager (bis der Schuppen) das Kostüm suchen und komme [gleich] wieder.

⑧ Beachten Sie den Gebrauch des Konjunktiv Futur von **estar** – **estiver** – hier eingeleitet durch "sobald". Der Konjunktiv Präsens – **esteja** – drückt hingegen Ungewissheit aus: **Espero que já esteja pronta.** "Ich hoffe, dass es schon fertig ist."

⑨ **ala** bezeichnet ebenso die "Reihe" wie den "Flügel", Letzteres jedoch nur im übertragenen Sinne. Der "Flügel" eines Vogels heißt **a asa**.

Solução do primeiro exercício: Você entendeu?

❶ Im Innenhof meiner Schule gibt es einen Baum. ❷ Wir müssen einen neuen Akku in dieses Telefon einsetzen. ❸ In weniger als fünf Minuten schaltet er [sich] aus. ❹ Hast du gesehen, wie schön die Trommelkönigin ist? ❺ Ich habe diesen Bikini auf einer Sommermodenschau in São Paulo gesehen. ❻ Wenn du vor dem Film Popcorn essen möchtest, musst du dich in dieser riesigen Schlange zu deiner Linken anstellen.

Exercício 2: Complete as palavras que faltam!

❶ Dieses Jahr werden wir mit einem wundervollen Kostüm auftreten, ganz aus Federn.

Este ano vamos ______ com uma ______ maravilhosa, toda de ______.

❷ Wir gehen ins Kino [und] nicht zu einer Parade der Sambaschule.

Nós vamos ao cinema, não a um ______ de ______ de ______.

❸ Dieser Kopfschmuck gehört zum Kostüm der Indioreihe, diese Röcke [jedoch] nicht.

Este cocar faz parte da fantasia da ___ dos ______, estas ______ não.

❹ Gestern habe ich eine Nachbildung eines der Werke Picassos gesehen.

Ontem __ __ uma ______ de ___ das obras do Picasso.

❺ Ich bezweifle, dass Renato zwischen all diesen Leuten ist.

Eu ______ que o Renato esteja no meio ______ gente ______.

80 Octogésima [*oktoĵäsima*] aula

Entre lusitana e brasileira ①

1 – (B) **O**i R**o**sa, t**u**do bem?

2 – (P) Ah?! Ol**á** I**a**ra est**á**s boaz**i**nha?

3 – (B) Sim, e voc**ê**?

4 – (P) V**a**i-se **i**ndo. ②

ANMERKUNGEN

① In dieser Lektion gehen wir auf einige der zahlreichen Unterschiede zwischen dem Portugiesischen und Brasilianischen ein. Achten Sie in erster Linie auf die Aussprache auf den Tonaufnahmen. Wenn Ihnen der portugiesische Akzent zuerst fremd vorkommt, trösten Sie sich: Vielen Brasilianern ergeht es nicht anders.

Solução do segundo exercício: As palavras que faltam.

❶ desfilar – fantasia – penas ❷ desfile – escola – samba ❸ ala – índios – saias ❹ eu vi – reprodução – uma – ❺ duvido – daquela – toda.

Karneval in Rio de Janeiro

Der **Carnaval do Rio** mit seiner bunten Parade der Sambaschulen ist eine der Hauptattraktionen der Stadt. Jede **Escola de Samba** tritt mit 3.000-5.000 Teilnehmern an, aufgeteilt in bis zu 40 Gruppen mit fünf bis acht Festzugswagen. Jedes Jahr wird ein bestimmtes Thema ausgewählt; entsprechend werden die Wagen dekoriert und die Kostüme darauf abgestimmt. Dann werden Rhythmus, Choreographie, Präsentation, Zusammenspiel der Gruppe usw. einstudiert. Die Parade findet im **Sambódromo** statt. Dort finden 88.500 Zuschauer Platz. Die Sambagruppen verteilen sich auf insgesamt vier "Ligen"; jedes Jahr wird die Gruppe mit der höchsten Punktzahl in die **Grupo Especial** aufgenommen. Für die Besten der **Grupo Especial** gibt es dann einen Geldpreis.

Segunda onda: ative hoje a 30ª aula!

80. Lektion

Von Portugiesin zu Brasilianerin

1 – Hallo Rosa, alles klar?

2 – Ah?! Hallo Iara, geht's dir gut?

3 – Ja, und dir?

4 – Geht so.

② Das Gerundium **vai-se indo** stammt von **ir-se** "weggehen" (Synonym **ir-se embora**). Das Pronomen ist unpersönlich, ähnlich wie bei unserem "es geht". Persönlicher wäre: **Vou indo.** "Mir geht's [einigermaßen] gut."

5 – (P) Tu e o Rodr**i**go, vós **i**des **a**o conc**e**rto h**o**je à n**o**ite? ③

6 – (B) O quê?

7 – (P) Voc**ê** e o Rodr**i**go, **vão** **a**o conc**e**rto da Esc**o**la de M**ú**sica da **Á**ustria?

8 – (B) Sim, e voc**ê**?

9 – (P) **Não** s**e**i, est**o**u a procur**a**r companh**i**a. ④ ⑤

10 – (B) Voc**ê** v**a**i soz**i**nha?

11 – (P) Sim. **A**o Manu**e**l, **não** lhe apet**e**ce **e**ste t**i**po de m**ú**sica. ⑥

12 – (B) V**e**nha con**o**sco, ent**ã**o.

13 – (P) Há lug**a**r no v**o**sso c**a**rro? ⑦ ⑧

14 – (B) Tem, mas a g**e**nte v**a**i de **ô**nibus.

15 (B) L**á** p**e**rto do te**a**tro municip**a**l **não** tem a**o**nde estacion**a**r.

ANMERKUNGEN

③ Das Personalpronomen **vós** wird auch in Portugal meist durch **vocês** bzw. **os senhores / as senhoras** ersetzt. Nur im Norden des Landes kann man es noch ab und zu hören. In der religiösen Sprache, z. B. in Predigten, wird es allerdings noch verwendet.

5 – Du und Rodrigo, geht ihr zum Konzert heute Abend?

6 – Was?

7 – Du und Rodrigo, geht ihr ins Konzert der Österreichischen Musikschule (Schule♀ von Musik♀ von-die Österreich)?

8 – Ja, und du?

9 – Ich weiß [es] nicht, ich suche [eine] Begleitung.

10 – Gehst du alleine?

11 – Ja. Manuel hat keine Lust (nicht ihm Appetit-macht) auf diese Art Musik.

12 – Dann komm [doch] mit uns.

13 – Gibt es Platz in eurem Auto?

14 – Ja (hat), aber wir fahren mit dem Bus.

15 Dort in der Nähe des Städtischen Theaters kann man nicht parken (nicht hat wohin parken).

④ In Portugal wird die Wendung "dabei sein zu" durch **estar a** + Infinitiv umschrieben. In Brasilien würde man das Gerundium verwenden: **Estou procurando companhia.**

⑤ Merken Sie sich zu **companhia** "Begleitung, Gesellschaft" auch **fazer companhia** "Gesellschaft leisten" und **acompanhar** "begleiten".

⑥ **apetecer** (von **o apetite** "der Appetit, die Lust") wird in Portugal allgemein für "Lust haben" verwendet. Das brasilianische Synonym lautet **estar com vontade de oder ter vontade de**.

⑦ Wo der Brasilianer **Tem...?** "Gibt es ...?" sagt, zieht der Portugiese **Há...?** vor.

⑧ Bei **vosso** handelt es sich um das Possessivpronomen der 2. Pers. Pl. Dieses wird in Portugal selten verwendet; man würde in der Regel **seu** vorziehen. In Brasilien hieße der Satz folglich: **Tem lugar no seu carro?**

16 – (P) Não é muito difícil ir de autocarro da vossa casa até lá? ⑨

17 – (B) Não. Deixa o carro lá na nossa rua, em frente a padaria, e vamos juntos.

18 – (P) Não vos vai estorvar a ti e ao teu namorado? ⑩

19 – (B) Claro que não, fique tranquila.

20 – (P) Já me tinha esquecido!

21 (P) Está ali um recado para ti em cima da mesa.

22 – (B) Obrigada... Rosa, este bilhete é pra você e não pra mim.

23 – (P) Tens a certeza? ⑪

24 – (B) Sim, é do teu marido, dizendo que mudou de ideia e vai com você ao concerto. ⑫

ANMERKUNGEN

⑨ Man sagt in Portugal **o autocarro** "der Bus" und in Brasilien **o ônibus**; ebenso **o eléctrico** (P) und **o bonde** (B) "die Straßenbahn"; **o comboio** (P) und **o trem** (B) "der Zug".

Exercício 1: Você entende estas frases?

❶ Você tem certeza que esta mesa não vai quebrar? ❷ Perto do teatro tem uma padaria. ❸ Você não vai acreditar como o pão deles é bom. ❹ A Maria deixou um recado: ela disse que vai ao concerto conosco. ❺ Vocês passam na casa da Maria, pegam ela e depois vêm pra cá. ❻ Vou pedir para o Rodrigo me fazer companhia esta noite. ❼ Não quero sair sozinha.

16 – Ist es nicht sehr schwierig, von eurem Haus mit dem Bus dorthin zu fahren?

17 – Nein. Lass das Auto dort in unserer Straße vor der Bäckerei, und wir fahren zusammen.

18 – Wird das dich und deinen Freund nicht stören?

19 – Natürlich nicht, sei unbesorgt (bleib ruhig♀).

20 – Ich hatte [es] schon vergessen!

21 Da ist eine Nachricht für dich auf dem Tisch.

22 – Danke ... Rosa, dieses Ticket ist für dich und nicht für mich.

23 – Bist du sicher?

24 – Ja, es ist von deinem Mann, [und er] sagt, dass er seine Meinung (Idee♀) geändert hat und mit dir zu dem Konzert geht.

⑩ Für "stören" benutzt man in Portugal häufig **estorvar**, in Brasilien eher **incomodar** oder **perturbar**.

⑪ Wir haben bereits an einigen Stellen darauf hingewiesen, dass die 2. Pers. Sg. der Verben in Brasilien äußerst selten und nur regional verwendet wird. In Portugal ist dies jedoch üblich.

⑫ In Portugal werden die Personal- und Possessivpronomen **tu** und **teu / tua** bzw. **você** und **seu / sua** klar differenziert. In Brasilien geht man, zumindest in der Umgangssprache, damit salopper um. Hier redet die brasilianische Sprecherin ihre Freundin zwar mit **você** an, als Possessivpronomen wird jedoch **teu** verwendet.

Solução do primeiro exercício: Você entendeu?

❶ Bist du sicher, dass dieser Tisch nicht kaputt geht (nicht geht brechen)? ❷ In der Nähe des Theaters gibt es eine Bäckerei. ❸ Du wirst [es] nicht glauben, wie gut deren Brot ist. ❹ Maria hat eine Nachricht hinterlassen: Sie hat gesagt, dass sie mit uns zum Konzert geht. ❺ Ihr fahrt zu Maria, nehmt sie [mit] und danach kommt ihr hierher. ❻ Ich werde Rodrigo bitten, mir an diesem Abend Gesellschaft zu leisten. ❼ Ich möchte nicht alleine ausgehen.

Exercício 2: Complete as palavras que faltam!

❶ Wir fahren mit dem Auto, Manuel fährt mit dem Bus und Maria weiß nicht, wie sie fährt.
A ..... vai de carro, o Manuel vai de ..... e a Maria não ..... como vai.

❷ Heute habe ich Musikunterricht gehabt und mein Professor hat gesagt, dass ich besser singe.
Hoje eu tive ..... de ..... e o meu professor ..... que eu estou cantando melhor.

❸ Wollt ihr nicht mit uns kommen?
Vocês .... vir .....?

❹ Dein Freund hat seine Strickjacke auf dem Computer vergessen.
O ..... namorado ..... a malha ..... em cima do computador.

❺ Er denkt immer, dass er stören wird, er ist nie locker.
Ele ..... acha que ..... incomodar, ... está à vontade.

81 Octogésima primeira aula

Faz-de-conta…

1 – Vamos brincar de Sítio do Pica-Pau Amarelo. ① ②

2 – Vamos, mas só se eu puder ser a Narizinho! ③ ④

ANMERKUNGEN

① **brincar** "scherzen, spaßen, spielen". **Brincar o carnaval** "Karneval feiern". Aus phonetischen Gründen wird das **c** zu **qu**, wenn darauf ein **e** oder **i** folgt: **Não brinque!** "Mach dich nicht zum Idioten!". **Brincadeira** "Scherz, Spaß, Spiel", **brincalhão** "Spaßvogel", **brinquedo** "Spielzeug".

② **Sítio** "Ort, Platz, Stelle": ein Stück Land, das zur Landwirtschaft genutzt wird. Oft ist **sítio** auch ein Wochenendhaus auf dem Land / ein Landsitz. Synonym hierzu ist **chácara**, allerdings ist dies etwas kleiner.

Solução do segundo exercício: As palavras que faltam.

❶ gente – ônibus – sabe ❷ aula – música – disse ❸ não querem – conosco ❹ teu – esqueceu – dele ❺ sempre – vai – nunca.

Portugiesisches und brasilianisches Portugiesisch

Die eigenständige Entwicklung des brasilianischen Portugiesisch begann bereits im 16. Jh. Die Sprache emanzipierte sich jedoch erst ab der Unabhängigkeit 1822. Seitdem hat sich besonders die Aussprache des **Português Brasileiro** vom **Português Lusitano** entfernt, aber auch der Wortschatz ist sehr unterschiedlich: **o prefeito** (B) – **o presidente da câmara** (P) "der Bürgermeister"; **o terno** (B) – **o fato** (P) "der Anzug"; **o banheiro** (B) – **a casa de banho** (P) "das Badezimmer"; **o sorvete** (B) – **o gelado** (P) "die Eiscreme"; **o durex** (B) – **a fita-cola** (P) "das Klebeband"; **o café da manhã** (B) – **o pequeno almoço** (P) "das Frühstück"; **o cabide** (B) – **a cruzeta** (P) "der Kleiderbügel"; **a ligação** (B) – **a telefonada** (P) "der Anruf"; **a aeromoça** (B) – **a hospedeira** (P) "die Stewardess".

Segunda onda: ative hoje a 31ª aula!

81. Lektion

Tun wir so, als ob ...

1 – Wollen wir Landsitz des gelben Spechts spielen?

2 – Machen wir, aber nur, wenn ich das Näschen sein kann!

③ **puder:** Konjunktiv Futur von **poder**. **Puder** wird aus dem Präteritum **pude** "ich habe gekonnt" gebildet: **Se eu puder, vou fazer o possível para chegar cedo.** "Wenn ich kann, werde ich [alles] Mögliche tun, um früh anzukommen."

④ Einige idiomatische Wendungen zu **o nariz**: **torcer o nariz** "die Nase rümpfen", **ser dono do seu nariz** "sein eigener Boss sein", **dar com o nariz na porta** "die Tür vor der Nase zugeschlagen bekommen".

3 – Tá bom, e eu a Emília.
4 – E quem vai ser o Pedrinho?
5 – Vamos chamar a Carol pra brincar com a gente.
6 – Tudo bem, mas ainda falta alguém pra ser o Visconde de Sabugosa. ⑤
7 – É mesmo. Podemos chamar a Vivi!
8 – Já sei! Tenho uma ideia.
9 A gente faz de conta que esta boneca é a Emília e aquele boneco o Visconde. ⑥ ⑦
10 – Não! A gente pode fazer cada uma dois personagens. ⑧
11 – Então eu também sou a Dona Benta.
12 – E eu a Tia Nastácia.
13 – A cama é a casa, tá?
14 – A escrivaninha é o puleiro.
15 – E o tapete é a floresta.
16 – Vou até o banheiro pegar um pouco de talco

ANMERKUNGEN

⑤ **o visconde** "der Vicomte, Vizegraf" / **o conde** "der Graf" → **a viscondessa** "die Vicomtesse, Vizegräfin" / **a condessa** "die Gräfin". Außerdem **o barão** "der Baron", **a baronesa** "die Baronin" sowie **o duque** "der Herzog", **a duquesa** "die Herzogin".

3 – Ist gut, und ich [bin] Emilie.

4 – Und wer wird das Peterchen spielen (sein)?

5 – Lass uns Caroline rufen, damit [sie] mit uns spielt.

6 – In Ordnung, aber [es] fehlt [noch] jemand, der der Vicomte von Sabugosa ist.

7 – Genau. Wir können Vivi rufen!

8 – Ich weiß schon [was]! Ich habe eine Idee.

9 Wir tun so (die Leute macht von Rechnung♀ dass), als ob diese Puppe Emilie ist und diese Marionette der Vicomte.

10 – Nein! Wir können beide je zwei Personen spielen.

11 – Dann bin ich auch die Benta.

12 – Und ich die Tante Nastacia.

13 – Das Bett ist das Haus, OK?

14 – Und der Schreibtisch der Hühnerstall.

15 – Und der Teppich ist der Wald.

16 – Ich gehe ins Bad und hole ein bisschen Puder,

⑥ Merken Sie sich neben **fazer de conta** "so tun, als ob" auch **fingir** "vortäuschen": **Ele fingiu que não viu nada.** "Er hat so getan, als hätte er nichts gesehen."

⑦ Während **a boneca** "die Puppe" bezeichnet, ist **o boneco** "die Marionette, der Hampelmann".

⑧ **cada um** "jeder" / **cada uma** "jede" ist zielgerichteter bzw. eindeutiger definiert als das Synonym **todo/toda**, das man (jedoch seltener) z. B. in festen Ausdrücken verwendet, z. B. **todo dia** "jeden Tag": **Todo dia eu dou uma caminhada.** "Ich mache jeden Tag einen Spaziergang".

17 para fazer de conta que é o pó de pirlim pim pim.

18 – A tua mãe não vai brigar?

19 – Não! A gente não vai nem abrir, é de mentirinha!

20 Não podemos derrubar! ⑨

Exercício 1: Você entende estas frases?

❶ Mamãe, não fique triste, faz-de-conta que eu não quebrei os teus óculos. ❷ A Iara foi até o banheiro lavar as mãos e já volta. ❸ Quando eu era pequeno, eu sempre brincava de boneca com a minhã irmã. ❹ Ainda está faltando uma parte deste jogo. ❺ Assim não conseguiremos jogar. ❻ Aquele livro que você disse que perdeu está no teu quarto, debaixo da escrivaninha.

Exercício 2: Complete as palavras que faltam!

❶ Letzte Woche (in-die Woche vergangen♀) sind wir in den Wald von Tijuca gefahren.
Na ___ ___ fomos na floresta da Tijuca.

❷ Warst das wirklich du, der das Auto geparkt hat?
Foi ___ ___ que estacionou o carro?

❸ Willst du nicht Caroline mitbringen, um mit Vivi zu spielen?
Você ___ quer ___ a Carol ___ brincar com a Vivi?

❹ Ich gehe nur ins Kino, wenn ich früher von der Arbeit weggehen kann.
Eu só vou ao ___, se eu ___ sair mais cedo do ___.

❺ Ich weiß schon [was]! Du wirst einige kleine Einkäufe machen, und ich bleibe hier und lese (bleibe hier lesend).
Já sei! Você vai ___ umas ___ e eu ___ aqui lendo.

17 um so zu tun, als wäre es das Pirlimpimpim Pulver.

18 – Wird deine Mutter nicht schimpfen (nicht geht streiten)?

19 – Nein! Wir werden es auch nicht aufmachen, es ist nur zum Spaß (ist von kleine-Lüge♀)!

20 Wir können [es] nicht ausschütten!

ANMERKUNGEN

⑨ **derrubar** hat die Bedeutungen "ausschütten; fällen, niederreißen". **Derrubar o governo** "die Regierung stürzen".

Solução do primeiro exercício: Você entendeu?

① Mama, sei nicht traurig, tu so, als ob ich deine Brille nicht kaputt gemacht hätte. ② Iara ist ins Bad gegangen, um die Hände zu waschen und kommt gleich zurück. ③ Als ich klein war, spielte ich immer mit meiner Schwester mit Puppen. ④ Es fehlt noch ein Teil dieses Spiels. ⑤ So werden wir es nicht schaffen, zu spielen. ⑥ Dieses Buch, von dem du gesagt hast, dass du es verloren hast, ist in deinem Zimmer unter dem Schreibtisch.

Solução do segundo exercício: As palavras que faltam.

❶ semana passada ❷ você mesmo ❸ não – trazer – pra ❹ cinema – puder – trabalho ❺ fazer – comprinhas – fico.

Sítio do Pica-Pau-Amarelo

Monteiro Lobato (1882–1948) gilt als einer der einflussreichsten brasilianischen Schriftsteller des 20. Jahrhunderts. Etwa die Hälfte seiner Veröffentlichungen waren Kinderbücher. Die bekanntesten sind **Reinações de Narizinho** "Späße des Näschens" (1931), **Caçadas de Pedrinho** "Peterchens Jagdpartien" (1933) und **Sítio do Pica-Pau-Amarelo** "Landsitz des gelben Spechts" (1939). Sie prägten und prägen noch ganze Generationen. **Pirlimpimpim** ist ein verzaubertes Pulver, das die Kinder in die Welt und in die Abenteuer der Werke Monteiro Lobatos führen soll.

Segunda onda: ative hoje a 32ª aula!

82 Octogésima segunda aula

Trava-línguas

1 – Duvido que você consiga repetir esta; ①
2 escuta aí:
3 "O tempo perguntou pro tempo
4 quanto tempo o tempo tem
5 e o tempo respondeu pro tempo
6 que o tempo tem tanto tempo
7 quanto o tempo tem."
8 – Essa eu já conhecia!
9 Ouve só esta: ②
10 "Disseram que o peito do pé do Pedro é preto; ③
11 quem disse que o peito do pé do Pedro é preto
12 tem o peito do pé mais preto
13 que o peito do pé do Pedro."

ANMERKUNGEN

① **repetir** "wiederholen; sitzen bleiben": In der 1. Pers. Sg. Indikativ Präsens gibt es einen Lautwandel von **e** zu **i**: **eu repito** "ich wiederhole". Ebenso beim Konjunktiv Präsens: **Eu quero que você repita esta frase.** "Ich möchte, dass du diesen Satz wiederholst."

Zungenbrecher (bremse-Zungen♀♀)

1 – Ich bezweifle, dass du das (diese♀) wiederholen kannst (schaffst);

2 hör mal [zu]:

3 "Die Zeit fragte die Zeit,

4 wie viel Zeit die Zeit hat,

5 und die Zeit antwortete der Zeit,

6 dass die Zeit so viel Zeit hat,

7 wie die Zeit hat."

8 – Den kannte ich schon!

9 Hör dir mal diesen an: (hör nur diese♀:)

10 "Man sagte, dass Peters Spann (der Brust von-der Fuß) schwarz ist;

11 wer sagte, dass Peters Spann schwarz ist,

12 der hat einen [noch] schwärzeren Spann

13 als Peters Spann."

② **ouvir** ist teilweise unregelmäßig (z. B. **eu ouço** "ich höre (zu)"). Das Partizip **ouvido** "(zu)gehört" ist auch Nomen: "Gehör; Ohr (als Organ)" ≠ **a orelha** "Ohr" als äußerer Körperteil. **Você só merece um puxão** [*puschaon*] **de orelha.** "Du verdienst nur, dass man dir [mal] die Ohren lang zieht."

③ **o peito** "die Brust, der Busen" wird z. B. in Ausdrücken wie **amiga do peito** "Busenfreundin, echte Freundin" benutzt, im Gegensatz zu **o amigo da onça** (Freund von-die Leopard) "der falsche Freund". Merken Sie sich auch **ter peito** "unverschämt sein".

– **E**ssa é leg**a**l, mas pref**i**ro **e**sta:
"O d**o**ce pergunt**o**u pro d**o**ce: ④
Qual é o d**o**ce m**a**is d**o**ce
que o d**o**ce de bat**a**ta d**o**ce?
E o d**o**ce respond**e**u pro d**o**ce
que o d**o**ce m**a**is d**o**ce
que o d**o**ce de bat**a**ta d**o**ce
é o d**o**ce de bat**a**ta d**o**ce."
– **U**ma grac**i**nha **e**sta!
Dá at**é** vont**a**de de cozinh**a**r **u**mas pra com**e**r!

Exercício 1: Você entende estas frases?

❶ Me disseram que eu não ficava bem com o cabelo deste jeito. ❷ Eu conheço o Pedro faz um tempão; nós estudamos juntos. ❸ Ele está com dor nos pés porque andou muito. ❹ Você está sempre de preto! Coloque alguma coisa azul. ❺ Espero que nós consigamos chegar a tempo.

Exercício 2: Complete as palavras que faltam!

❶ Ich weiß nicht, ob ich das Konzert anschaue oder ins Theater gehe.
Eu não sei se _____ __ concerto __ se vou ao teatro.

❷ Passt diese Hose besser zu dieser Strickjacke oder zu der hier?
Esta calça ____ melhor com esta _____ ou com essa _____?

❸ Hör mal zu, was ich dir zu erzählen habe, du wirst [es] nicht glauben!
______ só o que eu _____ pra te contar, você não vai _________!

14 – Der ist super, aber ich bevorzuge diesen:

15 "Die Süße fragte die Konfitüre:

16 Welche Süßigkeit ist [noch] süßer

17 als die Süße der Süßkartoffel?

18 Und die Konfitüre antwortete der Süße,

19 dass die Süßigkeit, die süßer ist

20 als die Süße der Süßkartoffel,

21 die Süße der Süßkartoffel ist."

22 – Lustig ist der! (eine kleine-Anmut♀ diese!)

23 Das macht (gibt) sogar Lust, ein paar zu kochen, um sie zu essen!

ANMERKUNGEN

④ **doce** "süß" ist Adjektiv *und* Substantiv. Es kann auch mit "Süßigkeit, Süßes, Süße" oder "Konfitüre" übersetzt werden. Ebenso: **a doçura** "die Süße, die Sanftmut", das Verb **adoçar** "(ver-) süßen" und **o adoçante** "Süßstoff, Süßungsmittel". Dies verwenden die Brasilianer übrigens zum Süßen lieber als **o açúcar** "der Zucker".

Solução do primeiro exercício: Você entendeu?

❶ Man hat mir gesagt, dass mir das Haar auf diese Art und Weise nicht stand (ich nicht blieb gut). ❷ Ich kenne den Peter schon ewig (macht ein großer-Zeit♂); wir haben zusammen studiert. ❸ Er hat Schmerzen in den Füßen, weil er viel gelaufen ist. ❹ Du bist immer in Schwarz! Zieh [mal] (stelle) etwas Blaues an. ❺ Ich hoffe, dass wir es schaffen, pünktlich anzukommen (zu Zeit♂).

Solução do segundo exercício: As palavras que faltam.

❶ assisto ao – ou ❷ fica – malha – daqui ❸ Escuta – tenho – acreditar

❹ Ich habe nicht so viel Geduld mit Kindern, wie ich dachte.
Eu não tenho tanta paciência com ________ ____ eu _______.

❺ In Brasilien ist es nicht so heiß (nicht macht so-viel Hitze♂), wie ich mir vorgestellt hätte (dass gemacht-haben-würde).
No Brasil, não faz tanto calor ______ eu _________ que _______.

83 Octogésima terceira aula

Teste de seleção

1 – E aí cara! Como é que foi de audição? ①

2 – Não sei. Acho que eu não vou ser selecionado.

3 – Qual foi o papel que vocês tiveram pra representar? ②

4 – Você não vai acreditar: Chapéuzinho vermelho!

5 O trecho do lobo vestido de vovózinha, ③

6 deitado na cama e falando com a Chapéuzinho vermelho:

ANMERKUNGEN

① **a audição** "die Aufführung, das Konzert, das Vorsprechen, das Casting" kann auch "das Gehör" sein. Die Vorsilbe **audi-** finden Sie auch in **audiência** "Audienz", "Zuhörer" und **auditório** "Hörsaal, Publikum".

② **o papel** heißt zu allererst "das Papier", im Plural **os papéis**, im übertragenen Sinne aber auch "die Aufgabe": **A manutenção das estradas é o papel do Estado.** "Die Wartung der Landstraßen ist die Aufgabe des Staates." Es steht auch, wie hier, für "die Rolle" (Bühne, Film).

Solução do segundo exercício: As palavras que faltam.

④ crianças como – pensava ⑤ quanto – imaginava – fizesse.

Lassen Sie sich nicht entmutigen, wenn Sie sich nicht alle Vokabeln, die Ihnen begegnen, merken können. Gehen Sie einfach noch einmal ein paar Lektionen zurück, und wiederholen Sie sie noch einmal. Sie werden nach einiger Zeit merken, dass Ihnen nach dieser Wiederholung zuvor schwierige Wörter und Ausdrücke nun viel leichter fallen.

Segunda onda: ative hoje a 33ª aula!

83. Lektion

Auswahltest (Test♂ von Auswahl♀)

1 – Und, Kumpel? (und da Kerl♂!) Wie war das Vorsprechen?

2 – Ich weiß nicht. Ich denke, dass ich nicht ausgewählt werde.

3 – Welche Rolle musstet ihr darstellen?

4 – Das wirst du nicht glauben: Rotkäppchen!

5 Der Abschnitt mit dem Wolf, der als Großmütterchen verkleidet ist (Wolf♂ gekleidet♂ von Großmütterchen♀),

6 im Bett liegt und mit Rotkäppchen spricht:

③ **O trecho** "Abschnitt, Auszug, Strecke" ≠ **o pedaço** "Stück, Teil, Einzelteil". Letzteres bezeichnet eher einen unabhängigen, abgetrennten Teil von etwas: **O primeiro trecho da BR-116 foi asfaltado.** "Der erste Abschnitt der BR-116 wurde asphaltiert."; **A casa está caindo aos pedaços.** "Das Haus zerfällt in [seine] Einzelteile."

7 Porqu**e** **e**sses **o**lhos t**ã**o gr**a**ndes?

8 Pra te ver melh**o**r … etc**e**tera, etc**e**tera,

9 at**é** a h**o**ra que **e**le se lev**a**nta pra tent**a**r com**ê**-la. ④

10 – N**ã**o d**e**ve ter s**i**do m**o**le, n**ã**o! ⑤

11 – **E**u quer**i**a m**u**ito ser selecion**a**do. ⑥

12 **E**les est**ã**o mont**a**ndo **u**ma p**e**ça s**o**bre a Sem**a**na de **A**rte Mod**e**rna,

13 com uns tr**e**chos de **o**bras de M**á**rio de Andr**a**de e Osw**a**ld de Andr**a**de.

14 O cen**á**rio é s**u**per color**i**do, com reproduç**õ**es de qu**a**dros de C**â**ndido Portin**a**ri e Djan**i**ra. ⑦

15 E a m**ú**sica é t**o**da do V**i**lla-L**o**bos.

16 – Rel**a**xa, c**a**ra! ⑧

17 Voc**ê** n**ã**o s**a**be c**o**mo f**o**i a audiç**ã**o dos **o**utros at**o**res. ⑨

18 Talv**e**z voc**ê** t**e**nha **i**do s**u**per bem. ⑩

ANMERKUNGEN

④ Folgen einem Infinitiv, der auf **-er** endet, die Pronomen **-la** oder **-lo**, wird die Infinitivendung zu **-ê**: **Que delícia esta fruta! Quem vai comê-la?** "Was für eine köstliche Frucht das ist! Wer wird sie essen?"

7 Warum [hast du] so große Augen?

8 Um dich besser zu sehen ... usw., usw.,

9 bis zu dem Moment (bis die Stunde), als er aufsteht, um zu versuchen, sie zu fressen (für versuchen essen-sie).

10 – Das war sicher kein Honigschlecken! (nicht soll haben gewesen weich, nicht!)

11 – Ich würde so gerne (wollte) ausgewählt werden.

12 Sie bereiten (sind zusammenbauend) gerade ein Stück über die Woche der Modernen Kunst vor,

13 mit einigen Auszügen aus Werken von Mário de Andrade und Oswald de Andrade.

14 Das Bühnenbild ist total bunt, mit Reproduktionen von Bildern von Cândido Portinari und Djanira.

15 Und die gesamte Musik ist von Villa-Lobos.

16 – Entspann dich, Kumpel! (entspannt Kerl♂!)

17 Du weißt nicht, wie das Vorsprechen der anderen Schauspieler war.

18 Vielleicht ist es bei dir [ja] supergut gelaufen (du hast gegangen).

⑤ **mole** heißt "träge", in der Hauptbedeutung jedoch "weich". **Mole** und das verwandte **moleza** "Schlaffheit, Trägheit" wird für Handlungen verwendet, die leicht auszuführen sind: **Isso é moleza de fazer!** "Das ist total einfach zu machen!"

⑥ Umgangssprachlich wird das Imperfekt **eu queria** häufig anstelle des echten Konditionals **eu quereria** "ich würde möchten" verwendet: **Eu queria falar com ele.** "Ich würde gerne mit ihm sprechen."

⑦ Genau wie bei uns kann **super** zur Verstärkung vor Adjektiven verwendet werden: **É realmente super legal!** "[Das] ist wirklich supertoll!"

⑧ **Relaxar** hat die Grundbedeutungen "entspannen, ausruhen, relaxen".

⑨ **o ator** "der Schauspieler" bildet den Plural regelmäßig: **os atores**. Ebenso **a atriz** "die Schauspielerin" und der Plural **as atrizes**.

⑩ Nach **talvez** "vielleicht" steht immer der Konjunktiv; hier die unregelmäßige Form **tenha** von **ter** "haben".

19 – Não sei, não. Só tinha gente de peso.

20 – Se por acaso você fizer parte do elenco, não vai esquecer de me dar uns ingressos! ⑪

Exercício 1: Você entende estas frases?

❶ Não vai esquecer de me dar teus livros do Oswald de Andrade. ❷ Estou fazendo uma seleção de cores para o meu novo quadro. ❸ Quando eu quero relaxar eu tomo um banho, me deito, e escuto bossa-nova. ❹ Ontem ele teve que se levantar super cedo. ❺ Que moleza! Começa logo a preparar o jantar!

Exercício 2: Complete as palavras que faltam!

❶ Wir haben in der Zeitung gesehen, dass das Stadttheater von Rio de Janeiro dabei ist, eine Aufführung zu organisieren.
Vimos no jornal que o Teatro municipal ___ Rio de Janeiro ___ organizando uma ___.

❷ Sie hatte eine blaue Hose an, aber ich ziehe es vor, wenn sie ein Kleid trägt.
Ela estava com uma ___ azul, mas eu ___ quando ela está de ___.

❸ Ich habe [es] nicht mehr ausgehalten und bin weg gegangen.
___ ___ mais e fui-me ___.

❹ Hat Rosa wohl die Eintrittskarten für das Theater kaufen können?
___ que a Rosa pôde comprar os ___ ___ o teatro?

❺ Die Besetzung der Serie um acht ist wunderbar, sie hat nur hochkarätige Schauspieler und Schauspielerinnen.
O ___ da ___ das oito está maravilhoso, só tem atores e ___ de peso.

19 – Ich weiß es nicht. Es waren nur hochkarätige Leute da. (nur hatte Leute♀ von Gewicht♂.)

20 – Falls du zufällig Teil des Ensembles wirst, vergiss nicht, mir (nicht wirst-du vergessen von geben) ein paar Eintrittskarten zu besorgen!

ANMERKUNGEN

⑪ Bei **fizer** handelt es sich um den Konjunktiv Futur von **fazer** "machen, tun".

Solução do primeiro exercício: Você entendeu?

❶ Vergiss nicht, mir deine Bücher von Oswald de Andrade zu geben. ❷ Ich bin dabei, eine Farbauswahl für mein neues Bild zu treffen. ❸ Wenn ich mich entspannen möchte, nehme ich ein Bad, lege mich hin und höre Bossa-Nova. ❹ Gestern musste er superfrüh aufstehen. ❺ Nicht so faul (was Trägheit♀)! Fang bald [mal] an, das Abendessen vorzubereiten!

Solução do segundo exercício: As palavras que faltam.

❶ do – está – audição ❷ calça – prefiro – vestido ❸ Não aguentei – embora ❹ Será – ingressos para ❺ elenco – novela – atrizes.

Berühmte brasilianische Künstler

Kaum bekannt ist, dass Brasilien auch ein reiches kulturelles Leben hat. Der Schriftsteller **Mário de Andrade** (1893–1945) sowie der Autor und Mitbegründer des brasilianischen Modernismo **Oswald de Andrade** (1890–1954) prägten u. a. als Mitglieder der **Grupo dos Cinco** "Gruppe der Fünf" und Mitarbeiter des Kulturmagazins **Semana de Arte Moderna** die Entwicklung der Schönen Künste in ihrem Land. Auch der Komponist und Dirigent **Heitor Villa-Lobos** (1887–1959) oder der berühmteste Maler Brasiliens **Cândido Portinari** (1903–1962) finden international immer noch nicht die gebührende Aufmerksamkeit. Einzig und alleine **Oscar Niemeyer** (*1907–2012) ist als Wegbereiter der modernen brasilianischen Architektur und als federführender Architekt der Hauptstadt Brasilia in aller Welt renommiert.

Segunda onda: ative hoje a 34ª aula!

84 Octogésima quarta aula

Revisão e anotações

Im Fokus dieser Wiederholungslektion stehen phonetische Besonderheiten in Form von Vokal- oder Konsonantenveränderungen bei weitestgehend regelmäßigen Verben, aber auch die abweichenden Sonderformen unregelmäßiger Verben. Wir haben im Laufe der letzten Lektionen zwar nicht alle Formen hierzu in den Dialogen kennengelernt, doch der Vollständigkeit halber führen wir sämtliche Formen im Indikativ Präsens, Konjunktiv Präsens und Imperativ hier auf.

1. Teilweise unregelmäßige Verben

Bei einigen Verben wird aus phonetischen Gründen ein **i** zwischen den Vokalen **e** und **a** bzw. **o** eingefügt. Dies ist z. B. der Fall bei **recear** "befürchten, fürchten"; **nomear** "ernennen", **bloquear** "blockieren", **folhear** "durchblättern", **semear** "säen", **passear** "spazierengehen" oder **frear** "bremsen".

	Indikativ Präsens	Konjunktiv Präsens	Imperativ
eu	**rece*io***	**rece*ie***	
tu	rece*ias*	rece*ies*	rece*ia*
ele / ela / você...	**rece*ia***	**rece*ie***	**rece*ie***
nós	**rece*amos***	**rece*emos***	**rece*emos***
vós	rece*ais*	rece*eis*	rece*ai*
eles / elas / vocês...	**rece*iam***	**rece*iem***	**rece*iem***
... **o senhor / a senhora / a gente** (Sg.) bzw. **os senhores / as senhoras** (Pl.)			

Einige Verben kennen nur eine vokalische Unregelmäßigkeit in der 1. Person Sg. Indikativ Präsens, die sich jedoch auch in allen Formen des Konjunktiv Präsens sowie in einigen Formen des Imperativs wiederfindet. Als Beispiel hierzu **repetir** "wiederholen":

	Indikativ	Konjunktiv	Imperativ
eu	**repito**	**repit*a***	
tu	repet*es*	repit*as*	repete
ele / ela / você...	**repete**	**repit*a***	**repit*a***
nós	**repet*imos***	**repit*amos***	**repit*amos***
vós	repet*is*	repit*ais*	repet*i*
eles / elas / vocês...	**repet*em***	**repit*am***	**repit*am***
... **o senhor / a senhora / a gente** (Sg.) bzw. **os senhores / as senhoras** (Pl.)			

Manche Verben ändern vor **a** oder **o** ein **c** zu **ç**, sowohl in der 1. Person Sg. des Indikativ Präsens, aber auch in allen Formen des Konjunktiv Präsens sowie in einigen Formen des Imperativs. Beispiele hierfür sind **parecer** "ähneln, scheinen" und **vencer** "gewinnen, besiegen, siegen":

	Indikativ	Konjunktiv	Imperativ
eu	**pareço**	**pareç*a***	
tu	parec*es*	pareç*as*	parece
ele / ela / você...	**parece**	**pareç*a***	**pareç*a***
nós	**parec*emos***	**pareç*amos***	**pareç*amos***
vós	parec*eis*	pareç*ais*	parec*ei*
eles / elas / vocês...	**parec*em***	**pareç*am***	**pareç*am***
... **o senhor / a senhora / a gente** (Sg.) bzw. **os senhores / as senhoras** (Pl.)			

Bei einigen wenigen Verben "verwandelt" sich ebenfalls in der 1. Person Sg. Indikativ Präsens, aber auch in allen Formen des Konjunktiv Präsens sowie in einigen Formen des Imperativs **v** zu **ç**; dies ist der Fall bei **ouvir** "hören, zuhören":

	Indikativ	Konjunktiv	Imperativ
eu	**ouço**	**ouç*a***	
tu	ouv*es*	ouç*as*	ouve
ele / ela / você...	**ouve**	**ouç*a***	**ouç*a***
nós	**ouv*imos***	**ouç*amos***	**ouç*amos***
vós	ouv*is*	ouç*ais*	ouv*i*
eles / elas / vocês...	**ouv*em***	**ouç*am***	**ouç*am***
... **o senhor / a senhora / a gente** (Sg.) bzw. **os senhores / as senhoras** (Pl.)			

Ähnliche Lautwandel von **d** zu **ç** treten bei **pedir** "bitten" und **medir** "messen" auf: **Eu peço.** "Ich bitte." Bei zahlreichen Verben wie **brincar** "scherzen, spaßen, spielen", **ficar** "bleiben, sich befinden" oder **secar** "trocknen" wird im Konjunktiv Präsens sowie in einigen Formen des Imperativs **c** vor **e** zu **qu**.

	Konjunktiv	Imperativ
eu	**brin<u>qu</u>e**	
tu	brin<u>qu</u>*es*	brinc*a*
ele / ela / você...	**brin<u>qu</u>e**	**brin<u>qu</u>e**
nós	**brin<u>qu</u>*emos***	**brin<u>qu</u>*emos***
vós	brin<u>qu</u>*eis*	brinc*ai*
eles / elas / vocês...	**brin<u>qu</u>*em***	**brin<u>qu</u>*em***
...**o senhor / a senhora / a gente** (Sg.) bzw. **os senhores / as senhoras** (Pl.)		

2. Komplett unregelmäßige Verben

Sie wissen bereits, dass die Verben **fazer** "machen, tun" und **poder** "können" zahlreiche Unregelmäßigkeiten aufweisen. Aus diesem Grunde geben wir Ihnen hier die wichtigsten Formen an:

fazer	Indikativ		Konjunktiv
	Präsens	Imperfekt	Futur
eu	**faço**	**fiz**	**fizer**
tu	faz*es*	fiz*este*	fizer*es*
ele / ela / você...	**faz**	**fez**	**fizer**
nós	**faz*emos***	**fiz*emos***	**fizer*mos***
vós	faz*eis*	fiz*estes*	fizer*des*
eles / elas / vocês...	**faz*em***	**fizer*am***	**fizer*em***
...**o senhor / a senhora / a gente** (Sg.) bzw. **os senhores / as senhoras** (Pl.)			

poder	Indikativ		Konjunktiv
	Präsens	Imperfekt	Futur
eu	**posso**	**pude**	**puder**
tu	pod*es*	pud*este*	puder*es*
ele / ela / você...	**pode**	**pôde**	**puder**
nós	**pod*emos***	**pud*emos***	**puder*mos***
vós	pod*eis*	pud*estes*	puder*des*
eles / elas / vocês...	**pod*em***	**puder*am***	**puder*em***
...**o senhor / a senhora / a gente** (Sg.) bzw. **os senhores / as senhoras** (Pl.)			

3. Kollektiva

Begriffe, die Kollektiva (Sammelbegriffe) bezeichnen, stehen in der Regel im Singular, z. B.:

o elenco "die Besetzung, das Ensemble"
o acervo "die Sammlung"
o cacho (de uvas) "die Traube"
o enxoval "die Brautaustattung"
o molho de chaves "der Schlüsselbund".

4. Wortschatz

Beginnen wir mit Wortschatz zu den wichtigsten Kleidungsstücken:

a calça "die Hose"
a camisa "das Hemd"
a camiseta "das T-Shirt"
o casaco "die Jacke"
a malha "die Strickjacke, das Trikot, der Wollpulli"
o paletó "das Jackett"
o pulôver "der Pullover"
a saia "der Rock"
o suéter "das Sweatshirt"
o vestido "das Kleid"

Sie können **vestir** "anziehen" oder **estar de** "anhaben" verwenden:

Ele está sempre de malha do Flamengo.
"Er hat immer ein Trikot von 'Flamengo' an."

Und nun noch einige wichtige Einrichtungsgegenstände:

o armário "der Schrank"
a cadeira "der Stuhl"
a cama "das Bett"
a escrivaninha "der Schreibtisch"
a estante "das Regal"
a lâmpada "die Lampe"
a mesa "der Tisch"
a poltrona "der Sessel"
o sofá "das Sofa"

5. Exercício de compreensão e de expressão

Die heutige Verständnis-/Formulierungsübung ist nicht wie üblich ein Dialog; stattdessen stehen hier die Reimwörter im Mittelpunkt. Vergleichen Sie sorgfältig die Schreibweise mit der Aussprache:

Exercício 1: Você entende estas frases?

❶ Hoje é domingo. ❷ Pé de cachimbo. ❸ O cachimbo é caro. ❹ Bate no carro. ❺ O carro é de ouro. ❻ Bate no touro. ❼ O touro é louco. ❽ Bate no moço. ❾ O moço gritou. ❿ O mundo acabou. ⓫ UUUUUUU!

85 Octogésima quinta aula

Desde os tempos de colégio

1 – Não posso acreditar!

2 Cara, é você mesmo?

3 Guilherme Almeida Barros,

4 o garoto que deixava os professores do Colégio Objetivo de cabelo em pé.

5 – Pedro Paulo Correia,

6 meu companheiro de suspensões e cola nas provas de matemática! ①

7 – Quanto tempo, cara! Você está igualzinho! ②

8 – Pára com isso!

9 Você é que não mudou nada.

10 – Mudei sim, mulher, três filhos, sogra, trabalho sério... ③

11 – Onde você trabalha?

ANMERKUNGEN

① **a cola** heißt "der Klebstoff", umgangssprachlich aber auch "der Spickzettel". Die weltberühmten Limonaden kommen nur in ihrer vollen Form vor: **a Coca Cola** und **a Pepsi Cola**.

② **igualzinho** "ganz genau" (**igual** "gleich") ist wieder ein Diminuitiv: **O meu filho caçula é igualzinho ao meu pai.** "Mein jüngster Sohn (Sohn Nesthäkchen) sieht ganz genau so aus wie mein Vater".

Solução do primeiro exercício: Você entendeu?

① Heute ist Sonntag. ② Fuß der Pfeife. ③ Die Pfeife ist teuer. ④ Schlag [auf] das Auto. ⑤ Das Auto ist aus Gold. ⑥ Schlag den Stier. ⑦ Der Stier ist verrückt. ⑧ Schlag den Jungen. ⑨ Der Junge hat geschrien. ⑩ Die Welt ist zu Ende. ⑪ Uhhhhhhhhh!

Segunda onda: ative hoje a 35ª aula!

85. Lektion

Seit Schulzeiten (seit die Zeiten♂♂ von Oberschule♂)

1 – Ich kann [es] nicht glauben!

2 Mann, bist das wirklich du?

3 Wilhelm Almeida Barros,

4 der Junge, bei dem sich die Lehrer der Objetivo-Oberschule [immer] die Haare gerauft haben (von Haar♂ in Fuß♂).

5 – Peter Paul Correia,

6 mein Kumpel bei Tadeln (Verweisen♀♀) und Spickzetteln in den Matheprüfungen!

7 – Wie lange das her ist, Mann! Du siehst noch ganz genau wie damals aus (du ist gleich♂)!

8 – Hör auf damit!

9 Du bist es, der sich [gar] nicht verändert hat.

10 – Doch, ich habe mich verändert (veränderte ja), Ehefrau (Frau♀), drei Kinder, Schwiegermutter, ehrliche Arbeit ...

11 – Wo arbeitest du?

③ Umgangssprachlich hört man für die eigene Gattin oft eher **mulher** "Frau" anstelle von **esposa** "Ehefrau": **Cadê a minha mulher de novo?** "Wo ist meine Frau schon wieder?"

12 – **E**u mont**e**i **u**ma ag**ê**ncia de propag**a**nda com uns am**i**gos. ④ ⑤

13 – Voc**ê** fez facul**da**de de comunicaç**ão**?

14 – N**ão**, **e**u fiz uns b**i**cos na **á**rea de propag**a**nda, gost**e**i… ⑥

15 E voc**ê**? Com que trab**a**lha?

16 – **E**u s**o**u diret**o**r de **u**ma esc**o**la p**ú**blica.

17 – O cl**i**ma n**ão** é m**u**ito pes**a**do? ⑦

18 – N**ão** m**u**ito. ⑧

19 A esc**o**la f**i**ca no m**e**io de **u**mas faz**e**ndas em Pindamonhang**a**ba. ⑨

20 Os al**u**nos s**ão** qu**a**se t**o**dos f**i**lhos de col**o**nos. ⑩

21 **E**les s**ão** interess**a**dos e interess**a**ntes.

22 – E c**o**mo voc**ê** f**o**i par**a**r lá?

23 – Cas**e**i com a agr**ô**noma de **u**ma das faz**e**ndas.

24 – Que vid**ão**, h**e**in! ⑪

25 E **e**u aqu**i** n**e**ste stress de cid**a**de gr**a**nde! ⑫

26 N**ão** cons**i**go desist**i**r d**e**sta v**i**da corr**i**da! ⑬

ANMERKUNGEN

④ **montar** bedeutet "zusammenbauen, basteln; einrichten, montieren", wird aber auch verwendet, wenn man z. B. ein Geschäft eröffnet.

⑤ **a propaganda** hat in erster Linie die neutrale Bedeutung "Werbung, Reklame", als Synonym hört man auch **a publicidade**.

⑥ **o bico** "der Schnabel" oder "Job, Nebenverdienst": **Ele vive de bicos**. "Er lebt von (kleinen) Jobs." Im Unterschied dazu: **a colaboração** "die (feste) Mitarbeit" und **o serviço** "die Arbeit".

⑦ **pesado** (**peso** "Gewicht") wird im übertragenen Sinne bei Aufgaben, Bedingungen oder Stimmungen verwendet. Es ist dann weitgehend gleichbedeutend mit **difícil** "schwierig" oder **ruim** "schlecht".

⑧ Bei **não muito** hätte man **muito** auch durch **tanto** ersetzen können: **Dizem que você adora viajar. – Não tanto assim**. "Man sagt, dass du es liebst, zu reisen. – Gar nicht so sehr."

⑨ Die Stadt **Pindamonhangaba** liegt im Bundesstaat São Paulo im Tal des Flusses Rio Paraíba. Der Name leitet sich aus der Sprache der Tupí ab; er bedeutet "der Ort, an welchem der Fluss eine Windung macht".

12 – Ich habe mit ein paar Freunden eine Werbeagentur (Agentur♀ von Propaganda♀) eröffnet.

13 – Hast du Kommunikation studiert? (du machte Fakultät♀ von Kommunikation♀?)

14 – Nein, ich habe einige kleine Jobs in der Werbebranche gemacht, [und es] hat mir gefallen ...

15 Und du? In welcher Branche (mit was) arbeitest du?

16 – Ich bin Direktor einer staatlichen Schule (Schule♀ öffentlich♀).

17 – Ist das [Arbeits]klima nicht sehr schlecht?

18 – Nicht sehr.

19 Die Schule liegt inmitten einiger Farmen in Pindamonhangaba.

20 Die Schüler sind fast alle Kinder von Bauern.

21 Sie sind interessiert und interessant.

22 – Und wie bist du dorthin geraten (du ging anhalten dort)?

23 – Ich habe die Diplomlandwirtin von einer der Farmen geheiratet.

24 – Was für ein fantastisches Leben, oder?

25 Und ich [dagegen] hier in diesem Stress der Großstadt!

26 Ich schaffe es nicht, dieses Leben auf Vollgas aufzugeben (Leben♀ Lauf♀)!

⑩ Das historische Brasilien unter der Herrschaft der Portugiesen wird oft **Brasil Colônia** genannt. **Os colonos** sind "die Siedler", die v. a. in der Landwirtschaft tätig waren; dadurch hat sich dieser Begriff für "Bauern" auch heute noch teilweise erhalten.

⑪ Von **a vida** stammt hier **vidão** "fantastisches Leben". Sie kennen das Suffix **-ão** bereits seit Lektion 43; es drückt aus, dass etwas besonders groß oder stark ist.

⑫ **o stress** kommt weit häufiger vor als **o estresse** (vgl. **estressar** "stressen", **estressante** "stressig"). Das Präfix **-e** findet man vor vielen internationalen Wörtern oder Wörtern lateinischen Ursprungs.

⑬ **desistir** "aufgeben, verzichten" heißt auch "(einen Termin) absagen": **A gente tem um compromisso hoje, você não pode desistir agora.** "Wir haben heute eine Verabredung, du kannst jetzt nicht absagen."

Exercício 1: Você entende estas frases?

❶ Hoje eu peguei dois alunos falando durante a prova de português. ❷ Fazia muito tempo que não nos víamos. ❸ Ele é um antigo amigo de escola. ❹ Aquele rapaz me deixa de cabelos em pé. ❺ Vai levar outra suspensão. ❻ Estas frutas não estão boas. ❼ Elas devem ter ficado no calor. ❽ Acabei desistindo de ser professora, precisava de muita paciência.

Exercício 2: Complete as palavras que faltam!

❶ Das ist der Junge, den ich auf der Farm kennengelernt habe, als ich Diplomlandwirt war.

Este é o ___ que eu conheci na ___ quando eu era ___.

❷ Er arbeitete in einer Werbeagentur; jetzt ist er Dozent/Professor an einer Fakultät für Kommunikation.

Ele ___ numa agência de ___; ___ ele é professor de uma faculdade de comunicação.

❸ Ich habe geheiratet, ich habe drei Kinder bekommen, ich habe eine Frau, die Dozentin/Professorin ist, und ich liebe dieses fantastische Leben!

Eu me ___, tive três ___, tenho uma mulher que é professora e eu adoro este ___!

❹ Ich habe eine Kommunikationsagentur eröffnet, deren Direktor ich bin.

___ ___ uma agência de comunicação, da ___ eu sou o diretor.

❺ Die Schule, [von] der ich dir erzählt habe, befindet sich genau im Stadtzentrum, in der Nähe des Meeres.

A ___ que eu te falei fica bem no ___ da cidade, ___ do mar.

Solução do primeiro exercício: Você entendeu?

❶ Heute habe ich zwei Schüler erwischt (nahm), die während der Portugiesischprüfung [miteinander] sprachen. ❷ Es war lange her, dass wir uns (nicht) sahen. ❸ Er ist ein alter Schulfreund. ❹ Bei diesem Jungen raufe ich mir die Haare. ❺ Er wird einen weiteren Tadel bekommen. (geht mitnehmen andere♀ Verweis♀.) ❻ Diese Früchte sind nicht gut. ❼ Sie müssen (blieben sein) [wohl] in der Hitze gelegen haben. ❽ Ich habe [es] aufgegeben, Lehrerin zu sein, man benötigte viel Geduld.

Solução do segundo exercício: As palavras que faltam.

❶ garoto – fazenda – agrônomo ❷ trabalhava – propaganda – agora ❸ casei – filhos – vidão ❹ Eu montei – qual ❺ escola – centro – perto.

Schule und Universität in Brasilien

In Brasilien gehen die Kinder acht Jahre zur Grundschule (**ensino fundamental**), dann drei oder vier Jahre zur Sekundarschule (**ensino médio**). Danach folgt ein dreigliedriges Hochschulstudium (**ensino superior**), das mit dem Master-Abschluss (**mestrado**) endet und um eine Promotion zum Doktor (**doutorado**) erweitert werden kann. Die Bewerberzahlen an den Unis übersteigen meist die Anzahl der verfügbaren Studienplätze. Auf die in der Regel sehr schwierigen Aufnahmeprüfungen (**vestibulares**) der Hochschulen, die keine Studiengebühren erheben, bereiten sich die Bewerber in privaten Bildungseinrichtungen in sog. **cursinhos** vor.

Segunda onda: ative hoje a 36ª aula!

86 Octogésima sexta aula

Primeira conta corrente

1 – Desculpa, o senhor é o gerente? ①

2 – Não, o gerente é aquele homem que está de gravata listrada e terno bege.

3 – Já vi, obrigada...

4 Com licença, o senhor é o gerente do banco?

5 – Sou eu mesmo, no que posso lhe servir? ②

6 – Eu gostaria de abrir uma conta e meu pai disse pra falar com o senhor. ③

7 – Ah! Você deve ser a filha do Dr. Aníbal!

8 Eu já deixei tudo preparado.

9 É só assinar. ④

10 – E depois eu já posso pegar meu talão de cheque e cartão de crédito? ⑤

ANMERKUNGEN

① **gerente** "Direktor, Manager, Verwalter". Bei **gerir** "abwickeln, verwalten" wird in der 1. Person Indikativ Präsens und in allen Formen des Konjunktiv Präsens sowie in den Formen des Imperativs aus phonetischen Gründen das Stamm-**e** zu **i**: **giro** "ich verwalte".

Das erste Girokonto

1 – Entschuldigung, sind Sie der [Bank]direktor?

2 – Nein, der Direktor ist dieser Herr mit der gestreiften Krawatte und dem beigen Anzug.

3 – Alles klar (schon sah), danke ...

4 Verzeihung, sind Sie der Direktor der Bank?

5 – Genau [der] bin ich, womit kann ich (Ihnen) dienen?

6 – Ich würde gerne ein Konto eröffnen und mein Vater hat gesagt, dass ich mit Ihnen sprechen [soll].

7 – Ah! Du bist wohl (du soll sein) die Tochter von Dr. Hannibal!

8 Ich habe schon alles vorbereitet. (ich schon ließ alles vorbereitet♂.)

9 Du musst nur noch unterschreiben. (ist nur unterschreiben.)

10 – Und dann kann ich schon mein Scheckheft und [meine] Kreditkarte (Karte♂ von Kredit♂) bekommen?

② **servir** "(be)dienen, servieren", im übertragenen Sinne "nützen": **Acho que este meu vestido serve para você.** "Ich denke, dass dieses Kleid von mir dir nützt/steht.". **Este computador já está velho, mas serve.** "Dieser Computer ist schon alt, aber er ist noch zu gebrauchen (nützt)."

③ Prägen Sie sich die hilfreiche und gängige Wendung **gostaria de...** "ich würde gerne ..." gut ein.

④ Der Gebrauch von **é só** "man muss nur" ist einfacher als im Deutschen, denn die Form ist unpersönlich: **É só colocar a carne na panela.** "Man muss nur das Fleisch in den Topf legen."

⑤ **os cheques** "Schecks" und **cartão de crédito** "Kreditkarte" sind gängige Zahlungsmittel, nicht zuletzt weil Schecks sicher sind. "Bargeld" heißt **dinheiro efetivo** oder **dinheiro vivo**, das "Sparbuch" nennt man **a caderneta de poupança**.

11 – Não minha filha, tudo tem seu tempo.

12 – Como assim?

13 – Primeiro você confere os teus dados que estão neste formulário, ⑥ ⑦

14 depois assina a confirmação de abertura de conta corrente.

15 Depois você tem que depositar o cheque que o teu pai te deixou.

16 Assim que o cheque for compensado,

17 a conta será ativada... ⑧

18 e você vai receber uma carta

19 para vir buscar o cartão da conta e um talão de cheques.

20 – E quanto eu posso gastar?

21 – Você só pode gastar o que tiver na conta.

22 Se você fizer cheques sem fundo,

23 você corre o risco de não poder ter mais conta. ⑨

24 Sendo assim, não deixe de verificar o teu extrato

25 e calcular bem os teus gastos. ⑩

26 Você pode fazer as tuas operações no guichet ou no caixa eletrônico.

27 – Que operações?

28 – Depositar dinheiro ou cheque, sacar dinheiro,

ANMERKUNGEN

⑥ Hier wieder ein Beispiel aus der Umgangssprache, bei dem in der Anrede die 2. und 3. Person vermischt werden; grammatikalisch richtig wäre natürlich nur die 3. Person: **O senhor já tem o seu talão de cheques?** "Haben Sie schon Ihr Scheckheft?"

⑦ Neben **conferir** "kontrollieren, prüfen, vergleichen" hört man auch das aus dem Englischen entlehnte **checar** "prüfen, checken".

⑧ **ativar** "aktivieren" ≠ **desativar** "deaktivieren". Ebenso: **fazer** "machen, tun" ≠ **desfazer** "auseinandernehmen, rückgängig machen"; **conversar** "sich unterhalten" ≠ **desconversar** "das Thema wechseln"; **dizer** "sagen" ≠ **desdizer** "widerrufen".

11 – Nein, meine Kleine (mein♀ Tochter♀), alles braucht (hat) seine Zeit.

12 – Wie das?

13 – Zuerst kontrollierst du deine Daten, die in diesem Formular stehen,

14 dann unterschreibst du die Bestätigung zur Eröffnung des Girokontos (Konto♀ laufend).

15 Danach musst du den Scheck einreichen, den dir dein Vater ausgestellt hat (ließ).

16 Sobald (so dass) der Scheck gutgeschrieben ist,

17 wird das Konto aktiviert ...

18 und du wirst einen Brief bekommen,

19 um (für kommen suchen) die Bankkarte und ein Scheckheft abzuholen.

20 – Und wie viel kann ich ausgeben?

21 – Du kannst nur das ausgeben, was auf dem Konto ist (haben-werden-würde).

22 Wenn du ungedeckte Schecks einlöst, (wenn du machen-werden-würde Schecks♂♂ ohne Grund♂,)

23 riskierst du, [bald] kein Konto mehr haben zu können.

24 Deshalb (seiend so) vergiss nicht (nicht lasse von), deinen [Konto]auszug zu überprüfen

25 und deine Ausgaben gut zu berechnen.

26 Du kannst deine Geschäfte (Operationen♀♀) am Schalter oder am Geldautomaten tätigen (in-der Kasse elektronisch♂).

27 – Was für Geschäfte?

28 – Geld [einzahlen] oder Scheck[s] einreichen, Geld abheben,

⑨ **correr** "laufen, rennen" kommt in einigen idiomatischen Ausdrücken vor, z. B. **correr o risco** "riskieren" oder **correr perigo** "Gefahr laufen".

⑩ **o gasto** "die Ausgabe" kommt von **gastar** "ausgeben, verbrauchen": **Quem ganha bem, pode gastar dinheiro à vontade.** "Wer gut verdient, kann nach Belieben Geld ausgeben."

29 pag**a**r c**o**ntas **o**u faz**e**r transfer**ê**ncia.

30 – Ah?! E o que é d**é**bito m**e**smo? ⑪

Exercício 1: Você entende estas frases?

① Você pode depositar o cheque na minha conta. ② E assim que ele for compensado eu te aviso. ③ Acabei de pegar um extrato da nossa conta. ④ Os cheques do mês passado ainda não foram depositados. ⑤ Cuidado com o cartão do banco. ⑥ Os ladrões podem te obrigar a sacar todo o dinheiro da tua conta. ⑦ Você primeiro tem que saber se tem crédito na conta, pra não gastar dinheiro que não tem. ⑧ Este mês é o terceiro cheque sem fundo que eu recebo. ⑨ Agora só aceito dinheiro ou cartão de crédito.

Exercício 2: Complete as palavras que faltam!

① Du solltest einen gestreiften Rock anziehen (stellen).
Você .... uma saia ....

② Zuerst brauche ich deine Daten, um das Formular auszufüllen.
.... eu preciso dos seus ...... para .... o formulário.

③ Es ist schon alles vorbereitet.
Já está tudo ....

④ Jetzt muss man nur [noch] (ist nur) das Fleisch in den Ofen stellen und eine halbe Stunde (während halb♀ Stunde♀) garen (kochen) lassen.
Agora é só colocar a carne no ...... e deixar cozinhando .... meia hora.

⑤ Ich möchte nicht so viel arbeiten und [nur] so wenig verdienen.
Eu não quero trabalhar ...... e ganhar ... pouco.

⑥ Guten Tag, die Dame, mit was (in-der was) kann ich (Ihnen) dienen?
Bom dia, senhora, no que eu .... ?

29 Rechnungen bezahlen oder (machen) Überweisung[en] vornehmen.

30 – Ah?! Und was genau ist Soll?

ANMERKUNGEN

⑪ Merken Sie sich zu **o débito** "das Soll" auch **o crédito** "das Guthaben, das Haben, der Kredit".

Solução do primeiro exercício: Você entendeu?

① Du kannst den Scheck auf mein Konto einzahlen. ② Und sobald er gutgeschrieben ist, benachrichtige ich dich. ③ Ich habe gerade einen Auszug von unserem Konto geholt. ④ Die Schecks vom vergangenen Monat wurden noch nicht eingereicht. ⑤ Vorsicht mit der Bankkarte. ⑥ Verbrecher (die Diebe♂♂) können dich zwingen, das ganze Geld von deinem Konto abzuheben. ⑦ Du musst zuerst [einmal] wissen, ob du [ein] Guthaben auf dem Konto hast, um nicht Geld auszugeben, das [du] nicht hast. ⑧ Diesen Monat ist [das] der dritte ungedeckte Scheck, den ich bekomme. ⑨ Jetzt akzeptiere ich nur [noch Bar]geld oder Kreditkarte.

Solução do segundo exercício: As palavras que faltam.

❶ deveria colocar – listrada ❷ Primeiro – dados – preencher ❸ preparado ❹ forno – durante ❺ tanto – tão ❻ posso lhe servir.

Lerntipp: *Seien Sie aktiv, und nutzen Sie die vielfältigen Möglichkeiten, mit Ihrer neuen Sprache in Kontakt zu kommen. Finden Sie heraus, was Ihnen am meisten Spaß macht: Tandempartnerschaften im Internet, Brieffreundschaften, leichte Literatur (z. B. Kinderbücher), Hörspiele, Kino, DVDs, Musik, Radio, Zeitungen und Zeitschriften.*

Segunda onda: ative hoje a 37ª aula!

87 Octogésima sétima aula

Vestibular

1 – Kad**u**? Você tá pr**o**nto, c**a**ra?

2 – Pr**o**nto pra quê?

3 – Nós t**e**mos tr**e**ino h**o**je; ①

4 a fin**a**l do campeon**a**to é daqu**i** a **u**ma sem**a**na.

5 – Desc**u**lpa Walt**ã**o, mas **e**u t**e**nho que estud**a**r. ②

6 **E**u t**e**nho **u**ma pr**o**va de vestibul**a**r na sem**a**na que vem.

7 – D**e**ixa d**i**sso ③

8 e p**e**ga l**e**ve com **e**sta hist**ó**ria de entr**a**r na faculd**a**de. ④

9 – **E**u qu**e**ro entr**a**r l**o**go na faculd**a**de pra n**ã**o faz**e**r um **a**no de curs**i**nho.

10 N**u**ma b**o**a, c**a**ra, se voc**ê** n**ã**o é a fim de preparar o t**e**u fut**u**ro, d**e**ixa **e**u prepar**a**r o m**e**u. ⑤ ⑥

ANMERKUNGEN

① **treino** stammt vom englischen **training**, das man ebenfalls hört, jedoch eher als "Fortbildung". Das dazugehörige Verb ist **treinar** "trainieren".

Aufnahmeprüfung [für die Universität]

1 – Kadu? Bist du fertig, Kumpel?

2 – Fertig für was?

3 – Wir haben heute Training;

4 das Endspiel der Meisterschaft ist in einer Woche (von-hier zu eine♀ Woche♀).

5 – Tut mir leid, Walter, aber ich muss lernen.

6 Ich habe nächste Woche eine Aufnahmeprüfung.

7 – Hör auf damit (lass von-dieses),

8 und nimm diese Geschichte mit der Uni nicht so schwer. (nimm leicht mit diese♀ Geschichte♀ von eintreten in-die Fakultät.)

9 – Ich möchte bald auf die Uni gehen, um nicht einen einjährigen Vorbereitungskurs zu machen.

10 Bleib locker (in-eine♀ gut♀) Kumpel, wenn du keine Lust hast, deine Zukunft vorzubereiten, lass mich [wenigstens] meine vorbereiten.

② Hier bedeutet **estudar** nicht "studieren", sondern "lernen". Speziell für das Hochschulstudium sagt man auch **fazer curso universitário**.

③ Besänftigungen wie **Pega leve!**, **Relaxa!** oder **Fica tranquilo!** – alle "Nimm's leicht!" – hört man äußerst häufig.

④ **a faculdade** "die Fakultät" ist oft synonym zu **a universidade** "Universität" oder **a disciplina** "das Studienfach". Der "Studiengang" heißt **o curso (superior)** – z. B. **o curso de medicina.** Ein "Fach" in der Schule heißt dagegen **a matéria**.

⑤ **Numa boa** bedeutet in der Umgangssprache, dass alles in Ordnung ist: **Tô numa boa amigão, tá tudo uma beleza!** "Ich bin gut drauf, Kumpel, es ist alles bestens (eine Schönheit)!"

⑥ **estar / ser a fim** "Lust haben" ist synonym zu **estar com vontade**: **Estou a fim de sair com os meus amigos.** "Ich habe Lust darauf, mit meinen Freunden wegzugehen." Das gleich klingende Adjektiv **afim** "verwandt, ähnlich" verwendet man so: **Nos dois temos gostos afins.** "Wir zwei haben ähnliche Geschmäcker."

11 – Isso não faz sentido!

12 Você prefere perder a oportunidade de ser campeão de pólo aquático ⑦

13 pra fazer uma prova?

14 – Waltão! Eu vou prestar vestibular pra fazer medicina. ⑧

15 Eu tenho, no mínimo, uns dez anos de estudo pela frente,

16 e não quero perder tempo.

17 Você já se inscreveu em alguma faculdade?

18 – Não, eu nem sei ainda o que quero fazer, muito menos se vou passar de ano! ⑨

19 O meu negócio mesmo é esporte. ⑩ ⑪

20 – Então aproveita enquanto é tempo,

21 estuda pra não repetir de ano e prestar vestibular pra educação física.

22 – Primeiro quero ser campeão de pólo aquático, depois... sei lá. ⑫

ANMERKUNGEN

⑦ **perder** "verlieren" hat auch die Bedeutung "verpassen": **Não posso perder o trem!** "Ich darf (kann) den Zug nicht verpassen!"

⑧ **prestar** "leisten, abgeben, taugen" ist ein gängiges Allround-Verb, das in zahlreichen Kombinationen vorkommt. Einige lernen Sie in Lektion 91 kennen.

⑨ **passar de ano** "versetzt werden, in die nächste Klasse kommen" ≠ **repetir de ano** "das Schuljahr wiederholen, sitzen bleiben".

11 – Das macht keinen Sinn!

12 Du verpasst lieber die Gelegenheit (du vorzieht verlieren), Meister im Wasserpolo (Polo♂ aquatisch♂) zu werden (sein),

13 um eine Prüfung zu machen?

14 – Walter! Ich werde die Aufnahmeprüfung ablegen, um Medizin zu studieren (machen Medizin♀).

15 Ich habe mindestens so zehn Jahre Studium vor mir (durch-die Vorderseite♀),

16 und [ich] möchte keine Zeit verlieren.

17 Hast du dich schon in irgendein Studienfach (Fakultät♀) eingeschrieben?

18 – Nein, ich weiß auch noch nicht, was ich machen möchte, ganz zu schweigen [von der Frage] (viel weniger), ob ich in die nächste Klasse komme (vorübergehen von Jahr♂)!

19 Mein Ding ist einfach [der] Sport.

20 – Dann mach was draus (wahrnimmt), solange Zeit ist,

21 lerne, um nicht sitzenzubleiben (wiederholen von Jahr♂) und die Aufnahmeprüfung für Sportwissenschaft (Erziehung♀ physisch♀) abzulegen.

22 – Zuerst möchte ich (sein) Meister im Wasserpolo werden [und] dann ... weiß der Kuckuck.

⑩ **negócio** hat die Primärbedeutung "Geschäft, Handel", heißt aber auch "Ding, Sache, Angelegenheit". Außerdem sagt man: **Vamos fazer um negócio!** "Lass uns eine Abmachung treffen!"

⑪ **mesmo** hat die unterschiedlichsten Bedeutungen. Hier lernen Sie mit "einfach" eine weitere kennen; sie dient dazu, dem Gesagten Nachdruck zu verleihen.

⑫ Das sehr gängige **sei lá!** drückt aus, dass man von etwas keine Ahnung hat. Man könnte es auch mit "... was weiß ich" wiedergeben.

Exercício 1: Você entende estas frases?

❶ Eu vou parar de fazer esporte este ano pra ter mais tempo pra estudar para o vestibular. ❷ O vestibular de medicina deve ser no final deste mês. ❸ Eu acho que gostaria de ser agrônomo e trabalhar numa fazenda, perdida no meio do nada. ❹ Quem estiver interessado, pode começar a estudar para o vestibular. ❺ A Carolina deve ter uns cinco anos a mais que eu.

Exercício 2: Complete as palavras que faltam!

❶ Ich darf (kann) diese Reise nicht verpassen (verlieren).
Eu não posso ...... esta viagem.

❷ Seit zwei Jahren habe ich sie nicht gesehen (macht zwei Jahre♂♂ dass ich nicht die sehe), und wir werden uns in zwei Tagen sehen.
Faz dois anos que eu não a ....., e nós vamos nos ver ...... a dois dias.

❸ Deshalb bin ich glücklich.
Por ..... estou feliz.

❹ Ich sitze seit (bin sitzend) 15 Minuten auf dieser Bank und warte.
Eu estou .... neste banco .. quinze minutos, ...

88 Octogésima oitava aula

Todo santo ajuda ①

1 – Menina! Você precisa me dar o nome do teu pai de santo, babalorixá! ②

ANMERKUNGEN

① Dieser Dialog behandelt das Thema der afrobrasilianischen Religionen und Riten. Viele der hier vorkommenden Wörter sind nicht zu übersetzen, deshalb behalten wir sie auch in der deutschen Übersetzung bei, erklären sie jedoch in den Anmerkungen sowie in der Landeskunde.

Solução do primeiro exercício: Você entendeu?

① Ich werde dieses Jahr aufhören, Sport zu treiben, um mehr Zeit zu haben, für die Aufnahmeprüfung zu lernen. ② Die Aufnahmeprüfung für Medizin muss [wohl] am Ende dieses Monats sein. ③ Ich denke, dass ich gerne Diplomlandwirt sein und auf einer Farm am Ende der Welt arbeiten würde (verloren♀ in-der Mitte von-der nichts). ④ Wer interessiert ist, kann anfangen, für die Aufnahmeprüfung zu lernen. ⑤ Caroline muss [wohl] so etwa fünf Jahre älter sein als ich (muss haben einige♂♂ fünf Jahre♂♂ zu mehr dass ich).

❺ Lass uns eine Abmachung treffen:
Vamos fazer um ______:

❻ Du lernst, kommst in die nächste Klasse (vorübergeht von Jahr♂), und [dann] wirst du den Sport machen können, den du möchtest.
Você ______, passa de ano, e vai poder fazer o esporte que você ______.

❼ Sie ist nicht sitzen geblieben.
Ela não ______ de ano.

Solução do segundo exercício: As palavras que faltam.

❶ perder ❷ vejo – daqui ❸ isso ❹ sentado – há – esperando ❺ negócio ❻ estuda – quiser ❼ repetiu.

Segunda onda: ative hoje a 38ª aula!

88. Lektion

Jeder Heilige hilft

1 – Kleine! Du musst mir den Namen deines Zeremonienmeisters (Vater♂ von Heiliger♂), [dem] *Babalorixá*, geben!

② **orixás**: Oberbegriff für die afrobrasilianischen Gottheiten, die häufig die Ahnen darstellen und die in aufwendigen Zeremonien geehrt werden.

2 **E**u tô com **u**ma urucub**a**ca que voc**ê** nem ima**gi**na. ③

3 – Por quê?

4 – Em **u**ma sem**a**na **e**u perd**i** m**i**nha cart**e**ira com os docum**e**ntos, ④

5 bat**i** o c**a**rro,

6 quebr**ei** m**ai**s de c**i**nco c**o**pos,

7 queim**ei** r**o**upa com o f**e**rro ⑤

8 e o Madur**ei**ra tá num m**au** hum**o**r que só v**e**ndo. ⑥

9 – Cruz-cr**e**do! S**ai** pra lá com **e**ssa ziquiz**i**ra! ⑦

10 – **E**u já fiz de t**u**do:

11 tom**ei** b**a**nho de sal gr**o**sso, ⑧

12 acend**i** v**e**la p**a**ra o m**e**u **a**njo da gu**a**rda,

ANMERKUNGEN

③ **urucubaca** "Mordspech" ist hier ein Synomym zu **azar** "Pech". **Estar com azar** "Pech haben". Auch: **Que azar!** "Was für ein Pech!"

④ Verwechseln Sie **a carteira** "die Brieftasche, das Portemonnaie, der Schein" nicht mit **o carteiro** "der Briefträger": **Quem viu a carteira do carteiro?** "Wer hat die Brieftasche des Briefträgers gesehen?"

2 Ich habe ein Mordspech, das kannst du dir gar nicht vorstellen.

3 – Warum?

4 – In [nur] einer Woche habe ich meine Brieftasche mit den Dokumenten verloren,

5 ich habe einen Unfall gehabt (schlug der Auto),

6 habe mehr als fünf Gläser zerbrochen,

7 habe mit dem Bügeleisen Kleidung verbrannt (der Eisen♂),

8 und Madureira ist [schon] schlecht gelaunt (in-eine schlecht Humor♂), wenn man ihn nur ansieht (nur sehend).

9 – Um Gottes willen! Geh weg (ausgeht für dort) mit diesem Zauber!

10 – Ich habe schon alles gemacht:

11 [Ich] habe [ein] Bad mit grobem Salz genommen,

12 [ich] habe eine Kerze für meinen Schutzengel angezündet (Engel von-die Wache),

⑤ **o ferro** "das (Bügel-)Eisen". Um Missverständnissen vorzubeugen, kann man auch sagen **o ferro de passar roupa**.

⑥ **estar de mau humor** "schlecht gelaunt sein" ≠ **estar de bom humor** "gut gelaunt sein": **Porque você está sempre de mau humor?** "Warum bist du immer schlecht gelaunt?"

⑦ **a ziquizira** bezeichnet grundsätzlich etwas Böses oder Unheilstiftendes. Aberglaube ist in Brasilien weit verbreitet!

⑧ **grosso** "dick" oder auch "grob". Davon abgeleitet findet sich häufig **grossura** "Dicke, Stärke, Grobheit", aber auch **grosseiro** "grob" und **grosseria** "Grobheit, Rauheit".

Allmählich nähern wir uns dem Endspurt. In den Lektionen tauchen vermehrt Redewendungen auf. Lernen Sie diese immer als Ganzes. Sie können sie auch mit einem Textmarker farbig anstreichen.

13 fui na missa no domingo... ⑨

14 fiz até promessa pra Nossa Senhora Aparecida. ⑩

15 – E será que você vai ter coragem de ir no terreiro? ⑪

16 – Não sei, mas acho que eu tô precisando.

17 – Talvez tenha chegado a tua hora de conhecer os orixás! ⑫ ⑬

18 Eu não frequento mais aquele de umbanda.

19 Agora vou num de candomblé, que é ótimo!

20 – Será que você não consegue marcar uma consulta com o pai de santo? ⑭

21 – Com o babalorixá? Não sei.

22 O melhor seria que você viesse numa sessão. ⑮

23 Você vem comigo no sábado;

24 agora eu vou sempre e até recebo santo.

25 – E você não tem nada pra me indicar enquanto eu espero?

ANMERKUNGEN

⑨ **fui** ist nicht nur die 1. Pers. Sg. Perfekt von **ir** "ich bin gegangen", sondern auch die entsprechende Form von **ser** "ich bin gewesen".

⑩ **Nossa Senhora Aparecida**: Kurzform von **Nossa Senhora da Imaculada Conceição Aparecida**, der katholischen Schutzheiligen Brasiliens.

⑪ Als **terreiro** bezeichnet man eine afrobrasilianische Kultstätte.

⑫ Nach **talvez** steht immer der Konjunktiv Präsens, hier **tenha** von **ter**. Auch nach zahlreichen Verben des Wünschens, Bittens, Zweifelns (z. B. **querer**, **desejar** "wünschen", **esperar**) steht immer der Konjunktiv: **Espero que você tenha chegado bem**. "Ich hoffe, dass du gut angekommen bist".

13 [ich] bin am Sonntag in die Messe gegangen ...

14 [ich] habe sogar (gemacht) unserer Heiligen [Jung-]Frau von Aparecida ein Versprechen gegeben.

15 – Und denkst du, dass du den Mut haben wirst, zum *Terreiro* zu gehen?

16 – Ich weiß [es] nicht, aber ich glaube, ich muss.

17 – Vielleicht ist deine Stunde gekommen, die *Orixás* kennen zu lernen!

18 Ich gehe (frequentiere) nicht mehr [regelmäßig] zu dieser *Umbanda* [-Kultstätte].

19 Jetzt gehe ich zu einer [Kultstätte] des *Candomblé*, die optimal ist!

20 – Kannst du [mir] (nicht) [vielleicht] einen Termin mit dem Zeremonienmeister vereinbaren?

21 – Mit dem *Babalorixá*? Ich weiß nicht.

22 Das Beste wäre, wenn du [mal] zu einer Sitzung kommen würdest.

23 Du kommst am Samstag mit mir;

24 im Moment (jetzt) gehe ich immer [hin] und empfange sogar den Heiligen.

25 – Und hast du nicht einen Ratschlag für mich (nichts für mich zeigen), solange ich warte?

⑬ **conhecer** "kennen, kennenlernen" wird wie **vencer** konjugiert, d. h. dass **c** vor **a** und **o** zu **ç** wird: **eu conheço** "ich kenne"; **que eu conheça** "dass ich kenne".

⑭ **marcar uma consulta** "einen Termin ausmachen/vereinbaren" kann sich auch auf einen Arzttermin (auch **a consulta**) beziehen. **Consultar** bedeutet "konsultieren, befragen, zu Rate ziehen".

⑮ Bei **viesse** handelt es sich um den Konjunktiv Imperfekt von **vir** "kommen", nicht zu verwechseln mit **visse**, der gleichen Form von **ver** "sehen".

26 – Reza, põe um galho de arruda dentro da bolsa e toma banho de alecrim. ⑯

Exercício 1: Você entende estas frases?

❶ Você disse que passaria uns dias comigo. ❷ Não pode desistir agora. ❸ Nós poderíamos sair pra jantar e ver um bom filme. ❹ Eu preciso marcar uma consulta com o médico. ❺ Será que vou conseguir para a semana que vem? ❻ Coloque bastante sal grosso na carne antes de cozinhá-la, fica mais gostosa. ❼ Eu tô com uma urucubaca. ❽ Até perdi minha carteira!

Exercício 2: Complete as palavras que faltam!

❶ Ich hoffe, dass er mich nicht so gesehen hat, [so] ganz schlecht gekleidet.
Espero que ele não ▒▒▒▒▒ ▒▒ visto assim, toda ▒▒▒ vestida.

❷ Wenn ich du wäre, würde ich sogar in die Universität (Fakultät♀) gehen und mit dem Professor sprechen, der dir diese Note gegeben hat.
Se eu ▒▒▒▒▒ você, eu ▒▒▒▒ até a faculdade e ▒▒▒▒▒▒▒ com o professor que te deu esta nota.

❸ Um dieses Restaurant zu betreten, brauchst du einen Lichtbildausweis (Dokument♂ von Identität♀).
Para entrar ▒▒▒▒▒ restaurante você ▒▒▒▒▒▒ de um documento de ▒▒▒▒▒▒▒▒▒▒.

❹ Ich war [noch] nie so spät nach Hause gekommen!
Eu nunca ▒▒▒▒▒ ▒▒▒▒▒▒▒ tão tarde em ▒▒▒▒!

❺ Wir gingen [regelmäßig] zu diesem Strand.
Nós ▒▒▒▒▒▒▒▒▒▒▒▒▒▒ esta praia.

26 – Bete, leg einen Weinrautenzweig (Zweig♂ von Weinraute♀) in deine Tasche, und nimm Rosmarinbäder.

ANMERKUNGEN

⑯ **põe**: 3. Pers. Sg. des unregelmäßigen **pôr** "setzen, stellen, legen", auch "anziehen": **Ela quer pôr um vestido novo por dia.** "Sie möchte jeden Tag ein neues Kleid anziehen." Ein Nomen mit **pôr** ist **pôr-do-sol** "Sonnenuntergang".

Solução do primeiro exercício: Você entendeu?

❶ Du hast gesagt, dass du einige Tage mit mir verbringen würdest. ❷ [Da] kannst du jetzt nicht absagen. ❸ Wir könnten ausgehen, um zu Abend zu essen und einen guten Film anzusehen. ❹ Ich muss einen Termin beim Arzt ausmachen. ❺ Bekomme ich wohl [noch] einen nächste Woche? ❻ Gib genügend grobes Salz ans Fleisch, bevor [du] es kochst, [so] wird [es] schmackhafter. ❼ Ich habe ein Mordspech. ❽ Ich habe sogar meine Brieftasche verloren!

❻ Aber jetzt ist er sehr voll, und ich habe nicht einmal den Mut, ins Meer zu gehen.

Mas ..... ela está muito cheia e eu não tenho ... coragem de entrar no mar.

Solução do segundo exercício: As palavras que faltam.

❶ tenha me – mal ❷ fosse – iria – falaria ❸ neste – precisa – identidade ❹ tinha chegado – casa ❺ frequentávamos ❻ agora – nem.

Glaube und Religion

Für das Gros der Brasilianer spielen Religion und Glaube eine große Rolle; ca. 75 % sind Anhänger des Katholizismus. Jedes Jahr am 12. Oktober pilgern Zigtausende nach **Aparecida** zur Kirche der Heiligen Jungfrau **Nossa Senhora da Imaculada Conceição Aparecida**. Doch auch afrikanisch geprägte Riten und Bräuche wie **Candomblé**, **Umbanda** oder **Macumba** sind noch lebendig. Es werden verschiedene Gottheiten angebetet, diesen werden Opfer dargebracht, und man versucht in Trance, mit ihnen in Verbindung zu treten.

Segunda onda: ative hoje a 39ª aula!

89 Octogésima nona aula

Aluguel de casa ①

1 – Pera aí!

2 Você não tem família em Ouro Preto?

3 – Tenho, por quê?

4 – Eu estou procurando uma casa pra alugar.

5 – Eu tenho uma tia que acabou de construir uma casa e estava querendo alugar a casa velha. ② ③

6 – Que bom!

7 Tem que ser algo barato. ④

8 Você sabe como é a casa?

9 – É uma casinha simples: ⑤

10 tem três quartos, quintal, quarto de empregada, garagem... ⑥

11 Mas você não prefere apartamento?

12 – Não, acaba ficando mais caro por causa do condomínio; ⑦ ⑧

ANMERKUNGEN

① Im Hinterland der südlichen Bundesstaaten wie z. B. São Paulo spricht man einen Dialekt, der sich **caipira** nennt, und die folgende Lektion wird in **caipira** gesprochen. Ähnlich wie im Dialekt von Minas Gerais (s. Lektion 66) ersetzen wir **-r** – speziell als Infinitivendung – ab und zu durch einen Apostroph.

② **construir** "(auf)bauen, errichten, bilden" kennt im Indikativ Präsens sowie im Imperativ einige Unregelmäßigkeiten, auf die wir in Lektion 91 näher eingehen.

③ **alugar** kann gleichermaßen "mieten" und "vermieten" bedeuten.

④ **barato** "preiswert, billig" ≠ **caro** "teuer": **O aluguel deste apartamento é muito caro.** "Die Miete [für] diese Wohnung ist sehr teuer."

89. Lektion

Hausvermietung

1 – Warte mal!

2 Hast du nicht Familie in Ouro Preto (Gold♂ schwarz♂)?

3 – Habe ich, warum?

4 – Ich suche ein Haus zum Mieten.

5 – Ich habe eine Tante, die gerade ein Haus gebaut hat und das alte Haus vermieten wollte.

6 – Wie gut (was gut)!

7 Es muss etwas Preiswertes sein.

8 Weißt du, wie das Haus ist?

9 – Es ist ein einfaches Häuschen:

10 [Es] hat drei Zimmer, [einen] Hinterhofgarten, [einen] Raum für das Dienstmädchen, [eine] Garage ...

11 Aber bevorzugst du nicht eine Wohnung?

12 – Nein, das wird letztendlich (beendet bleibend) teurer wegen der Umlagen;

⑤ **simples** "einfach, schlicht, simpel" ist ebenso unveränderlich wie das sinnverwandte **fácil** "einfach, leicht".

⑥ **quintal** bezeichnet einen kleinen Garten, meist in einem Hinterhof: **O que você planta no seu quintal?** "Was pflanzt du in deinem Garten an?"

⑦ Die Konstruktion aus **acabar** + Gerundium entspricht in etwa einem Satz mit "letztendlich": **Acabei fazendo até o trabalho dele.** "Letztendlich habe ich sogar seine Arbeit gemacht."

⑧ **o condomínio** "die Umlagen" wird immer im Singular gebraucht: **O condomínio desta casa é muito caro, porque tem elevador e garagem.** "Die Umlagen dieses Hauses sind sehr teuer, denn es hat einen Aufzug und eine Garage."

13 sempre tem um vizinho que faz barulho, um síndico chato...

14 Mas me diz uma coisa:

15 quando é que eu posso falar com a tua tia?

16 – Eu não sei se é direto com ela ou com a corretora. ⑨

17 – Se for com a corretora não adianta, ⑩

18 a comissão deles encarece muito o aluguel. ⑪

19 – Eu sei, mas ela já teve tanto problema com inquilino, ⑫

20 que não quer mais cuidar disso. ⑬

21 – Se ela quiser, eu pago uns meses adiantado. ⑭

22 Tenho um bom fiador,

ANMERKUNGEN

⑨ **o corretor / a corretora** bezeichnet zuerst "den/die Vermittler/in" oder "Vertreter/in" allgemein, aber auch "den/die Makler/in". **Esse senhor é corretor de seguros.** "Dieser Herr ist Versicherungsvertreter".

⑩ Merken Sie sich das gängige **Não adianta!**, das im Sinne von "Das bringt doch nichts!" verwendet wird.

13 es gibt immer einen Nachbarn, der Lärm macht, einen lästigen Hausverwalter ...

14 Aber sag mir:

15 Wann kann ich mit deiner Tante sprechen?

16 – Ich weiß nicht, ob [das] direkt über sie geht (ist direkt mit ihr) oder über die (mit die) Maklerin.

17 – Wenn es über die Maklerin läuft, [dann] bringt das nichts (nicht nützt),

18 deren Provision verteuert die Miete sehr.

19 – Ich weiß, aber sie hat schon so viele Probleme mit Mietern gehabt,

20 dass sie sich darum nicht mehr kümmern möchte.

21 – Wenn sie möchte, zahle ich ein paar Monate im Voraus (fortgeschritten♂).

22 Ich habe einen guten Bürgen,

⑪ **encarecer** "verteuern" ≠ **baratear** "den Preis herabsetzen, verbilligen": **Se você comprar uma dúzia, vou baratear o preço.** "Wenn Sie ein Dutzend kaufen, werde ich den Preis herabsetzen."

⑫ **problema** und **inquilino** stehen hier im Singular. Wo im Deutschen die Mehrzahl gebraucht wird, ziehen die Brasilianer häufig die Einzahl vor: **O cabelo é grosso.** "Die Haare sind dick".

⑬ **cuidar** "aufpassen, kümmern" hat das Partizip **cuidado!** "Achtung!, Vorsicht!". Ebenso: **o cuidado** "Sorge, Sorgfalt, Pflege"; **aos cuidados de...** "zu Händen von ...": **Ele deixou a encomenda aos cuidados do porteiro.** "Er hat die Bestellung zu Händen des Portiers da gelassen."

⑭ **adiantado** "im Voraus, zu früh" (**adiantar** "nützen, zuvorkommen") ist hier ein Adverb, daher richtet es sich nicht nach **meses**. Verwechseln Sie es nicht mit dem synonymen **antecipado** (**antecipar** "vorwegnehmen"), woraus **antecipadamente** "im Voraus" abgeleitet wird.

23   e pod**e**mos coloc**a**r no contr**a**to **u**mas cl**á**usulas de manuten**ção** da c**a**sa. ⑮

24 – Qu**a**ndo voc**ê** se mudar**i**a?

25 – Amanh**ã**!

Exercício 1: Você entende estas frases?

❶ Hoje todos os inquilinos devem ir à reunião. ❷ Já faz dois meses que o inquilino do apartamento da senhora não paga o aluguel. ❸ O condomínio deste prédio é muito caro, acho que deveríamos nos mudar. ❹ O síndico do nosso prédio não quer que os cachorros usem os elevadores. ❺ Tenho uma tia que procura uma casa para alugar, com dois quartos, garagem e quintal.

Exercício 2: Complete as palavras que faltam!

❶ Wir verwenden Zutaten, die unsere Rezepte verteuern.
... ingredientes que ... ... receitas.

❷ Hast du gesehen (du ankam zu sehen), wer die Wartung dieser Maschine macht?
Você ... a ... quem faz a manutenção desta ...?

❸ Es nützt nichts, ein Haus mit einer so großen Garage zu bauen, wenn wir nicht mal ein Auto haben!
Não ... construir uma casa com uma ... assim tão grande se nem ... carro!

❹ Wenn ich heirate, werde ich ein ganz einfaches Fest wollen, mit wenigen Gästen.
Quando eu ..., vou querer uma festa bem ..., com poucos ....

❺ Ich glaube, dass wir etwas zu früh ankommen.
Estou ... que chegamos um pouco ....

23 und wir können einige Klauseln zur Instandhaltung des Hauses in den Vertrag aufnehmen.

24 – Wann würdest du [denn] umziehen?

25 – Morgen!

ANMERKUNGEN

⑮ **a manutenção** kennt viele mögliche Übersetzungen: "Erhaltung, Instandhaltung, Pflege, Unterhaltung, Wahrung; Wartung".

Solução do primeiro exercício: Você entendeu?

❶ Heute sollen alle Mieter zur Versammlung gehen. ❷ Schon seit zwei Monaten zahlt der Mieter Ihrer Wohnung (Wohnung von-die Dame) die Miete nicht. ❸ Die Umlagen dieses Gebäudes sind sehr teuer, ich glaube, wir sollten umziehen. ❹ Der Hausverwalter unseres Gebäudes möchte nicht, dass Hunde die Aufzüge benutzen. ❺ Ich habe eine Tante, die ein Haus zur Miete (für mieten) sucht, mit zwei Zimmern, Garage und Hinterhofgarten.

❻ [Sie] haben noch nicht mal die Türen geöffnet!
▒▒▒▒ nem abriram as portas!

Solução do segundo exercício: As palavras que faltam.

❶ Usamos – encarecem nossas ❷ chegou – ver – máquina ❸ adianta – garagem – temos ❹ casar – simples – convidados ❺ achando – adiantados ❻ Ainda.

Lernen Sie weiterhin täglich, aber vermeiden Sie Eile. Gehen Sie bei Unklarheiten oder wenn Sie das Gefühl haben, den bisherigen Stoff noch nicht restlos assimiliert zu haben, noch einmal ein paar Lektionen zurück. Kennzeichnen Sie schwierige Redewendungen oder Ausdrücke mit einem Textmarker, und blättern Sie von Zeit zu Zeit zu diesen Stellen zurück. Oder schreiben Sie Wörter und Wendungen, die Sie sich schlecht merken können, ein paarmal auf.

Segunda onda: ative hoje a 40ª aula!

90 Nonagésima [*nonaĵäsima*] aula

Na fazenda

1 – C**i**do, voc**ê** p**o**de atrel**a**r d**o**is cav**a**los pra mim, por fav**o**r? ①

2 – Sim senh**o**r.

3 P**o**de se' o malh**a**do e o alaz**ã**o?

4 – P**o**de, mas cad**ê** aqu**e**le mangal**a**rga pr**e**to? ②

5 – O Zé pe**ã**o peg**o**u pra traz**e**' a boi**a**da pra vacin**a**'. ③ ④

6 – E qu**a**ndo é que voc**ê**s v**ã**o traz**e**r o reb**a**nho pra tos**a**r a lã? ⑤

7 – Na sem**a**na que vem...

8 S**e**u Ch**i**co!

9 O caf**é** **a**inda n**ã**o sec**o**u

10 e os m**o**ços da us**i**na d**e**vem pass**a**r h**o**je pra peg**a**'. ⑥

11 – V**o**u dar uma ligad**i**nha pra **e**les e ped**i**r pra pass**a**rem na sem**a**na que vem. ⑦

12 E os caminh**õ**es de c**a**na, já f**o**ram carreg**a**dos? ⑧

ANMERKUNGEN

① **mim**: Personalpronomen im Dativ/Akkusativ, wenn eine Präposition vorangeht: **Ai de mim!** "Ach ich Arme/r (Ach von mir)!". In der 2. Pers. Sg. steht **ti / você**: **Preciso muito de ti / você**! "Ich brauche dich sehr!"; **Ele mandou um cartão postal para você.** "Er hat dir eine Postkarte geschickt."

② **alazão** und **mangalarga** sind speziell in Brasilien gezüchtete Pferderassen. Übrigens: **a manga** ist gleichzeitig "die Mango" und "der Ärmel".

③ **trazer** (hier **traze'**) "(mit)bringen" ≠ **levar** "mitnehmen": **Você trouxe aquela cachaça de Minas?** "Hast du diesen Zuckerrohrschnaps aus Minas mitgebracht?" – **O ladrão levou todas as jóias.** "Der Dieb hat den ganzen Schmuck mitgenommen."

④ **a boiada** "die Rinderherde" kommt von **o boi** "das Rind, der Ochse".

Auf der Farm

1 – Cido, kannst du mir (für mich) bitte zwei Pferde einspannen?

2 – Ja [mein] Herr.

3 Können es der Gescheckte und der Fuchs sein?

4 – Ja (kann), aber wo ist dieser schwarze Mangalarga (Ärmel♀-lang♀)?

5 – Zé, der Kuhhirte, hat [ihn] genommen, um die Rinderherde zum Impfen zu bringen.

6 – Und wann werdet ihr die [Schaf]herde zum Scheren der Wolle bringen?

7 – Nächste Woche ...

8 Chico!

9 Der Kaffee ist noch nicht getrocknet,

10 und die Jungen von der Fabrik kommen [wohl] (sollen vorübergehen) heute, um [sie] abzuholen.

11 – Ich werde sie anrufen (geben eine♀ kleine-verbunden♀) und darum bitten, dass sie nächste Woche vorbeikommen.

12 Und die LKW für das Zuckerrohr, wurden sie schon beladen?

⑤ Verwechseln Sie nicht **tosar** "scheren" und **tossir** "husten"; von Letzterem wird auch **a tosse** "der Husten" und **estar com tosse** "Husten haben" abgeleitet.

⑥ Die Kombination aus **dever** "sollen" + einem Verb kann eine gewisse Unsicherheit ausdrücken, ähnlich, wie wir das mit "wohl" umschreiben: **Ele deve chegar hoje à noite.** "Er kommt wohl heute am Abend an."

⑦ Zu **pedir** "(er)bitten" gibt es das Synonym **fazer um pedido** "eine Bitte/Anfrage äußern, eine Bestellung aufgeben". Merken Sie sich auch **atender a um pedido** "eine Bitte erfüllen, eine Anfrage erledigen".

⑧ **cana** ist hier die Kurzform für **cana de açúcar** "Zuckerrohr", aber umgangssprachlich heißt **cana** auch "Polizei, Polizist; Schlagstock" oder "Gefängnis".

13 – Sim senhor, e já foram embora.
14 O senhor que' alguma coisa da horta e do pomar?
15 – Quero sim.
16 Pega umas alfaces, um pouco de tomate e umas jabuticabas.
17 – A cozinheira pediu leite pra fazer doce. ⑨
18 Levo quanto pra ela? ⑩
19 – Acho que uns cinco litros tá bom.
20 – Olha seu Chico, cuidado se o senhor fo' pra mata, ⑪
21 parece que a jaguatirica anda atacando gente. ⑫ ⑬
22 – Obrigado Cido, não vamos pra lá não.
23 Vamos tomar um banho de cachoeira.
24 – Seu Chico?
25 – Fala!
26 – Parece que a água tá fria...

ANMERKUNGEN

⑨ Sicher können Sie **cozinheiro / cozinheira** "Koch/Köchin" problemlos von **cozinhar** "kochen" ableiten.

13 – Ja [mein] Herr, und sie sind schon weggefahren.

14 Möchten Sie etwas aus dem Gemüse- und dem Obstgarten?

15 – Ja, möchte ich.

16 Nimm ein paar Salatköpfe, ein bisschen von den Tomaten und ein paar Baumstammkirschen.

17 – Die Köchin hat um Milch gebeten, um [eine] Süßspeise zu machen.

18 Wie viel bringe ich ihr?

19 – Ich denke, so etwa fünf Liter sind OK.

20 – Schauen Sie, Herr Chico, Vorsicht, wenn Sie in den Urwald gehen,

21 es scheint, dass der Ozelot Menschen angreift.

22 – Danke Cido, wir gehen dort nicht hin.

23 Wir werden ein Bad am Wasserfall nehmen.

24 – Chico?

25 – Ja! (sprich!)

26 – Anscheinend ist das Wasser kalt ...

⑩ **levar** kann neben "mitnehmen" auch "(Zeit) verbringen, (Zeit) brauchen" bedeuten: **Levou pelo menos um mês para responder àquele pedido meu.** "Er hat wenigstens einen Monat gebraucht, um auf diese Bestellung von mir zu antworten."

⑪ **mata** "Urwald" hat auch die Synonyme **a selva** oder **a floresta virgem** ("die Wald Jungfrau") von **a floresta** "der Wald".

⑫ Von **o jaguar** "der Jaguar" wird der in Brasilien oft vorkommende **a jaguatirica** "der Ozelot" (kleine Jaguarart) abgeleitet.

⑬ Auch die Kombination **andar** + Gerundium drückt aus, dass eine Tätigkeit häufig bzw. regelmäßig ausgeübt wird: **O meu pai sempre anda falando dessa maneira.** "Mein Vater spricht immer auf diese Weise."

Exercício 1: Você entende estas frases?

❶ Vamos depressa! Precisamos carregar os caminhões de café. ❷ Ontem, tomamos banho de cachoeira. ❸ A água estava uma delícia. ❹ Pena que tivemos que voltar para trabalhar. ❺ Estou atrelando este cavalo alazão para o seu Aníbal. ❻ Ele quer dar uma olhada no café. ❼ O pomar está cheio de jabuticabas. ❽ E na horta tem muita alface e cenoura. ❾ Quando a boiada chegar, vou pedir ao Chico uns dez litros de leite pra fazer doce.

Exercício 2: Complete as palavras que faltam!

❶ Ich glaube, dass ich meine Haare scheren werde; sie sind sehr dick und es dauert lange (mitbringt viel Zeit), [sie] zu trocknen.
Acho que eu vou ______ meu cabelo; ele é muito ______ e leva muito ______ pra secar.

❷ Hast du eine Idee, wie viele Liter Milch Kleopatra benutzte, um [ein] Bad zu nehmen?
Você tem ______ de ______ litros de leite Cleópatra ______ para tomar banho?

❸ Ich habe so viel Hunger, dass [ich], wenn [ich] zu Hause ankomme, all diese Baumstammkirschen essen werde.
Eu estou com ______ fome que ______ em casa vou ______ aquelas jabuticabas todas.

91 Nonagésima primeira aula

Revisão e anotações

Auch in dieser Wiederholungslektion beschäftigen wir uns mit phonetischen Besonderheiten in Form von Vokal- oder Konsonantenveränderungen bei weitestgehend regelmäßigen Verben. Auch Abweichungen und Sonderformen unregelmäßiger Verben werden hier nochmals rekapituliert.

Solução do primeiro exercício: Você entendeu?

① Beeilt euch! (gehen schnell!) Wir müssen (brauchen) die LKW mit Kaffee beladen. ② Gestern haben wir ein Bad am Wasserfall genommen. ③ Das Wasser war herrlich (war eine Köstlichkeit♀). ④ Schade, dass wir [wieder] zurückgehen mussten, um zu arbeiten. ⑤ Ich spanne diesen Fuchs für Herrn Hannibal ein. ⑥ Er möchte einen Blick auf den Kaffee werfen. ⑦ Der Obstgarten ist voll mit Baumstammkirschen. ⑧ Und im Gemüsegarten gibt es viel Kopfsalat und Karotten. ⑨ Wenn die Rinderherde ankommt, werde ich Chico um so etwa zehn Liter Milch bitten, um eine Süßspeise zu machen.

❹ In diesem Urwald gibt es [wohl] (soll haben) Ozelote, und wir können uns verlaufen.
Nesta ____ deve ter ____________ e podemos nos ______.

❺ Anna hat dich gebeten, ein paar Salatköpfe aus dem Gemüsegarten [mit]zunehmen und nicht die Tomaten zu vergessen.
A Ana pediu pra você pegar umas ________ na _____ e não esquecer dos _______.

Solução do segundo exercício: As palavras que faltam.

❶ tosar – grosso – tempo ❷ ideia – quantos – usava ❸ tanta – chegando – comer ❹ mata – jaguatirica – perder ❺ alfaces – horta – tomates.

Segunda onda: ative hoje a 41ª aula!

91. Lektion

1. Teilweise unregelmäßige Verben

Bei einigen Verben wie z. B. **gerir** "abwickeln, verwalten" oder **servir** "(be)dienen, servieren" wird in der 1. Person Indikativ Präsens und in allen Formen des Konjunktiv Präsens sowie in drei Formen des Imperativs aus phonetischen Gründen das **e** des Stamms zu **i**:

gerir	Indikativ	Konjunktiv	Imperativ
eu	**giro**	**gira**	
tu	geres	giras	gere
ele / ela / você...	**gere**	**gira**	**gira**
nós	**gerimos**	**giramos**	**giramos**
vós	geris	girais	geri
eles / elas / vocês...	**gerem**	**giram**	**giram**
... **o senhor / a senhora / a gente** (Sg.) bzw. **os senhores / as senhoras** (Pl.)			

servir	Indikativ	Konjunktiv	Imperativ
eu	**sirvo**	**sirva**	
tu	serves	sirvas	serve
ele / ela / você...	**serve**	**sirva**	**sirva**
nós	**servimos**	**sirvamos**	**sirvamos**
vós	servis	sirvais	servi
eles / elas / vocês...	**servem**	**sirvam**	**sirvam**
... **o senhor / a senhora / a gente** (Sg.) bzw. **os senhores / as senhoras** (Pl.)			

Bei **pedir** "bitten" wird in der 1. Person Indikativ Präsens und in allen Formen des Konjunktiv Präsens sowie in drei Formen des Imperativs das **d** des Stamms zu **ç**.

pedir	Indikativ	Konjunktiv	Imperativ
eu	**peço**	**peça**	
tu	pedes	peças	pede
ele / ela / você...	**pede**	**peça**	**peça**
nós	**pedimos**	**peçamos**	**peçamos**
vós	pedis	peçais	pedi
eles / elas / vocês...	**pedem**	**peçam**	**peçam**
... **o senhor / a senhora / a gente** (Sg.) bzw. **os senhores / as senhoras** (Pl.)			

Bei **trazer** "(mit)bringen" wird in der 1. Person Indikativ Präsens und in allen Formen des Konjunktiv Präsens sowie in drei Formen des Imperativs das **z** des Stamms zu **g**.

trazer	Indikativ	Konjunktiv	Imperativ
eu	**trago**	**trag*a***	
tu	traz*es*	trag*as*	traz / traze
ele / ela / você...	**traz**	**trag*a***	**trag*a***
nós	**traz*emos***	**trag*amos***	**trag*amos***
vós	traz*eis*	trag*ais*	traz*ei*
eles / elas / vocês...	**traz*em***	**trag*am***	**trag*am***
... **o senhor / a senhora / a gente** (Sg.) bzw. **os senhores / as senhoras** (Pl.)			

2. Komplett unregelmäßige Verben

Sie haben das Verb **construir** "(auf)bauen, errichten, bilden" kennengelernt, das im Indikativ Präsens sowie im Imperativ einige Unregelmäßigkeiten aufweist:

construir	Indikativ	Imperativ
eu	**construo**	
tu	constr*óis*	constr*ói*
ele / ela / você...	**constr*ói***	**constru*a***
nós	**constru*ímos***	**constru*amos***
vós	constru*ís*	constru*í*
eles / elas / vocês...	**constr*oem***	**constru*am***
... **o senhor / a senhora / a gente** (Sg.) bzw. **os senhores / as senhoras** (Pl.)		

Einige Verben ähneln sich in gewissen Formen, so z. B. **ver** "sehen" und **vir** "kommen" im Konjunktiv Imperfekt:

ver / vir	**ver** "sehen"	**vir** "kommen"
eu	**visse**	**viesse**
tu	viss*es*	viess*es*
ele / ela / você...	**visse**	**viesse**
nós	**víss*emos***	**viéss*emos***
vós	víss*eis*	viéss*eis*
eles / elas / vocês...	**viss*em***	**viess*em***
... **o senhor / a senhora / a gente** (Sg.) bzw. **os senhores / as senhoras** (Pl.)		

3. Zusammengesetzte Verbformen im Konjunktiv und Konditional

Hier kommen zur Übersicht nochmals die gängigsten Konjugationsformen der zusammengesetzten Verbformen.

Beachten Sie, dass einige dieser Formen im Deutschen keine eindeutige Entsprechung haben. Sie können v. a. in besonderen Konstruktionen und/oder Nebensätzen vorkommen, die im Deutschen oft durch die Konjunktionen "wenn" oder "dass" eingeleitet werden.

Zusammengesetzte Zeitformen mit Hilfsverb ter + Partizip Perfekt			
Konjunktiv Präsens	**Konjunktiv Imperfekt**	**Konjunktiv Futur**	**Konditional**
tenha + PP*	**tivesse + PP***	**tiver + PP**	**teria + PP**
tenhas	tivesses	tiveres	terias
tenha	**tivesse**	**tiver***	**teria***
tenhamos	**tivéssemos**	**tivermos**	**teríamos**
tenhais	tivésseis	tiverdes	teríeis
tenham	**tivessem**	**tiverem**	**teriam**
... **o senhor / a senhora / a gente** (Sg.) bzw. **os senhores / as senhoras** (Pl.)			

*Lesebeispiel:

ele tenha / tivesse cantado / vendido / repetido
"er habe/hätte gesungen/verkauft/wiederholt"
ela tiver cantado / vendido / repetido
"sie werde gesungen/verkauft/wiederholt haben"
el teria cantado / vendido / repetido
"er würde gesungen/verkauft/wiederholt haben"

Vergleichen Sie hierzu die Kongruenz der einzelnen Zeitformen in den folgenden Sätzen.

Steht im ersten Satzteil ein Verb im Präsens, das den Konjunktiv verlangt, muss das Hilfsverb **ter** in den Konjunktiv Präsens gesetzt werden:

Duvido que ela tenha chegado.
"Ich bezweifle, dass sie angekommen ist."

Steht dagegen im ersten Satzteil das entsprechende Verb im Präteritum, muss **ter** im Konjunktiv Imperfekt stehen:

Eu duvidei que ela tivesse chegado.
"Ich bezweifelte, dass sie angekommen war/wäre."

Nach **quando** "wenn/sobald" steht gewöhnlich der Konjunktiv Futur:

Quando eu tiver chegado, poderemos jantar juntos.
"Sobald ich angekommen sein werde, werden wir zusammen zu Abend essen können."

4. Wortschatz

4.1 Wörter mit dem Präfix e-

Vielen internationalen Wörtern oder Wörtern lateinischen Ursprungs wird das Präfix **e-** vorangestellt. Einige Beispiele:

escândalo "Skandal"
escrita "Schrift"
escrúpulo "Skrupel"
esnobe "Snob"
escrutínio "Wahlgang"
espacial "Raum..."
especial "Spezial-, speziell"
estágio "Praktikum"
estufa "Gewächshaus; Heizofen"
estrela "Stern"

4.2 Wendungen mit dem Verb prestar "liefern"

prestar ... **serviço** "Service/Dienstleistung anbieten"
... **homenagem** "ehren"
... **depoimento** "Zeugnis ablegen"
... **concurso** "an einem Wettbewerb teilnehmen"
... **contas** "Rechenschaft ablegen"
... **informações** "Informationen liefern"
... **atenção** "Aufmerksamkeit schenken"

Não presta! bedeudet aber: "Es ist nichts wert!"

5. Exercício de compreensão e de expressão

Exercício 1: Você entende estas frases?

① Quem tocou a campainha? ② O moço que arrumou a janela. ③ O que ele quer? ④ Ser pago. ⑤ Por quê? ⑥ Eusébio, temos que pagar o moço pelo serviço que fez. ⑦ Mas não era presente? ⑧ Pára com isso, o moço tem que ir embora! ⑨ Mas a janela está igual! ⑩ Mas agora pelo menos fecha, ⑪ e não entra mais água quando chove.

Solução do primeiro exercício: Você entendeu?

❶ Wer hat geklingelt? ❷ Der Junge, der das Fenster in Ordnung gebracht hat. ❸ Was möchte er? ❹ Bezahlt werden (sein). ❺ Warum? ❻ Eusébio, wir müssen den Jungen für die Arbeit bezahlen, die er gemacht hat. ❼ Aber war das kein Geschenk? ❽ Hör auf damit, der Junge muss (weg)gehen! ❾ Aber das Fenster ist [noch] genauso! ❿ Aber jetzt schließt [es] wenigstens, ⓫ und es kommt kein Wasser mehr rein, wenn es regnet.

92 Nonagésima segunda aula

Roupa nova

1 – Que del**í**cia, d**é**cimo terc**e**iro sal**á**rio p**a**go… ①
2 Já pod**e**mos compr**a**r **u**mas roup**i**nhas p**a**ra as f**e**stas de fim de **a**no.
3 – **E**u v**o**u aproveit**a**r e compr**a**r um biqu**í**ni n**o**vo.
4 – Que n**ú**mero voc**ê** **u**sa?
5 – Dep**e**nde do mod**e**lo. ②
6 Se n**ã**o for m**u**ito pequ**e**no **u**so M.
7 – **E**u compr**e**i um que est**á** en**o**rme, mas é tam**a**nho G. ③ ④
8 – Voc**ê** **u**sa tamanho gr**a**nde?
9 – Sim, por qu**ê**?

ANMERKUNGEN

① **pago**: unregelmäßiges Partizip von **pagar**. Regelmäßig, aber kaum noch verwendet, ist **pagado**. Bei Gehaltsangaben, Geldsummen usw. benutzt man meist **receber** "bekommen, erhalten, empfangen": **Os funcionários ainda não receberam.** "Die Beamten wurden noch nicht bezahlt."; **Ele recebeu a importância de dois mil reais do seguro.** "Er hat den Betrag von 2000 Real von der Versicherung [ausbezahlt] bekommen."

Segunda onda: ative hoje a 42ª aula!

92. Lektion

Neue Kleidung

1 – Was für eine Freude, das 13. Monatsgehalt [wurde] ausgezahlt ...

2 Wir können sofort ein paar Kleidungsstücke für die Silvesterpartys kaufen.

3 – Ich werde [das] ausnutzen und einen neuen Bikini kaufen.

4 – Welche Größe (Nummer♂) trägst (benutzt) du?

5 – Das hängt vom Modell ab.

6 Wenn es nicht sehr klein ist, trage ich M.

7 – Ich habe einen gekauft, der riesig ist, aber Größe L.

8 – Trägst du Größe L?

9 – Ja, wieso?

② **Depende!** "Das hängt davon ab!; Das kommt darauf an!" (von **depender** "abhängen von"): **Ela ainda depende dos pais dela.** "Sie ist immer noch von ihren Eltern abhängig."

③ **enorme** wird v. a. als Adjektiv gebraucht und fast nie als Adverb.

④ Die Kleidergrößen sind **P** (**pequeno**) "S", **M** (**médio**) "M", **G** (**grande**) "L" und **GG** "XL". Die Konfektionsgrößen sind nicht mit unseren identisch; in der Regel muss man vier Größen zu den bei uns üblichen hinzu addieren.

10 – Aquela calça que você me emprestou era tamanho trinta e oito. ⑤ ⑥

11 Se cabe em você, teu biquíni não pode ser grande. ⑦

12 – Eu compro grande pois não gosto de nada aparecendo.

13 – Pudica! ⑧

14 – E que número você calça? ⑨

15 – Trinta e seis.

16 Não vai me dizer que você também tem um sapato pra me vender. ⑩

17 – Um tênis. ⑪

18 Minha tia trouxe um da França, você não quer experimentar? ⑫

19 – Que número ele é?

20 – É trinta e sete, mas na Europa a numeração é diferente,

21 e o trinta e sete de lá corresponde ao trinta e cinco daqui.

22 – Não vale a pena nem eu ver,

23 pois além de calçar um número a mais,

24 gosto de tênis folgado pra poder colocar meia grossa. ⑬

ANMERKUNGEN

⑤ Verwandt mit **calça** "Hose" sind **as calças compridas** "die lange Hose" (synonym zu **a calça**), **o calção** "die Badehose, die (kurze) Sporthose", **a calcinha** "der Slip", **a meia-calça** "die Strumpfhose".

⑥ **emprestar** "(aus)leihen" ≠ **pedir emprestado de alguém** "sich [etw.] von jmdm. ausleihen": **Emprestou o carro ao vizinho.** "Er hat dem Nachbarn das Auto geliehen." – **Pediu emprestado o carro do vizinho.** "Er hat sich das Auto vom Nachbarn ausgeliehen." **O empréstimo** "Leihgabe, Darlehen".

⑦ **caber** steht hier mit der Präposition **em** "in"; in der Umgangssprache ersetzt **em** häufig **a** "zu" oder **para** "für": **Dá um beijo nele!** "Gib ihm einen Kuss [von mir]!"

⑧ **Pudico** "schamhaft" (**o pudor** "die Scham, das Schamgefühl") wird auch abwertend im Sinne von "Spießer" verwendet.

10 – Diese Hose, die du mir geliehen hast, war Größe 38.
11 Wenn sie dir passt, kann dein Bikini nicht L sein.
12 – Ich kaufe L, denn mir gefällt es gar nicht, wenn man zu viel sieht (von nichts erscheinend).
13 – Wie prüde! (schamhaft♀!)
14 – Und welche Schuhgröße hast du?
15 – 36.
16 Sag bloß (nicht geht mir sagen), dass du auch Schuhe hast, die du mir verkaufen willst.
17 – Turnschuhe.
18 Meine Tante hat sie aus Frankreich mitgebracht, willst du sie nicht anprobieren?
19 – Welche Größe haben sie?
20 – 37, aber in Europa ist die Nummerierung anders,
21 und die 37 (von) dort entspricht der 35 hier (von-hier).
22 – Es lohnt sich nicht mal, dass ich sie mir ansehe,
23 denn abgesehen davon, dass sie eine Nummer zu klein sind (anziehen ein Nummer nach mehr),
24 mag ich weite Turnschuhe, um dicke Socken anziehen zu können.

⑨ Unterscheiden Sie **calçar** "(Schuhe) anziehen" und **a calça** "die Hose"! Ausdrücke rund um **calçar**: **calçado** "(Schuhe) angezogen" (ein Synonym für **o sapato** "der Schuh"); **a calçada** "der Bürgersteig"; **o calçadão** "die Fußgängerzone"; **a calçadeira** "der Schuhlöffel".

⑩ Wie so oft bezeichnet hier der Singular **o sapato** "der Schuh" auch "das Paar Schuhe".

⑪ **tênis** meint den Sport, aber auch leichte Sportschuhe: **Você joga tênis? – Sim, mas hoje não trouxe meu tênis novo.** "Spielst du Tennis? – Ja, aber heute habe ich meine neuen Turnschuhe nicht mitgebracht."

⑫ **experimentar** "(an)probieren, versuchen" wird gleichermaßen für Kleidungsstücke, Schuhe, Essen und Getränke verwendet. Sie kennen bereits das Synonym **provar** aus Lektion 64.

⑬ **folgado** meint in Bezug auf Kleidung und Schuhe "weit, bequem", in der Umgangssprache auch "bequem" im Sinne von "faul", manchmal sogar "sehr reich": **Não aguento esse cara, é folgado demais!** "Ich ertrage diesen Typ nicht, er ist zu bequem!"

25 E agora chega de querer me empurrar tuas bugigangas. ⑭

26 Vamos comprar coisas diferentes, novas e na moda.

27 – Tá querendo fazer sucesso, não é?

Exercício 1: Você entende estas frases?

❶ Que tamanho a senhora gostaria de experimentar, P ou G? ❷ Vamos levar um tênis número trinta e nove. ❸ Ainda bem que o nosso décimo terceiro salário é pago antes do Natal! ❹ A calça quarenta está folgada, acho melhor levar uma trinta e oito. ❺ Eu posso calçar estes sapatos para ver se são da mesma cor que a minha roupa.

Exercício 2: Complete as palavras que faltam!

❶ Kauf nicht so große Kleidungsstücke, sie sind so weit, dass sie wie Kartoffelsäcke aussehen.
Não compre roupa … grande, elas ficam tão … que parecem sacos de … .

❷ Karl ist weggegangen; er ist [ein] Tischchen kaufen gegangen, um den Computer [darauf] stellen zu können, den wir aus Europa mitgebracht haben.
O Carlos …; ele foi comprar mesinha pra poder … o computador que … da Europa.

❸ Du hast gesagt, dass du viel Durst hattest.
Você disse que … com muita sede.

25 Und jetzt hör auf [damit], mir deinen Krimskrams andrehen zu wollen (zuschieben dein♀♀ Krimskrams♀♀).

26 Lass uns unterschiedliche Sachen kaufen, [und zwar] neue und modische.

27 – Du willst [wohl] Ruhm und Ehre ernten (machen Erfolg♂), nicht wahr?

ANMERKUNGEN

⑭ **chega!** "hör auf!, es reicht!" wird genau wie **Basta!** gebraucht: **Chega de papo, tá demais!** "Hör auf mit dem Geschwätz, es reicht!"

Solução do primeiro exercício: Você entendeu?

❶ Welche Größe würden Sie gerne anprobieren, S oder L? ❷ Lass uns Turnschuhe in Größe 39 nehmen. ❸ Noch mal gut, dass unser 13. Monatsgehalt vor Weihnachten ausgezahlt wird! ❹ Die Hose [in] 40 ist [zu] weit, ich finde es besser, eine [in] 38 zu nehmen. ❺ Ich kann diese Schuhe [mal] anziehen, um zu sehen, ob sie die gleiche Farbe haben wie meine Kleidung.

❹ Sag mir jetzt nicht, dass du nichts trinken möchtest!
___ não vai me ___ que não quer beber nada!

❺ Ich kann nicht glauben, dass du die Schuhe, die mir am meisten gefallen, ausgeliehen hast.
Eu não posso ___ que você ___ ___ o sapato que eu mais gosto.

❻ Du kannst nicht so prüde sein, [sonst] wirst du [letztendlich] alleine bleiben.
Você não pode ser ___ ___ pudica, vai acabar ficando ___.

Solução do segundo exercício: As palavras que faltam.

❶ tão – folgadas – batata ❷ saiu – colocar – trouxemos ❸ estava ❹ Agora – dizer ❺ acreditar – tenha emprestado ❻ assim tão – sozinha.

Hören Sie sich die Dialoge der Lektionen immer mehrmals an, und versuchen Sie, die Stimmen nachzuahmen. Gerade der ständige Wechsel von zwei Sprechern mit ihren unterschiedlichen Sprechgewohnheiten schult besonders gut Ihr Ohr.

Segunda onda: ative hoje a 43ª aula!

93 Nonagésima terceira aula

Velhas Árvores
(Olavo Bilac, 1867-1918) ①

1 – Carm**i**nha voc**ê** conh**e**ce alg**u**m po**e**ma do Ol**a**vo Bil**a**c? ②

2 – **E**u só conheço o *H**i**no à Band**e**ira.*

3 – Ent**ão** esc**u**te o que **e**u v**o**u te recit**a**r.

4 **E**u li **i**sso ante**o**ntem:

5 "**O**lha **e**stas v**e**lhas **á**rvores, t**ão** b**e**las ③

6 Do que as **á**rvores n**o**vas, m**ai**s am**i**gas: ④

7 T**a**nto m**ai**s b**e**las qu**a**nto as m**ai**s ant**i**gas ⑤

8 Venced**o**ras da id**a**de e das proc**e**las... ⑥

9 O h**o**mem, a f**e**ra, e o ins**e**to, à s**o**mbra d**e**las ⑦

ANMERKUNGEN

① Leider wurde hier versehentlich ein falsches Geburtsdatum angegeben; **Olavo Bilac** wurde 1865 geboren.

② **O poema** "das Gedicht", **o poeta** "der Dichter, der Poet", **a poetisa** "die Dichterin, die Poetin", **a poesia** "die Poesie, die Lyrik".

93. Lektion

Alte Bäume
(Olavo Bilac, 1867-1918)

1 – Kleine Carmen, kennst du irgendein Gedicht von Olavo Bilac?

2 – Ich kenne nur die *Hymne auf die Fahne*.

3 – Dann hör [mal], was ich dir vortragen werde.

4 Ich habe dies vorgestern gelesen:

5 "Schau dir diese alten Bäume an, [sie sind] so schön

6 Wie die jungen Bäume, freundschaftlicher (mehr Freundinnen♀♀):

7 Ganz genau so schön wie die ältesten,

8 Siegerinnen über das Alter und die Seestürme ...

9 Der Mensch, das Raubtier und das Insekt in ihrem Schatten

③ "so ... wie ... " kann auf verschiedene Weise ausgedrückt werden: **tão ... (do) que...; tão... quanto...; tanto ... quanto ... / tanta ... quanta...** oder **tanto... como...**: **Gosta tanto da batida de cocô quanto de cachaça.** "Er mag Batida de Cocô genau so gerne wie Cachaça."; **Ele gosta tanto de ler como de escrever.** "Er mag [es] genau so gerne zu lesen wie zu schreiben."

④ **novo** "neu" steht hier für "jung": **Você está ainda muito nova!** "Du bist noch sehr jung!"

⑤ Beachten Sie den kleinen Unterschied zwischen der Komparativform **tanto mais... quanto...** "genau so ... wie ..." und dem Ausdruck **tanto mais... mais...** "je mehr, desto ...": **Tanto mais fico no Brasil mais gosto de arroz e feijão.** "Je länger ich in Brasilien bleibe, desto mehr mag ich Reis und Bohnen."

⑥ **a procela** bezeichnet nur den Sturm auf dem Meer, allgemeiner ist das bereits bekannte **a tempestade** "der Sturm".

⑦ Der Ausdruck **o homem** heißt sowohl "der Mensch" als auch "der Mann".

10 V**i**vem, l**i**vres de f**o**mes e f**a**digas; ⑧
11 E em s**e**us g**a**lhos abr**i**gam-se as c**a**ntigas ⑨ ⑩
12 E os am**o**res das **a**ves tagar**e**las. ⑪
13 N**ã**o chor**e**mos, am**i**go, a mocid**a**de! ⑫
14 Envelheç**a**mos r**i**ndo! Envelheç**a**mos
15 C**o**mo as **á**rvores f**o**rtes envelh**e**cem;
16 Na gl**ó**ria da alegr**i**a e da bond**a**de,
17 Agasalh**a**ndo os p**á**ssaros nos r**a**mos, ⑬
18 D**a**ndo s**o**mbra e cons**o**lo **a**os que pad**e**cem!" ⑭

ANMERKUNGEN

⑧ **fadiga** "Anstrengung, Erschöpfung, Müdigkeit" stammt von **afadigar** "ermüden; sich abplagen": **O jogador de futebol já sente muita fadiga**. "Der Fußballspieler fühlt sich schon sehr erschöpft."

⑨ **abrigar** "Zuflucht gewähren, aufnehmen, schützen, unterbringen" bildet die rückbezügliche Form **abrigar-se** "Zuflucht suchen, unterschlüpfen".

⑩ Es gibt nur geringfügige Unterschiede zwischen **canto** "Lied, Gesang", **canção** "Lied" und **cantiga** "Lied". **Cantiga** meint **cantigas de roda** "Kinderlieder", die im Kreis stehend gesungen werden oder sog. **cantigas de candomblé**, gesungene afrobrasilianische Gebete und Fürbitten.

Exercício 1: Você entende estas frases?

❶ Não façamos do trabalho uma chatice. ❷ Trabalhemos com alegria! ❸ Esta música, quanto mais eu escuto, mais eu gosto. ❹ Este poema é tão lindo quanto aquele que você me leu anteontem. ❺ Esta árvore tem um galho, neste galho tem um ramo e neste ramo tem uma folha. ❻ Eu adoro encontrar com as minhas primas. ❼ Mas elas são tão tagarelas que fico até com dor de cabeça.

10 [Sie] leben, frei von Hunger und Erschöpfung;

11 Und zwischen (in) ihren Zweigen suchen Lieder Zuflucht

12 Und die Liebe[sgeschichte]n der geschwätzigen Vögel.

13 Lass uns nicht [unserer] Jugend nachweinen, [mein] Freund!

14 Lass uns lachend altern! Lass uns altern

15 Wie die starken Bäume altern;

16 Im Glanz der Freude und der Güte,

17 Die Vögel zwischen (in) den Zweigen wärmend,

18 Schatten und Trost spendend denen, die leiden!"

(11) **a ave** und **o pássaro** werden beide als "der Vogel" übersetzt, **ave** bezeichnet dabei jedoch die größeren Vogelarten.

(12) **a mocidade** "die Jugend" und **a velhice** "das Alter" sind von **o moço** "der junge Mann" / **a moça** "das Mädchen" und **velho** "alt" abgeleitet.

(13) **o ramo** und **o galho** (beide "der Zweig") sind Synonyme. Merken Sie sich dazu auch **a folha** "das Blatt".

(14) Das leicht unregelmäßige **padecer** "(er)leiden, (er)dulden" wird wie **parecer** "ähneln, scheinen" und vencer "gewinnen, (be)siegen" gebildet, d. h. vor **a** oder **o** wird **c** zu **ç**: **Eu padeço tanto aqui!** "Ich leide hier so sehr!"; **Não quero que você padeça.** "Ich möchte nicht, dass du leidest."

Solução do primeiro exercício: Você entendeu?

(1) Lasst uns Arbeit nicht zur Last machen. (2) Lasst uns mit Freude arbeiten! (3) Je mehr ich dieses Stück (Musik♀) höre, desto mehr gefällt es mir. (4) Dieses Gedicht ist genau so schön wie das, was du mir vorgestern vorgelesen hast (du mir las). (5) Dieser Baum hat einen Zweig, an diesem Zweig ist [noch] ein Zweig, und an diesem Zweig ist ein Blatt. (6) Ich liebe es, meine Cousinen zu treffen. (7) Aber sie sind so geschwätzig, dass ich sogar Kopfschmerzen [davon] bekomme.

Exercício 2: Complete as palavras que faltam!

❶ Es scheint, als hat dich das Alter schon eingeholt.
...... que a .... já .. alcançou.

❷ Dieses Mädchen spricht so viel, dass ich sogar nachts [noch] Kopfschmerzen [davon] habe.
Essa menina fala ..... que de ..... eu até .... com dor de cabeça.

❸ Gedichte aufsagen ist nicht nur [was] für Erwachsene.
.... não é só pra os ....

❹ Je älter ich werde, desto mehr gefällt es mir, Musik zu hören.
...... mais envelheço .... eu gosto de ..... música.

❺ Es ist eine Ehre gewesen, euch bei uns [zu Hause] zu haben.
Foi uma honra ter ..... na ..... casa.

❻ Kommt wieder, wann immer ihr wollt.
Voltem sempre que ....

94 Nonagésima quarta aula

Aula de ginástica

1 – T**o**do m**u**ndo pr**o**nto?

2 V**a**mos ent**ã**o começ**a**r n**o**sso aquecim**e**nto!

3 **E**sta p**a**rte da **a**ula é m**u**ito import**a**nte ①

4 pra evit**a**r traumat**i**smos muscul**a**res, distens**õe**s, etc**é**tera. ②

ANMERKUNGEN

① Vorsicht, Verwechslungsgefahr! **A aula** heißt nur "Unterricht, Vorlesung", die "Aula" heißt dagegen **a sala de atos**.

Solução do segundo exercício: As palavras que faltam.

❶ Parece – velhice – te ❷ tanto – noite – fico ❸ Recitar poemas – adultos ❹ Quanto – mais – ouvir ❺ vocês – nossa ❻ quiserem.

Olavo Bilac

Olavo Bilac war ein bedeutender Dichter und politischer Journalist. Seine Werke sind gezeichnet von starkem Patriotismus (so schrieb er **O Hino à Bandeira do Brasil** "Hymne auf die Nationalflagge") und seiner Verehrung für die brasilianisch-portugiesische Sprache. Zudem übersetzte er diverse ausländische Literatur, z. B. übertrug er Wilhelm Buschs "Max und Moritz" ins Brasilianische; sie heißen dort **Juca e Chico**. Olavo Bilac ist außerdem Mitbegründer der **Academia Brasileira de Letras**, also der "Brasilianischen Akademie für Geisteswissenschaften".

Segunda onda: ative hoje a 44ª aula!

94. Lektion

Turnunterricht

1 – Alle bereit?

2 Dann lasst uns mit dem Aufwärmen beginnen (beginnen unser♂ Erwärmung♂)!

3 Dieser Teil der Stunde ist sehr wichtig,

4 um Muskelverletzungen (Traumatismen♂♂ muskulär), Zerrungen, usw. zu vermeiden.

② Es gibt auch **a dor muscular** "der Muskelkater": **Após a academia de ginástica sempre estou com dores musculares.** "Nach dem Fitness-Studio habe ich immer Muskelkater."

5 Vamos lá!

6 Dobrem bem os joelhos e estiquem bem os braços.

7 Agora vamos começar a trabalhar os glúteos. ③

8 Quem quiser pode colocar peso nos tornozelos.

9 E um e dois e três!

10 Levantem a perna contraindo bem os músculos! ④

11 Respirem direito!

12 Não esqueçam de inspirar pelo nariz e expirar pela boca!

13 Soltem o ar dos pulmões quando estiverem fazendo força. ⑤

14 Isso aí!

15 Agora deitem de costas; ⑥

ANMERKUNGEN

③ Als **glúteos** bezeichnet man die Muskelgruppe, die das "Gesäß" bildet. Nicht zu verwechseln mit dem ähnlich klingenden **o glutão** "der Vielfraß".

5 Los geht's!

6 Beugt (biegt gut) die Knie und streckt die Arme.

7 Jetzt lasst uns anfangen, an den Gesäßmuskeln zu arbeiten.

8 Wer möchte, kann [sich] Gewichte an die Knöchel legen.

9 Und eins und zwei und drei!

10 Hebt das Bein [und] spannt dabei (zusammenziehend) ordentlich (gut) die Muskeln an!

11 Atmet richtig!

12 Vergesst nicht, durch die Nase einzuatmen und durch den Mund auszuatmen!

13 Lasst (freilassen) die Luft aus den Lungen [heraus], wenn ihr euch anstrengt (machend Kraft♀).

14 Genau so!

15 Jetzt legt euch auf den Rücken;

④ Bei **contrair** werden **a** und **i** getrennt gesprochen. **Contrair** wird wie **cair** "fallen, stürzen", **sair** "ausgehen" konjugiert, d. h. in der 3. Pers. Pl. wird das **i** zu **e**: **Neste exercício eles contraem os músculos.** "In dieser Übung ziehen sie die Muskeln zusammen."

⑤ **Soltar** "losmachen, lockern, freilassen" hat das Partizip **solto** "lose, locker; frei gelassen, offen": **Depois de três anos de prisão, el foi solto.** "Nach drei Jahren Gefängnis ist er frei gelassen worden."; **Você fica muito bonita com os cabelos soltos.** "Du siehst sehr hübsch aus mit den offenen Haaren."

⑥ Im Brasilianischen steht "der Rücken" immer in der Mehrzahl: **as costas**. **O coitado está com muita dor nas costas.** "Der Arme hat starke Rückenschmerzen."

16 v**a**mos trabalh**a**r os abdomin**a**is. ⑦

17 Col**o**quem as m**ã**os atr**á**s do pesc**o**ço, jo**e**lhos dobr**a**dos, ⑧

18 e lev**a**ntem o tr**o**nco.

19 B**o**a!

20 Ag**o**ra rel**a**xem; v**a**mos faz**e**r o alongam**e**nto. ⑨

21 Contin**ue**m deit**a**dos ⑩

22 e abr**a**cem o jo**e**lho c**o**ntra o p**e**ito.

23 Ag**o**ra, devagar**i**nho, p**e**guem no calcanh**a**r

24 e t**e**ntem estic**a**r as p**e**rnas.

25 V**a**mos dar **u**ma relax**a**da no c**o**rpo.

26 F**e**chem os **o**lhos e esc**u**tem a m**ú**sica.

ANMERKUNGEN

⑦ **abdômen** "Bauch, Unterleib" bildet das Adjektiv **abdominal**, das als Nomen im Plural auch die "Bauchmuskeln" bezeichnet. Außerdem sagt man: **fazer abdominais** "Sit-ups machen".

⑧ Man unterscheidet (ähnlich wie bei **orelha** und **ouvido**) **o pescoço** "der (äußere) Hals, das Genick" und **a garganta** "der (innere) Hals, die Kehle".

Exercício 1: Você entende estas frases?

❶ Eu acordei com o corpo pesado, deve ter sido a ginástica de ontem. ❷ Tente pegar teus calcanhares sem dobrar os joelhos. ❸ Antes de correr eu sempre faço alongamento. ❹ Me disseram que é muito importante. ❺ É só fechar os olhos. ❻ Eu sempre inspiro quando não é hora. ❼ E expiro quando não se deve.

16 lasst uns (arbeiten) die Bauchmuskeln trainieren.

17 Legt die Hände in den Nacken (hinter von-der Hals), die Knie gebeugt,

18 und hebt den Rumpf.

19 Gut!

20 Jetzt entspannt euch; lasst uns Dehnübungen machen (Verlängerung♂).

21 Bleibt [dabei] weiterhin liegen,

22 und umschließt (umarmt) das Knie vor der Brust.

23 Jetzt, ganz langsam, fasst (nehmt) die Ferse[n],

24 und versucht, die Beine zu strecken (spannen).

25 Lasst uns [nun] den [ganzen] Körper entspannen.

26 Schließt die Augen und hört der Musik zu.

⑨ **alongar** "verlängern, ausstrecken" – **longo** "lang, weit": **A gente tem que alongar essa mangueira, se não, não dá pra regar o quintal inteiro.** "Wir müssen diesen Schlauch (da) verlängern, sonst kann man nicht den ganzen Garten wässern."

⑩ **Continuar** "fortsetzen, fortfahren" + Partizip oder Gerundium: "weiterhin, immer noch": **Você continua morando em São Paulo?** "Wohnst du immer noch in São Paulo?" Ähnlich werden **ficar** und **seguir** verwendet: **Ele ficou lendo no quarto dele.** "Er hat immer noch in seinem Zimmer gelesen."; **Ele segue cursando teatro.** "Sie studiert weiterhin Theater[wissenschaft]."

Solução do primeiro exercício: Você entendeu?

❶ Ich bin mit verspanntem Körper (schwer♂) aufgewacht, es muss [wohl] das Turnen von gestern gewesen sein. ❷ Versuch, deine Fersen zu fassen, ohne die Knie zu beugen. ❸ Bevor ich laufe, mache ich immer Dehnübungen. ❹ Man hat mir gesagt, dass [das] sehr wichtig ist. ❺ Man muss nur die Augen schließen. ❻ Ich atme immer [dann] ein, wenn es nicht der [richtige] Moment ist (nicht ist Stunde). ❼ Und [ich] atme aus, wenn man [es] nicht soll.

Exercício 2: Complete as palavras que faltam!

❶ Legen Sie sich auf den Rücken, und umschließen Sie die Knie vor der Brust; [das] hilft zu entspannen.

Deite de ...... e ...... os ...... contra o peito; ajuda a relaxar.

❷ Ich bin fast drei Monate nicht in der Lage gewesen zu laufen (ohne können gehen).

Eu .... três meses ...... poder andar.

❸ Lauft ein bisschen schneller.

...... um pouco mais ....

❹ Das ist Else, eine Freundin. Ich habe sie im Turnunterricht kennengelernt.

Esta é a Elza, uma amiga. Eu ... conheci .... de ginástica.

❺ Nehmt diese Koffer, und versucht, sie bis zum oberen Zimmer zu bringen.

...... estas malas e tentem ...... – ...... até o quarto de ....

95 Nonagésima quinta aula

Entrevista de trabalho

1 – Bom d**i**a, a senh**o**ra é a Cam**i**la Vi**e**ira?

2 – Sim s**ou** **e**u m**e**sma.

3 – A senh**o**ra é respons**á**vel p**e**lo set**o**r de rec**u**rsos hum**a**nos? ①

Solução do segundo exercício: As palavras que faltam.

❶ costas – abrace – joelhos ❷ fiquei quase – sem ❸ Corram – rápido ❹ a – na aula ❺ Peguem – levá-las – cima.

Capoeira

Typisch brasilianisch ist **Capoeira**, eine Kampfkunst bzw. ein Kampftanz, dessen Ursprung auf vergleichbare afrikanische Traditionen zurückgeführt wird. Capoeira wurde in der Kolonialzeit von aus Afrika eingeschifften Sklaven praktiziert und weiterentwickelt, nicht selten, um sich gegen die Unterdrückung durch die Großgrundbesitzer zu wehren. Heutzutage unterscheidet man zwischen dem "alten" **Capoeira Angola** und dem "modernen" akrobatischeren **Capoeira Regional**, in das sich auch Einflüsse anderer Kampfkünste, z. B. Ringen, Jiu Jitsu und Kung-Fu, mischen.

Segunda onda: ative hoje a 45ª aula!

95. Lektion

Vorstellungsgespräch (Interview♀ von Arbeit♂)

1 – Guten Tag, sind Sie Camila Vieira?

2 – Ja, genau die bin ich.

3 – Sie sind verantwortlich für das Personalwesen (Sektor♂♂ von Ressourcen♂♂ menschlich♂♂)?

ANMERKUNGEN

① **Os recursos humanos** heißt im übertragenen Sinne auch "die Personalabteilung". Die "Abteilung" in einer Firma ist **o departamento** oder **a seção**: **Ele trabalha no departamento de atendimento ao cliente.** "Er arbeitet in der Kundendienstabteilung."

4 – Sou...

5 – Eu sou Manuela Periscinhono.

6 Sou representante comercial e enviei meu currículo pra senhora, lembra? ②

7 – Claro que eu me lembro;

8 nos falamos por telefone na semana passada,

9 e você me disse que tinha experiência com comércio exterior. ③ ④

10 – E tenho mesmo, eu trabalhei cinco anos numa *trade*. ⑤

11 – E o que você fazia exatamente?

12 – Um pouco de tudo, mas o meu departamento cuidava dos contratos.

13 – Você redigia contratos? ⑥

14 – Sim, e em várias línguas: inglês, italiano e espanhol.

ANMERKUNGEN

② Das Adjektiv zu **comércio** ist **comercial** "kaufmännisch, kommerziell". Davon abgeleitet ist auch **a / o comerciante** "Händler(in), Kaufmann, Kauffrau".

4 – Das bin ich ...

5 – Ich bin Manuela Periscinhono.

6 Ich bin Handelsvertreter[in] und habe Ihnen meinen Lebenslauf geschickt, erinnern Sie sich?

7 – Natürlich erinnere ich mich;

8 wir haben letzte Woche miteinander telefoniert,

9 und Sie sagten mir, dass Sie (hatten) Erfahrung im Außenhandel haben.

10 – Und das habe ich tatsächlich, ich habe fünf Jahre in einer Import-Export- Firma gearbeitet.

11 – Und was genau machten Sie?

12 – Ein bisschen von allem, aber meine Abteilung kümmerte sich um die Verträge.

13 – Setzten Sie Verträge auf?

14 – Ja, und [zwar] in mehreren Sprachen: Englisch, Italienisch und Spanisch.

③ Die sog. "Kongruenz", also die Zeitenfolge bei Haupt- und Nebensätzen, ist ein wichtiges Thema. Sehen Sie sich dazu noch einmal die Lektion 63 an.

④ **exterior** "äußerer, Außen-" ist auch ein Substantiv im Sinne von "Ausland": **Ele quer estudar no exterior.** "Er möchte im Ausland studieren." (Gegenteil **o interior** "das Inland, das Landesinnere").

⑤ *trade* ist die Kurzform des englischen *trading company* und wird in der Geschäftssprache häufig anstelle von **sociedade mercantil** "Handelsunternehmen" verwendet.

⑥ Bei **redigir** "aufsetzen, ausarbeiten, redigieren" gibt es (wie bei **corrigir** "korrigieren", **dirigir** "leiten, lenken", **fingir** "vortäuschen") in der 1. Pers. Sg. Indikativ (+ allen Formen des Konjunktiv Präsens u. den meisten des Imperativs) den Wechsel von **g** zu **j**: **Eu redijo este texto.** "Ich redigiere diesen Text."

15 – Você se sente capaz de fazer prospecção de novos clientes? ⑦ ⑧

16 – Para compra ou para venda?

17 – Para ambos: para vender produtos,

18 e para comprarem os produtos dos nossos clientes.

19 – Acho que sim, mas como é que vocês trabalham?

20 – Nós prestamos assessoria às empresas de países que fazem parte do Mercosul ⑨ ⑩

21 e que queiram: ou se instalar no Brasil ⑪

22 ou simplesmente vender seus produtos no território brasileiro.

23 Você seria responsável de descobrir clientes potenciais, ⑫

24 propor-lhes nossos serviços, nossos preços e negociar,

25 administrar todas as suas transações comerciais, financeiras e jurídicas... ⑬

26 – E como é que vocês pagam?

ANMERKUNGEN

⑦ **capaz** "in der Lage, fähig, geeignet" ist unveränderlich: **Eu me sinto capaz de tudo para conseguir o dinheiro.** "Ich bin zu allem fähig, um das Geld zu bekommen."

⑧ **prospecção** "Analyse, Forschung", davon ist abgeleitet **prospecção / pesquisa de mercado** "Marktanalyse, Marktforschung". Das Verb dazu lautet **fazer uma prospecção de** "etw. beurteilen, etw. einschätzen, eine Analyse von etw. machen".

⑨ **a assessoria** "die Beratung" kann auch eine besondere Abteilung eines Ministeriums oder einer Institution sein: **Ele assumiu a chefia da assessoria de imprensa do Ministério do Comércio.** "Er hat die Leitung der Presseabteilung des Handelsministeriums übernommen."

15 – Glauben Sie, Sie sind in der Lage (sich fühlt fähig), eine Analyse [zur Gewinnung] von Neukunden zu machen?

16 – Für den Einkauf oder für den Verkauf?

17 – Für beides: um Produkte zu verkaufen,

18 und um die Produkte unserer Kunden zu kaufen.

19 – Ich denke ja, aber wie arbeiten Sie?

20 – Wir beraten Firmen aus Ländern (dass machen Teil♀) des Mercosul

21 (und) die sich entweder in Brasilien ansiedeln (installieren) möchten

22 oder einfach ihre Produkte auf dem brasilianischen Markt (Territorium♂) verkaufen möchten.

23 Sie wären [dafür] verantwortlich, (entdecken) potenzielle Kunden zu finden,

24 ihnen unsere Dienstleistungen [und] unsere Preise anzubieten und zu verhandeln,

25 ihre gesamten Handels-, Finanz- und Rechtsgeschäfte zu verwalten ...

26 – Und wie zahlen Sie?

⑩ **O Mercosul**: Kurzform von **Mercado Comum do Sul**, einer der Europäischen Union ähnelnden Wirtschaftsgemeinschaft verschiedener Länder Südamerikas.

⑪ **queira**, **queiras**, **queira**, **queiramos**, **queirais**, **queiram** sind die leicht unregelmäßigen Formen des Konjunktiv Präsens von **querer**. Man findet sie häufig in festen Wendungen: **Deus queira!** "Hoffentlich!, So Gott will!", **Como queira!** "Wie Sie wollen!"

⑫ Das Nomen zu **descobrir** ist **descobrimento** "Entdeckung": **O Brasil foi descoberto pelos portugueses.** "Brasilien wurde von den Portugiesen entdeckt."

⑬ Von **administrar** "verwalten" werden zahlreiche Wörter abgeleitet, z. B. **administração** "Verwaltung" (**administração de empresas** "Betriebswirtschaft") und **administrador** "Verwalter".

27 – Você vai ser registrada na carteira de trabalho recebendo 5 salários mínimos,

28 mas também recebe comissão de 5% das vendas dos seus clientes.

29 – E não tem ajuda de custo? ⑭

30 – Infelizmente não.

31 Gasolina e almoços de negócios são por sua conta.

32 – Tá certo... ⑮

Exercício 1: Você entende estas frases?

❶ Nós fomos chamados para fazer uma prospecção de mercado e não para redigir contratos de compra e venda. ❷ O meu salário não é muito alto. ❸ Mas as comissões que eu recebo são bem interessantes. ❹ Os representantes comerciais desta empresa são muito bons. ❺ Eles fazem negócio até de baixo de chuva. ❻ Dona Neusa, por favor, veja estes contratos comerciais. ❼ A tradução para o espanhol não parece certa. ❽ Quem quiser pode enviar seu currículo para o diretor de recursos humanos. ❾ Nossa empresa está à procura de um representante.

Exercício 2: Complete as palavras que faltam!

❶ Im Moment laufen (gehen) die brasilianischen Handelsgeschäfte sehr gut.

..... momento as .... brasileiras vão muito bem.

27 – Sie werden angestellt (sein registriert♀ in-die Schein von Arbeit♂) und bekommen fünf Mindestgehälter,

28 aber [Sie] erhalten auch [eine] Provision von 5 % auf die Verkäufe Ihrer Kunden.

29 – Und gibt es keine Spesenabrechnung (Hilfe♀ von Kosten♂)?

30 – Leider nein.

31 Benzin und Geschäftsessen gehen (Mittagessen♂♂ von Geschäfte♂♂ sind) auf Ihre Rechnung.

32 – Aha ...

ANMERKUNGEN

⑭ **O custo** "der Aufwand, die Kosten" kommt von **custar** "kosten": **Quanto custa isso?** "Was kostet das?"

⑮ **Tá certo** hat viele Bedeutungen, darunter "Aha!, Einverstanden!, Ich verstehe!", aber auch "Das stimmt!"

Solução do primeiro exercício: Você entendeu?

① Wir wurden gerufen, um eine Marktanalyse zu machen und nicht, um Einkaufs- und Verkaufsverträge aufzusetzen. ② Mein Gehalt ist nicht sehr hoch. ③ Aber die Provisionen, die ich erhalte, sind ziemlich interessant. ④ Die Handelsvertreter dieser Firma sind sehr gut. ⑤ Sie denken wirklich nur ans Geschäft. (sie machen Geschäft♂ bis von unter von Regen♀.) ⑥ Neusa, bitte schauen Sie sich diese Handelsverträge an. ⑦ Die Übersetzung ins Spanische scheint nicht richtig [zu sein]. ⑧ Wer möchte, kann dem Direktor der Personalabteilung seinen Lebenslauf schicken. ⑨ Unsere Firma ist auf der Suche (ist zu-die Suche) nach einem Vertreter.

Solução do segundo exercício: As palavras que faltam.

❶ Neste – transações comerciais

❷ Bevor du in ein Geschäft dieser Art einsteigst, musst du eine sehr gute Marktanalyse gemacht haben.

Antes de ___ num ___ deste tipo, você tem que ter feito uma ___ de mercado muito boa.

❸ Wenn deine Firma [erstmal] Teil unserer Vereinigung ist, kannst du vielleicht deine Produkte billiger verkaufen.

Se a tua empresa ___ parte da nossa associação, você pode ___ vender teus produtos mais ___.

❹ Die Personen, die im Ausland studieren möchten, müssen die Sprache des Landes, in dem sie sich ansiedeln möchten, sprechen.

As pessoas que ___ estudar no exterior devem falar a ___ do país ___ queiram se instalar.

❺ Alle Angestellten einer Firma müssen registriert sein.

Todos os ___ de uma ___ devem ser ___.

96 Nonagésima sexta aula

Correspondência formal

1 Paris, 18 de março de dois mil e doze (2012)

2 Ilustríssimo Senhor Marcos de Almeida ①

3 Prezado Senhor, ②

ANMERKUNGEN

① In formellen Schreiben verwendet man oft noch veraltete Höflichkeitsfloskeln wie **Ilustríssimo/a** (**Il.**$^{mo/a}$), **Excelentíssimo/a** (**Ex.**$^{mo/a}$) oder **Vossa Senhoria** (**V. S.**^{a}), alle in etwa "Hoch verehrte/r...", außerdem Titel wie **Doutor / a** (**Dr. / Dr.**^{a}) "Dr.", **Engenheiro / a** (**Eng. / Eng.**^{a}) "Dipl.Ing." oder **Professor / a** (**Prof. / Prof.**^{a}) "Prof."

Solução do segundo exercício: As palavras que faltam.

❷ entrar – negócio – prospecção ❸ fizer – talvez – baratos ❹ queiram – língua – aonde ❺ empregados – empresa – registrados.

Mercosul

Mercosul ist die Kurzform für **Mercado Comum do Sul**, dem Gemeinsamen Markt Südamerikas. Es handelt sich dabei um eine Gemeinschaft, die am 26. März 1991 in Asunción gegründet wurde; die Gründungsstaaten waren Argentinien, Brasilien, Paraguay und Uruguay. Ziel war die Vereinfachung des Binnenmarkthandels zwischen den Mitgliedsstaaten. 2006 trat auch Venezuela dem Mercosul bei. Assoziierte Mitglieder sind außerdem Bolivien, Chile, Ecuador, Kolumbien und Peru.

Die folgende Lektion enthält sehr formelles, geradezu altmodisches Vokabular, das im höflichen Schriftwechsel noch üblich ist. Sie müssen sich die diversen Floskeln nicht zwangsläufig einprägen, vielmehr geht es darum, auch diese Sprachform zumindest passiv zu verstehen.

Segunda onda: ative hoje a 46ª aula!

96. Lektion

Formeller Briefwechsel

1 Paris, den 18. März 2012

2 Dem hoch verehrten Herrn Marcos de Almeida

3 Sehr geehrter Herr,

② **Prezada/o** ist förmlicher als **cara/o** "liebe/r (teure/r)". Unter Freunden und Verwandten hört und liest man eher **querida/o** "liebe/r", **meu querido** "mein lieber", **minha querida** "meine liebe".

4 Quer**e**mos, n**e**sta oportunid**a**de, agradec**e**r a participaç**ão** de V**o**ssa Senhor**i**a ③

5 na XIIª Jorn**a**da de Est**u**dos s**o**bre a Colonização da Am**é**rica Lat**i**na,

6 organiz**a**da p**e**la n**o**ssa associaç**ão**. ④

7 T**e**mos cert**e**za de que as informaç**õe**s transmit**i**das f**o**ram de gr**a**nde prov**ei**to **a**os particip**a**ntes,

8 serv**i**ndo-lhes de subs**í**dio p**a**ra proj**e**tos fut**u**ros. ⑤ ⑥

9 Imensam**e**nte gr**a**tos, ⑦

10 coloc**a**mo-nos à disposiç**ão** p**a**ra vos envi**a**r os relat**ó**rios d**e**sta **ú**ltima Jorn**a**da.

11 Subscrev**e**mo-nos com t**o**da est**i**ma e consideraç**ão**. ⑧

12 Atenci**o**samente. ⑨

13 Profess**o**r Cal**i**l Per**ei**ra

ANMERKUNGEN

③ Das seltene **vossa** "euer" (**vos** "ihr") ist hier der "Pluralis Majestatis", die überhöfliche Anrede einer Person im Plural. Dies klingt auch im Brasilianischen leicht übertrieben, wird jedoch immer noch bei formellen Anliegen verwendet, ebenso wie **Senhoria**, in etwa "Herrschaft".

4 wir möchten Ihnen bei dieser Gelegenheit danken für Ihre Teilnahme

5 am 12. Studientag zur Kolonialisierung Lateinamerikas,

6 [der] von unserem Verband organisiert wurde.

7 Wir sind sicher, dass die vorgetragenen Informationen (Informationen♀♀ übermittelt♀♀) für die Teilnehmer von großem Nutzen waren

8 [und] ihnen für zukünftige Projekte als Unterstützung dienen.

9 Überaus (unermesslich) dankbar

10 stehen wir zur Verfügung, um Ihnen die Berichte dieser letzten Tagung zuzusenden.

11 Damit zeichnen wir (unterzeichnen-uns) mit unserer vollen Wertschätzung♀ und Ehrerbietung♀.

12 Hochachtungsvoll,

13 Professor Calil Pereira

④ **associação** heißt "Vereinigung, Verband, Verein; Klub". Entsprechend heißt "Mitglied" **associado**: **A associação esportiva da nossa cidade tem muitos associados.** "Der Sportverein unserer Stadt hat viele Mitglieder."

⑤ **lhe**(**s**): Personalpronomen der 3. Pers. im Dativ. Es kann anstelle von **a ele**(**s**) / **ela**(**s**), **a você**(**s**), **ao**(**s**) **senhor**(**es**) oder **às senhora**(**s**) stehen: **Eu já lhe disse tudo que sabia.** "Ich habe dir/ihm/ihr/Ihnen schon alles gesagt, was ich wusste."

⑥ **subsídio** "finanzielle Beihilfe" und "Unterstützung" im Allgemeinen. Es ist somit ein Synonym zu **o apoio** oder **o patrocínio**.

⑦ Neben **grato** "dankbar" benutzt man auch **agradecido** oder einfach **obrigado**. Oft werden diese durch **sincero** "ehrlich, aufrichtig" bzw. das davon abgeleitete Adverb **sinceramente** verstärkt: **Sou-lhe sinceramente grato por tudo.** "Ich bin Ihnen für alles aufrichtig dankbar."

⑧ **consideração**, auch "Achtung, Rücksicht", ist wichtig im täglichen **convívio** "Zusammenleben, Umgang". Entsprechend missbilligt man **a falta de consideração** "die Rücksichtslosigkeit". Wichtige Wendung: **levar em consideração** "in Betracht ziehen".

⑨ Neben dem formellen **Atenciosamente** kann man Briefe auch mit **Cordialmente** "Herzlich(st)" beenden. Unter Freunden und Verwandten schließt man einen Brief meist mit **Um abraço** "Eine Umarmung" oder **Abração** "Feste Umarmung".

Exercício 1: Você entende estas frases?

❶ Prezada Senhora, espero que tenha recebido todas as informações. ❷ Colocamo-nos à disposição para enviar o que quiserem. ❸ Subscrevemo-nos com todo respeito, estima e consideração. ❹ Ilustríssimo senhor, queira desculpar-nos. ❺ Esperamos que a nossa participação tenha sido de bom proveito.

Exercício 2: Complete as palavras que faltam!

❶ Die Teilnahme aller Schüler an den Silvesterfeierlichkeiten ist sehr wichtig.
A ………… de todos os alunos na festa de ……… de ano é ………….

❷ Der Respekt und die Wertschätzung, die ich für Sie empfinde (habe), sind ehrlich.
O ………… e a ………… que eu ………… pelo senhor são sinceros.

❸ Wenn du alles, was ich sage, in Betracht ziehst, wirst du letztendlich traurig werden.
Se você ………… em ………… tudo o que eu falar, vai ………… ficando triste.

97 Nonagésima sétima aula

Medicina popular

1 – **E**u tr**o**uxe **u**mas acer**o**las da f**e**ira. ①

2 V**o**u faz**e**r um s**u**co.

3 Par**e**ce que **e**sta fr**u**ta é riqu**í**ssima em vitam**i**na C.

Solução do primeiro exercício: Você entendeu?

① Sehr geehrte Dame, ich hoffe, dass Sie alle Informationen erhalten haben. ② Wir stehen zur Verfügung, um [Ihnen] das, was Sie möchten, zuzusenden. ③ Damit zeichnen wir (unterzeichnen-uns) mit unserem ganzen Respekt♂, [unserer] Wertschätzung♀ und Achtung♀. ④ Hoch verehrter Herr, mögen Sie uns entschuldigen. ⑤ Wir hoffen, dass unsere Teilnahme von gutem Nutzen gewesen ist.

❹ Du kannst nicht alles und alle ausnutzen; eines Tages werden die Personen vor dir fliehen.
Você não pode ___ de tudo e de todos; ___ ___ as pessoas vão fugir de você.

❺ Was könnten Sie uns über die zukünftigen Projekte unserer Abteilung sagen?
O que é que o senhor ___ nos falar sobre os projetos ___ do nosso ___?

Solução do segundo exercício: As palavras que faltam.

❶ participação – fim – importantíssima ❷ respeito – estima – tenho ❸ levar – consideração – acabar ❹ aproveitar – um dia ❺ poderia – futuros – departamento.

Segunda onda: ative hoje a 47ª aula!

97. Lektion

Volksmedizin

1 – Ich habe ein paar Acerolas vom Markt mitgebracht.

2 Ich werde einen Saft machen.

3 Es scheint, dass diese Frucht sehr reich an Vitamin C ist.

ANMERKUNGEN

① Die **acerola** "Acerolakirsche" ist eine in weiten Teilen Südamerikas vorkommende Kirsche.

4 – Eu ouvi falar que a goiaba também é rica em vitamina C. ②

5 – Mas engorda. ③

6 – Não se você não comer quatro de uma vez.

7 – Até parece que eu como tanto assim! ④

8 – Foi você mesma quem disse que tinha engordado e que deveria começar um regime. ⑤

9 – Regime, não. Vou fazer reeducação alimentar.

10 – E o que é isso?

11 – Aprender a comer direito.

12 – E parar de se intoxicar com cápsulas, pós e chás? ⑥

13 – Como você é exagerado! ⑦

14 As cápsulas eram minhas vitaminas.

15 Não tomo mais,

ANMERKUNGEN

② Ein sehr geläufiger idiomatischer Ausdruck ist **Eu ouvi falar** "Ich habe gehört": **Você já ouviu falar do assunto do portão da escola?** "Hast du schon von der Sache mit dem Schultor gehört?"

4 – Ich habe gehört (ich hörte sprechen), dass die Guave auch reich an Vitamin C ist.

5 – Aber [sie] macht dick.

6 – Nicht, wenn du nicht [gleich] vier auf einmal isst (von ein♀ Mal♀).

7 – Als ob ich so viel essen würde! (bis scheint dass ich esse so-viel so!)

8 – Du bist es [doch] selbst gewesen, die gesagt hat, dass sie dick geworden sei und eine Diät beginnen müsste.

9 – Keine Diät. Ich werde eine Ernährungsberatung machen (Wieder-Erziehung♀ ernährungs-).

10 – Und was ist das?

11 – Lernen, richtig zu essen.

12 – Und aufzuhören, sich mit Tabletten (Kapseln♀♀), Pulvern und Tees zu vergiften?

13 – Wie du übertreibst!

14 Die Tabletten waren meine Vitamine.

15 Ich nehme [sie] nicht mehr,

③ **engordar** "dick machen, dick werden" (von **gordo** "dick"): **Ai meu Deus, nestes últimos meses eu engordei tanto!** "Oh mein Gott, in den (diesen) letzten Monaten bin ich so dick geworden!"

④ Verwechseln Sie nicht **parece que...** "es scheint, dass ..." und **até parece que...** "als ob ..."!

⑤ Neben **engordar** oder **ficar gordo** "dick werden" kann man auch sagen **estar com sobrepeso** "Übergewicht haben". Anstelle von **o regime** hört man auch häufig **a dieta** "die Diät". **Regime** meint außerdem das "Regime" im politischen Sinne.

⑥ Man hört gleichermaßen **o comprimido** "die Tablette" und **a cápsula** "die Kapsel, die (große) Tablette". Sie kennen schon **o remédio** "das Medikament": **O senhor pode me receitar um remédio?** "Können Sie mir ein Medikament verschreiben?"

⑦ Beachten Sie die jeweils unterschiedliche Aussprache des **x** in **exagerado** [*isaʃäradu*] "übertrieben", **intoxicar** [*intokßikar*] "vergiften" und **relaxar** [*h$_r$älaschar*] "entspannen, ausruhen".

16 as vitam**i**nas dos alim**e**ntos s**ão** melh**o**res.

17 O pó de guaran**á** é pra me energiz**a**r.

18 – Energiz**a**nte m**e**smo é b**o**a d**u**cha fr**i**a!

19 – E os chás, n**ão** p**o**sso fic**a**r sem **e**les: ⑧

20 Maracuj**i**na e **e**rva-cidr**e**ira pra relax**a**r, b**o**ldo p**a**ra o fígado… ⑨ ⑩

21 – Bom m**e**smo é um bom m**a**te.

22 – N**a**da d**i**sso.

23 Chá m**a**te **o**u chá pr**e**to atrap**a**lham a absorç**ão** de f**e**rro ⑪

24 e a g**e**nte p**o**de at**é** fic**a**r com anem**i**a.

25 – **O**nde é que voc**ê** **o**uve t**u**do **i**sso?

26 – **E**u l**e**io m**e**u f**i**lho! ⑫

27 – Ent**ão** prec**i**sa t**o**mar cuid**a**do com o que lê.

28 **E**sta hist**ó**ria de chá pr**e**to **o**u m**a**te é se voc**ê** t**o**ma dep**o**is das refeiç**õe**s.

29 E al**é**m do m**a**is, qu**a**ndo **eu** f**a**lo de m**a**te, f**a**lo é de um bom chimarr**ão**! ⑬ ⑭

30 E já falar**a**m que a **e**rva m**a**te tamb**é**m é m**u**ito b**o**a p**a**ra ajud**a**r a digest**ão**! ⑮

ANMERKUNGEN

⑧ Trotz der untypischen Endung ist **o chá** "der Tee" männlich.

⑨ **Maracujina, Boldo** und **Mate** sind in Brasilien und anderen Ländern Südamerikas häufig zu findende Teesorten.

⑩ Merken Sie sich neben **o fígado** "die Leber" auch **a bílis** "die Galle", **o estômago** "der Magen", **o intestino** "der Darm", **o pulmão** "die Lunge" und **o rim** "die Niere".

⑪ Nach **incomodar** und **perturbar** lernen Sie hier mit **atrapalhar** ein weiteres Verb für "stören; behindern, durcheinander bringen": **O acidente atrapalhou o trânsito.** "Der Unfall hat den Verkehr behindert."

⑫ **ler** zeigt mehrere Unregelmäßigkeiten; so wird das Stamm-e oft zu **i** oder **ei**: **Não leio muitos jornais porque não gosto dessas tristes notícias.** "Ich lese nicht viele Zeitungen, weil ich diese traurigen Nachrichten nicht mag."

16 die Vitamine der Nahrungsmittel sind besser.

17 Das Guaranapulver ist [dazu da], um mir Energie zu verleihen.

18 – Wirklich belebend (energetisierend) ist [eine] gute kalte Dusche!

19 – Und die Tees, ich kann nicht ohne sie sein:

20 Maracujina und Melissenkraut (Kraut♀- Melisse♀), um zu entspannen, Boldo für die Leber …

21 – Wirklich gut ist ein guter Matetee.

22 – Gar nicht wahr. (nichts von-dieses.)

23 Matetee oder schwarzer Tee behindern (stören) die Eisenaufnahme (Absorption♀ von Eisen♂),

24 und man kann sogar [eine] Blutarmut bekommen.

25 – Wo hörst du das alles?

26 – Ich lese, mein Sohn!

27 – Dann musst du aufpassen mit dem, was du liest.

28 Diese Geschichte mit schwarzem Tee oder Matetee stimmt (ist) [nur dann], wenn du [ihn] nach den Mahlzeiten trinkst.

29 Und außerdem, wenn ich von Mate spreche, [dann] meine ich (spreche ist von) einen guten *Chimarrão*!

30 Und man hat schon gesagt, dass das Matekraut auch sehr gut für die Verdauung ist (um helfen die Verdauung)!

⑬ Prägen Sie sich **além do mais** "außerdem" als feststehenden Ausdruck ein. Es kann synonym zu **além disso** verwendet werden.

⑭ **chimarrão** ist die traditionelle Art, nach der die **gaúchos** genannten Südbrasilianer den Matetee zubereiten: In einer Kalebasse wird der ungezuckerte Tee mit heißem Wasser aufgegossen und durch einen Metalltrinkhalm getrunken.

⑮ Das Verb zu **a digestão** "die Verdauung" ist **fazer a digestão** "verdauen". **Este chá é bom pra te ajudar a fazer a digestão de tudo o que você comeu.** "Dieser Tee ist gut, um dir zu helfen, all das zu verdauen, was du gegessen hast."

Exercício 1: Você entende estas frases?

❶ Acho que vou fazer um cházinho pra fazer a digestão de tudo o que comemos. ❷ A gente ouve tanta coisa sobre alimentos que nem sabemos mais o que é verdade. ❸ Ela não fica sem erva-cidreira. ❹ Ela toma toda noite um chá antes de dormir. ❺ Estou fazendo reeducação alimentar. ❻ E meu médico me disse que acerola tem bastante vitamina C. ❼ Eu comi tanto que eu engordei e vou fazer um regime.

Exercício 2: Complete as palavras que faltam!

❶ Die Gauchos trinken viel Mate nach den Mahlzeiten.
Os gaúchos ______ muito mate ______ as ______.

❷ Anscheinend habe ich ein Problem mit der Verdauung, und ich muss viel Boldotee trinken.
Parece que eu estou com um ______ de ______ e tenho que tomar muito ______ de boldo.

❸ Es ist immer besser, eine Vitamin-C-reiche Frucht nach einer Mahlzeit zu essen; es scheint, dass [sie/das] der Eisenaufnahme hilft.
É sempre melhor comer uma fruta rica em vitamina C ______ de uma refeição; ______ que ajuda a ______ de ferro.

❹ Als wir jünger waren, aßen wir besser!
Quando ______ mais jovens comíamos ______!

❺ Dieser Herr ist sehr reich geworden; er hat begonnen, Eistee mit Energizer in den Fitness-Studios (Akademien♀♀ von Gymnastik♀) zu verkaufen.
Este senhor ficou riquíssimo; ele ______ vendendo chá gelado com energizante nas ______ de ______.

Solução do primeiro exercício: Você entendeu?

❶ Ich denke, ich werde [mal] ein Teechen machen, um all das zu verdauen, was wir gegessen haben. ❷ Wir hören so viele Sachen über Nahrungsmittel, dass wir gar nicht mehr wissen, was die Wahrheit ist. ❸ Sie kann nicht ohne Melissenkraut sein (sie nicht bleibt). ❹ Sie trinkt jede Nacht einen Tee vor dem Schlafen[gehen]. ❺ Ich mache gerade eine Ernährungsberatung. ❻ Und mein Arzt hat mir gesagt, dass [die] Acerola ziemlich viel Vitamin C hat. ❼ Ich habe so viel gegessen, dass ich dick geworden bin und eine Diät machen werde.

Solução do segundo exercício: As palavras que faltam.

❶ tomam – após – refeições ❷ problema – digestão – chá ❸ depois – parece – absorção ❹ éramos – melhor ❺ começou – academias – ginástica.

Matetee

Die Einwohner Südbrasiliens nennt man **gaúchos**; sie haben in vielen Bereichen ihre eigenen Bräuche und Traditionen. Typisch ist der Genuss von Matetee. Seine getrockneten kleingeschnittenen Blätter werden in einen ausgehöhlten Flaschenkürbis (**chimarrão**) gegeben und mit heißem Wasser aufgegossen. Man trinkt ihn in der Regel durch einen Trinkhalm aus Metall, der am unteren Ende ein Sieb hat. So gelangen die bitteren Teepartikel nicht in den Mund. Neben purem Matetee ist auch der kalte Mate (**tereré**) beliebt, den man eisgekühlt trinkt, zuweilen mit ein paar Spritzern Limonensaft.

Lerntipp: *Vielleicht haben Sie Lust, sich in einem Heft Wortfelder mit ähnlichen Wörtern zu notieren, z. B. eine Liste von Wörtern rund um das Thema "Essen", "Einkaufen" oder etwas anderes?*

Segunda onda: ative hoje a 48ª aula!

98 Nonagésima oitava aula

Revisão e anotações

Hier geht es um drei wichtige unregelmäßige Verben.

1. seguir

Bei **seguir** "folgen, fortfahren" wird in der 1. Person Sg. des Indikativ Präsens und in allen Formen des Konjunktiv Präsens sowie in drei Formen des Imperativs aus phonetischen Gründen das **e** des Stamms zu **i**.

seguir	Indikativ	Konjunktiv	Imperativ
eu	**sigo**	**si*ga***	
tu	seg*ues*	si*gas*	seg*ue*
ele / ela / você...	**seg*ue***	**si*ga***	**si*ga***
nós	**seg*uimos***	**si*gamos***	**si*gamos***
vós	seg*uis*	si*gais*	seg*ui*
eles / elas / vocês...	**seg*uem***	**si*gam***	**si*gam***
... **o senhor / a senhora / a gente** (Sg.) bzw. **os senhores / as senhoras** (Pl.)			

Gerundium: seguindo Part. Perf.: seguido

2. sair

Durch die aufeinander folgenden Vokale **a** und **i** bei **sair** "ausgehen" muss aus phonetischen Gründen das **i** in manchen Fällen einen Betonungsakzent tragen:

sair	Indikativ		
	Präsens	Imperfekt	Perfekt
eu	**saio**	**saí*a***	**saí**
tu	sai*s*	saí*as*	saí*ste*
ele / ela / você...	**sai**	**saí*a***	**sai*u***
nós	**saí*mos***	**saí*amos***	**saí*mos***
vós	saí*s*	saí*eis*	saí*stes*
eles / elas / vocês...	**sa*em***	**saí*am***	**sai*ram***
... **o senhor / a senhora / a gente** (Sg.) bzw. **os senhores / as senhoras** (Pl.)			

sair	Konjunktiv		
	Präsens	Imperfekt	Futur
eu	**sai*a***	**saísse**	**sai*r***
tu	sai*as*	saíss*es*	saí*res*
ele / ela / você...	**sai*a***	**saísse**	**sai*r***
nós	**sai*amos***	**saísse*mos***	**sair*mos***
vós	sai*as*	saísse*is*	sair*des*
eles / elas / vocês...	**sai*am***	**saísse*m***	**saír*em***
... **o senhor / a senhora / a gente** (Sg.) bzw. **os senhores / as senhoras** (Pl.)			

Gerundium: saindo
Partizip Perfekt: saído

3. ler

Bei **ler** "lesen" treten mehrere Unregelmäßigkeiten auf. So wird das Stamm-**e** mitunter zu **i** oder **ei**:

ler	Indikativ		
	Präsens	Imperfekt	Perfekt
eu	**leio**	**li*a***	**lí**
tu	lê*s*	li*as*	le*ste*
ele / ela / você...	**lê**	**li*a***	**le*u***
nós	**le*mos***	**lí*amos***	**le*mos***
vós	le*des*	lí*eis*	le*stes*
eles / elas / vocês...	**le*em***	**li*am***	**ler*am***
... **o senhor / a senhora / a gente** (Sg.) bzw. **os senhores / as senhoras** (Pl.)			

ler	Konjunktiv			
	Präsens	Imperfekt	Futur	Imperativ
eu	**lei*a***	**lesse**	**le*r***	
tu	lei*as*	less*es*	le*res*	lê
ele / ela / você...	**lai*a***	**lesse**	**le*r***	**lei*a***
nós	**lai*amos***	**lêsse*mos***	**ler*mos***	**lei*amos***
vós	lei*ais*	lêsse*is*	ler*des*	le*de*
eles / elas / vocês...	**lai*am***	**lesse*m***	**ler*em***	**lei*am***
... **o senhor / a senhora / a gente** (Sg.) bzw. **os senhores / as senhoras** (Pl.)				

Gerundium: lendo
Partizip Perfekt: lido

4. Wortschatz: Landessprachen

Wir fassen hier einige Landessprachen zusammen, von denen ein paar schon bekannt sind:

alemão "Deutsch"
árabe "Arabisch"
chinês "Chinesisch"
espanhol "Spanisch"
francês "Französisch"
japonês "Japanisch"
neerlandês "Niederländisch"
polonês "Polnisch"
russo "Russisch"
turco "Türkisch"

5. Exercício de compreensão e de expressão

Exercício 1: Você entende estas frases?

❶ Desde os velhos tempos o homem procurava medir o tempo. ❷ Hoje em dia ele é dependente do tempo... ❸ Joana já é hora de acordar. ❹ Vamos embora! Está na hora de ir pra escola. ❺ Mas que horas são? ❻ São sete horas. Temos que ir... ❼ Não vou chegar na hora! ❽ E a professora vai me falar: "Isto são horas mocinha?" ❾ E você vai falar que seu pai não te acordou na hora certa... ❿ E que ficamos no engarrafamento horas e horas... ⓫ E por falar em horas, a que horas você vem me buscar? ⓬ Na hora do almoço. ⓭ Se eu não estiver no portão da escola, você vai me procurar na lanchonete.

99 Nonagésima nona aula

O que faz o povo brasileiro?

1 – O povo brasileiro não é convencido, ① ②

ANMERKUNGEN

① Aus **povo** "Volk" ergibt sich das meist abwertend gemeinte **o povão** "der Pöbel", das in bestimmten Situationen wiederum auch bewundernd gemeint sein kann. Immerhin bezeichnet man all das als **povão**, was typisch brasilianisch ist.

Solução do primeiro exercício: Você entendeu?

① Seit alten Zeiten [ver]sucht(e) der Mensch, die Zeit zu messen. ② Heutzutage ist er von der Zeit abhängig ... ③ Johanna, es ist schon Zeit aufzuwachen. ④ Lass uns losgehen! Es ist Zeit, in die Schule zu gehen. ⑤ Aber wie spät ist es? ⑥ Es ist sieben Uhr. Wir müssen gehen ... ⑦ Ich werde nicht pünktlich (in-die Stunde) ankommen! ⑧ Und die Lehrerin wird mir sagen: "Ist das Pünktlichkeit (dieses sind Stunden♀♀), Mädchen?" ⑨ Und du wirst sagen, dass dein Vater dich nicht zur richtigen Zeit geweckt hat ... ⑩ Und dass wir Stunden um Stunden im Stau gestanden haben. ⑪ Und wo wir gerade über Zeit sprechen: Um wie viel Uhr kommst du mich abholen? ⑫ Zur Mittagessenszeit. ⑬ Wenn ich nicht am Schultor bin, dann wirst du mich in der Lanchonete finden (suchen).

Segunda onda: ative hoje a 49ª aula!

99. Lektion

Was macht das brasilianische Volk?

1 – Das brasilianische Volk ist nicht eingebildet (überzeugt♂),

② **convencido** (**convencer** "überzeugen") wird häufig im Sinne von "von sich selbst überzeugt = eingebildet" verwendet. Ein Synonym ist **vaidoso** "eitel".

2 ao contrário, é bastante humilde. ③

3 Porém, brasileiro que é brasileiro é patriota... ④

4 ama seu país pela beleza e riqueza natural.

5 Poder-se-ia dizer muito a respeito desta riqueza humana... ⑤

6 Povo alegre!

7 Impressionante como enfrenta a seca, a fome, ⑥

8 e os grandes problemas sociais com tanta alegria!

9 Tudo acaba em pizza, acaba em festa, ⑦

10 e nada como uma boa cerveja e um churrasquinho no quintal

11 para esquecer as desaventuras. ⑧

12 Inexplicável como os brasileiros driblam situações árduas e momentos difíceis, ⑨

13 sempre com um sorriso no rosto.

ANMERKUNGEN

③ **ao contrário** kann auch "andersherum, umgekehrt" heißen: **Acho que você tem que colocar esse armário ao contrário.** "Ich glaube, dass du diesen Schrank andersherum aufstellen musst".

2 im Gegenteil, [es] ist ziemlich bescheiden (demütig).

3 Jedoch ist [ein] Brasilianer, der Brasilianer ist, ein Patriot ...

4 [er] liebt sein Land für [dessen] Schönheit und Reichtum an Natur.

5 Man könnte [auch] viel über den (diesen) menschlichen Reichtum sagen ...

6 Fröhliches Volk!

7 Beeindruckend, wie es der Dürre, dem Hunger begegnet

8 und den großen sozialen Problemen, mit so viel Freude!

9 Ende gut, alles gut (alles endet in Pizza♀), [alles] endet in einer Party,

10 und nichts geht über (ist wie) ein gutes Bier und ein kleines Grillfest im Garten,

11 um Unglück (die Missgeschicke♀♀) zu vergessen.

12 Unglaublich (unerklärlich), wie die Brasilianer (dribbeln) mit harten Situationen und schwierigen Momenten umgehen,

13 immer mit einem Lächeln auf dem Gesicht.

④ **patriota** ist gleichzeitig Substantiv ("Patriot, Patriotin") und Adjektiv ("patriotisch"). In beiden Fällen ist es im Singular identisch für Maskulinum und Femininum.

⑤ Die nur in der Schriftsprache existierende Form **poder-se-ia** ist der Konditional **poderia**, bei dem **se** "man" zwischen dem Verbstamm und der Konditionalendung eingefügt wird.

⑥ **a seca** "Dürre, Trockenheit" (**seco** "trocken"): **O calor é insuportável e o ar está seco.** "Die Hitze ist unerträglich, und die Luft ist trocken."

⑦ "Ende gut, alles gut" entspricht nur ungefähr der ironisch gebrauchten Redewendung **tudo acaba em pizza**, denn nicht alles, "was in Pizza endet", muss auch für alle Beteiligten von Vorteil sein: **Tudo acaba em pizza e o ministro corrupto ainda está no poder.** "Ende gut, alles gut, und der korrupte Minister ist immer noch im Amt."

⑧ **aventura** "Abenteuer" und **desventura** "Missgeschick, Unglück" werden mit den Vorsilben **a**- und **des**- gebildet. In der Alltagssprache hört man (wie hier) anstelle von **desventura** häufig **desaventura**.

⑨ **explicável** "erklärlich" und **inexplicável** "unerklärlich" werden von **explicar** "erklären" abgeleitet.

Exercício 1: Você entende estas frases?

① Eu adoro pessoas humildes e alegres. ② Depois que ela aprendeu a falar português, ela está muito convencida. ③ Colocamos as cervejas que compramos para a festa no quintal. ④ Mesmo com as desaventuras e tantos problemas ainda tens este sorriso no rosto. ⑤ Ela é tão patriota que diz amar mais o seu país que o seu marido.

Exercício 2: Complete as palavras que faltam!

① Wenn du alles nimmst, mache ich [es] dir billiger.
Se você ..... tudo, eu .. .... mais ....

② Lass uns ein bisschen das Leben vergessen, lass uns ein Bierchen trinken und dieses herrliche Meer ansehen!
Vamos .... um pouco da vida, vamos tomar uma .... e olhar este mar .... !

③ Es ist beeindruckend, wie die Brasilianer Problemen begegnen.
É impressionante .... os brasileiros .... problemas.

④ Was passiert ist, ist fast unglaublich.
. ... é quase inexplicável.

100 Centésima aula

O povo brasileiro acaba deixando saudade...

1 – O brasil**e**iro n**ã**o sorr**i** só mostr**a**ndo os d**e**ntes. ① ②
2 O brasil**e**iro sorr**i** com os **o**lhos,
3 c**o**mo se **e**le f**o**sse **u**ma et**e**rna cri**a**nça.

ANMERKUNGEN

① Hier ist der Singular ein Kollektivbegriff. Achten Sie darauf, dass **brasileiro** auch als Substantiv klein geschrieben wird.

Solução do primeiro exercício: Você entendeu?

❶ Ich liebe bescheidene (demütige) und fröhliche Personen. ❷ Nachdem sie gelernt hat, Portugiesisch zu sprechen, ist sie sehr eingebildet. ❸ Stellen wir die Biere, die wir für die Party gekauft haben, in den Garten. ❹ Selbst mit den [ganzen] Missgeschicken und so vielen Problemen hast du noch dieses Lächeln auf dem Gesicht. ❺ Sie ist so eine Patriotin, dass sie sagt, sie liebt ihr Land mehr als ihren Mann.

❺ Und wenn du diesen Koffer andersherum stellen würdest, auf die rechte Seite gedreht, auf den grünen Koffer?

E se você colocasse esta mala __ ________, virada para o ____ direito, em ____ da mala verde?

Solução do segundo exercício: As palavras que faltam.

❶ levar – te faço – barato ❷ esquecer – cervejinha – maravilhoso ❸ como – enfrentam os ❹ O que aconteceu ❺ ao contrário – lado – cima.

Die nächste und letzte Lektion des Kurses ist zwar dem Thema "Abschied" gewidmet. Aber ganz so ernst brauchen Sie dies nicht zu nehmen. Denn Sie werden doch bestimmt Ihre Brasilianischkenntnisse weiter ausbauen wollen, oder nicht?

Segunda onda: ative hoje a 50ª aula!

100. Lektion

Das brasilianische Volk hinterlässt Sehnsucht ...

1 – Der Brasilianer lächelt nicht nur, [indem er] die Zähne zeigt.

2 Der Brasilianer lächelt mit den Augen,

3 als ob er ein ewiges Kind wäre.

② **sorrir** "lächeln" – **o sorriso** "das Lächeln": **Ela tem um sorriso alegre.** "Sie hat ein fröhliches Lächeln."

4 Sorri com o corpo quando dança samba, forró, pagode...
5 Sorri com a alma, sorri por inteiro. ③
6 A esperança é uma das palavras chave na vida de um brasileiro comum,
7 daqueles que se contenta com arroz e feijão,
8 calor, música, novela e Copa do mundo...
9 Esperança de dias melhores é a filosofia do país.
10 Desde a colonização portuguesa, o Brasil é o país do futuro.
11 Alguns até brincam: que futuro é este que nunca chega? ④
12 Por aqui eu vou ficando, meus caros companheiros... ⑤
13 Vou voltar pra minha lida, ⑥
14 mas deixo aqui o rastro do meu coração.
15 Foi muito bom ter compartilhado, entre outras coisas, ⑦
16 com um pouco da maneira verbal e escrita pela qual este povo se expressa.

ANMERKUNGEN

③ **por inteiro** "komplett, gänzlich" ist synonym zum Adverb **inteiramente**: **O padre João dedicou-se inteiramente aos pobres da favela.** "Pater Johannes hat sich gänzlich den Armen des Elendsviertels gewidmet."

4 Er lächelt mit dem Körper, wenn er Samba, Forró, Pagode ... tanzt.

5 [Er] lächelt mit der Seele, [er] lächelt komplett (durch ganz♂).

6 Die Hoffnung ist eines der Schlüsselwörter im Leben eines gewöhnlichen Brasilianers,

7 derjenigen, die sich mit Reis und Bohnen zufrieden geben,

8 [mit] Hitze, Musik, Fernsehserie[n] und [der Fußball-] Weltmeisterschaft ...

9 [Die] Hoffnung auf bessere Tage ist die Philosophie des Landes.

10 Seit der portugiesischen Kolonialisierung ist Brasilien das Land der Zukunft.

11 Einige scherzen sogar: Ist Zukunft das, was nie ankommt?

12 Hier bleibe ich, meine lieben (teuren) Kameraden ...

13 Ich werde zu meiner Arbeit zurückkehren,

14 aber hier lasse ich die Spur meines Herzens.

15 Es war sehr gut (haben geteilt♂), neben anderen Dingen

16 ein wenig der gesprochenen und geschriebenen Art und Weise, in der sich dieses Volk ausdrückt, [mit euch] geteilt zu haben.

④ **brincar** "spielen" oder auch "scherzen, spaßen": **Não brinque comigo, não!** "Mach dich nicht über mich lustig!". "Der Scherz, der Spaß; das Spiel" sind **a brincadeira: Sorria, foi só brincadeira!** "Lächle, es war [doch] nur Spaß!"

⑤ **companheiro** "Kamerad, Begleiter, Gefährte" klingt im Brasilianischen weniger steif als im Deutschen. Es ist synonym verwendbar zu **colega** "Kollege", **compadre** (ursprünglich "Taufpate") oder **amigo**, beide "Freund".

⑥ **lida** (von **lidar com** "umgehen mit, zu tun haben mit") ist eher selten (häufiger hört man **trabalho** "Arbeit", **esforço** "Mühe"): **Trabalhando nesta área você tem que saber lidar com qualquer tipo de situação.** "Du musst, wenn du auf diesem Gebiet arbeitest, mit jedweder Situation umzugehen wissen."

⑦ **compartilhar** "teilen" ist ein wichtiges Verb: **Quero que meus amigos compartilhem minha alegria.** "Ich möchte, dass meine Freunde meine Freude teilen."

17 Quanta saudade vou sentir! ⑧

ANMERKUNGEN

⑧ **saudade** "Sehnsucht, wehmütige Erinnerung" ist fester Bestandteil der nationalen Seele. Man kann **morrer de saudade** "vor Sehnsucht sterben", aber auch **matar a saudade** "die Sehnsucht töten/überwinden".

Exercício 1: Você entende estas frases?

❶ Você ainda tem esperança de encontrar as tuas chaves na cachoeira? ❷ Eu tenho uma filosofia de vida: sorrir, dançar, comer e beber para esquecer os problemas. ❸ Companheiros, eu vos deixo, tenho que voltar à minha lida. ❹ Temos tantas saudades daqueles olhos e daquele sorriso... ❺ Amigos são feitos para compartilhar bons momentos.

Exercício 2: Complete as palavras que faltam!

❶ Wie habe ich Sehnsucht nach den Philosophie-Stunden, die ich an der Universität (Fakultät♀) hatte!
Como eu tenho ..... das aulas de ..... que eu ..... na faculdade!

❷ Schau mit den Augen, lächle mit den Zähnen, atme durch die Nase und höre mit den zwei Ohren.
Olhe com os olhos, ... com os dentes, respire pelo nariz e ..... com os dois ......

❸ Dieser Hund gibt sich mit wenig zufrieden:
..... cachorro se ..... com pouco:

❹ Wenn du [ihm] ein bisschen Aufmerksamkeit schenkst (gibst), ist er schon glücklich.
Se você der um pouquinho de atenção, ele já ..... feliz.

❺ Die Hoffnung macht aus dem brasilianischen Volk ein glückliches Volk.
A .... do povo brasileiro um ..... feliz.

❻ Was ist für dich einfacher zu tanzen, Samba oder Forró?
O que é ..... fácil ..... você, ... samba ou forró?

Solução do primeiro exercício: Você entendeu?

① Hast du noch Hoffnung, deine Schlüssel am Wasserfall zu finden? ② Ich habe eine Lebensphilosophie: lächeln, tanzen, essen und trinken, um die Probleme zu vergessen. ③ Kameraden, ich verlasse euch, ich muss zu meiner Arbeit zurückkehren. ④ Wir vermissen diese Augen und dieses Lächeln so sehr ... ⑤ Freunde sind [dazu] da (gemacht♂♂), um schöne (gut♂♂) Momente zu teilen.

Solução do segundo exercício: As palavras que faltam.

❶ saudade – filosofia – tinha ❷ sorria – escute – ouvidos ❸ Este – contenta ❹ fica ❺ esperança faz – povo ❻ mais – pra – dançar.

Brasil, país do futuro

Dies ist der Titel eines Werks von Stefan Zweig (1881-1942). Der in Wien geborene Schriftsteller floh vor den Nazis aus seiner Heimat und lebte ab 1940 in Brasilien im Exil. Er war begeistert von der Lebensart und der Toleranz der Brasilianer, dennoch wählte Stefan Zweig am 22. Februar 1942 in Petrópolis aus Schwermut über die Zerstörung seiner "geistigen Heimat Europa" den Freitod. In seinem Abschiedsbrief schrieb er: *»Ehe ich aus freiem Willen und mit klaren Sinnen aus dem Leben scheide, drängt es mich, eine letzte Pflicht zu erfüllen: diesem wundervollen Lande Brasilien innig zu danken, daß es mir und meiner Arbeit so gut und gastlich Rast gegeben. Mit jedem Tage habe ich dies Land mehr lieben gelernt, und nirgends hätte ich mir mein Leben lieber vom Grunde aus neu aufgebaut, nachdem die Heimat meiner Sprache für mich untergegangen ist und meine geistige Heimat Europa sich selber vernichtet …«*

Sie merken: Die Zeit ist gekommen, Abschied zu nehmen. Was "Brasilianisch ohne Mühe" angeht, so ist der Abschied eventuell etwas verfrüht, denn Sie müssen ja – wenn Sie sich noch in der passiven Phase befinden – die aktive Phase noch bis zum Ende des Kurses fortsetzen! Die Wiederholung ist besonders wichtig, denn wenn das Gelernte nicht gefestigt wird, ist bald alles vergessen, und die Arbeit war umsonst. Aber auch wenn Sie sich am Ende der aktiven Phase befinden, können Sie Ihr Brasilianischstudium fortsetzen: Literatur, Rundfunk, Fernsehen und Internet bieten Ihnen die Gelegenheit dazu, und auf Reisen nach Brasilien oder im Gespräch mit Brasilianern werden Sie bestimmt viel Lob und Anerkennung für Ihre Brasilianischkenntnisse ernten!

Segunda onda: ative hoje a 51ª aula!

ANHANG A. DIE WICHTIGSTEN KONJUGATIONSMUSTER

Im Folgenden finden Sie eine Übersicht über die gängigsten Hilfsverben sowie die regelmäßigen und unregelmäßigen Verben in den sechs Personalformen. Beachten Sie hier wieder, dass die ungebräuchlichen Personalformen (jeweils 2. Person Sg. und Pl.) unfett dargestellt sind.

HILFSVERBEN

• **SER** "sein" (für anhaltende Zustände)

	Präsens	Imperfekt	Futur	Perfekt	Plusquamperf.
Indikativ	**sou**	**era**	**serei**	**fui**	**fora**
	és	eras	serás	foste	foras
	é	**era**	**será**	**foi**	**fora**
	somos	**éramos**	**seremos**	**fomos**	**fôramos**
	sois	éreis	sereis	fostes	fôreis
	são	**eram**	**serão**	**foram**	**foram**

	Präsens	Imperfekt	Futur			Gerundium
Konjunktiv	**seja**	**fosse**	**for**	Konditional	**seria**	**sendo**
	sejas	fosses	fores		serias	Partizip
	seja	**fosse**	**for**		**seria**	**sido**
	sejamos	**fôssemos**	**formos**		**seríamos**	
	sejais	fôsseis	fordes		seríeis	
	sejam	**fossem**	**forem**		**seriam**	

• **ESTAR** "sein" (für vorübergehende Zustände)

	Präsens	Imperfekt	Futur	Perfekt	Plusquamperf.
Indikativ	**estou**	**estava**	**estarei**	**estive**	**estivera**
	estás	estavas	estarás	estiveste	estiveras
	está	**estava**	**estará**	**esteve**	**estivera**
	estamos	**estávamos**	**estaremos**	**estivemos**	**estivéramos**
	estais	estáveis	estareis	estivestes	estivéreis
	estão	**estavam**	**estarão**	**estiveram**	**estiveram**

Konjunktiv Präsens	Imperfekt	Futur	Konditional	Gerundium
esteja	**estivesse**	**estiver**	**estaria**	**estando**
estejas	estivesses	estiveres	estarias	Partizip
esteja	**estivesse**	**estiver**	**estaria**	**estado**
estejamos	**estivésse-mos**	**estivermos**	**estaría-mos**	
estejais	estivésseis	estiverdes	estaríeis	
estejam	**estivessem**	**estiverem**	**estariam**	

• **TER** "haben" (Hilfsverb für zusammengesetzte Zeitformen)

Indikativ Präsens	Imperfekt	Futur	Perfekt	Plusquamperf.
tenho	**tinha**	**terei**	**tive**	**tivera**
tens	tinhas	terás	tiveste	tiveras
tem	**tinha**	**terá**	**teve**	**tivera**
temos	**tínhamos**	**teremos**	**tivemos**	**tivéramos**
tendes	tínheis	tereis	tivestes	tivéreis
têm	**tinham**	**terão**	**tiveram**	**tiveram**

Konjunktiv Präsens	Imperfekt	Futur	Konditional	Gerundium
tenha	**tivesse**	**tiver**	**teria**	**tendo**
tenhas	tivesses	tiveres	terias	Partizip
tenha	**tivesse**	**tiver**	**teria**	**tido**
tenhamos	**tivéssemos**	**tivermos**	**teríamos**	
tenhais	tivésseis	tiverdes	teríeis	
tenham	**tivessem**	**tiverem**	**teriam**	

• **HAVER** "haben"

Indikativ Präsens	Imperfekt	Futur	Perfekt	Plusquamperf.
hei	**havia**	**haverei**	**houve**	**houvera**
hás	havias	haverás	houveste	houveras
há	**havia**	**haverá**	**houve**	**houvera**
havemos	**havíamos**	**haveremos**	**houvemos**	**houvéramos**
haveis	havíeis	havereis	houvestes	houvéreis
hão	**haviam**	**haverão**	**houveram**	**houveram**

Konjunktiv	Präsens	Imperfekt	Futur	Imperativ	
	haja	**houvesse**	**houver**		–
	hajas	houvesses	houveres		há
	haja	**houvesse**	**houver**		**haja**
	hajamos	**houvéssemos**	**houvermos**		**hajamos**
	hajais	houvésseis	houverdes		havei
	hajam	**houvessem**	**houverem**		**hajam**

REGELMÄSSIGE VERBEN AUF -ar, -er, -ir am Beispiel von

• **cantar** "singen"

Indikativ	Präsens	Imperfekt	Futur	Perfekt	Plusquamperf.
	canto	**cantava**	**cantarei**	**cantei**	**cantara**
	cantas	cantavas	cantarás	cantaste	cantaras
	canta	**cantava**	**cantará**	**cantou**	**cantara**
	cantamos	**cantávamos**	**cantaremos**	**cantamos**	**cantáramos**
	cantais	cantáveis	cantareis	cantastes	cantáreis
	cantam	**cantavam**	**cantarão**	**cantaram**	**cantaram**

Konjunktiv	Präsens	Imperfekt	Futur	Konditional		gebeugter Infinitiv	
	cante	**cantasse**	**cantar**		**cantaria**		**cantar**
	cantes	cantasses	cantares		cantarias		cantares
	cante	**cantasse**	**cantar**		**cantaria**		**cantar**
	cantemos	**cantássemos**	**cantarmos**		**cantaríamos**		**cantarmos**
	canteis	cantásseis	cantardes		cantaríeis		cantardes
	cantem	**cantassem**	**cantarem**		**cantariam**		**cantarem**

Imperativ	Gerundium	Partizip
canta, **cante, cantemos,** cantai, **cantem**	**cantando**	**cantado**

• **beber** "trinken"

Indikativ	Präsens	Imperfekt	Futur	Perfekt	Plusquamperf.
	bebo	**bebia**	**beberei**	**bebi**	**bebera**
	bebes	bebias	beberás	bebeste	beberas
	bebe	**bebia**	**beberá**	**bebeu**	**bebera**
	bebemos	**bebíamos**	**beberemos**	**bebemos**	**bebêramos**
	bebeis	bebíeis	bebereis	bebestes	bebêreis
	bebem	**bebiam**	**beberão**	**beberam**	**beberam**

Konjunktiv Präsens	Konjunktiv Imperfekt	Konjunktiv Futur	Konditional	gebeugter Infinitiv
beba	**bebesse**	**beber**	**beberia**	**beber**
bebas	bebesses	beberes	beberias	beberes
beba	**bebesse**	**beber**	**beberia**	**beber**
bebamos	**bebêssemos**	**bebermos**	**beberíamos**	**bebermos**
bebais	bebêsseis	beberdes	beberíeis	beberdes
bebam	**bebessem**	**beberem**	**beberiam**	**beberem**

Imperativ	Gerundium	Partizip
bebe, **beba, bebamos,** bebei, **bebam**	**bebendo**	**bebido**

- **partir** "weggehen"

Indikativ Präsens	Imperfekt	Futur	Perfekt	Plusquamperf.
parto	**partia**	**partirei**	**parti**	**partira**
partes	partias	partirás	partiste	partiras
parte	**partia**	**partirá**	**partiu**	**partira**
partimos	**partíamos**	**partiremos**	**partimos**	**partíramos**
partis	partíeis	partireis	partistes	partíreis
partem	**partiam**	**partirão**	**partiram**	**partiram**

Konjunktiv Präsens	Konjunktiv Imperfekt	Konjunktiv Futur	Konditional	gebeugter Infinitiv
parta	**partisse**	**partir**	**partiria**	**partir**
partas	partisses	partires	partirias	partires
parta	**partisse**	**partir**	**partiria**	**partir**
partamos	**partíssemos**	**partirmos**	**partiríamos**	**partirmos**
partais	partísseis	partirdes	partiríeis	partirdes
partam	**partissem**	**partirem**	**partiriam**	**partirem**

Imperativ	Gerundium	Partizip
parte, **parta, partamos,** parti, **partam**	**partindo**	**partido**

UNREGELMÄSSIGE VERBEN

Angegeben werden hier NUR die unregelmäßigen Verbformen.

Hierbei sind auch die Verben aufgelistet, bei denen es bei der Konjugation zu einer Vokal- oder Konsonantenveränderung kommt. Der jeweilige Vokal bzw. Konsonant ist in der Infinitivform grau dargestellt.

• **ABRAÇAR** "umarmen"

Indikativ Perfekt: **abracei**
Konjunktiv Präsens: **abrace**, abraces, **abrace**, **abracemos**, abraceis, **abracem**
Imperativ: **abrace**, **abracemos**, **abracem**

• **ACONTECER** "geschehen, sich ereignen" (und **agradecer**, **aparecer**, **apetecer**, **conhecer**, **descer**, **encarecer**, **envelhecer**, **esquecer**, **merecer**, **nascer**, **padecer**, **parecer**, **vencer**)

Indikativ Präsens: **aconteço**
Konjunktiv Präsens: **aconteça**, **aconteça**, **aconteçamos**, **aconteçam**
Imperativ: **aconteça**, **aconteçamos**, **aconteçam**

• **ADERIR** "haften, sich anschließen" (und **gerir**)

Indikativ Präsens: **adiro**
Konjunktiv Präsens: **adira**, adiras, **adira**, **adiramos**, adirais, **adiram**
Imperativ: **adira**, **adiramos**, **adiram**

• **APERFEIÇOAR** "verbessern, vollenden" (und **atordoar**, **desabotoar**, **enjoar**, **soar**)

Indikativ Präsens: **aperfeiçoo**

• **BRINCAR** "scherzen, spaßen, spielen" (und **checar**, **esticar**, **ficar**, **indicar**, **marcar**, **verificar**)

Indikativ Perfekt: **brinquei**
Konjunktiv Präsens: **brinque**, brinques, **brinque**, **brinquemos**, brinqueis, **brinquem**
Imperativ: **brinque**, **brinquemos**, **brinquem**

• **CABER** "passen"

Indikativ
Präsens: **caibo**
Perfekt: **coube**, coubeste, **coube**, **coubemos**, coubestes, **couberam**
Plusquamperfekt: **coubera**, couberas, **coubera**, **coubéramos**, coubéreis, **couberam**
Konjunktiv
Präsens: **caiba**, caibas, **caiba**, **caibamos**, caibais, **caibam**
Imperfekt: **coubesse**, coubesses, **coubesse**, **coubéssemos**, coubésseis, **coubessem**
Futur: **couber**, couberes, **couber**, **coubermos**, couberdes, **couberem**

• **CHEGAR** "ankommen" (und **jogar**)

Indikativ Perfekt: **cheguei**
Konjunktiv Präsens: **chegue**, chegues, **chegue**, **cheguemos**, chegueis, **cheguem**
Imperativ: **chegue**, **cheguemos**, **cheguem**

• **COBRIR** "abdecken, bedecken" (und **descobrir**)

Indikativ Präsens: **cubro**
Konjunktiv Präsens: **cubra**, cubras, **cubra**, **cubramos**, cubrais, **cubram**
Imperativ: **cubra**, **cubramos**, **cubram** Partizip: **coberto**

• **CONSEGUIR** "schaffen, erreichen; bekommen"

Indikativ Präsens: **consigo**, consegues, **consegue**, **conseguimos**, conseguis, **conseguem**
Konjunktiv Präsens: **consiga**, consigas, **consiga**, **consigamos**, consigais, **consigam**
Imperativ: **consegue**, **consiga**, **consigamos**, **consigam**

• **CONSTRUIR** "bauen, bilden, errichten"

Indikativ Präsens: constróis, **constroi**, **constroem**
Imperativ: **constrói**

• **CRER** "glauben"

Indikativ
Präsens: **creio**, crês, **crê**, **cremos**, credes, **creem**
Perfekt: **cri**, creste, **creu**, **cremos**, crestes, **creram**
Plusquamperfekt: **crera**, creras, **crera**, **crêramos**, crêreis, **creram**

Konjunktiv
Präsens: **creia**, creias, **creia**, **creiamos**, creiais, **creiam**
Imperfekt: **cresse**, cresses, **cresse**, **crêssemos**, crêsseis, **cressem**
Futur: **crer**, creres, **crer**, **crermos**, crerdes, **crerem**

• **DAR** "geben"

Indikativ
Präsens: **dou**, dás, **dá**, **damos**, dais, **dão**
Perfekt: **dei**, deste, **deu**, **demos**, destes, **deram**
Plusquamperfekt: **dera**, deras, **dera**, **déramos**, déreis, **deram**

Konjunktiv
Präsens: **dê**, dês, **dê**, **demos**, deis, **deem**
Imperfekt: **desse**, desses, **desse**, **déssemos**, désseis, **dessem**
Futur: **der**, deres, **der**, **dermos**, derdes, **derem**

• **DIVERTIR** "amüsieren, Spaß haben"

Indikativ Präsens: **divirto**, divertes, **diverte**, **divertimos**, divertis, **divertem**
Konjunktiv Präsens: **divirta**, divirtas, **divirta**, **divirtamos**, divirtais, **divirtam**
Imperativ: **diverte**, **divirta**, **divirtamos**, **diverti**, **divirtam**

• **DIZER** "sagen"

Indikativ
Präsens: **digo**, dizes, **diz**, **dizemos**, dizeis, **dizem**
Futur: **direi**, dirás, **dirá**, **diremos**, direis, **dirão**
Perfekt: **disse**, disseste, **disse**, **dissemos**, dissestes, **disseram**
Plusquamperfekt: **dissera**, disseras, **dissera**, **disséramos**, disséreis, **disseram**

Konjunktiv
Präsens: **diga**, digas, **diga**, **digamos**, digais, **digam**
Imperfekt: **dizesse**, dizesses, **dizesse**, **dizéssemos**, dissésseis, **dizessem**
Futur: **disser**, disseres, **disser**, **dissermos**, disserdes, **disserem**
Konditional: **diria**, dirias, **diria**, **diríamos**, diríeis, **diriam**
Gerundium: **dizendo**
Partizip: **dito**

• **DOER** "wehtun, schmerzen"

Indikativ
Präsens: **doi**
Imperfekt: **doia**, **doiam**
Konjunktiv Präsens: **doa**, **doam**

• **DORMIR** "schlafen"

Indikativ Präsens: **durmo**
Konjunktiv Präsens: **durma**, durmas, **durma**, **durmamos**, durmais, **durmam**
Imperativ: **durma**, **durmamos**, **durmam**

• **ELEGER** "wählen"

Indikativ Präsens: **elejo**
Konjunktiv Präsens: **eleja**, elejas, **eleja**, **elejamos**, elejais, **elejam**
Imperativ: **elegesse**, elegesses, **elegesse**, **elegêssemos**, elegêsseis, **elegessem**
Partizip: **eleito**

• **ENGOLIR** "schlucken, verschlingen"

Indikativ Präsens: **engulo**
Konjunktiv Präsens: **engula**, engulas, **engula**, **engulamos**, engulais, **engulam**
Imperativ: **engolisse**, engolisses, **engolisse**, **engolíssemos**, engolísseis, **engolissem**

• **FAZER** "machen, tun"

Indikativ
Präsens: **faço**, fazes, **faz**, **fazemos**, fazeis, **fazem**
Futur: **farei**, farás, **fará**, **faremos**, fareis, **farão**
Perfekt: **fiz**, fizeste, **fez**, **fizemos**, fizestes, **fizeram**
Plusquamperfekt: **fizera**, fizeras, **fizera**, **fizéramos**, fizéreis, **fizeram**

Konjunktiv
Präsens: **faça**, faças, **faça**, **façamos**, façais, **façam**
Imperfekt: **fizesse**, fizesses, **fizesse**, **fizéssemos**, fizésseis, **fizessem**
Futur: **fizer**, fizeres, **fizer**, **fizermos**, fizerdes, **fizerem**
Konditional: **faria**, farias, **faria**, **faríamos**, faríeis, **fariam**
Gerundium: **fazendo**
Partizip: **feito**

• **FUGIR** "fliehen, flüchten" (und **tingir**, **redigir**)

Indikativ Präsens: **fujo**, foges, **foge**, **fugimos**, fugis, **fogem**
Konjunktiv Präsens: **fuja**, fujas, **fuja**, **fujamos**, fujais, **fujam**
Imperativ: **fuja**, **fujamos**, **fujam**

• **IR** "gehen"

Indikativ
Präsens: **vou**, vais, **vai**, **vamos**, ides, **vão**
Imperfekt: **ia**, ias, **ia**, **íamos**, íeis, **iam**
Futur: **irei**, irás, **irá**, **iremos**, ireis, **irão**
Perfekt: **fui**, foste, **foi**, **fomos**, fostes, **foram**
Plusquamperfekt: **fora**, foras, **fora**, **fôramos**, fôreis, **foram**

Konjunktiv
Präsens: **vá**, vás, **vá**, **vamos**, vades, **vão**
Imperfekt: **fosse**, fosses, **fosse**, **fôssemos**, fôsseis, **fossem**
Futur: **for**, fores, **for**, **formos**, fordes, **forem**
Konditional: **iria**, irias, **iria**, **iríamos**, iríeis, **iriam**
Gerundium: **indo**
Partizip: **ido**

• **MEDIR** "messen"

Indikativ Präsens: **meço**
Konjunktiv Präsens: **meça**, meças, **meça**, **meçamos**, meçais, **meçam**
Imperativ: **meça**, **meçamos**, **meçam**

• **NOMEAR** "nennen, ernennen" (und **bloquear**, **folhear**, **frear**, **passear**, **recear**)

Indikativ Präsens: **nomeio**, nomeias, **nomeia**, **nomeamos**, nomeais, **nomeiam**
Konjunktiv Präsens: **nomeie**, nomeies, **nomeie**, **nomeemos**, nomeeis, **nomeiem**
Imperativ: **nomeia**, **nomeie**, **nomeiem**

• **OUVIR** "hören, zuhören"

Indikativ Präsens: **ouço**, ouves, **ouve**, **ouvimos**, ouvis, **ouvem**
Konjunktiv Präsens: **ouça**, ouças, **ouça**, **ouçamos**, ouçais, **ouçam**

• **PEDIR** "bitten, erbitten"

Indikativ Präsens: **peço**, pedes, **pede**, **pedimos**, pedis, **pedem**
Konjunktiv Präsens: **peça**, peças, **peça**, **peçamos**, peçais, **peçam**

• **PERDER** "verlieren; versäumen"

Indikativ Präsens: **perco**
Konjunktiv Präsens: **perca**, percas, **perca**, **percamos**, percais, **percam**
Imperativ: **perca**, **percamos**, **percam**

• **PODER** "können"

Indikativ
Präsens: **posso**, **pode**, **podemos**, **podem**
Perfekt: **pude**, pudeste, **pôde**, **pudemos**, pudestes, **puderam**
Plusquamperfekt: **pudera**, puderas, **pudera**, **pudéramos**, pudéreis, **puderam**

Konjunktiv
Präsens: **possa**, possas, **possa**, **possamos**, possais, **possam**
Imperfekt: **pudesse**, **pudesse**, **pudéssemos**, **pudessem**
Futur: **puder**, puderes, **puder**, **pudermos**, puderdes, **puderem**

• **PÔR** "anziehen; legen, setzen, stellen"

Indikativ
Präsens: **ponho**, pões, **põe**, **pomos**, pondes, **põem**
Imperfekt: **punha**, punhas, **punha**, **púnhamos**, púnheis, **punham**
Perfekt: **pus**, puseste, **pôs**, **pusemos**, pusestes, **puseram**
Plusquamperfekt: **pusera**, puseras, **pusera**, **puséramos**, puséreis, **puseram**

Konjunktiv
Präsens: **ponha**, ponhas, **ponha**, **ponhamos**, ponhais, **ponham**
Imperfekt: **pusesse**, pusesses, **pusesse**, **puséssemos**, pusésseis, **pusessem**
Futur: **puser**, puseres, **puser**, **pusermos**, puserdes, **puserem**
Gerundium: **pondo**
Partizip: **posto**

• **PREFERIR** "bevorzugen, vorziehen"

Indikativ Präsens: **prefiro**, preferes, **prefere**, **preferimos**, preferis, **preferem**
Konjunktiv Präsens: **prefira**, prefiras, **prefira**, **prefiramos**, prefirais, **prefiram**
Imperativ: **prefere**, **prefira**, **prefiramos**, **preferi**, **prefiram**

• **QUERER** "möchten, wollen"

Indikativ
Präsens: **quero**, queres, **quer**, **queremos**, quereis, **querem**
Imperfekt und Konditional: **queria**, querias, **queria**, **queríamos**, queríeis, **queriam**
Perfekt: **quis**, quiseste, **quis**, **quisemos**, quisestes, **quiseram**
Plusquamperfekt: **quisera**, quiseras, **quisera**, **quiséramos**, quiséreis, **quiseram**

Konjunktiv
Präsens: **queira**, queiras, **queira**, **queiramos**, queirais, **queiram**
Imperfekt: **quisesse**, quisesses, **quisesse**, **quiséssemos**, quisésseis, **quisessem**
Futur: **quiser**, quiseres, **quiser**, **quisermos**, quiserdes, **quiserem**
Gerundium: **querendo**
Partizipien: **querido / quisto**

• **REPETIR** "wiederholen"

Indikativ Präsens: **repito**, repetes, **repete**, **repetimos**, repetis, **repetem**
Konjunktiv Präsens: **repita**, repitas, **repita**, **repitamos**, repitais, **repitam**
Imperativ: **repete**, **repita**, **repitamos**, **repeti**, **repitam**

- **SABER** "kennen, wissen"

Indikativ
Präsens: **sei**, sabes, **sabe**, **sabemos**, sabeis, **sabem**
Perfekt: **soube**, soubeste, **soube**, **soubemos**, soubestes, **souberam**
Plusquamperfekt: **soubera**, souberas, **soubera**, **soubéramos**, soubéreis, **souberam**

Konjunktiv
Präsens: **saiba**, saibas, **saiba**, **saibamos**, saibais, **saibam**
Imperfekt: **soubesse**, soubesses, **soubesse**, **soubéssemos**, soubésseis, **soubessem**
Futur: **souber**, souberes, **souber**, **soubermos**, souberdes, **souberem**

- **SEGUIR** "folgen"

Indikativ Präsens: **sigo**
Konjunktiv Präsens: **siga**, sigas, **siga**, **sigamos**, sigais, **sigam**
Imperativ: **siga**, **sigamos**, **sigam**

- **SENTIR** "fühlen"

Indikativ Präsens: **sinto**
Konjunktiv Präsens: **sinta**, sintas, **sinta**, **sintamos**, sintais, **sintam**
Imperativ: **sinta**, **sintamos**, **sintam**

- **SUMIR** "verschwinden"

Indikativ Präsens: **sumo**, somes, **some**, **sumimos**, sumis, **somem**
Imperativ: **some**, **suma**, **sumamos**, **sumi**, **sumam**

- **TOSSIR** "husten"

Indikativ Präsens: **tusso**
Konjunktiv Präsens: **tussa**, tussas, **tussa**, **tussamos**, tussais, **tussam**
Imperativ: **tussa**, **tussamos**, **tussam**

- **TRAZER** "bringen, mitbringen"

Indikativ
Präsens: **trago**, trazes, **traz**, **trazemos**, trazeis, **trazem**
Futur: **trarei**, trarás, **trará**, **traremos**, trareis, **trarão**
Perfekt: **trouxe**, trouxeste, **trouxe**, **trouxemos**, trouxestes, **trouxeram**
Plusquamperfekt: **trouxera**, trouxeras, **trouxera**, **trouxéramos**, trouxéreis, **trouxeram**

Konjunktiv

Präsens: **traga**, tragas, **traga**, **tragamos**, tragais, **tragam**

Imperfekt: **trouxesse**, trouxesses, **trouxesse**, **trouxéssemos**, trouxésseis, **trouxessem**

Futur: **trouxer**, trouxeres, **trouxer**, **trouxermos**, trouxerdes, **trouxerem**

Konditional: **traria**, trarias, **traria**, **traríamos**, traríeis, **trariam**

• **VER** "sehen"

Indikativ

Präsens: **vejo**, vês, **vê**, **vemos**, vedes, **veem**

Perfekt: **vi**, viste, **viu**, **vimos**, vistes, **viram**

Plusquamperfekt: **vira**, viras, **vira**, **víramos**, víreis, **viram**

Konjunktiv

Präsens: **veja**, vejas, **veja**, **vejamos**, vejais, **vejam**

Imperfekt: **visse**, visses, **visse**, **víssemos**, vísseis, **vissem**

Futur: **vir**, vires, **vir**, **virmos**, virdes, **virem**

Gerundium: **vendo**

Partizip: **visto**

• **VIR** "kommen"

Indikativ

Präsens: **venho**, vens, **vem**, **vimos**, vindes, **vêm**

Imperfekt: **vinha**, vinhas, **vinha**, **vínhamos**, vínheis, **vinham**

Perfekt: **vim**, vieste, **veio**, **viemos**, viestes, **vieram**

Plusquamperfekt: **viera**, vieras, **viera**, **viéramos**, viéreis, **vieram**

Konjunktiv

Präsens: **venha**, venhas, **venha**, **venhamos**, venhais, **venham**

Imperfekt: **viesse**, viesses, **viesse**, **viéssemos**, viésseis, **viessem**

Futur: **vier**, vieres, **vier**, **viermos**, vierdes, **vierem**

Gerundium: **vindo**

Partizip: **vindo**

ANHANG B. GRAMMATIKALISCHER INDEX

Dieser grammatikalische Index enthält alle in den Wiederholungslektionen, im Anhang A "Konjugationsmuster" und im Anhang E "Die Aussprache des Brasilianischen" dieses Buches behandelten Grammatikthemen. Mit seiner Hilfe können Sie sich auf die Schnelle Informationen über ein bestimmtes Thema heraussuchen.

P

ANHANG C. WÖRTERVERZEICHNIS BRASILIANISCH – DEUTSCH

Im folgenden Wörterverzeichnis finden Sie alle Wörter, die Sie in den Lektionen, Anmerkungen und Landeskunden von "**Brasilianisch ohne Mühe**" kennengelernt haben. Die Zahlen geben die Nummer bzw. Nummern einer oder mehrerer Lektionen an, in der bzw. denen das entsprechende Wort auftaucht.

Darüber hinaus wurde dieses Wörterverzeichnis noch um zusätzliches Vokabular des brasilianischen Grundwortschatzes ergänzt.

Beachten Sie bitte, dass zahlreiche Wörter neben der angegebenen Bedeutung noch weitere Bedeutungen haben können.

In diesem Wörterverzeichnis werden die folgenden Abkürzungen verwendet:

Adj	*Adjektiv*	*Poss.pron.*	*Possessivpronomen*
Adv.	*Adverb*	*Präp.*	*Präposition*
♀	*Femininum*	*Pt.*	*vorw. in Portugal*
Indef.pron.	*Indefinitpronomen*	*reg.*	*vorw. regional*
Konj.	*Konjunktion*	*Rel.pron.*	*Relativpronomen*
♂	*Maskulinum*	*Subst.*	*Substantiv*
Pl.	*Plural*		

a

a (*Präp.*) nach, zu |1|3|4
a die |1
à nach (+ *Richtungsangabe*) |3
a gente man (*Indef.pron.*) |29
à procura de auf der Suche nach |75
a respeito de über ... (+ *Thema*) |50
à tarde am Nachmittag, nachmittags |13
à vontade ungezwungen, nach Belieben |24|31
abacate ♂ Avocado |58
abacaxi Ananas |9
abdominais (*Adj.*) Bauch-, Unterleibs- |94
aberto/-a offen, geöffnet |10
abertura Eröffnung, Öffnung |86
abraçar-se sich umarmen |76
abraço Umarmung |76|96
abrigar-se Zuflucht suchen, unterschlüpfen |93
abril ♂ April |66
absorção ♂ Absorption, Aufnahme |97
acabar beenden |29|34|35|42

academia Akademie |93
acaso Zufall |54
aceitar akzeptieren |20|21
acelerador ♂ Gaspedal |50
acender anzünden, anmachen |77|88
acerola Acerola(-kirsche) |97
acertar bestehen |72
acervo Sammlung |83
acesso Zugang |69
achado gefunden, Entdeckung |64
achar finden |17|31|36|39
acompanhar begleiten |24|28
acontecer geschehen, sich ereignen |53|75
acordar aufwachen, wecken |29|35|66
acordo Abmachung, Einverständnis |89
acreditar glauben |48|49|54
açúcar ♂ Zucker |19|34|59
adequado/-a geeignet |23
aderir haften, sich anschließen |86
adiantar nützen |89
adiar verschieben, vertagen
administrar verwalten |95
adoçante ♂ Süßstoff, Süßungsmittel |82
adoçar süßen, versüßen |82
adorar lieben |29|32
adulto/-a erwachsen, Erwachsener/-e |31
aeromoça Stewardess |38
aeroporto Flughafen |25
africano/-a Afrikaner/-in |65
agasalhar wärmen |93
agência Agentur |15|21
agora jetzt |17|19
agradável ♂/♀ angenehm, gemütlich |76
agradecer bedanken, danken |89|96
agradecido dankbar |96
agrião Brunnenkresse |58
agrônomo Diplomlandwirt |85
água Wasser |32|41|43
água-de-coco Kokossaft |41
aguentar aushalten |41|42
aí da |46|49
Ai credo! Um Gottes willen! |53
ainda noch |8|13
Ainda bem! Nochmal gut (gegangen)!, Zum Glück!, Gott sei Dank! |8
ainda por cima obendrein |74
ajuda de custo Spesenabrechnung |95
ajuda Hilfe |11
ajudar helfen |23|27|28
ala Flügel (*z. B. eines Gebäudes*); Reihe |79
alameda Allee |79
alazão Fuchs (*Pferd m. braunem Fell*) |90
álbum ♂ Album |42
álcool ♂ Alkohol |56
alcunha Spitzname
alecrim ♂ Rosmarin |88
alegrar-se sich freuen |70
alegre fröhlich |17
alegria Freude, Fröhlichkeit |93|99
além de außer |92
além do mais außerdem |97
alemã Deutsche (♀, *Sg.*)
Alemanha Deutschland |2|16
alemão deutsch; Deutscher |24
alergia Allergie |55
alface ♀ Kopfsalat |58
alfândega Zoll |37|42
algo etwas, irgendetwas |37
alguém jemand |30|81

algum irgendein |6|47|55
alguma coisa (irgend-)etwas |37|56
ali da |46|49
alimentar Ernährungs- |97
alimento Nahrungsmittel |97
almoçar zu Mittag essen |22|23
almoço Mittagessen |22|23|24|32
Alô! Hallo! |23|28
alongamento Verlängerung |94
alto/-a hoch |18|42
alugar vermieten |70|78
aluguel ♂ Miete, Vermietung |89
aluno Schüler |55|70
amanhã morgen |5|6|13|23
amar lieben |29|35
amarelo(-ouro) (gold-)gelb |47|49
amassar zerdrücken |59
ambos/-as beide |95
América Amerika |64
Americano Amerikaner, amerikanisch |64
amigo da onça falscher Freund |82
amigo/-a Freund/-in |13|14|16|18
amor ♂ Liebe |33|55|56
amparo Schutz, Hilfe |60
analgésico Schmerzmittel |55
andar (*Subst.*, ♂) Stockwerk |18|21
andar (*Verb*) gehen |4|5|16|62
anemia Anämie, Blutarmut |97
aniversariante Geburtstagskind
aniversário Geburtstag |31|32|33
anjo da guarda Schutzengel |88
ano Jahr |27|60
antecipadamente im Voraus |89
antecipar vorwegnehmen |89
anteontem vorgestern |66|93
antes vor (*zeitlich*) |11|23|25
antigo/-a alt, altmodisch |45|93
ao nach, in; zum |1|7|8
ao contrário umgekehrt, im Gegenteil |99
ao invés de anstatt, anstelle von, im Gegensatz zu |60
ao lado de neben |8
aonde? wohin? |4|9|17
aos cuidados de (A/C) zu Händen von (*Briefverkehr*) |89
apagar ausmachen, löschen, streichen |57
apaixonar-se sich verlieben |75
apanhar nehmen, fassen, ergreifen |68
aparecer auftauchen, erscheinen |78|92
apartamento Wohnung |18|20|21
apelido Familienname |74
aperfeiçoar verbessern, vollenden |67
apesar trotz |47
apetecer (*Pt.*) Appetit machen; Lust haben |80
apoio Unterstützung |60
apontar weisen, zeigen |75
após nach |51
aprender lernen |44|49
aproveitar benutzen, gebrauchen; wahrnehmen, genießen |29|35|55
aquecimento Erwärmung, Heizung |94
aquele/aquela (*Adj., Pron.*) jener, jene (dort) |19|21
aqui hier |3|5|8
ar ♂ Luft |29|45
ar condicionado Klimaanlage |29

aranha Spinne |46
árduo/-a hart, mühsam |99
área Bereich, Branche, Fläche |85
areia Sand |57
Argentina Argentinien |64
arranjar besorgen, in Ordnung bringen |76
arrepender-se bereuen |70
arrepiar Gänsehaut bekommen |78
arretado erregt; großartig; irritiert, verwirrt; stinksauer |67
arroz ♂ Reis |52|59
arrozal ♂ Reisfeld |65
arruda Weinraute |88
arrumar aufräumen |60
arte ♀ Kunst |2
árvore ♀ Baum |78
às (+ *Uhrzeit*) um |32|35|39
às ordens zu Diensten |58
às pressas in Eile |70
as die (*Pluralartikel*) |8
asa Flügel (*eines Vogels*) |79
asfaltar asphaltieren |83
assadeira Backblech; Auflaufform, Tonform |59
assado/-a irritiert; gebraten |53
assaltante Angreifer |61
assaltar überfallen |61
assalto Überfall |61
assessor Berater, Referent
assessorar beraten
assessoria de imprensa Presseabteilung |95
assessoria Beratung |95
assim so |47|60|68
assim assado so lala |53
assim que sobald |86
assinar abonnieren, unterschreiben |86|95
assinatura (**por ~**) (im) Abonnement (22)
assistência (**técnica**) (technischer) Kundendienst; Versorgung |54
assistir a zuschauen, ansehen (*Film, Fernsehen*) |22|27|28
assistir helfen |22
associação ♀ Klub, Verband, Verein, Vereinigung |96
assumir übernehmen |95
assustador/-a erschreckend |78
assustar erschrecken |78
atacar angreifen |90
até bis; sogar |15|29|33
até a hora que bis zu dem Moment |83
até parece que als ob |97
até que bis (dass); sogar |65
atenção ♀ Aufmerksamkeit |87
Atenciosamente Hochachtungsvoll |96
atender Telefon abheben, drangehen |22|28
atendimento Bedienung |61
aterrorizar terrorisieren |78
ativar aktivieren |86
ator Schauspieler |56|83
atordoar angeschlagen sein |67
atrair anziehen, locken
atrapalhar behindern, stören |97
atrás de (*Präp.*) hinter |94
atrelar einspannen |90
atriz Schauspielerin |83
audição ♀ Aufführung; Casting; Gehör; Konzert; Vorsprechen |83
aula Lektion |1|94
autarquia Autarkie, unabhängige Institution
auxílio Hilfe, Beistand |60
ave ♀ Vogel |93
avenida Einfallstraße; Boulevard |1; 33

avião Flugzeug |8
avisar benachrichtigen |51|61
avó Großmutter |53|62
avô Großvater |62|74
azar ♂ Pech |71
azeite ♂ Olivenöl |59
azul(-marinho) (marine-)blau |47|49|71
azulado bläulich, himmelblau
azulejo Fliese, Kachel

b

babá Kindermädchen |53|56
babalorixá *Babalorixá*, Zeremonienmeister |88
bacana super, klasse |55
bagageiro Stauraum; (Dach-/Fahrrad-)Gepäckträger |50
bagagem ♀ Gepäck(stück) |37|42
baiano/-a baianisch, aus Bahia |26|28
baile ♂ Tanz |45
bairro Stadtviertel |17|21
baixo, em ~ unten |50
baixo, por ~ von unten |50
baixo/-a niedrig, tief |50|74
balcão Theke |41
banana ♂ Banane |49|59
bananal Bananenplantage |49|65
banca (examinadora) Jury |57
banca Kiosk |57
banco Sitzbank; Bank (*Geldinstitut*) |57
bandeira Fahne |93
bandolim ♂ Mandoline
banheira Badewanne |42|62
banheiro Toilette; Badezimmer |22|35
banho Bad |62
barão Baron |81
barato/-a billig |89
barco Schiff |71
baronesa Baronin, Baronesse |81
barulheira Lärm, Krach, Radau |54|79
barulhento/-a laut |54
barulho Lärm, Krach, Radau |54|89
bastante ziemlich, ausreichend, genügend |58|99
bastar genügen |58
batata Kartoffel |52|82
batata doce Süßkartoffel |82
bater o ponto Arbeit stempeln |59
bater klopfen, schlagen |72|88
bateria Akku, Autobatterie; Schlagzeug |79
bauru Bauru-Sandwich |41
bebê ♂ Baby |53
bebedor de água ♂ Wasserspender |54
beber trinken |41
bebida Getränk |37|46
bege beige |86
beijar küssen |76
beijinho Küsschen |76
beijo Kuss |48|49|63
beiju ♂ Beiju (*baianische Spezialität a. Kokosbasis*) |56
beira (à ~) an der Küste, am Meer |76
beleza Schönheit |99
belo/-a schön |93
beltrano irgendein
bem (*Adv.*) gut |1|8|12|16
bem-vindo/-a willkommen |1
besteira Blödsinn, Dummheit |60
beterraba Rote Rübe |58
bichinha kl. Schlange, Frechdachs (*s. a.* **Vixi Bichina!**) |67

bico Schnabel; Nebenverdienst |85
bilhete ♂ Eintrittskarte, Ticket |80
bingo Bingo |48
biquíni ♂ Bikini |79
bisavó Urgroßmutter |75
bisavô Urgroßvater |62
biscoito Biskuit, Keks |59
bloquear blockieren |84
Boa tarde! Guten Tag! *(nach 12 Uhr)* |1|6|13
boca Mund |32|94
boi Rind, Ochse |90
boiada Rinderherde |90
boiadeiro Rindertreiber
bola Ball, Kugel |57|64
bolacha Biskuit, Keks |59
bolas de gude Murmel, Kügelchen
boldo Boldo (*Teesorte*) |97
boletim de ocorrência (**B.O.**) ♂ Polizeiprotokoll |61
bolinho de chuva Gebäckstückchen zum Regen (*Geschichte*) |78
bolo Kuchen, Torte |31|35|59
bolsa Tasche |8|10
Bom dia! Guten Morgen!, Guten Tag! (*bis 12 Uhr*) |1|26
bom/boa (*Adj.*) gut |1
bondade Güte |93
bonde ♂ Straßenbahn |80
boneca Puppe |81
boneco Marionette |81
bonito/-a hübsch, schön |19|24|29
botar legen, stellen, werfen |76
braço Arm |94
branco weiß |49|53
Brasil Brasilien |1
brasileiro/-a brasilianisch, Brasilianer/-in |12|14|21
brasílica (ur-)brasilianisch |44
brigadeiro Brigadier; "Brigadeiro" (*Milchkaramellpraline*) |32|34
brigar streiten |81
brilho Glanz |69|79
brincadeira Scherz, Spaß, Spiel |81
brincalhão Spaßvogel |81
brincar scherzen, spaßen, spielen |81|84
brinquedo Spielzeug |81
bronzeado/-a gebräunt |71
buffet/bufê Buffet |73
bugigangas Krimskrams |92
burrice ♀ Doofheit, Dummheit (*mangelnde Intelligenz*) |36
burro (*Adj.*) dumm |42
burro (*Subst.*) Esel |36
buscar suchen |47|49

c

cá hier(-her) |46|49
cabeça Kopf |55
cabeleireiro Friseur |35
cabelo Haare |47|49|85
caber passen |59
cabo Korporal |61
cacau ♂ Kakao |34
cacheado lockig |71
cachimbo Pfeife, Rohr, Röhre, Schlauch |34|78
cacho (de uvas) (Wein-)Traube |83
cachoeira Wasserfall |66
cachorro Hund |18
caçulo/-a Jüngster/-e |85
cada um/a jeder/-e |81

cadastro Verzeichnis |69
cadê? wo (ist/sind)? |8|21|37
caderneta de poupança Sparbuch |86
caderno Heft |64
café ♂ Kaffee |9|13|14
café da manhã Frühstück |29
cafezal ♂ Kaffeeplantage |49|75
cafezinho Espresso |9|13|14
cafuzo/-a Mischling |71
caipirinha Caipirinha (*Alk. Mixgetränk*) |52
cair fallen, stürzen |83|94
caixa ♂ Kasse |58
caixa eletrônico Geldautomat |86
caju ♂ Cashew |9
calça Hose |47|49
calçado Schuh |30
calcanhar ♂ Ferse |94
calção Badehose, (kurze) Sporthose |92
calçar (Schuhe) anziehen |92
calcinha Slip |92
calcular berechnen, rechnen |86
calma Ruhe |55
calor ♂ Hitze |10|15
cama Bett |81
camarão Krabbe |58
câmbio Geldwechsel, Getriebe |50
camelô Straßenhändler
caminhada Marsch, Spaziergang, Wanderung |81
caminhão Lastwagen, LKW |90
caminhar laufen (*zu Fuß gehen*) |6|7
campainha Glocke |30
campeão Champion, Meister |87
campeonato Meisterschaft |27
campo Sandplatz |62
cana Zuckerrohr |65|90
Canadá ♂ Kanada |76
canadense kanadisch, Kanadier/in |36
canavial ♂ Zuckerrohrplantage |56|65
candidato Kandidat |78
candomblé ♂ Candomblé (*afrobras. Kult*) |88
canela Zimt |59
canga Pareo
cantar singen |54
cantiga Lied, Liedchen |93
cantinho Eckchen |40
cantos Gesänge |30
canudo Trinkhalm
capaz ♂/♀ fähig |95
capitão Kapitän |24|28
capítulo Episode, Kapitel |76
cápsula Kapsel, Tablette |97
caqui ♂ Kaki(frucht) |58
cara Gesicht; Kumpel, Typ, Kerl |54|72
carambola Sternfrucht |58
cardápio Speisekarte |26|28
carinha Gesichtchen |74
carinho Zuneigung |72
carinhoso/-a liebevoll, zärtlich |72
carioca ♂/♀ aus Rio de Janeiro; Einwohner Rio de Janeiros |38
carnaval ♂ Karneval |66
carne ♀ Fleisch |52|59
carnê ♂ Heft
carne de panela gekochtes Fleisch |52
caro/-a teuer |47|48
carona Mitfahrgelegenheit |38
carpete ♀ Teppich |50
carregar aufladen; tragen |90
carro Auto |10|14
carta Brief |65
cartão da conta Bankkarte |86
cartão de crédito Kreditkarte |20

cartão de embarque Bordkarte |25
cartão de visita Visitenkarte |69
cartão postal Postkarte |19
carteira de habilitação Führerschein
carteira de identidade Personalausweis |36
carteira de trabalho Lohnsteuerkarte |95
carteiro Postbote |30
cartório Notariat |38|74
casa Haus |18|20
casaco Jacke, Mantel, Sakko |90
casado/-a com verheiratet mit |36|42
casamento Heirat |38
casar(-**se**) heiraten |38
caso Affäre; Fall |36|76
castanho/-a braun (*Haare, Haut*) |71
castanho-escuro dunkelbraun |47
catarata Wasserfall |24
catequizar missionieren |65
causar verursachen |55
cavalo Pferd |55
cavaquinho kleine Gitarre |72
cê *Kurzform von você* |13|68
cedilha *Name des Buchstabens* ç
cedo früh |29
celular ♂ Mobiltelefon, Handy |51
cem por cento hundertprozentig |23
cemitério Friedhof |78
cenário Bühnenbild |83
cenoura Karotte |58
centavo Centavo (*1/100 Real*) |20
central de atendimento ♀ Kundenservice |61
centro da cidade Stadtzentrum |3
centro Zentrum |3|4|18
cerimônia Zeremonie |73
certeza Gewissheit |23
certidão de bons antecedentes ♀ pol. Führungszeugnis |36
certidão de nascimento ♀ Geburtsurkunde |36|74
certinho/-a korrekt (*Person*)
certo/-a sicher |48|80
cerveja Bier |46
cesta Korb |45
céu ♂ Himmel |50
chá ♂ Tee |97
chácara (kleines) Landhaus, Wochenendhaus |81
chamar nennen |40|42|43
chamar(-**se**) heißen |40|64
chapéu ♂ Hut |83
Chapéuzinho vermelho Rotkäppchen |83
charuto Zigarre |34
chatice Langweiligkeit, Lästigkeit |42
Chatice! Wie doof! |36
chato/-a langweilig, lästig |36|39
chave ♀ Schlüssel |81
checar checken, prüfen |86
chefe ♂/♀ Chef |39
chefia Direktion, Leitung |95
chegar ankommen |24|28
cheio/-a voll |39|45
cheiro Duft, Geruch |77
cheiroso/-a duftend, wohlriechend |77
cheque ♂ Scheck |20
cheque sem fundo ungedeckter Scheck |86
chimarrão *Art der Mateteezubereitung* |17

chinês/chinesa Chinese/-in |45
chique ♂/♀ schick |47|49
chocolate ♂ Schokolade |31
chope ♂ Bier (vom Fass)
chorão männliche Heulsuse |68
chorar weinen |93
choro Weinen |68
chorona Heulsuse
chover regnen |43|49
chuchu ♂ Kürbisgemüse |58
churrasco Grillparty |46
churrasqueira Grill
chuva Regen |43|44
chuveiro Dusche |62
cidadão Bürger |37
cidade ♀ Stadt |3|7
cifra Ziffer
cigarrilha Cigarillo
cigarro Zigarette |34|35
cima (**em ~ de**) oben |11
cinema ♂ Kino |13|30
civil ♂/♀ standesamtlich, zivil |38
clareza Klarheit |65
Claro! Natürlich!, Klar! |4|5|7|16
cláusula Klausel |89
cliente ♂/♀ Kunde, Kundin |95
clima ♂ Klima |64|85
clube ♂ Klub |72
cobrança Eintreibung |56
cobrar kassieren, (Schuld) eintreiben |50
cobrir abdecken, bedecken
cocada Cocada (*Süßspeise auf Kokosnussbasis*)
cocar ♂ Kopfschmuck |79
coceira Jucken |48
coco Kokosnuss |41|52
coisa Sache |6|37|38
Coitadinho! Armer Kleiner! |53
cola Klebstoff; Spickzettel |85
colaboração ♀ (feste) Mitarbeit |85
colega ♂/♀ Kollege, Kollegin |39
colégio (höhere) Schule |85
colher ♀ Löffel |45|59
colo Schoß |53
colocar legen, stellen, setzen, geben |59|60
colocar-se à disposição zur Verfügung stehen |96
colônia Kolonie |85
colonial ♂/♀ Kolonial- |43
colonização ♀ Kolonialisierung |96
colono Bauer, Siedler |43|85
coloquial ♂/♀ umgangssprachlich
colorido/-a bunt |83
com mit |5
Com licença Gestatten Sie |15|20|21
começar beginnen |32|35|39
comemorar feiern
comentário Kommentar |90
comer essen |46|58|66
comercial ♂/♀ Handels-, kaufmännisch, kommerziell |95
comércio Handel |95
comida Essen |26|31
comigo mit mir |41|42
comissão ♀ Provision |89
como wie |17|21
companheiro Begleiter, Gefährte |85
companhia Begleitung; Firma, Gesellschaft |80
compartilhar teilen |100
compensar ausgleichen, gutschreiben |86
completar ergänzen |2
compra Kauf |50
comprar kaufen |4
comprinhas Einkäufe |58
comprovante ♂ Bestätigung |66

comprovante de residência Aufenthaltsgenehmigung, Meldebestätigung
computador ♂ Computer |54|56
comum ♂/♀ allgemein, gewöhnlich |100
comunicação ♀ Kommunikation |85
concentração ♀ Konzentration |79
concerto Konzert |80
concordar zustimmen, übereinstimmen |34|35
conde Graf |81
condessa Gräfin
condomínio Umlagen |89
conferir kontrollieren, prüfen, vergleichen |86
confiança Vertrauen |56
confirmação ♀ Bestätigung |86
conforme entsprechend, gemäß
confortável ♂/♀ bequem |50
conhecer kennen |23|26|75
conosco mit uns |42|66
conseguir schaffen, erreichen; bekommen |29|35; 57
consideração ♀ Achtung, Erwägung, Rücksicht |96
consigo mit sich |42
consolo Trost |93
construir bauen, bilden, errichten |89|91
cônsul Konsul |56
consulado Konsulat |36
consulta Termin |88
consultar konsultieren, befragen, zu Rate ziehen |95
conta (**se dar ~ de que**) sich bewusst sein über |34|35|43
conta corrente Girokonto |86
conta Rechnung |86|95
contar erzählen |65|70
contentar-se sich zufrieden geben |100
contigo mit dir |41|42
continente ♂ Kontinent |37|42
continuar fortsetzen |47|49|51
contra gegen |23
contrabando Schmuggel |37
contrair spannen, zusammenziehen |94
contrato Vertrag |89
contribuição ♀ Beitrag
contribuinte ♂ Steuerzahler |30
convencido/-a eingebildet; überzeugt |99
conversar sich unterhalten |50|56
convidado Gast |73
convidar einladen |31|35
convite ♂ Einladung |73
convívio Umgang, Zusammenleben |96
convosco mit euch |42
copo Glas |41|43
coqueiral Kokosnussplantage |65
coqueiro Kokospalme |65
cor ♀ Farbe |47|71
coração Herz |71
coragem ♀ Mut |88
cor-de-rosa rosa |49
cordialmente herzlich |96
coroar krönen |67
corpo Körper |94
corredor Gang |25
correr laufen, rennen |32|57
correria Hetze |32
correspondência Briefwechsel |96
corresponder entsprechen |92
corretor/-a Makler/-in |89
corte ♀ (Königs-)Hof |65
costas (**de ~**) (auf dem) Rücken |94

costumar (zu tun) pflegen |94
cotovelo Ellenbogen |44
couro Leder |92
couve ♀ Grünkohl |52
couve-flor Blumenkohl |58
cozido/-a gekocht |58
cozinha Küche |26|30
cozinhar kochen |82
cozinheiro/-a Koch/Köchin |70|90
crachá ♂ Namensschild |69
craque ♂ Ass; Crack (*Droge*) |27
cravo da Índia ♂ Gewürznelke
crédito Kredit |20|34
creme de leite ♂ Sahne |59
crente ♂ gläubig |60
crer (em) glauben (an) |60
criadeira Zucht |43
criador Schöpfer |72
criança Kind |25|29
Cruzado Cruzado (*ehem. bras. Währung*) |20
cruzar kreuzen
Cruzeiro Cruzeiro (*ehem. bras. Währung*) |20
cuidado Vorsicht |26|55|63|67
cuidadoso sorgfältig |77
cuidar aufpassen, kümmern |89|95
cujo/-a dessen, deren |60
culpa Schuld |60
culto gebildet, kultiviert
curativo Verband |55
currículo ♂ CV, Lebenslauf |95
cursar Kurse belegen, studieren |94
cursinho Vorbereitungskurs (*f. d. Universität*) |87
curso Kurs |87
cuscuz Couscous (*Gericht auf Maismehlbasis*) |58
custar kosten |47

d

dados Daten |86
dama de honra Brautjungfer |73
dançar tanzen |31|35
daquele/daquela von jenem/ von jener |21|41
daqui von hier |6
dar (se ~ conta de que) sich bewusst werden |34
dar geben |32|54|64
dar medo Angst machen |78
dar pau abstürzen (Computer) |54
dar um fora einen Fauxpas begehen, sich blamieren |46
dar uma carona eine Mitfahrgelegenheit anbieten |38
dar uma ligadinha anrufen |90
dar uma mão eine Hand reichen |60
dar uma olhada einen Blick werfen |47
dar uma voltinha eine Runde drehen |34
data Datum |74
de von, aus, mit (*in Verbdg. m. Material, Geschmack, Duft*) |31
de cima von oben |74
de cima para baixo durcheinander |74
de cor auswendig |71
de fato tatsächlich |64
de onde? woher? |17
de quem? von wem? |60
de repente plötzlich |61
debaixo de unter |50

débito Lastschrift, Soll |86
decidir entscheiden |45
décimo terceiro salário |13. Monatsgehalt |92
declarar erklären, verzollen |37|42
decorar dekorieren, schmücken
dedo Finger |55
deitar liegen |57|83
deixar lassen |30|33|35
deixar doido verrückt machen |62
dele/dela (= **de** + **ele/ela**) von ihm; sein (*Poss.pron.*)/von ihr; ihr (*Poss.pron.*) |43|45|46|51
delegacia Kommissariat |61
delegado Kommissar |77
delfim Delfin |42
delicado/-a delikat, nicht ganz leicht |36|37
delícia Köstlichkeit, Wonne |59|65
delicioso/-a köstlich, lecker |52|77
demais (*Adv.*) zu viel |24
demais (os/as ~) die anderen |24
dengue ♀ Denguefieber |23
dente ♂ Zahn |22
dentro in, innen |37|42
departamento Abteilung |95
depende de… das hängt von … ab |91
dependente ♂/♀ abhängig |65|92
depois de amanhã übermorgen |66
depois de nach (zeitlich), nachdem |39|60
depois dann, danach |3|24|29
depois que sobald |59
depositar einzahlen |86
depressa schnell |40
derrubar ausschütten, fällen, niederreißen, stürzen |81
desabotoar aufknöpfen |67
desamor ♂ Lieblosigkeit |56
desativar deaktivieren |86
desaventuras ♂ Missgeschick, Unglück |99
descansar ausruhen |55
descer aussteigen |68
descoberta Entdeckung, Erfindung |64
descobrimento Entdeckung |64
descobrir entdecken |43|49|64
desconfiança Misstrauen |56
desconto Ermäßigung |25
desconversar Thema wechseln |86
desculpar entschuldigen |3|7|51
Desculpe! Entschuldigung!, Verzeihung! |3
desde seit |44
desde que solange |60
desdizer widerrufen |86
desencontro misslungenes Treffen |13
deserto Wüste |78
desfazer auseinandernehmen, rückgängig machen |56
desfilar vorbeiziehen, vorbeimarschieren |79
desfile ♂ Umzug, Festzug, Parade |79
desgastar abnützen, verschleißen
desgaste ♂ Abnutzung, Verschleiß
desinfetar desinfizieren |55
desistir absagen; aufgeben, verzichten |85
desligado/-a verwirrt, abwesend |56

desligar auflegen, ausschalten |51|54
desmanchar trennen, auseinander fallen, auseinander nehmen |71
despedir(-**se**) (sich) verabschieden |96
desse (= **de** + **esse**) von diesem |39|42
deste/desta von diesem/von dieser |1|19
destemido/-**a** furchtlos |75
detergente ♂ Spülmittel, Waschmittel |87
deus Gott |45|50
devagar langsam |94
dever müssen |44|49|53
devorar verschlingen |72
dia ♂ Tag |1|7|10
dia (**o ~ seguinte**) der folgende Tag |45
dia dos namorados Valentinstag |33
diálogo Dialog |7
dicionário Wörterbuch |23|87
dieta Diät |97
diferente verschiedener, -e, -es |64
difícil ♂/♀ schwierig |44
digestão ♀ Verdauung |97
digitar tippen, etw. auf der Tastatur eingeben |54
dinheiro Geld |20
direção ♀ Lenkung |50
direita rechter, -e, -es |3|48
direito Recht, Juristerei |71
direito richtig, recht |71|94|97
direto gleich, direkt |62|89
diretor Leiter, Direktor |69
discretamente diskret |71
discutir diskutieren |50
disfarçar-se sich verkleiden |79
disposição ♀ Verfügung |96
distensões ♀ (Muskel-)Zerrungen |94
Distrito Federal Bundesdistrikt |5
distrito Präsidium |61
divertir-se sich amüsieren, Spaß haben |40|42|46
dizer sagen |31|35|38
do qual dessen |60
dobrar abbiegen, falten |3|94
doce ♂ Süße; Süßigkeit, Süßspeise |59|82|90
documento Dokument |36|37
doçura Süße, Sanftmut |82
doer wehtun, schmerzen |55
doido/-**a** verrückt |62
dólar ♂ Dollar |45
Dom *Ehrentitel bei Adligen* |65
doméstico (**voo ~**) Inlands- (Inlandsflug) |37
doméstico/-**a** Haushalts- |69
domingo Sonntag |39|42
Dona (+ *Vorname*) ≈ Frau (*Anrede f. vertraute Personen*) |23|30
dona de casa Hausfrau |30
dor ♀ Schmerz |55
dormir schlafen |29|30|35
doutor (**Dr.**) Doktor |23|96
driblar dribbeln |99
droga; (**Droga!**) Droge; (Mist!) |33
ducha Dusche |97
duque / **duquesa** Herzog/-in |81
durante während |39|44
durex ♂ Tesafilm |80
duro/-**a** hart, zäh |89
dúvida Zweifel |34
duvidar zweifeln |78
dúzia Dutzend |59

e

e und |2
e aí? und nun? |73|76
e meia (+ *Uhrzeit*) halb... |39
educação física ♀ Leibeserziehung, Sport |87
eis hier |25
ela sie |5|7
elas sie (♀, Pl.) |25
ele er |2|5
eleger wählen |77
eleição ♀ Wahl |66
elenco Besetzung, Ensemble |83
eles sie (♂, *Pl.*) |31|34
eletricista ♂/♀ Elektriker/-in |20
elevador ♂ Aufzug, Lift |30|89
em cima de auf |74
em frente gegenüber; geradeaus |3|7|8
em vez de anstelle, statt |43
em in |1|3|5
em mit (+ *Transportmittel*) |16|24
embaixador/-a Botschafter/-in |64
embreagem ♀ Kupplung |50
emoção ♀ Emotion |65
empregado/-a (Haus-) Angestellte |30|42
emprego Anstellung, Job |76
empresa Firma |69
emprestar (aus)leihen |92
empréstimo Darlehen, Leihgabe |92
empurrar andrehen; (zu)schieben, stoßen |92
encarecer verteuern |89
encarregado de beauftragt mit |37|42
encomenda Auftrag, Bestellung |89
encomendar bestellen |73
encontrar treffen, finden |13|14|45
encontro Treffen |12|13
encruzilhada Kreuzung |78
energizante ♂/♀ belebend, energetisierend |97
energizar Energie verleihen |97
enfermeira Krankenschwester |35
enfermo/-a Kranker/Kranke |35
enfrentar entgegentreten |99
enganar-se sich irren, täuschen |48
engarrafamento Stau |32|39
engenheiro Ingenieur |96
engolir schlucken, verschlingen |64
engordar dick machen, dick werden, zunehmen |97
enjoar Übelkeit verursachen |67
enorme ♂/♀ lang, viel |36|92
enquanto solange |39|58
enquanto é tempo solange Zeit ist |87
enquanto isso in der Zwischenzeit |69
então na dann, dann |5|11
enteados Stiefkinder |75
entender verstehen |82
entrar eintreten |15
entre zwischen |31|39
entregar abgeben, übergeben, abliefern |30|35|54
entrevista Interview |95
entrevista de trabalho Vorstellungsgespräch |95
envelhecer altern, alt werden |93
enviar schicken |95|96
enxoval ♂ Brautausstattung |83
época Epoche |80
errado/-a falsch, unrecht, verkehrt |68

erro Fehler |80
erudição ♀ Gelehrsamkeit
erva cidreira Melisse |97
erva mate Matekraut |97
escada Treppe |76
escândalo Skandal |85
escola pública öffentliche Schule |85
escola Schule |16|32
escolher auswählen |31|33|35
esconde-esconde ♂ Versteckspiel
escovar bürsten, putzen (Zähne) |22|28
escrever schreiben |44|49|56
escrita Schrift, Schriftstück |68|85
escritório Büro, Kanzlei, Arbeitszimmer |68
escritura Urkunde |68
escrivaninha Schreibtisch |81
escrivão Protokollführer |24|29
escrutínio Wahlgang |85
escuro/-a dunkel |47|49|71
escutar hören |48|76
esnobe Snob |85
espacial ♂/♀ Raum-, Weltraum- |85
espaçoso/-a geräumig |50
Espanha Spanien |2
espanhol/-a (*Subst.*, *Adj.*) Spanier/-in; spanisch |95
especial ♂/♀ spezial, speziell |85
espelho Spiegel |67|70
esperança Hoffnung |56|100
esperar (er)warten, hoffen |34|35|39
esporte ♂ Sport |87
esposa Ehefrau |15|17
esquecer vergessen |51|57
esquentar erhitzen |57
esquerdo links |48|71
esquisito/-a ausgefallen |50
esse/essa dieser (da)/diese (da) |19|21|36
estação ♀ Station, Haltestelle |68
estação terminal Endhaltestelle |68
estacionar parken |33|35
estádio Stadion |27|28
estado de sítio Ausnahmezustand
estado Staat |31|64
estágio Praktikum |85
estar sein, sich befinden |8|10|14
estar a fim de die Absicht haben |41
estar por fora nicht auf dem Laufenden sein |46
este/esta dieser, diese, dies |1|2
esteira Strandmatte |57
estepe ♀ Reserverad |50
esticar spannen, straffen |94
estima Achtung, Wertschätzung |96
estorvar stören (Pt.) |80
estrada Straße |45
estrangeiro/-a ausländisch, Ausländer/-in |1
estrela Stern |85
estressante ♂/♀ anstrengend |39
estressar stressen |85
estudar studieren |44|49
estudo Studium |87|96
estufa Gewächshaus; Heizofen |85
etcetera etc. |83
eterno/-a ewig |100
eu ich |1
Europa Europa |2
europeu/europeia europäisch |27
evitar meiden |39

exagerar übertreiben |60|97
exatamente (*Adv.*) exakt, genau |95
exceção ♀ Ausnahme |60
excelente ♂/♀ ausgezeichnet |64|70
excelentíssima (**Ex.**[ma]) hoch verehrte
excelentíssimo (**Ex.**[mo])/ hoch verehrter |96
excursão ♀ Ausflug |24|28
exemplo Beispiel |44
exercício Übung |1
existência Dasein, Existenz |75
existir existieren |45|49|64
ex-namorado Ex-Freund (*im romant. Sinne*) |71
expediente ♂ Arbeitszeit |39
experiência Erfahrung |95
experimentar (an-)probieren, versuchen; experimentieren |92
expirar ausatmen |94
explicar erklären |68
explorar bewirtschaften, erkunden, ausbeuten |65
exportar exportieren |95
expositor Aussteller |69
exprimir ausdrücken |77
exterior ♂/♀ äußerer, -e, Außen- |95
extrair fördern
extrato Auszug; Kontoauszug |86

f

fácil ♂/♀ einfach |44|49
faculdade ♀ Fakultät |85
fadiga Anstrengung, Erschöpfung, Müdigkeit |93
falar pelos cotovelos ein Plappermaul sein |44
falar sprechen |12|17|22
falcatrua Betrügerei |76
falsos cognatos "falsche Freunde" (*linguistisch*)
falta de consideração Rücksichtslosigkeit |96
faltar fehlen |2|25
família Familie |17|18
famoso/-a berühmt |27
fantasia Fantasie, Vorstellungskraft; Kostüm, Verkleidung |79
fantasiar-se sich kostümieren |79
farinha de trigo Weizenmehl |58|59
farmácia Apotheke |55
farofa Maniokmehl |52
favor ♂ Gefallen |1|4
favorável ♂/♀ günstig |78
faxina Hausputz |35
faxineira Putzfrau |35|72
fazenda Farm, Bauernhof |75|85
fazendeiro Großgrundbesitzer |75
fazer machen |15|20|21
fazer de conta so tun als ob, vorgeben |43|81
fazer fila Schlange stehen |33|36
fazer questão de unbedingt machen |43
fazer sentido Sinn machen |87
fazer sucesso Erfolg haben |92
fechar schließen |11
feijão Bohne |52
feijoada Bohneneintopf mit Schweinefleisch |52
feira (Wochen-)Markt; Messe |42|69
felicidade ♀ Freude, Glück
feliz ♂/♀ glücklich |28|40

felizmente glücklich (Adv.) |28|71
fera (*Subst.*) Bestie, Raubtier |93
feriado Feier- |66
ferida Wunde |55
fermento Hefe; Backpulver |59
ferro Bügeleisen; Eisen |88; 97
festa Feier, Party |31|32
fiador Bürge |89
ficar bleiben |5|7|20
ficar na fila in der Schlange stehen |58
ficar para titia Junggesellin bleiben |60
fígado Leber |97
fila (Warte-)Schlange |33
filho/-a Sohn/Tochter |25|27|45
filhos (*Pl.*) die (eigenen) Kinder; Söhne |25|27|38
filme ♂ Film |22
filosofia Philosophie |100
fim ♂ Schluss |41|92
final (*Adj.*) End- |68
final Schluss |46|54
financeiro finanziell |95
fingir so tun als ob, vortäuschen |79
fino/-a fein |38|58
firme ♂/♀ fest |65
físico/-a körperlich; physikalisch |87
flor ♀ Blume |42|45
floresta Wald |81
fluentemente fließend |74
fofoca Klatsch |76
fofocar klatschen, tratschen |76
fofoqueiro Klatschbase, Klatschweib |76
fogueira Lagerfeuer, Scheiterhaufen |67
folga Ruhepause, freier Tag, Urlaub |39
folgado bequem, locker, dreist, frech, unverschämt |39|92
folha Blatt |78
folhear durchblättern |84
folia Treiben |79
fome ♀ Hunger |41
fora ♂ Schnitzer, Fehler, Fauxpas |46
fora draußen, außen |46|71
força Kraft, Stärke |94
forçado/-a gezwungen |65
fôrma (Kuchen-)Form |59
formal ♂/♀ formell |96
formalidade ♀ Formalität
formar bilden, ausmachen |67
formulário Formular |86
forno Ofen |59
forró Forró (*bras. Musikstil*) |67
forte (*Adj.*) stark |93
forte Festung |68
fralda Windel |53
França Frankreich |2
francês/francesa Franzose/ Französin; französisch |6|44
frango Hähnchen |53
frear bremsen |84
freio Bremse |50
frente (em ~) gegenüber, geradeaus |5
frente (na ~ de) vor, vorne |25
frente Vorderseite |3
frequentar frequentieren |88
fresco/-a frisch |45
frescobol ♂ Strandtennis |57
frio Kälte |41
frio/-a kalt |41|64
fruta Frucht, Früchte |41|97
fruto Frucht (*im Sinne von Resultat*) |58
frutos do mar Meeresfrüchte |58
fubá ♂ Maismehl |58
fugir fliehen, flüchten |72|75

fulano irgendein |75
fumar rauchen |34|35
funcionário Beamter |92
furar a fila Stau umfahren |33
furar durchlöchern |33
futebol ♂ Fußball |4
futuro Futur |35|87
futuro/-a zukünftig |65

g

galho Zweig |88|93
galopar galoppieren |75
galpão Lager, Schuppen |79
ganhar gewinnen; verdienen |78
garagem ♀ Garage |89
garfo Gabel |41|59
garoto/-a Junge/Kleiner, Mädchen/Kleine |64|77
garrafa Flasche |47|76
gasolina Benzin |95
gastar ausgeben |77
gasto Ausgabe (*finanziell*) |86
gatinho gut aussehender Typ; Katerchen |71
gaúcho Gaucho (*Einwohner Südbrasiliens*) |46
gelado/-a gekühlt |32
geleia Gelee, Marmelade
genética Genetik |62
genro Schwiegersohn |75
gente ♀; **a gente** Leute; man (*Indef.pron.*) |29|32|35
gentil ♂/♀ aufmerksam, liebenswürdig, nett
geração ♀ Generation |50
geral ♂/♀ allgemein |44|54
gerente ♂/♀ Geschäftsführer/-in |86
gerir abwickeln, verwalten |86|91
ginástica Gymnastik, Turnen |94
glória Herrlichkeit, Ruhm |93
glúteos Gesäßmuskeln |94
goiaba Guave |97
goiabada Guavenmarmelade
gorro Mütze |78
gostar (de) mögen |19|21|26
gosto Geschmack |44
gostoso/-a lecker, schmackhaft |59|46
gostosona tolle Frau |46
governador Gouverneur |78
governo Regierung |86
graça Anmut, Grazie; Witz |78
gracinha charmant, lustig |82
graciosamente dankenswerterweise |25
grande (G) Größe L (Kleidung) |92
grande ♂/♀ groß |2|3|7
grato/-a dankbar |96
gravata Krawatte |86
grávida schwanger |76
grego/-a griechisch |71
gritar schreien |65|75
grito Schrei |75
grosso/-a dick, groß |88|92
grupo Gruppe |24|28
guaraná ♂ Guaraná (*Amazonaspflanze*) |32
guaraná em pó Guaraná in Pulver |32
guaranazeiro arbuste Guaranástrauch
guardar einräumen, aufbewahren |60
guarda-sol Sonnenschirm |57
guichê/guichet ♂ Schalter |86

h

há seit |27
haver da sein, vorhanden sein |27|28
haverá es wird geben |31
hemisfério Hemisphäre |64
hino Hymne |93
história Geschichte |48|64
hoje heute |13|14
holandês/holandesa Holländer/-in; holländisch |65
homem Mann |56|72
honra Ehre |73
hora Stunde |29|32
horta Gemüsegarten |90
hortifruti Obst- und Gemüsegarten |58
hospital ♂ Krankenhaus |39
hotel ♂ Hotel |6
humano/-a menschlich |95|99
humilde ♂/♀ bescheiden, demütig |99

i

idade ♀ Alter |93
ideia Idee |11|14
identidade ♀ Identität |36
identificação ♀ Identifizierung |51
idioma ♂ Sprache |44
igreja Kirche |38|42
igual ♂/♀ gleich, genauso |85|91
ilustríssimo/-a (**Ilmo/-a**.) hoch verehrter/-e |96
imagem ♀ Bild |56
imaginar sich vorstellen, sich einbilden |49|75|88
imensamente überaus, unermesslich |96
imenso/-a unermesslich |65
imperador Kaiser |65
importância Bedeutung, Wichtigkeit |92
importante ♂/♀ wichtig |39
importar importieren |15
impressão ♀ Eindruck |48
impressionante ♂/♀ eindrucksvoll |99
imprimir drucken |77
incluir einbeziehen |77
incomodar stören |74
incrível ♂/♀ unglaublich |79
indeciso/-a unentschlossen |38
independente ♂/♀ unabhängig |65
indiano/-a Inder/-in; indisch |33
indicar (an-)zeigen |88
indígeno/-a eingeboren |44
índio Indio, Indigener |65
indústria Industrie |92
inexplicável ♂/♀ unerklärlich |99
infelizmente leider, unglücklicherweise |26|27
informação ♀ Information |68|87|96
informal ♂/♀ informell
informar informieren |58|69
Inglaterra England |2
inglês/inglesa englisch, Engländer/-in |6|44|49
ingrediente ♂ Zutat |59
ingresso Eintrittskarte |27|34
inquilino Mieter |89
inscrever-se sich einschreiben |87
inseto Insekt |93
insinuar andeuten |76

inspirar einatmen |94
instalação ♀ Installation |69
instalar-se ansiedeln, installieren |95
insuportável ♂/♀ unerträglich |10|14
interessante ♂/♀ interessant |50|85
interessar interessieren |85
internacional ♂/♀ international |2|4|20
internacionalmente international (*Adv.*) |26
Internet ♀ Internet |95
íntimo/-a intim, eng, vertraut |73
intoxicar-se sich vergiften |97
inverno Winter |60
iogurte ♂ Jogurt |72
ir gehen |4|5|7
ir(-se) embora fortgehen, weggehen |30
irmã Schwester |16|17
irmão Bruder |16|19
ir-se fortgehen, weggehen |80
isso das, dies |33|35
Itália Italien |2|27
italiano/-a italienisch, Italiener/-in |12|1

j

já schon, bereits |4|10
jabuticaba Baumstammkirsche (*trop. Frucht*) |90
jaguatirica Ozelot (kl. Jaguarart) |90
janela Fenster |10|11|25
jantar (*Subst.*, *Verb*) Abendessen; zu Abend essen |29
jardim ♂ Garten |56
jeito Art, Weise |67|78|76
jejum Fasten |56
joelho Knie |94
jogador/-a Spieler/-in |27|28
jogar spielen |27|28
jogo Spiel (*Sport*) |27|70
jornada Tag, Tagesablauf |96
jornal ♂ Zeitung |4|5|6
jornaleiro Zeitungsverkäufer |30
jornalista ♂/♀ Journalist/-in |20
jovem ♂/♀ junger Mensch |40
juiz ♂ Richter |56|73
junho Juni |67
junino Juni- |67
Júnior (**Jr.**) Junior (*als Namenszusatz*) |74
junto com zusammen mit |58
junto zusammen, gemeinsam |16|21|76
jurídico/-a juristisch, rechtlich, Rechts- |95
justificar rechtfertigen |66
justo ausgerechnet |54

k

kilômetro Kilometer |67|70
kitchenette ♀ Einbauküche |73

l

lá dort |46|49|53
lã Wolle |90
lado (**ao ~ de**) neben |8|9
lado (**ao ~**) nebenan |8
lado Seite |8
ladrão Dieb |10

lagartixa Eidechse |75
lanchar etw. essen, einen Imbiss einnehmen |41
lanche Imbiss |41|42
lanchonete Lanchonete (*Selbstbedienungslokal f. Snacks*) |9
lap-top Laptop |54
laranja Orange (*Obst*); Orange, orange (*Farbe*) |9|32|47
largo großer Platz |79
latino/-a Latein-, lateinisch |96
lavar waschen |60
lavar-se sich waschen |62
leão/leoa Löwe/Löwin |53
legal klasse, super, toll (*wörtl.* gesetzlich) |13|22|31
legume ♂ Gemüse
leite ♂ Milch |9|19
leite de coco Kokosmilch |57
leite moça gezuckerte Kondensmilch |59
lembrar-se sich erinnern |31|33|35
lembrete ♂ Merkzettel
lençol ♂ Bettlaken |54
ler lesen |44|98
letra Buchstabe, Handschrift, Liedtext |72
levantar(**-se**) aufstehen |36|48
levar ao forno in den Ofen stellen |59
levar bringen |38|42
leve ♂/♀ leicht, mild |87
lhe ihm, ihnen, Sie |65|69
lição ♀ Lektion |60
lição de casa Hausaufgabe, Aufgabe |60
licença Erlaubnis, Genehmigung, Lizenz |15|20
ligação ♀ Anruf, Telefongespräch |51
ligação a cobrar R-Gespräch |51
ligadíssimo (ganz) verbunden |71
ligar verbinden, anrufen; einschalten, anmachen |51; 54
ligar para anrufen, sich interessieren für |51|62|73
limitada (**Ltda.**) GmbH |69
limpar säubern |55|77
limpar o nariz sich schneuzen
limpeza Sauberkeit |69
lindo/-a hübsch, schön |43|47
língua Sprache |44|49
linha Linie |51|68
liquidação ♀ Schlussverkauf |47
liso/-a glatt (*Haare*) |71
lista Liste |36
listrado gestreift |86
litoral ♂ Küste |45
litro Liter |90
livre ♂/♀ frei |93
livro Buch |50|51|57
lobisomem ♂ Werwolf |78
lobo Wolf |83
logo sofort, also |75
loiro/-a blond |71
loja Geschäft |47
longe weit |3
longo/-a lang, weit |45
louco/-a verrückt |10
lua-de-mel ♀ Flitterwochen |15
lucidez ♀ Deutlichkeit, Klarheit |56
lugar Ort, Platz |16|34
lusitano/-a lusitanisch, portugiesisch |80

m

maçã Apfel |58
macaco Affe; Wagenheber |50

machucado/-a Verletzter/ Verletzte |55
macio/-a geschmeidig, sanft, weich |50
madama/madame Frau (*abwertend*), Weib |30
madrasta Stiefmutter |75
madrinha Patentante, Patin, Trauzeugin |73
maduro/-a reif |59
mãe Mutter, Mutti |17|45|52
maiô Badeanzug
mais do mehr als |40
mais mehr |6|34
mal schlecht |34|43
mala Koffer |11
malandro Gauner
maleta Aktenkoffer, Handkoffer |37
malha Pullover, Trikot |71
malhado/-a gescheckt, gesprenkelt |90
maluco/-a verrückt, wahnsinnig |39
mamãe Mama, Mutti |52
mandar schicken |53
maneira Art, Weise |100
manequim ♂/♀ Mannequin |56
mangalarga *Pferderasse* |90
manhã Morgen |29|66
manhê Mama, Mutti (*vertraut*) |52
manifestar-se sich äußern, sich melden
manjar ♂ Kokoscreme |52
manutenção ♀ Instandhaltung, Pflege, Wartung |83|89
mão ♀ Hand |48|66
mão de obra ♀ Arbeitskraft |65
mãozinha Händchen |60
mapa ♂ Karte, Landkarte, Plan |6
máquina Maschine |58
máquina de lavar Waschmaschine |60
mar ♂ Meer |57
maracujá ♂ Maracuja, Passionsfrucht |9|58
maracujína Maracujina (*Teesorte*) |97
maravilhoso/-a wunderbar |52
marcar ausmachen, festlegen, vereinbaren |13|88
março März |96
maré ♀ Flut |48
marginal Außenseiter/-in |61
marido Ehemann |12
marinha Marine |35
marinheiro Matrose |35
marketing ♂ Marketing |69
marmelada Quittenmarmelade
mas aber |3
mascarar-se sich maskieren |79
massa Teig |59
mata Wald |90
matar töten |72
mate ♂ Mate-(Tee) |97
matemática Mathematik |85
matrícula Anmeldeformular, Immatrikulation |69
mau humor schlechte Laune |88
máximo größter, maximal |69
me mich, mir |31|36
medicina Medizin |87
médico Arzt |61|75
médio durchschnittlich, mittel |47
medir messen |78
medo Angst |18|78
meia Socke |92
meia-calça Strumpfhose |92
meia-entrada Ticket zum halben Preis |59
meia-noite Mitternacht |29

meigo/-a sanft, zärtlich
meiguice ♀ Sanftheit, Zärtlichkeit
meio (*Adv.*) halb; recht, ziemlich |36
meio (no ~ de) inmitten, zwischen |78|79
meio (*Subst.*) Mitte, Mittel |36|79|85
meio/-a halber/halbe |59
meio-dia Mittag |29
melão Melone |9
melhor besser |29|33
Melhoras! Gute Genesung!
menina (kleines) Mädchen |88
meninice ♀ Kindheit |42
menino (kleiner) Junge |14|42
menor ♂/♀ Minderjähriger/-e |45|68
menos... que weniger ... als |47
mentirinha (kleine) Lüge, nur zum Spaß |81
mercantil ♂/♀ Handels-, kommerziell |95
Mercosul ♂ Mercosul (*südamerik. Wirtsch. gemeinschaft*) |95
merecer verdienen |53
mês ♂ Monat |45|92
mesa Tisch |26
mesmo (*Adv.*) gleich, sogar, wirklich |38
mesmo (é ~) das ist wahr, das stimmt |81
mesmo/-a gleicher/-e |48
mestiço/-a Mischling |71
mestre-sala ♂ Zeremonienmeister
metrô U-Bahn |68
meu mein/-er |12|19
milho (verde) Mais |58
milionário/-a Millionär/-in |80
mim mir |72
mineiro/-a aus Minas Gerais |66
minha meine |11
mínimo (no ~) mindestens |78
mínimo/-a kleiner/kleine, minimal |95
ministério Ministerium |61
ministro Minister |64
minuto Minute |4
missa Messe (*Kirche*) |88
misturar mischen, verrühren |59
moça junge Frau, Mädchen; Verkäuferin; *Anrede f.* Kellnerin |41|47|58
moçada Jugend, junge Leute |58
mocidade ♀ Jugend |93
mocinho Jugendlicher, (kleiner) Junge |65
moço junger Mann, Junge; Verkäufer; *Anrede f.* Kellner |41|51|58
moda Mode |4|45
modelo Form, Modell |92
moderno/-a modern |50
modo Art, Weise |59
mole ♂/♀ träge; weich |67|83
moleque ♂ Junge |78
moleza Schlaffheit, Trägheit, Weichheit |83
molhar anfeuchten, nass machen |43|53|62
molho de chaves Schlüsselbund |83
momento Augenblick, Moment |61|99
montar basteln, zusammenbauen; einrichten, montieren |85
monte (um ~ de) ein Haufen von |71
morango Erdbeere |31
morar wohnen |17
morder beißen |55
morenaço/-a sehr dunkel (*Haut*) |71

moreno/-a braun, dunkel (*Haut*) |71
morrer sterben |78
mosca Fliege |33
mosquito Moskito, Stechmücke |23
mostrar zeigen |43
motivo Motiv, Ursache |24
motor Motor |50
motorista ♂/♀ Fahrer/-in |20
mudar de ideia die Meinung ändern |80
mudar (sich) ändern, (sich) verändern, wechseln; umziehen |46|53; 89
muié Frau (*reg.*) |66
muitas vezes oft |30
muito (*Adv.*) sehr, viel |2|6
muito tempo lange |44
muitos/-as viele |2|27
mulato Mulatte |71
mulher Frau |51
multa Bußgeld, (Geld-)Strafe |66
mundo Welt |34
municipal ♂/♀ kommunal, städtisch |80
município Gemeinde |66
muscular ♂/♀ Muskel- |94
músculo Muskel |94
museu ♂ Museum |2
música Musik |72

n

na verdade in Wahrheit, in Wirklichkeit |62
nacional ♂/♀ national |66
nada nichts |38|62
nada disso gar nicht, überhaupt nicht |64
namorado Freund (*im romant. Sinne*) |33
não nein, nicht |3|6|44
não é? nicht wahr?, stimmt's? |17
não... mais nicht mehr |31
naquele/naquela in diesem (jenem)/in dieser (jener) ... (da) |21|33
nariz ♂ Nase |81|94
nascer geboren werden |75|77
nascimento Geburt |74
Natal Weihnachten |75
natural ♂/♀ natürlich, Natur- |34
né? (= **não é?**) nicht wahr?, stimmt's? |36
negociar handeln, verhandeln |95
negócio Angelegenheit, Ding, Sache; Geschäft, Handel |37|87
nem (**~ ... ~**) nicht einmal (weder... noch) |33|57|60
nenê ♂ Baby |53
nenhum/-a keiner/-e |67|78
nesse/nessa in diesem/dieser (da) |41|48
neste/nesta in diesem/dieser (hier) |31
nesta oportunidade bei dieser Gelegenheit |95
neto Enkel |62
ninguém niemand |30
no/na in dem/der |1|10
no ponto gut durch (*gebraten, gekocht etc.*) |59
no que diz respeito a... was ... betrifft |50
no tocante a... was ... betrifft |50
noite ♀ Nacht |45|66
noivo Verlobter |38
nome ♂ Name, Vorname |1|12

nomear (er-)nennen |84
nora Schwiegertochter |75
Norte ♂ Norden |11
nós wir |16
Nossa Senhora! Um Himmels Willen! |50
Nossa! Mein Gott!, Meine Güte! |41
nosso/-a unser/-e |15|17
nota Geldschein |20
novela Fernsehserie, Seifenoper; Novelle |76
novembro November |66
novidade ♀ Nachricht, Neuheit |90
novo/-a neu |9|17|92
num/-a in einem/einer |18
numeração ♀ Nummerierung |92
número Zahl; Größe, Nummer (*Kleidung u. Schuhe*) |48|92
nunca nie, niemals |27

o

o der, das |1|2
ó da, mal; noch (*Füllwort*) |72
o dia seguinte der folgende Tag |45
o que...? was ... ? |22
Oba! He! |48
objeto Gegenstand, Objekt |37
obra Werk |2
obrigado/-a danke |1
obrigar zwingen |1
óbvio/-a offensichtlich |39
ocorrência Vorfall |61
ocorrer passieren, sich ereignen, vorkommen |61
óculos de sol Sonnenbrille |71
óculos Brille |71
óculos escuros Sonnenbrille |71
ocupado beschäftigt |23
Oi! Hallo!, Hi! |16
Ok Ok |73
Olá! Hallo! |80
óleo Öl |59
oleoso/-a fettig, ölig |59
olhadinha Blick(-chen) |47
olhar (an-)schauen, blicken, sehen |47|54|58|60
olho Auge |71
onde wo |3
ônibus ♂ Bus |3
ontem gestern |55|66
Opa! He! |40|72
operação ♀ Operation |86
oportunidade ♀ Anlass, Gelegenheit |87
ordem ♀ Ordnung |58
orelha Ohr |82
organizar organisieren, veranstalten |70|96
orixás ♂ Orixás (*afro-bras. Gottheiten*) |88
os die (♂ Pl.) |10
osso Knochen |55
ótimo optimal, toll |26|47
ou oder |4
ouro Gold |47
outro/-a ein/-e anderer/-e |27
outubro Oktober |66
ouvido Ohr (Gehör) |82
ouvinte ♂ Hörer, Zuhörer |30
ouvir hören, zuhören |59|75|84
ovo Ei |58

p

paciência Geduld |62
pacote ♂ Päckchen, Paket |30
padaria Bäckerei |80
padecer (er-)dulden, (er-)leiden |93
padrasto Stiefvater |75
padre ♂ Priester, Pater |65
paetês ♂ Pailletten |79
pagamento Zahlung |89
pagar bezahlen, zahlen |20|77|92|95
pai ♂ Papa, Vater |19
pairar schweben; auftreten, zutage treten |65
pais (♂ *Pl.*) Eltern |38
país ♂ Land |45|64
paixão ♀ Leidenschaft |72
palavra chave Schlüsselwort |100
palavra Wort |44
palestra Konferenz, Vortrag |81
palma da mão Handfläche |48
palmito Palmmark, Palmherz |58
pamonha Pamonha (*Maisteig*)
pandeiro Tamburin
panela Kochtopf |52
Paõ de açúcar Zuckerhut (*Wahrzeichen v. Rio de Janeiro*) |19
pão Brot |19
papai Papa |53
papel Papier; Rolle (*Film, Theater etc.*) |36|83
papel (de ~ passado) formgerecht
papelada Papierkram |36|56
paquera Flirt |71
paquerar flirten |60
para für; nach, zu; um zu, zum |4|5; 20
para cima nach oben |74
Parabéns! ♂ Glückwunsch!
parar anhalten, aufhören, halten, stehen bleiben |24|43|68
parecer (*Subst.*) Beurteilung, Gutachten
parecer (*Verb*) scheinen, ähneln |47|53|67|71
parecido ähnlich, gleich
parentes (♂ *Pl.*) Verwandte |38
parque ♂ Park |1
parte ♀ Teil |72|83
participação ♀ Teilnahme |96
participante ♂/♀ Teilnehmer/-in |96
partir weggehen
passado/-a letzter/letzte, vergangener/vergangene |48|60
passagem ♀ Fahrkarte, Flugticket |8
passaporte ♂ Pass, Reisepass |8|36
passar streichen, auftragen; reichen; vorübergehen, -fahren; bestehen (*Prüfung*); vergehen, verbringen (*Zeit*); bügeln; (vorbei-)kommen
passar de ano versetzt werden, in die nächste Klasse kommen |87
passarinho Vögelchen |37
pássaro Vogel |93
passear spazieren gehen |84
passista ♂/♀ Sambatänzer/-in
patente ♀ Patent |97
pátio Innenhof |75
patrão/patroa Chef/-in |53
patriota ♂/♀ Patriot |99
pau ♂ Holzstock |54
pau-brasil Palisander (*Holzart*)

paulista (*Subst.*, *Adj.*) etwas/ jemand a. d. Bundesstaat São Paulo |1
paulistano/-a Einwohner/-in d. Stadt São Paulo |1
pé ♂ Fuß |3|61
peão Kuhhirte |75
peça Theaterstück |83
pedaço Stück |83
pedágio Maut(-gebühr) |45
pedal ♂ Pedal |50
pedido Antrag, Bestellung, Bitte |90
pedinte Bettler/-in |30
pedir bitten, erbitten |30|73|79|90
pedir emprestado sich ausleihen |92
Pega ladrão! Haltet den Dieb!
pegar nehmen; (ab)holen; (an) fassen |3; 62; 94
peito do pé Spann |82
peito Brust, Busen |82|94
peixe ♂ Fisch |48
pele ♀ Haut |59
pelo (= **por** + **o**) durch |37|72|94
pena (**Que ~ !**) Wie schade! |27
pena (**valer a ~**) sich lohnen |92
pena Strafe; Vogel-/Schreibfeder |27|79
pendurar (auf-)hängen |60
pensar denken |32|35|55
pequeno/-a klein |44|59|68|92
perder verlieren, versäumen |33|68|76|78
perder a paciência Geduld verlieren |62
perdido/-a verloren, versäumt |68
perdoar verzeihen |67
pergunta Frage |37
perguntar fragen |20|90
perna Bein |45|78
personagem ♂/♀ Person, Persönlichkeit |81
perto nahe |6|40
pesado/-a schwer (*Gewicht*) |37|85
pescoço Hals |94
peso Gewicht |83|94
pesquisa de mercado Marktanalyse, Marktforschung |95
pessimista ♂/♀ Pessimist/-in |48
pessoal (*Adj.*) persönlich (*Adj.*) |37
pessoal (*Subst.*, ♂) Leute; Personal |46
pessoas Leute, Personen |26|34
pica-pau ♂ Specht |81
pifar eine Panne haben |54
pimenta do reino Küchenpfeffer |26
pimenta Pfeffer |26
pimentão Paprika |26
pingado Milchkaffee (nussbraun)
pipoca Popcorn |32
piranha Piranha |15
piripaque ♂ Anfall, Unbehagen |74
pirlim pim pim ♂ Pirlimpimpim-Pulver |81
piscina Schwimmbad |5
pivete ♂ Bengel; Straßendieb
pizza Pizza |46
placa Nummernschild, Schild, Tafel |67
pó Pulver |81
pó de guaraná Guaraná-Pulver |97
pobre arm |65
pobreza Armut |65
poder können |3|84
poema ♂ Gedicht |93
Pois não! Bitte schön!, Bitte sehr!; Ja klar! |47

pois also, denn, nun |92
polícia Polizei |53
política Politik |9
pólo aquático Wasserpolo |87
polvilhar bestäuben, bestreuen |59
pomar ♂ Obstgarten |90
ponto Punkt |74
ponto (**em ~**) pünktlich |29|39
ponto de ônibus Bushaltestelle |59|68
ponto de táxi Taxistandort
ponto final Endhaltestelle, Endstation |68
popular ♂/♀ populär, volksnah, Volks- |97
por aus; durch; für |1
por baixo von unten |50
por causa de aufgrund von, wegen |89
por cima darüber |74
por enquanto vorerst |39
por favor bitte |1|15
por quê?, porque warum?, warum |24
por tarefa pro Aufgabe
pôr legen, stellen, setzen; anziehen |4; 88
pôr-do-sol ♂ Sonnenuntergang |88
porém jedoch |99
porque weil |22|36
porta Tür |10
porta-bagagem ♂ Kofferraum |50
porta-bandeira ♀ Fahnenführer (*e. Sambaschule*)
porta-malas ♂ Kofferraum |50
portão Tor |99
porteiro Hausmeister |89
porto Hafen |17
português/portuguesa portugiesisch; Portugiese/-in |6|64|65|93
postal (*Adj.*, *Subst.*) postalisch; Postkarte |19|21
posto Posten, Stelle |61
potencial ♂/♀ potenziell
potente ♂/♀ (leistungs-)stark |50
pouco wenig |12|15|24|90
pouquinho (**um ~ de**) bisschen (ein bisschen von) |65
pousada Unterkunft, kleines Hotel |89
povo Volk |99
Poxa! Donnerwetter!, Mann!, Na sowas! |40
pra (= **para** + **a**) für |4
praça Platz |45
praia Strand |19
prateleira Regal |58
prato feito Tagesgericht |52
precisar brauchen; müssen |6|15
preço Preis |95
prédio Gebäude |18
preencher (aus-)füllen |58
prefeito ♂/♀ Bürgermeister |66
preferir bevorzugen, vorziehen |34
preguiça Faulheit |72
preguiçoso/-a faul |51
prender festnehmen |76
preocupar-se sich Sorgen machen |30
preparar vorbereiten, zubereiten |24|79
preparo Vorbereitung |59
presente ♂ Gegenwart; Geschenk |78
presentinho kleines Geschenk |32

presidente ♂/♀ Präsident |96
prestação de serviço Dienstleistung
prestar abgeben, ablegen, leisten, liefern, taugen |95
prestar atenção Aufmerksamkeit schenken, aufmerksam sein, aufpassen |87
prestar concurso an einem Wettbewerb teilnehmen |87
prestar contas Rechenschaft ablegen |87
prestar depoimento Zeugnis ablegen |87
prestar homenagem ehren |87
prestar informações Informationen liefern |87
prestar serviço Service anbieten |87
prestar vestibular Aufnahmeprüfung ablegen (*Universität*) |87
preto/-a schwarz |71
prezado/-a teurer/teure (*Briefanrede*) |96
primeiro erster; zuerst |60
primo/-a Cousin/-e |75
princesa Prinzessin |79
príncipe ♂ Prinz |79
privada WC, Toilette |62
pro (= **para** + **o**) für |62|68
problema ♂ Problem |20
procelas Seesturm |93
procura (**à ~ de**) Suche (auf der Suche nach) |75
procurar suchen |33|35|53
produto Produkt |69
professor/-a Lehrer/-in, Professor/-in |60|69
programa ♂ Programm, Sendung |59
proibido verboten |34
proibir verbieten |34
projeto Projekt |96
promessa Versprechen |73|88
prometer versprechen |38
Pronto Socorro Notaufnahme (*Krankenhaus*) |55
pronto/-a bereit, fertig |8|25|55|57
pronúncia Aussprache |44
propaganda Werbung |72
propor vorschlagen |95
prospecção ♀ Analyse, Forschung |95
prospecção de mercado Marktanalyse, Marktforschung |95
protetor solar ♂ Sonnen(schutz)creme |57
prova Beweis, Probe, Prüfung |64
provão *staatl. postuniversitäre Prüfung* |87
provar beweisen; probieren, versuchen |64
provavelmente wahrscheinlich |52
proveito Gewinn, Nutzen |96
próximo/-a nächster, -e, -es |38
público/-a öffentlich |34
pudico/-a prüde, schamhaft |92
pular hüpfen, springen |67|68
puleiro Hühnerstall |81
pulmão Lunge |94
pureza Reinheit |65
Puxa!/Puxa vida! Donnerwetter!, Mann!, Na sowas! |40
puxador ♂ Griff, Knauf, Knopf |79

q

quadra Block, Gruppe |79
quadrilha Quadrille (*folklor. Tanz*) |67
quadro Bild, Gemälde |83
qual? welcher, -e? |12|64
quando wann |23|45
quantidade ♀ Menge |23
quanto/-a ...! was (für ein/e) ...! |21
quanto/-a ...? wie viel (von) ...? |19|31
quarta (**4a**) Mittwoch |38
quarteirão Häuserblock |68
quarto Zimmer |30|89
quase fast |34|40
que das, der, die, welcher, -e, -es, wer (*Rel.pron.*); dass (*Konj.*) |10|23
Que...! Was (für ein) ...! |10
que? was? |17|25|26
quebrar brechen, zerbrechen, kaputt gehen |29|54
queijo Käse |83
queimado/-a verbrannt |65
queimar(**-se**) (sich) verbrennen |67|88
queixar-se sich beschweren |70
quem? wer? |13|20|23
quentão Glühwein |67
quente ♂/♀ warm |66
quer... quer ob ... oder, sei es dass ... oder |43
querer möchten, wollen |6|15|35
querido/-a teuer |31|96
questão ♀ Frage |43
quiabo Okra |58
química Chemie |81
quinta (**5a**) Donnerstag |38
quintal ♂ Garten (*klein, oft im Hinterhof*) |89

r

rádio Radio |59
rainha Königin |79
raiva Hass, Wut |54
ralado/-a gerieben |57
ramo Ast, Zweig |93
rapaz junger Mann |41
rápido schnell |69
raquete ♀ Schläger |57
raquetinha Strandtennis |57
rastro Spur |100
razão ♀ Grund, Ursache; Recht, Vernunft |24; 29
real, reais (*Subst.*, *Adj.*) Real (*bras. Währung*); tatsächlich, wirklich |20
realmente tatsächlich, wirklich |41
rebanho Herde |90
recair zurückfallen
recear (be-)fürchten, die Befürchtung haben |78|84
receber bekommen, erhalten |45|88
receio Befürchtung |78
receita Rezept |59
recitar vortragen |93
reco-reco Reco-Reco (*Schlaginstrument*)
recursos humanos Personalwesen |95
redemoinho Wirbelwind |78
redigir aufsetzen, ausarbeiten, redigieren |95
reeducação ♀ Neuerziehung |97
reencontrar wieder finden |40

reencontro Wiedersehen
refeição ♀ Mahlzeit |97
referência (**com ~ a**) Bezugnahme, Hinweis (in Anbetracht) |50
refrigerante/refris ♂ Erfrischungsgetränk |32
regime ♂ Diät; Regime |32|97
registrado na carteira de trabalho gemeldet (*mit Lohnsteuerkarte*) |95
registrado/-a eingetragen, gemeldet, registriert |95
registrar eintragen, feststellen |74
registro de nascimento Geburtsurkunde |74
registro Register, Verzeichnis |69
rei König |65
reino Königreich |79
reitor ♂ Rektor |96
relação ♀ Beziehung, Bezug, Verhältnis |50
relatório Bericht, Protokoll |54|96
relaxar ausruhen, entspannen |83|94
relembrar (wieder) erinnern |74
religioso/-a religiös |38|73
remédio Medikament, Mittel |55
renovar erneuern, verlängern |36
reparar (**em**) (be-)achten (auf); reparieren |50
repetir de ano sitzenbleiben |60
repetir wiederholen |26|52|82|84
representante comercial ♂/♀ (Handels-)Vertreter/-in |95
representar darstellen, eine Rolle spielen; vertreten |83
reprodução ♀ Nachbildung, Reproduktion |79|83
reservar reservieren |26
residente ♂/♀ ansässig; Bewohner/-in |36
resolver lösen |65|66
respeito (**a ~ de**) Respekt (über) |50
respirar atmen |94
responder antworten, beantworten |75
responsável ♂/♀ verantwortlich |73
restaurante ♂ Restaurant |26
reto geradeaus |71
reunião ♀ Versammlung |70
revestido/-a beschichtet |50
revisão ♀ Wiederholung |7
revista Zeitschrift |4
revistinha Comic, Heftchen, kleine Zeitschrift |62
rezar beten |88
rico/-a reich |97
riqueza Reichtum |65|99
rir lachen |74
roda Kreis, Runde |46
rodoviária Busbahnhof |38
romântico/-a romantisch |72
rosto Gesicht |99
roteiro Reiseroute |24
roubar stehlen |61
roupa Kleidung |47
rua Straße |1
ruim schlecht |31
rum Rum |41
russo/-a russisch; Russe/Russin |87

s

sábado Samstag |38|39
saber kennen, wissen |1
sabichão Alleswisser |39
sacar dinheiro Geld ziehen |86

saco Beutel, Sack |75
saia Rock |79
sair ausgehen, weggehen, abfahren, wegfliegen |24|33|98
sal grosso grobes Salz |88
sala Wohnzimmer |22
salada Salat |52
salário Gehalt |95
salgadinhos Salzgebäck |46
salpicar bestreuen |59
salvar retten |54
salvo/-**a** gerettet, heil |72
Samba ♂ Samba |79
sangrar bluten |55
santo/-**a** heilig; Heiliger/Heilige |67|88
são/sã heilig |67
sapateiro Schuhmacher, Schuster |30
sapato Schuh |47|92
sargento Feldwebel |61
saudação ♀ Gruß |96
saudade ♀ Sehnsucht, wehmütige Erinnerung |100
saúde ♀ Gesundheit |34
se falls (*Hypothese*, *Unsicherheit*) |30|38
se man, sich |30|34
seca Dürre, Trockenheit |99
seção ♀ Abteilung; Sparte, Teil |58
secar trocknen |90
secretária Sekretärin |23|64
século Jahrhundert |44
sede ♀ Durst |41|72
segredo Geheimnis |31
seguinte ♂/♀ nächster, -e, -es |45
seguir folgen |3|72|98
segunda (**2a**) Montag |38
segundo (*Präp.*) gemäß |72
seguro Versicherung |92
seleção ♀ Auswahl |27|83
selecionar auswählen |83
sem ohne |43
semana Woche |39
semear säen |84
sempre immer |16
sendo assim deshalb |86
senha Passwort |75
senhor Herr |1
senhora Dame |1
sentar(-**se**) (sich) setzen |11|70
sentir(-**se**) (sich) fühlen |48|95
ser sein |1|2|35|45
será que...? *Einleitung eines Fragesatzes* |20
sério/-**a** ehrlich, ernst(-haft) |85
serviço Arbeit, Dienst |37|39|85|95
servir dienen |86|91
sessão ♀ Sitzung |88
sesta Mittagsschlaf, Siesta |45
setembro September |66
setor ♂ Bereich, Sektor |95
Seu (+ *Vorname*) ≈ Herr (*Anrede für vertraute Personen*) |23|76
seu/sua ihr/-e; sein/-e |11|12|16|24
sexta (**6a**) Freitag |38|45
shopping (**center**) Einkaufszentrum |16|33
sicrano/a irgendein/-e
silêncio Ruhe, Schweigen, Stille |54
sim ja |1
simpático/-**a** sympathisch |66
simples ♂/♀ einfach, schlicht, simpel |89
simplesmente (*Adv.*) einfach |72
sincero/-**a** aufrichtig, ehrlich |72
síndico Hausverwalter |89
sítio Landhaus; Ort, Platz, Stelle |46|81

situação ♀ Situation |99
só (**somente**) allein, einsam; erst, nur |20|31|33|34
Sô! Hier nimm mal!, Hier schau mal! (*reg.*) |66
soar (er-)tönen, klingen |67
sobrar übrigbleiben, zurückbleiben |52
sobre über |50
sobremesa Nachtisch |52
sobrenome ♂ Nachname |74
sobrepeso Übergewicht |97
sobrinho/-a Neffe/Nichte |75
sociedade ♀ Gesellschaft |95
socorro Hilfe |55
sogro/-a Schwiegervater/-mutter |75|85
sol ♂ Sonne |43
soletrar buchstabieren
soltar freilassen, losmachen, lockern |77|94
sombra Schatten |93
sonho Traum |74
sopa Suppe |59
sorrir lächeln |72|100
sorriso Lächeln |75|99
sorte ♀ Glück |48
sorvete ♂ Eis |58
sótão Speicher |76
sozinho/-a alleine |33|80
stand ♂ Stand |69
stress ♂ Stress |85
subscrever unterzeichnen |96
subsídio finanzielle Beihilfe, Unterstützung |96
sucesso Erfolg |92
suco Saft |9|34
Suíça Schweiz |36
sul ♂ Süden |64
sumir verschwinden |40
super klasse, prima, super, toll |22|50
suspensão ♀ Tadel, Verweis |85
susto Schreck |78

t

tá *Abkürzung von* **está** (**estar**) |13
Tá boa? Wie geht's?, Geht's dir gut? |53
tabaco Tabak (*Pflanze*) |34
tagarela ♂/♀ geschwätzig |93
talão de cheques Scheckbuch |20
talco Puder, Talk |81
talismã ♂ Amulett, Talisman |48
talvez vielleicht |57|83
tamanho Größe |47
também auch |2
tanque ♂ Waschbecken |60
tanto (*Adv.*) so (sehr), so viel |25|97
tanto/-a (*Adj.*) so viel |25
tanto/-a... quanto so viel ... wie |49
tão genauso, so |40|48|50|72
tão... (do) que so ... wie |93
tão... como/quanto so ... wie |48
tapete ♂ Teppich |81
tarde ♀ Nachmittag |6|13|32
tarde spät |29
tataravô Ururgroßvater |62
taxa de embarque ♀ Fluggebühr |25
táxi ♂ Taxi |20
taxista ♂/♀ Taxifahrer |20
Tchau! Tschüß! |53
te dich, dir |40

teatro Theater |80
técnica Technik |54
telefonar telefonieren |36
telefone ♂ Telefon |22
telefonema Anruf, Telefonanruf |23
telenovela Fernsehserie, Seifenoper; Novelle |15
televisão ♀ Fernsehen |22
tem es gibt |9|34
temer fürchten |78
temor Furcht, Schrecken |78
tempestade ♀ Sturm |43
tempo Zeit |32
tempos Epoche |85
tênis ♂ Tennis |92
tentar versuchen |54|94
tentativa Versuch |78
ter certeza sicher sein |23
ter haben |8|20|33|37
terça (**3a**) Dienstag |38
terminar (be-)enden, fertig werden |79
termo Begriff, Wort
terno Anzug |80|86
terra Boden, Erde, Land |3|65|75
terreiro Kultstätte (*für afro-bras. Riten*) |88
térreo Erdgeschoss |18
território Gebiet, Territorium |95
teste ♂ Test, Versuch |83
teu/tua dein |45
ti dir |80
tia Tante |45|60
time ♂ Mannschaft, Team |27
tingir färben |77
tinteiro Tintenfass |42
tio Onkel |60|75
tipo Art; Typ |80
tirar (heraus-)nehmen |60
tô *Abkürzung von* **estou** (**estar**) |22
Tó! (Hier) nimm! |64
toalha Handtuch |57
tocante (**no ~ a...**) was ... betrifft
tocar berühren; klingeln, läuten; (Instrument) spielen |22|30|67|79
todo/-a ganzer/ganze, jeder/jede |17|21|36
tomar trinken; nehmen |9
tomar banho de banheira ein Bad nehmen |62
tomar banho duschen, sich waschen |62
tomar cuidado aufpassen |97
tomar o café da manhã frühstücken |29
tomate ♂ Tomate |90
torcer auswringen, verdrehen, verstauchen; Fan (eines Fußballteams) sein |60
torcer o nariz Nase rümpfen |81
torcida Fangemeinschaft, Fans |27
tornar werden |65
tornozelo Knöchel |94
tosar scheren |90
tossir husten |64
totalmente (*Adv.*) total |51
touro Stier |75
trabalhar arbeiten |24
trabalho Arbeit |39|65
trabalhoso/-a mühsam, mühselig |72
trade ♀ Handels-/Import-Export-Firma |95
tradução ♀ Übersetzung |24
traduzir übersetzen |1
tragar schlucken |55
trair verraten |94
traje ♂ Anzug, Kostüm |79

tranquilo/-a ruhig, unbesorgt |26
transação ♀ Transaktion
transferência Überweisung |86
transmitir übermitteln, übertragen, senden |96
tratamento Behandlung |23
traumatismo Trauma |94
trava-línguas ♂ Zungenbrecher |82
travar blockieren, bremsen |54
trazer bringen, mitbringen |4|55|63|91
trecho Abschnitt, Auszug, Strecke |83
treino Training |87
trem ♂ Zug |78
trisavô Ururgroßvater |62
triste traurig |79
tronco Stamm (*e. Baumes*) |94
tropical tropisch |64
tu du (*reg.*) |*3*
tudo acabar em pizza ≈ "Ende gut, alles gut" |99
tudo alles; ganz |8
turbulento/-a bewegt, turbulent |74
turista ♂/♀ Tourist |6
tutu ♂ Tutu (*Bohnengericht*) |66
TV ♀ Fernsehen, TV |71

u

Uai! Ui! |*66*|74
último/-a letzter/-e |66
um/-a ein/-e |2|4
um monte de ein Haufen von |71
um pouquinho de ein bisschen von, ein wenig von |65
um… daquele / uma… daquela einer/-e von diesen … |41|67
umbanda Umbanda (*afrobras. Ritus*) |*88*
unido/-a einig, vereinigt |55
uns einige, etliche |27|46|73|83
untar (ein-)fetten, (ein-)schmieren |59
urucubaca Mordspech |88
usar benutzen |54
usina Fabrik |90
útil ♂/♀ brauchbar, nützlich |44
utilidades (♀ *Pl.*) Waren |69
uva Traube |58

v

vacinar impfen |90
vaga (freie) Stelle |33
valer a pena sich lohnen
Vamos! Gehen (wir)!, Los geht's! |5
varado/-a durchbohrt |41
varal ♂ Wäscheleine |60
variar verändern, wechseln |26
vários/-as mehrere; verschiedene |27
vazio/-a leer |48
vela Kerze |88
velhice ♀ Alter |36|93
velho/-a alt |30|43
veloz ♂/♀ rasch, schnell |42
vencedor/-a siegreich |93
vencer (be-)siegen, gewinnen; verfallen |78|84|88
vencido/-a abgelaufen; besiegt, gewonnen; verfallen
venda Verkauf |95
vender verkaufen |54|92|95

ver sehen |23|54|77|91
veranear den Sommer verbringen |45
verão Sommer |45
verdade ♀ Wahrheit |45
verdadeiro/-**a** (*Adj.*) echt, wahrhaftig |62
verde(-**garrafa**) (flaschen-) grün |47
verdura Gemüse
vereador Gemeinderat
vergonha Scham(-gefühl) |74
verificar überprüfen |69
vermelho/-**a** rot |11
véspera Vortag, Vorabend |33
vestibular ♂ Aufnahmeprüfung (*f. d. Universität*) |87
vestido Kleid |47
vestido/-**a** angezogen, verkleidet |71|83
vestimenta Tracht |79
vez ♀ Mal |30
viagem ♀ Reise |8|15
viajante ♂/♀ Reisender/Reisende |78
viajar reisen |15
vice stellvertretend, Vize- |66
vida Leben |31
vigorar gelten
vinho Wein |55
violão Gitarre |46
vir kommen |2|43|50|65
virar abbiegen; umdrehen; -blättern; kentern, umkippen; wenden; werden |71; 78
vírgula Komma |74
visconde/viscondessa Vicomte, Vizegraf/Vicomtesse, Vizegräfin |2|81
visto Visum
vistoriar inspizieren |37
vitamina Vitamin |58|97
viver leben |37|43|93
Vixi Maria! Oh Mann!
Vixi bichinha! Oh je! |67
vizinho/-**a** Nachbar/-in |17|60|75
vô/vovô Opa |62
você du, Sie (Sg.) |3|16
vocês ihr, Sie (Pl.) |15|21
volante ♂ Lenkrad (des Autos) |50
voltar zurückkehren, zurückkommen |4|37|48
vontade ♀ (**à ~**) Lust, Wille, Wunsch (nach Belieben, ungezwungen) |24|31|82
voo Flug |37|42
vós ihr (Pl.) |35|80
Vossa Senhoria (**V. S.**[a]) Hoch verehrter/verehrte |96
vosso/-**a** euer, Ihr (*Pt.*) |80
votar wählen |66
voto Wahl |66
vó/vovó Oma |53|62|83
voz Stimme |75

x

xícara Tasse |59

z

zangar-se sich ärgern |70
ziquizira (böser) Zauber |88

Persönliche Notizen

Persönliche Notizen

Persönliche Notizen.

Persönliche Notizen.

ANHANG D. LITERATURHINWEISE

**Sie möchten mehr über die brasilianische Sprache,
über Land und Leute erfahren?
Dann finden Sie hierfür in der folgenden Literaturliste
bestimmt das Richtige!**

Sprachführer

Schrage, Clemens: **Brasilianisch – Wort für Wort**. RKH-Verlag Bielefeld, ISBN 9783831764471.

Was Brasilien und Portugal voneinander unterscheidet, ist die portugiesische Sprache. Die beiden Sprachvarianten haben sich nämlich weiter voneinander entfernt als das Englische und Amerikanische, und das gibt jede Menge Raum für Fettnäpfchen. Dieser Sprachführer bietet einen Einblick in das brasilianische Portugiesisch und ermöglicht dank an der Reisepraxis orientierter Beispielsätze schnell erste Kommunikationsversuche.

Die Grammatik wird kurz und verständlich erklärt, soweit es für einen einfachen Sprachgebrauch nötig ist. Das Wörterbuch am Ende hält einen Grundwortschatz und wichtige Begriffe für Reisende bereit. Wissenswertes über Land und Leute und Besonderheiten der Kommunikation werden nebenbei vermittelt.

Nachschlagewerke und Grammatiken

Michaelis Dicionário Escolar Alemão-Português / Português-Alemão. Editora Melhoramentos (Verlag) São Paulo 2011, ISBN 9788506062548.

Dieses in Brasilien erschienene zweisprachige Wörterbuch umfasst mehr als 28.000 Stichwörter auf 630 Seiten. Die Einträge berücksichtigen u. a. Silbentrennung, phonetische Transkription in beiden Sprachen, grammatikalische Klassifizierung des Vokabulars, Sprichwörter und Redewendungen.

Whitlam, John: **Modern Brazilian Portuguese Grammar: A Practical Guide**. Routledge (Verlag) London 2017, ISBN 9781138646896 (Paperback), ISBN 9781138646889 (Hardcover).

Ein praxisbezogenes grammatikalisches Nachschlagewerk, das auf 560 Seiten das brasilianische Portugiesisch so präsentiert, wie es heute gesprochen und geschrieben wird. Mit einfachen Erklärungen und zahlreichen Beispielen. Ideal für jedes Lernniveau – von Anfänger bis fortgeschritten.

Whitlam, John: **Modern Brazilian Portuguese Grammar: Workbook**. Routledge (Verlag) London 2017, ISBN 9781138646933 (Paperback), ISBN 9781138646940 (Hardcover).

Ein innovatives und praxisbezogenes Grammatikübungsbuch für alle, die brasilianisches Portugiesisch lernen möchten – so, wie es heute im Alltag gesprochen wird. Mit zahlreichen Übungen und Lösungen. Ideal für Lerner mit bereits vorhandenen Grundkenntnissen. Dieses 212-seitige Arbeitsbuch kann sowohl unabhängig als auch in der Kombination mit **Modern Brazilian Portuguese Grammar: A Practical Guide** benutzt werden.

Reiseliteratur

Ferreira Schmidt, Kai; Hermann, Helmut: **Brasilien kompakt**.
3. Auflage. RKH-Verlag Bielefeld 2014, ISBN 9783896623577.

Der Reiseführer Brasilien kompakt stellt das größte Reiseland Südamerikas in kompakter Form vor, ganz in Farbe. Beschrieben werden alle Reisehöhepunkte und Attraktionen in den fünf Großregionen des Landes, wie Rio de Janeiro, Iguaçu-Wässerfälle, Salvador de Bahía, Nationalparks, Recife, die Amazonas-Städte Manaus, Santarem und Belém. Außerdem die schönsten Barockstädte, das Tierparadies Pantanal, der Regenwald und die attraktivsten Strände und Strandorte zwischen Rio de Janeiro und der Amazonasmündung.

Stockmann, Nicolas; Rudhart, Werner; Taubald, Helmuth: **Brasilien: Stefan Loose Travel Handbücher**. 6. Auflage 2019, ISBN 9783770178971.

Dieses sehr detaillierte Reisehandbuch für Individualreisende präsentiert auf 800 Seiten unentbehrliche praktische Informationen zu mehr als 200 Orten Brasiliens – von paradiesischen Stränden über den tropischen Urwald bis hin zu kolonialen Barockstädtchen und den pulsierenden Millionenmetropolen São Paulo und Rio de Janeiro. Mit vielen interessanten Hintergrundgeschichten zu Land und Leuten. Über 100 Karten und Pläne sorgen für eine problemlose Orientierung.

Goerdeler, Carl D.: **KulturSchock Brasilien**.
5. Auflage. RKH-Verlag Bielefeld 2012, ISBN 9783831716449.

Brasilien – wer verbindet mit diesem Land nicht auch Klischees wie Sonne, Samba und feuchtfröhliche Strandparties? Doch so vertraut uns dieses Land erscheint, so fremd fühlen wir uns, wenn wir erstmals mit der brasilianischen Kultur in Berührung kommen. Die Brasilianer suchen an den Stränden nicht Ruhe, sondern Geselligkeit. Das pulsierende Herz Brasiliens schlägt nicht nur für den Karneval, es pocht auch für religiöse Feste wie etwa die Passionsspiele in der Osterwoche. Der Zeitbegriff erhält in einem der "langsamsten" Länder der Welt eine andere Definition, denn es ist oft nur der Augenblick, der zählt, und der Brasilien-Reisende muss lernen, sich auf das Fremde einzulassen. Das Buch liefert zugleich Orientierungshilfe und fundierte Hintergrundinformationen über die Vielfalt und Unterschiedlichkeit des gesellschaftlichen Lebens im heutigen Brasilien.

Der Autor Carl D. Goerdeler lebt seit Jahrzehnten in Brasilien und ist Korrespondent zahlreicher deutschsprachiger Zeitungen.

Bernecker, Walther L.; Pietschmann, Horst; Zoller, Rüdiger: **Eine kleine Geschichte Brasiliens**. 5. Auflage. Suhrkamp Verlag Berlin 2009, ISBN 9783518121504.

Eine kleine Geschichte Brasiliens bietet einen fundierten und vorzüglich gegliederten Überblick über die politische, kulturelle und wirtschaftliche Entwicklung dieses Landes von seiner Entdeckung durch die Portugiesen im Jahr 1500 bis zur unmittelbaren Gegenwart – ein Standardwerk für jeden, der das Brasilien von heute verstehen möchte.

Graff, Monika; Kosminski, Michael: **Brasilianisch feiern**. 1. Auflage. Hädecke Verlag GmbH & Co. KG Weil der Stadt 2015, ISBN 9783775004411.

Ein brasilianisches Fest, das alle Sinne anspricht! Dazu gehört etwas Gutes zu essen und zu trinken, Melodie und Rhythmus und die brasilianische Leichtigkeit des Seins. All das und noch mehr ist in dieses Buch mit Rezepten und Musik gepackt. Das Beste aus den Kulturen der Indios, der Portugiesen, der Schwarzafrikaner und der Einwanderer aus dem Libanon, Japan, Italien und Deutschland verbindet sich zu einem kulinarisch musikalischen Potpourri auf einer Reise von Bahia bis Rio und São Paolo, gewürzt mit Texten des literarischen Genießers Jorge Amado.

So mundwässernd wie die literarischen Zitate von Jorge Amado sind die vorgestellten Köstlichkeiten von den kleinen Krabben-Pastetchen bis zum großen Churrasco und zum Xinxin, von dem jede Bahiana behauptet, ihr Rezept sei das beste, vom Sorbet bis zur Batida und zur beliebten Caipirinha. Sie steigern sich zum absoluten Hochgenuss durch die beigelegte CD „Brasileiro“ aus der beliebten Putumayo-Serie, wo Samba und Bossa Nova, „Mama Africa“ und andere mitreißende Klassiker aus Brasilien das Blut zum Kochen bringen.

Assimil bietet auch einen Sprachkurs für europäisches Portugiesisch an:

Für Anfänger und Wiedereinsteiger

Freire-Nunes, Irène; De Luna, José-Luis: **Portugiesisch ohne Mühe heute**. Deutsche Übersetzung und Bearbeitung von Glória Frank. Assimil Verlag Köln 1993-2014, ISBN 9782700501636.

Mit dem Sprachkurs "Portugiesisch ohne Mühe heute" werden Sie sich auf mühelose Weise in 100 Lektionen autodidaktisch die Grundlagen des europäischen Portugiesisch mit einem Wortschatz von ca. 2.000 Vokabeln aneignen, entsprechend des Niveaus von ca. 6 Semestern VHS bzw. der Stufe B2 des Gemeinsamen Europäischen Referenzrahmens für Sprachen. Sie können sich dann in Alltagssituationen fließend mit Portugiesen unterhalten, und das ganz ohne Auswendiglernen und "Grammatikpauken".

Sie erlernen die portugiesische Sprache nach dem Prinzip des intuitiven Assimilierens: In einer zunächst passiven Phase lesen und hören Sie die Fremdsprache und üben durch ständiges Wiederholen nach und nach das Verstehen. In der anschließenden aktiven Phase bilden Sie eigene Sätze auf Portugiesisch und lernen, sie richtig zu formulieren.

Lebensnahe Dialoge mit kompletten und teilweise wörtlichen Übersetzungen; vereinfachte Lautschrift und Aussprachehilfen; einfache Erklärungen; landeskundliche Informationen; Verständnisübungen und Lückentexte mit Lösungen; Extra-Grammatiklektionen und Anhang mit Verblisten.

"Portugiesisch ohne Mühe heute" ist auch mit Tonaufnahmen und/oder Lernsoftware erhältlich.

ANHANG E. DIE AUSSPRACHE DES BRASILIANISCHEN

Das brasilianische Alphabet umfasst 24 Buchstaben und zusätzlich die drei Buchstaben **k**, **w** und **y**, die nur in Fremdwörtern und zur Schreibung von Eigennamen verwendet werden. Viele Vokale (Selbstlaute) und Konsonanten (Mitlaute) können, je nach Position im Wort, unterschiedlich ausgesprochen werden. Anders als im Deutschen werden dafür (fast) alle Buchstaben tatsächlich artikuliert.

Buchstabe / Name	Aussprache	Buchstabe / Name	Aussprache
A / á	[*a*]	**N / ene**	[*äni*]
B / bê	[*be*]	**O / o**	[*o*]
C / cê	[*ße*]	**P / pê**	[*pe*]
Ç / cê-cedilha	[*ße-ßädilja*]	**Q / quê**	[*ke*]
D / dê	[*de*]	**R / erre**	[*ähi*]
E / ê	[*e*]	**S / esse**	[*äßi*]
F / efe	[*äfi*]	**T / tê**	[*te*]
G / gê	[*ʃe*]	**U / u**	[*u*]
H / agá	[*aga*]	**V / vê**	[*we*]
I / í	[*i*]	W / dáblio	[*dabliju*]
J / jota	[*ʃOta*]	**X / xis**	[*schiß*]
K / cá	[*ka*]	Y / ípsilon	[*ipßilo*^{n}]
L / ele	[*äli*]	**Z / zé**	[*se*]
M / eme	[*ämi*]		

Regionale Unterschiede

In einem so großen Land wie Brasilien erstaunt es nicht, dass es regionale Ausspracheunterschiede gibt. Hierzu zählen u. a. dialektale Färbungen, bei denen die Unterschiede zwischen offenem und geschlossenem **o** verschwimmen können; dieses wird gelegentlich auch als [*u*] gesprochen. Die Laute **de** und **te** klingen mitunter wie [*dä*] und [*tä*] und nicht wie [*dʃi*] und [*tschi*] usw.

Diese Abweichungen sollten Sie nicht irritieren. Sie sollten lediglich wissen, dass es sie gibt. Da sie Bestandteil des Brasilianischen sind, haben wir auch auf den Tonaufnahmen hin und wieder regionale Unterschiede in die Aussprache integriert.

Vor allem zwei Phänomene hört man häufig: Erstens die Aussprache des **r** im Anlaut, das wie ein stimmloses Zäpfchen-r gesprochen wird. Zweitens das **s** und **z** im Auslaut sowie das **s** vor **p**, **t** und **c**, das wie [*sch*] gesprochen wird. Diese beiden Varianten gelten als typisch für die Gegend um Rio de Janeiro, entsprechen aber auch der Standardaussprache des Portugiesischen, wie es in Portugal gesprochen wird.

Das Beherrschen der Aussprache wird Ihnen mithilfe der Assimil-Methode ohne große Mühe gelingen. Wir werden Ihnen die Aussprache der brasilianischen Variante des Portugiesischen mit den Mitteln der intuitiven Assimilierung auf eine einfache und natürliche Weise näher bringen.

Dabei stehen Ihnen zwei wichtige Hilfen zur Verfügung: Die Tonaufnahmen, die Sie von Lektion zu Lektion begleiten werden und die vereinfachte Assimil-Lautschrift. Die meisten der verwendeten Lautschriftzeichen sind der deutschen Sprache entnommen; Sie werden also keine Schwierigkeiten haben, sie zu lesen. Im gesamten Buch sind die Laute durch kursiv gedruckten Text in eckigen Klammern ([*Laut*]) gekennzeichnet.

Auf den letzten Buchseiten finden Sie eine Übersicht über alle brasilianischen Laute einschließlich der in diesem Kurs verwendeten Lautschriftzeichen und eine entsprechende Ausspracheerklärung.

Für die Laute, die auch im Deutschen existieren, finden Sie deutsche Beispielwörter. Für die Laute, für die es keine deutschen Beispielwörter gibt, halten Sie sich bitte an die Lautbeschreibung.

Einige wenige Buchstaben und Laute stellen am Anfang vielleicht eine kleine Herausforderung für Sie dar. Erwarten Sie nicht, dass Sie alles sofort perfekt aussprechen können! Wichtig ist, dass Sie sich die Tonaufnahmen so oft wie möglich anhören und sich immer wieder die Tabelle der Laute anschauen. Versuchen Sie, die Erklärungen beim Anhören der Tonaufnahmen nachzuvollziehen, und nutzen Sie die Lautübersicht immer wieder zum Nachschlagen. Lernen Sie die darin enthaltenen Informationen aber keineswegs auswendig!

Zum besseren Verständnis hier noch eine kurze Erläuterung der Begriffe *stimmlos* und *stimmhaft*: Ein Laut ist stimmlos, wenn er nur durch Luftausstoß hervorgebracht wird; die Stimmbänder vibrieren nicht. Er ist stimmhaft, wenn er unter Einsatz der Stimmbänder erzeugt wird und fast kein Luftausstoß erfolgt.

Sie können dies gut nachvollziehen, wenn Sie laut und ganz langsam das Wort "Loch" sprechen und sich dabei mit zwei Fingern an den Kehlkopf fassen. Halten Sie den ersten Laut **L** lange an, und Sie werden merken, dass Ihr Kehlkopf vibriert. Dieser Laut ist also *stimmhaft*. Halten Sie auch beim **ch** den Laut lange an, und Sie werden spüren, dass Ihr Kehlkopf nicht vibriert. Dieser Laut ist folglich *stimmlos*.

Auf den folgenden vier Buchseiten finden Sie einige Tabellen mit den Lauten des Brasilianischen (Vokale, Diphthonge, Nasallaute und Konsonanten). Wir haben diese Übersichten bewusst am Ende des Buches platziert, damit Sie sie schneller finden und aufschlagen können.

Sehen Sie sich diese Lauttabellen besonders in der ersten Zeit Ihres Brasilianischstudiums häufig an, und benutzen Sie sie auch danach immer wieder zum Nachschlagen.

TABELLE DER LAUTE DES BRASILIANISCHEN

Vokale		
Ein und derselbe Vokal kann unterschiedlich ausgesprochen werden, je nachdem, ob er Teil einer betonten Silbe ist oder nicht bzw. ob er als Anlaut, Binnenlaut oder Auslaut steht. Daher finden Sie in der folgenden Tabelle mitunter mehrere Lautbeispiele für jeweils einen Buchstaben.		
a/á/à	[*a*]	• fast immer offen wie |**a**| in "Papa" oder "Wade". • unbetont; besonders vor **m**, **n** und **nh**, kann es leicht dumpf klingen (ähnlich wie |**e**| in "Sache"). • Der Akzent macht meist nur die Betonung deutlich, wie in "danach"; **à** kommt nur als Kombination aus zwei aufeinanderfolgenden **a** vor.
	[*aj*]	• vor **z** und **s** häufig wie in "Mai".
e	[*e*]	• geschlossenes |**e**| wie in "weh".
	[*ä*]	• offenes |**e**| wie in "selbst" oder "Käfer".
	[*i*]	• speziell vor einem Nasallaut und am Wortende |**i**| wie in "Silbe".
	[*ej*]	• vor **z/s** häufig |**i**| wie in "iss" oder |**ej**| wie in "hey".
ê	[*e*]	• immer ein geschlossenes, langes und betontes |**e**| wie in "geh" oder "See".
	[*ej*]	• vor **z/s** häufig |**i**| wie in "iss" oder |**ej**| wie in "hey".
é	[*ä*]	immer ein offenes |**e**| wie in "selbst "oder "Käfer"; der Akzent macht meist die Betonung deutlich.
i/í	[*i*]	wie deutsches |**i**| in "möglich", mit Akzent (**í**) ist es geschlossener und wird betont wie in "Isar".
o	[*o*]	• meist ein geschlossenes |**o**| wie in "Los".
	[*O*]	• manchmal auch ein offenes |**o**| wie in "Pott".
	[*oj*]	• vor **z** und **s** häufig |**oj**| wie in "ahoi".
	[*u*]	• im Auslaut |**u**| wie in "Iglu".
ó	[*O*]	Immer offenes |**o**| wie in "Pott".
ô	[*o*]	• betontes geschlossenes |**o**| wie in "Los" oder "Wohl"
	[*O*]	• nur sehr selten offenes |**o**| wie in "Pott".
u	[*u*]	• wie |**u**| in "Museum"
ú	[*u*]	• mit Akzent betont wie in "Kuhmilch".
	[*uj*]	• vor **z** und **s** häufig |**uj**| wie in "hui".

Diphtonge und weitere Vokalverbindungen

Diphthonge sind aus zwei Vokalen bestehende Doppellaute, die aber als eine Silbe gelten. Außerdem kennt das Brasilianische Vokalverbindungen, bei denen jeder einzelne Selbstlaut gesondert gesprochen wird.

ai	[*aj*]	wie in "Mai"oder "weil".
aí	[*a'i*]	wie in "Zaire" getrennt ausgesprochen
au	[*ao*]*	ähnlich wie in "Aorta" oder "Mao Tse-tung".
ei	[*ej*]	wie in "hey!" oder "Marseille".
eu	[*eo*]*	ähnlich wie in "Deo".
ia	[*ia*]	wie in "Pizzeria".
io	[*ju*]	wie |**ju**| in "Juni". Kommt nur im Auslaut vor.
oi	[*oj*]	wie in "Boykott" oder "Europa".
ou	[*ou*]	zwischen geschlossenem |**o**| und |**u**|; keine deutsche Entsprechung.
	* Achtung: Die Vokale werden nur leicht miteinander verbunden.	

Nasallaute

Die – meist stimmhaften – Nasallaute stehen in Verbindung mit Vokalen. Bei einem Nasallaut legt man das Velum (den weichen Teil des Gaumens, auch Gaumensegel genannt) an die Rachenrückwand und verschließt so den Nasenraum, der den Zugang zur Nasenhöhle bildet. Der Nasenbereich sowie ein Teil der Mundhöhle dienen dabei als Resonanzraum. Im Brasilianischen machen entweder die Buchstaben **m** und **n** oder eine Tilde (~) über dem jeweiligen Vokal die Nasallaute kenntlich. In der Transkription kennzeichnen wir sie durch ein hochgestelltes |**n**|: [^{n}].

ã/am/an	[*a^n*]	nasaliert, ähnlich wie in "Chance".
ãe	[*aj^n*]	nasaliertes |**ai**|.
ão	[*ao^n*]	nasaliertes |**ao**|.
em/en	[*aj^n*] [*e^n*]	• nasaliertes |**ai**|, oder |**e**|
	[*i^n*]	• am Wortende nasaliertes |**i**|.
im/in	[*i^n*]	nasaliertes |**i**|.
õ/om/on	[*o^n*]	nasaliertes |**o**|.
um/un	[*u^n*]	stark nasaliertes |**u**|.

Konsonanten

Einige unterscheiden sich im Vergleich zum Deutschen etwas in der Aussprache; nur die Buchstaben **b**, **d**, **f**, **m**, **n**, **p** und **t** werden wie im Deutschen gesprochen; doch auch hierzu gibt es Ausnahmen. Einzelne Konsonanten weisen mehrere Aussprachemöglichkeiten auf.

<table>
<tr><td>b</td><td>[b]</td><td>wie deutsches |b| in "Bad".</td></tr>
<tr><td>c</td><td>[k]</td><td>• vor a, o, u und Konsonanten wie |k| in "Köln".</td></tr>
<tr><td></td><td>[ß]</td><td>• vor e und i wie |ß| in "Maß".</td></tr>
<tr><td>ç</td><td>[ß]</td><td>• vor a, o, u wie |ß| in "Maß".</td></tr>
<tr><td>ch</td><td>[sch]</td><td>wie |sch| in "Fisch".</td></tr>
<tr><td>d</td><td>[d]</td><td>• wie in "dort".</td></tr>
<tr><td></td><td>[dʃ]</td><td>• vor e und i (fast immer!) wie in "Dschungel"; gilt besonders für die Kombinationen de im Auslaut und di allgemein.</td></tr>
<tr><td></td><td>[dʃi]</td><td>• vor Konsonanten, z. B. vor v, häufig als stimmhaftes |dsch| wie in "Gin".</td></tr>
<tr><td>f</td><td>[f]</td><td>wie in "Fisch".</td></tr>
<tr><td>g</td><td>[g]</td><td>• vor a, o, u und Konsonanten wie das |g| am Anfang von "Garage".</td></tr>
<tr><td></td><td>[ʃ]</td><td>• vor e und i stimmhaftes [sch] wie das |g| am Ende von "Garage" oder wie das |j| in "Journal".</td></tr>
<tr><td>gu</td><td>[g]</td><td>• vor e und i wird das |u| nicht ausgesprochen. Das g spricht man dann wie vor a, o und u (s.o.) wie auf Deutsch im Wort "Guerilla".</td></tr>
<tr><td>h</td><td>[...]</td><td>wird in den meisten Fällen nicht gesprochen.</td></tr>
<tr><td>j</td><td>[ʃ]</td><td>stimmhaft wie das |j| in "Journal".</td></tr>
<tr><td>l-</td><td>[l]</td><td>• im Silbenanlaut wie die zwei |l| in "Lola".</td></tr>
<tr><td>-l</td><td>[u]</td><td>• im Silbenauslaut immer wie das deutsche |u|. Mit u kombiniert (-ul) wird nur ein [u] ausgesprochen.</td></tr>
<tr><td>lh</td><td>[lj]</td><td>wie in "Lilie".</td></tr>
<tr><td>m</td><td>[m]</td><td>• im Silbenanlaut wie die zwei |m| in "Mama".</td></tr>
<tr><td>-m</td><td>[-ⁿ]</td><td>• im Silbenauslaut immer als Nasallaut (siehe oben)</td></tr>
<tr><td>n</td><td>[n]</td><td>• im Silbenanlaut wie die zwei |n| in "Nena".</td></tr>
<tr><td>-n</td><td>[-ⁿ]</td><td>• im Silbenauslaut immer als Nasallaut (siehe oben)</td></tr>
</table>

nh	[*nj*]	• wie in "Anja".
p	[*p*]	wie die zwei |**p**| in "Papier".
qu	[*ku*] [*k*]	• vor **a** und **o** etwa wie bei "Kuala Lumpur". • vor **e** und **i** wird das **u** nicht ausgesprochen.
r- **-rr-**	[*h,*] [*r*]	• im Wortanlaut und verdoppelt: gehauchtes |**h**|; regional wie ein leichtes (stimmloses) Zäpfchen-|**r**|. • ansonsten: leicht gerolltes (stimmhaftes) Zungenspitzen-|**r**|.
s-/ss	[*ß*] [*s*] [*ß/sch*]	• im Wortanlaut und verdoppelt wie in "Masse". • zwischen zwei Vokalen wie in "Rose". • im Auslaut bzw. vor **p**, **t** und **c** regional auch wie |**sch**| in "Stein".
t	[*t*] [*tsch*]	• wie die zwei |**t**| in "Täter". • vor **e** und **i** meist (aber nicht immer!) wie in "Tschechien". Gilt besonders für die Kombinationen **te** im Auslaut und **ti**.
v	[*w*]	wie |**w**| in "Wasser".
x	[*sch*] [*s*] [*kß*]	• wie in "Scheich". • wie in "Rose". • wie in "Taxi".
z	[*s*] [*ß/sch*]	• wie in "Rose". • im Wortauslaut wie |**ß**| bzw. |**ss**| in "Wurst" oder "Ross". Regional auch wie |**sch**| in "Wurst", wenn es [*wurscht*] ausgesprochen wird.